기초 개념부터 확률 과정 기반 데이터 예측까지

몬테카를로 시뮬레이션으로 배우는

확률통계

with 파이썬

기초 개념부터 확률 과정 기반 데이터 예측까지

몬테카를로 시뮬레이션으로 배우는

확률통계

with 파이썬

장철원 지음

stochastic

probability

Monte Carlo

brownian motion

Markov chain

estimation

서문

인공지능, 머신러닝, 딥러닝 분야가 대중화되기 이전, 통계학은 일반 대중들에게 다소 낯설게 느껴지던 시기가 있었습니다. 그러다가 점차 시간이 지나 인공지능 분야가 발전함에 따라 통계학의 중요성도 부각되면서 많은 사람들이 확률, 통계에 관심을 가지기 시작합니다. 그러나 한편으로는 많은 사람들이 높은 진입 장벽으로 인해 확률, 통계 학습에 어려움을 겪는 경우가 많습니다.

저에게도 통계학의 진입 장벽은 높았습니다. 대학교 2학년 시절, 저는 전공 수업을 따라가는 것이 무척 어려웠습니다. 수업 내용은 외계어처럼 들리고, 아무리 책을 들여다봐도 도무지 무슨 말인지 이해하기 어려웠습니다. 그러면서 자연스럽게 통계학 전공이 나랑 맞지 않는 것은 아닐까 하는 생각까지 들었고, 이 생각은 대학교 4학년까지 이어졌습니다. 4년 동안 공부했지만 체계화되지 않은 통계학 개념은 파편화되어 머릿속에 흩어져 떠다닐 뿐 손에 잡히는 느낌은 들지 않았습니다. 스스로의 실력이 마음에 들지 않아 졸업 후 대학원 석사 과정에 진학했습니다. 석사 과정 때 배운 내용은 학부에 비해 난이도는 더 높아지고 공부량도 늘어났지만 손에 잡히지 않는 느낌은 마찬가지였습니다. 여전히 부족하다는 생각에 박사과정에 진학했습니다. 그러다가 다행히도 박사과정 때 여러 가지 일을 겪으면서 조금은 이해되는 느낌을 받았지만 그 때까지 공부한 시간은 결코 짧지 않았습니다.

통계학은 인공지능, 머신러닝, 딥러닝 분야의 기반이 되는 학문으로써 해당 분야를 연구하는 분이라면 통계학적 지식은 필수입니다. 그러나 현실은 통계학의 높은 진입 장벽으로 인해 많은 분들이 학습에 어려움을 느끼고 있습니다. 저는 그런 분들께 조금이나마 도움을 드리고 싶어 이 책을 집필하게 되었습니다. 과거의 저와 같이 어려움을 겪고 계신 분들께 이 책을 바칩니다.

이번 책을 집필하면서 개념 설명을 충실하게 하고자 노력했습니다. 지나치게 수식에만 의존하면 확률 통계를 처음 접하는 독자님들은 어려움을 느낄 수 있으므로 수식을 포함하되 최대한 자세한 설명을 통해 이해를 돕고자 노력했습니다. 대부분의 확률 통계 책들은 계산과 라이브러리를 활용한 실습에 집중하는 경향이 있는데, 지나치게 계산에만 집중하면 개념을 제대로 이해하기 어려운 경우가 많습니다. 뿐만 아니라, 개념을 제대로 이해하지 않은 채 라이브러리를 활용한 실습에 그친다면 확률 통계 개념의 적절한 사용이 어려울 것입니다.

이 책의 실습은 전체적으로 두 파트로 나뉘어 있습니다. 하나는 파이썬을 활용한 실습으로 파이썬 라이브러리를 활용하지 않고 직접 파이썬 코드로 확률 통계 개념을 구현하면서 어려운 개념을 확실히 내 것으로 만듭니다. 나머지 한 가지 실습은 numpy, pandas, scipy와 같은 파이썬 라이브러리를 활용합니다. 여러 가지 파이썬 라이브러리를 활용함으로써 확률 통계와 관련된 편리한 기능을 손쉽게 사용할 수 있습니다.

이 책의 대상 독자

저는 확률 통계를 독학하는 독자님들을 생각하며 이 책을 집필했습니다. 그래서 가급적 확률 통계를 학습할 때 필수적인 요소를 다루려고 노력했습니다. 기존에 확률 통계를 공부한 경험이 있는 독자분이라면 확률 통계 이론 파트에서 개념을 이해하고 파이썬 실습을 통해 기본기를 다질 수 있을 것입니다. 그리고 개발자의 경우, 본 교재를 통해 익힌 개념을 실제 업무에 적용하는데 도움이 될 것이며, 확률 통계를 처음 접하는 독자님 또한 개념을 확실히 익히는데 도움이 될 것입니다.

이 책을 읽는 방법

● 확률 통계를 처음 접하는 독자

확률 통계를 공부해 본 경험이 없는 경우, 처음부터 수식에 집중하면 학습에 부담을 느낄 수 있습니다. 따라서 입문자의 경우, 처음 읽을 때는 모든 수식을 이해하려는 노력 대신 개념 설명 위주로 기초 개념을 익히는 것을 추천합니다. 또한 중간에 모르는 부분이 나오면 처음에는 과감히 넘어가는 방법도 좋습니다. 그리고 실습을 할 때는 눈으로만 코드를 읽지 말고 반드시 직접 타이핑을 하는 것을 추천합니다. 이런 방법으로 첫 회독이 끝나면 두 번째 회독부터는 점차 이해되는 부분이 늘어날 것입니다.

● 확률 통계 학습 경험이 있는 독자

확률 통계 학습 경험이 있는 독자의 경우, 책 초반의 기초 수학 부분은 생략하고 나머지 단원을 순서대로 학습해도 좋습니다. 확률의 기초 개념부터 공부하다가 모르는 수학 개념이 나왔을 경우 책 앞부분의 기초 수학 부분을 찾아보면서 학습하는 것을 추천합니다.

> _____ 예제 소스 코드 및 첨부 파일 _____
> 본 교재에 사용하는 예제 소스 코드 및 첨부 파일은 아래 주소 참고 바랍니다.
> https://github.com/bjpublic/ProbabilityStatistics

책의 구성

저자 소개_ 장철원

공부한 내용을 기록하고 나누는 것을 좋아하는 개발자

충북대학교에서 통계학을 전공하고 고려대학교에서 통계학 석사 졸업했다. 이후 플로리다 주립 대학교(Florida State University) 통계학 박사과정 중 휴학 후 취업 전선에 뛰어들었다. 어렸을 때부터 게임을 좋아해 크래프톤 데이터 분석실에서 일했는데, 주로 머신러닝을 이용한 이탈률 예측, 고객 분류 업무를 수행했다. 그러다가 배틀그라운드 핵 관련 업무를 계기로 IT보안에 흥미를 느껴, 이후 NHN 클라우드사업본부 IT보안실에서 일하게 되었다. NHN에서는 머신러닝을 이용한 매크로 자동 탐지 시스템을 개발하고 특허 출원했다. 현재는 개인 사업을 운영하고 있으며 IT 관련 책을 쓰고 강의를 하면서 소프트웨어를 개발한다. 공부한 내용을 공유하는 데 보람을 느껴 블로그, 카페, 유튜브를 운영하고 있다. 저서로는 『선형대수와 통계학으로 배우는 머신러닝 with 파이썬(비제이퍼블릭, 2021)』, 『알고리즘 구현으로 배우는 선형대수 with 파이썬(비제이퍼블릭, 2021)』, 『웹 크롤링 & 데이터 분석(도서출판 인사이트, 2022)』가 있다.

- 나노쿠키 대표
- 패스트캠퍼스 강사
- 러닝스푼즈 강사
- 전) 한국정보통신기술협회 외부교수
- 전) NHN IT보안실
- 전) 크래프톤 데이터 분석실

- 이메일: stoicheolwon@gmail.com
- 블로그: https://losskatsu.github.io
- 네이버 카페: https://cafe.naver.com/aifromstat
- 유튜브: https://www.youtube.com/@cheolwon_jang_ml

감사의 말

통계학은 지금까지 살아온 제 인생에서 많은 비중을 차지했던 학문입니다. 제 인생을 한 권의 책으로 비유한다면 통계학을 공부한 기간은 하나의 챕터 정도는 될 수 있을 것입니다. 그래서 이 책을 집필하는 동안 지난 시절 추억과 공부하면서 만났던 소중한 인연들이 생각나기도 하며 즐겁게 집필할 수 있었습니다. 앞선 제 책들과 마찬가지로 이 책을 집필하는 동안에도 제가 공부에 집중할 수 있도록 항상 응원해 주신 부모님께 감사의 말씀드립니다. 그리고 힘든 학업 기간 동안 옆에서 큰 힘이 되어준 친구들 감사합니다. 그리고 저에게 가르침을 주셨던 선생님들 감사합니다. 끝으로 이 책이 세상 밖으로 나올 수 있게끔 편집해 주신 비제이퍼블릭 관계자 분들께 감사드립니다.

베타 리더 추천사

머신러닝을 단순한 프로그램의 실행이나 코딩 결과가 아닌, 기반 알고리즘을 이해하고 자신의 분야에 응용하는 데는 수학과 통계학의 기본 지식이 필요하다. 특히 확률분포와 확률과정은 머신러닝의 주요 기법을 이해하는 데 필수적이다. 그러나 현재 시중에 나온 책들은 통계학과 또는 수학과 학생들을 대상으로 수업에 사용하기 위한 교재로 나온 것들이 대부분으로 분량이 많고, 비전공자들에게 있어서 이해하기에 어려운 경우도 많다. 따라서 불필요한 내용을 간략화하고 이해하기 쉽게 쓰여진 책이 필요하다.

이 책은 그러한 수요에 맞게 저자의 강의 경험에 기반하여 보다 이해하기 쉽고 실용적으로 쓰인 책으로 볼 수 있다. 저자는 초보자를 옆에 두고 차근차근 설명하듯이 파이썬 설치부터 기초 수학을 설명하고 확률의 주요 개념과 확률분포, 추정 기법을 간결하면서도 이해하기 쉽게 설명했으며 실제로 결과 계산을 해볼 수 있도록 파이썬 코드를 제시한다. 확률과정과 몬테카를로 시뮬레이션에서도 마르코프 체인, 포아송 과정을 설명하며 앞서 확률 부분을 공부한 독자들이 쉽게 이해할 수 있도록 하고 마르코프 체인의 응용이며 베이지안 통계의 추론 기법인 마르코프 체인 몬테 카를로 기법을 제시하고 있다. 그리고 주식 등 금융 데이터 분석에 자주 언급되는 브라운 운동에 대한 설명도 같이 하고 있다.

이 책은 저자의 다른 책 "선형대수와 통계학으로 배우는 머신러닝 with 파이썬"을 공부하기 위한 기초가 된다. 기초적인 고등학교 수준의 수학 지식을 기반으로 이공계 전공자가 아닌 사람들도 볼 수 있게 쓰였으나 스터디 모임이나 관련 특강 등의 교재로도 활용할 수 있다.

강성찬

데이터를 다루는 사람으로서 확률 통계에 대한 기본 내용을 파이썬으로 다룰 수 있어야 한다고 생각합니다. 이 책은 확률 통계를 이해하기 위한 기초수학부터 실제 데이터에 확률 통계를 적용하는 부분까지 자세하게 코드로 설명해 줍니다.

이 책의 특징은 같은 내용에 대해 파이썬으로 직접 구현한 부분과 라이브러리를 사용하여 간단하게 나타낸 부분이 나누어져 있어서 실제로 라이브러리만 사용했을 때 알 수 없었던 공식이나 동작 과정도 함께 알 수 있습니다. 그리고 공식이 성립되는 과정이 포함되어 있어 해당 결과가 나온 흐름이 더 자세하게 이해가 됩니다.

파이썬을 통해 확률과 통계를 다뤄 보고 싶고 실제 데이터에 확률 통계를 적용해 보고 싶다면, 이 책을 통해 이론과 코드를 통해 직접 다뤄 보는 걸 적극 추천합니다.

김보경

학부생 혹은 통계학을 공부한 지 오래된 사람들에게 추천해 드리는 책입니다. 굉장히 기초적인 내용부터 시작하여 다양한 분포에 대해서 다시 배울 수 있으며, 특히 전공이 아닌 학부 수업에서는 잘 다뤄지지 않는 몬테카를로 방법에 관해 다루고 있습니다. 이론뿐만 아니라 실습 자료도 제공하고 있으며, 라이브러리 사용 방법과 직접 함수를 작성하는 방법까지 상세히 알려주고 있어서 보다 자세히 각 분포 혹은 몬테카를로 방법에 대해서 이해할 수 있게 도와줍니다. 다만, 어디까지나 "확률과 통계"가 메인이므로, 몬테카를로 시뮬레이션 자체에 대해서 깊게 배우고 싶은 사람들에게는 다소 불필요한 내용이 있을 수 있으나, 국내에서 출판된 서적 중 몬테카를로 시뮬레이션을 다루는 책이 많지 않다는 점을 고려한다면 여전히 좋은 자료가 될 수 있으리라 생각합니다.

송 헌

몬테카를로 시뮬레이션은 다양한 분야에서 활용되는 상당히 유용한 도구입니다. 데이터가 없더라도 확률 파라미터만 알고 있으면, 여러 가지 가능한 결과를 추정할 수 있는 알고리즘입니다. 몇 년 전에 강화학습을 공부하던 중에 몬테카를로 시뮬레이션 방법을 이용한 알고리즘을 보고, 오래 전에 전공과목으로 공부했던 기억을 되살리려고 여러 자료를 찾았던 기억이 납니다. 국내 서적으로는 거의 없었고 해외 원서 몇 권만 있었던 것 같습니다. 이제서야 이 책이 나왔네요. 이 책은 몬테카를로 시뮬레이션이라는 목적지에 도달하기 위해서 기초수학, 확률, 확률분포 등 기본부터 설명을 하고 있습니다. 그리고 확률 과정, 포아송 과정, 랜덤워크 그리고 마르코프 과정을 거쳐 몬테카를로 시뮬레이션을 설명하고 있습니다. 각각의 주제는 딥러 닝, 강화학습 그리고 그래프 신경망 등 여러 인공지능 알고리즘의 기본 원리입니다. 각 챕터 를 하나씩 읽다 보면 여러 알고리즘의 기본 원리를 이해할 수 있습니다. 이 책은 독보적인 확 률통계 책이라 생각합니다.

조원양

처음 〈몬테카를로 시뮬레이션으로 배우는 확률통계 with 파이썬〉이라는 제목만 보고는 그 냥 간단한 확률, 통계만 다룬다고 생각하였지만 읽어 나갈수록 이 책이 많은 내용을 담고 있 음을 알게 되었습니다. 제가 처음 몬테카를로를 코드로 구현한 것은 R이었고, 깊게 다루는 책 이나 친절한 책이 많지 않아 원서를 보고 공부했습니다. 하지만 이 책은 많이 쓰이는 파이썬 을 이용하여 구현을 도와주고, 다양한 내용을 너무 깊지도 너무 얕지도 않은 적당한 수준으로 잘 풀어내고 있습니다.

확률통계를 거의 모르고 처음 보시는 분들은 베이지안 부분까지 한 번 보시고 다시 처음부터 한 번 더 보시는 것을 추천드립니다. 확률통계를 조금 아시는 분들은 앞부분을 한 번 살펴보 시고 마르코프 체인 부분부터 천천히 음미하시기를 추천드립니다. 개인적으로 곱씹어볼수록 괜찮다고 생각이 드는 책입니다.

한재민

책에 쓰인 수학 기호

x	스칼라 x
$\mathbf{x}$	벡터 $\mathbf{x}$
X	확률 변수 X
$\boldsymbol{X}$	행렬 $\boldsymbol{X}$
$\boldsymbol{\mathcal{X}}$	텐서 $\boldsymbol{\mathcal{X}}$
$!$	팩토리얼
$\binom{n}{x}$	조합(combination)
$\lim$	극한(limitation)
e	자연 상수
$\log$	로그
Δx	x의 변화량
∂x	x의 변화량(편미분)
$\frac{\partial f(x)}{\partial x}$	함수 $f(x)$의 x에 대한 편미분
∇f	함수 $f(x)$의 그래디언트
$f'(x)$	x의 미분 계수
$\int_a^b f(x)dx$	a부터 b까지 $f(x)$를 정적분
$p_X(x)$	확률 변수 X의 확률 질량 함수
$f_X(x)$	확률 변수 X의 확률 밀도 함수
$P_{X,Y}(x, y)$	확률 변수 X와 Y의 결합 확률 밀도 함수
$P(A|B)$	사건 A가 발생했을 때 사건 B가 발생할 확률
$\pi(\mathbf{x})$	$P(y = 1|X = \mathbf{x})$, X가 $\mathbf{x}$로 주어졌을 때 y가 1일 확률
$\bar{X}$	확률 변수 X의 평균
μ	모평균, 모집단의 평균

σ^2	모분산, 모집단의 분산
σ	모표준편차, 모집단의 표준편차
$E(X)$	확률 변수 X의 평균
$Var(X)$	확률 변수 X의 분산
$Cov(X, Y)$	확률 변수 X와 Y의 공분산
Σ	공분산 행렬
$\log x$	밑이 자연 상수 e인 자연 로그
$\max A$	A의 최댓값
$\min A$	A의 최솟값
$\operatorname{argmax}_x f(x)$	함수 $f(x)$를 최대화하는 x
$\operatorname{argmin}_x f(x)$	함수 $f(x)$를 최소화하는 x
$x \in C$	x는 집합 C의 원소
$\leftrightarrow, \Leftrightarrow$	동치(if and only if)
$\propto$	비례한다
$\hat{\theta}$	θ의 추정량
Ω	표본 공간
∞	무한대
$P(A)$	사건 A가 발생할 확률
$A_1 \cup A_2$	A_1와 A_2의 합집합
$A_1 \cap A_2$	A_1와 A_2의 교집합
$\bigcup_{i=1}^{n} A_i$	$A_1 \cup A_2 \cup \cdots \cup A_n$
$\bigcap_{i=1}^{n} A_i$	$A_1 \cap A_2 \cap \cdots \cap A_n$

차례

Chapter **01 개발 환경 구축하기**

Chapter **02 기초 수학**

Chapter **03 확률**

Chapter 05 연속형 확률 분포

Chapter **08 몬테카를로 시뮬레이션**

Chapter **09 게임 데이터에 확률 통계 적용하기**

개발 환경 구축하기

확률 통계의 세계에 오신 것을 환영합니다. 본격적인 확률 통계를 학습하기 전 첫 발걸음으로 이 장에서는 개발 환경을 구축해 봅니다. 본 장에서는 윈도우, 맥, 리눅스 환경에 대해 개발 환경을 구축하므로 자신의 환경에 맞는 방법을 참고하기 바랍니다.

1.1 윈도우에서 개발 환경 구축하기

이번 절에서는 윈도우에서 파이썬 개발 환경을 구축해 보겠습니다. 파이썬 개발 환경을 구축하는 방법에는 여러 가지가 있는데, 본 교재에서는 초보자가 사용하기 편한 아나콘다 통합 개발 환경에서 실습합니다. 아나콘다는 파이썬 개발 환경을 구축할 때 필요한 부분을 모두 모아 놓은 통합 패키지입니다. 따라서 아나콘다를 활용하면 파이썬 개발 환경을 구축하기 편리합니다.

먼저 웹 브라우저를 실행하고 아래 사이트에 접속합니다.

https://www.anaconda.com/products/distribution

사이트에 접속하면 다음과 같은 화면을 볼 수 있습니다.

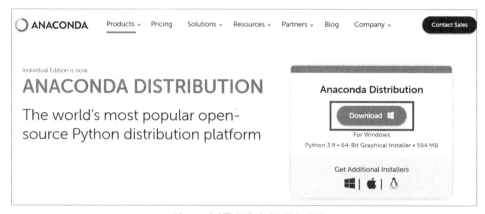

그림 1-1 아나콘다 웹 사이트 접속 화면

[그림 1-1]은 아나콘다 웹 사이트에 접속한 화면입니다. 그림에서 보는 것처럼 Download 버튼을 클릭하면 아나콘다 설치 파일을 다운로드할 수 있습니다.

다운로드가 완료되면 [그림 1-2]와 같이 설치 파일을 실행합니다.

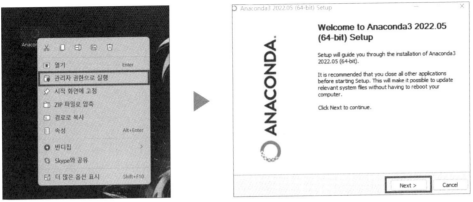

그림 1-2 설치 파일 실행

[그림 1-2]의 왼쪽 아나콘다 설치 파일을 실행하는 화면입니다. 설치 파일을 우클릭한 후 "관리자 권한으로 실행"을 클릭해서 관리자 권한으로 실행합니다. 그러면 오른쪽 그림이 나타나는데 Next를 클릭해 다음 단계로 넘어갑니다.

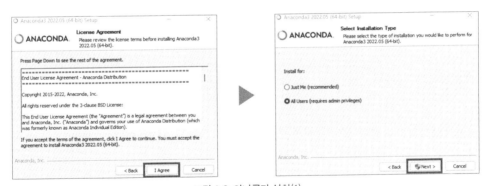

그림 1-3 아나콘다 설치(1)

[그림 1-3]의 왼쪽 화면은 라이선스 동의 화면입니다. 이 화면이 나타나면 "I Agree" 버튼을 클릭해 다음 단계로 넘어갑니다. 그리고 오른쪽 화면은 설치 타입 설정 화면입니다. 설치 대상에 "All Users"를 선택하고 "Next"를 클릭합니다.

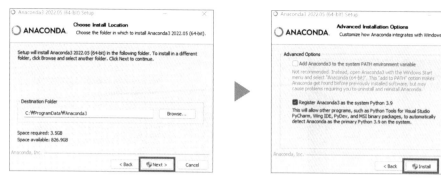

그림 1-4 아나콘다 설치(2)

[그림 1-4]의 왼쪽 화면은 설치 경로 화면입니다. 설치 경로를 확인하고 "Next"를 클릭합니다. 그러면 오른쪽 화면과 같은 설치 옵션 화면이 나타나는데, 기본 상태 그대로 "Install"을 클릭하면 설치가 시작됩니다.

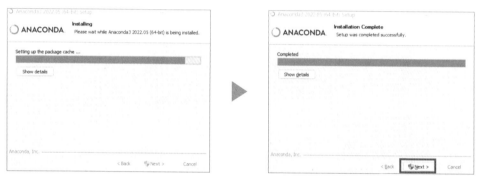

그림 1-5 아나콘다 설치(3)

설치될 때까지 기다린 후 [그림 1-5]의 오른쪽 그림과 같이 Next 버튼이 활성화되면 클릭해 줍니다.

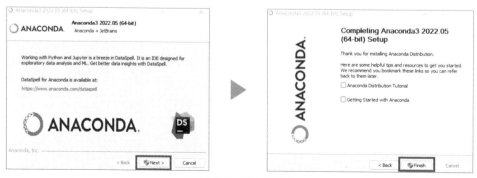

그림 1-6 아나콘다 설치(4)

[그림 1-6]은 마무리 단계입니다. 왼쪽에서 오른쪽 순서로 Next와 Finish 버튼을 순서대로 눌러 주면 설치가 마무리됩니다.

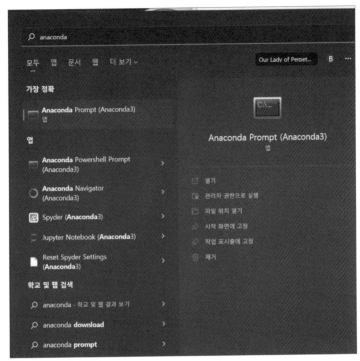

그림 1-7 anaconda prompt 실행

아나콘다 설치가 완료되었다면 실행해 봅니다. [그림 1-7]과 같이 윈도우 키를 클릭하고 anaconda prompt를 검색한 후 클릭합니다.

그림 1-8 아나콘다 프롬프트 실행 화면

anaconda prompt를 실행하면 [그림 1-8]과 같은 화면을 볼 수 있습니다. 해당 화면에서 아래 코드를 입력하여 파이썬 가상 환경을 구축해 봅니다. 파이썬은 버전이 여러 가지가 존재하는데 다양한 버전의 파이썬을 관리하기 위해 가상 환경을 구축하는 것입니다. 그림에서 가장 왼쪽을 보면 (base)라고 쓰여 있는데, (base)는 현재 가상 환경의 이름을 의미합니다. base는 기본적으로 설치되어 있는 환경입니다.

```
(base) C:\Users\stoic>conda info --envs
# conda environments:
#
base                     *  C:\ProgramData\Anaconda3
```

anaconda prompt 화면에 위 코드를 입력합니다. 위 코드를 입력하면 구축된 환경을 확인할 수 있습니다. 아직 다른 환경을 추가하지 않았으므로 base만 존재하는 것을 알 수 있습니다. 그럼 지금부터 새로운 가상 환경을 추가해 봅니다.

```
(base) C:\Users\stoic>conda search python
Loading channels: done
# Name                  Version           Build  Channel
python                   2.7.13      h1b6d89f_16  pkgs/main
python                   2.7.13      h9912b81_15  pkgs/main
python                   2.7.13      hb034564_12  pkgs/main
...(생략)
python                   3.10.3       hbb2ffb3_5  pkgs/main
python                   3.10.4       hbb2ffb3_0  pkgs/main
```

먼저 설치할 파이썬 버전을 확인해 봅니다. 위 코드와 같이 conda search python을 입력하면 설치 가능한 파이썬 버전을 확인할 수 있습니다. 우리는 그중 파이썬 3.10.4 버전을 설치해 봅니다.

```
(base) C:\Users\stoic>conda create --name py3_10_4 python=3.10.4
...(생략)
done
#
# To activate this environment, use
#
```

```
#      $ conda activate py3_10_4
#
# To deactivate an active environment, use
#
#      $ conda deactivate
```

파이썬 3.10.4 버전을 활용해 가상 환경을 추가하는 코드는 위와 같습니다. 위 코드에서 py3_10_4는 추가하고 싶은 가상 환경 이름을 의미하며 이는 독자님이 원하는 이름으로 정할 수 있습니다. 그리고 python=3.10.4는 가상 환경의 파이썬 버전을 의미합니다.

```
(base) C:\Users\stoic>conda info --envs
# conda environments:
#
base                  *  C:\ProgramData\Anaconda3
py3_10_4                 C:\Users\stoic\.conda\envs\py3_10_4
```

설치한 가상 환경이 제대로 추가되었는지 확인해 봅니다. 위 코드를 입력하면 기존 base 환경 이외에 py3_10_4 환경이 추가된 것을 볼 수 있습니다. 그러면 기존 base 환경에서 새롭게 추가한 py3_10_4 환경으로 변경해 봅니다.

```
(base) C:\Users\stoic>conda activate py3_10_4

(py3_10_4) C:\Users\stoic>
```

위 코드와 같이 conda activate py3_10_4를 입력하면 py3_10_4 가상 환경을 실행할 수 있습니다. 창의 가장 왼쪽을 보면 기존 (base)에서 (py3_10_4)로 변경된 것을 볼 수 있습니다. 가상 환경을 실행했다면 필요한 라이브러리를 설치합니다.

```
(py3_10_4) C:\Users\stoic>pip install numpy
(py3_10_4) C:\Users\stoic>pip install pandas
(py3_10_4) C:\Users\stoic>pip install scipy
(py3_10_4) C:\Users\stoic>pip install matplotlib
(py3_10_4) C:\Users\stoic>pip install Jupyter
```

위 코드는 파이썬 라이브러리를 설치하는 코드입니다. 라이브러리는 다양한 목적의 파이썬 프로그래밍을 도와주는 도구입니다. 라이브러리에 대해서는 다음 단원에서 자세히 알아봅니다.

```
(py3_10_4) C:\Users\stoic>jupyter notebook
```

라이브러리를 설치했다면 주피터 노트북을 실행합니다. 주피터 노트북은 파이썬을 사용하기 편하게 도와주는 개발 환경입니다.

그림 1-9 주피터 노트북 실행 화면

[그림 1-9]는 주피터 노트북을 실행한 화면입니다. 파이썬 코드를 추가하고 싶은 폴더로 이동한 후 우측의 New 버튼을 누르고 Python3를 클릭하면 [그림 1-10]과 같은 화면이 나타납니다.

그림 1-10 주피터 노트북 사용

[그림 1-10]은 주피터 노트북을 사용하는 화면입니다. 그림과 같이 원하는 코드를 입력한 후 Shift + Enter 키를 입력하면 코드가 실행되는 모습을 볼 수 있습니다.

1.2 맥에서 개발 환경 구축하기

이번 절에서는 맥 개발 환경에서 파이썬 개발 환경을 구축해 봅니다.

맥OS를 사용하시는 분들 중 brew가 설치되어 있지 않은 분들은 brew를 먼저 설치해야 합니다. 만약 brew가 설치되어 있는 분들은 다시 설치할 필요 없이 다음 단계로 넘어갑니다. brew란 맥OS용 패키지 관리 도구입니다. brew를 설치하면 이후 파이썬과 같은 프로그램을 brew를 이용해 설치할 수 있습니다. 터미널을 실행하고 다음 코드를 입력합니다.

```
$ /bin/bash -c "$(curl -fsSL https://raw.githubusercontent.com/Homebrew/
install/HEAD/install.sh)"
```

위 코드를 입력하면 간단하게 brew를 설치할 수 있습니다.

```
$ brew update
```

기존에 brew가 설치되어 있다면 위 코드를 입력해 brew를 업데이트합니다.

```
$ brew install pyenv
$ brew install pyenv-virtualenv
```

먼저 터미널을 실행하고 위 코드와 같이 pyenv를 설치해 줍니다.

```
$ pyenv --version

pyenv 2.3.5
```

pyenv가 제대로 설치되었는지 확인하기 위해 pyenv --version을 입력했을 때 위 코드와 같이 버전이 출력된다면 pyenv가 제대로 설치된 것입니다.

```
$ pyenv install --list
Available versions:
  2.1.3
  2.2.3
  2.3.7
  2.4.0
...(중략)
```

다음으로 설치 가능한 파이썬 버전을 확인해 봅니다. 위 코드와 같이 다양한 파이썬 버전이 설치 가능한 것을 알 수 있습니다.

```
$ pyenv install 3.10.4
```

본 교재에서는 파이썬 3.10.4 버전을 사용할 것입니다. 위와 같은 코드를 입력해 파이썬 3.10.4를 설치해 줍니다.

```
$ pyenv versions
* system (set by /Users/cheolwon/.pyenv/version)
  3.10.4
```

설치가 완료되었다면 위와 같이 pyenv versions를 입력함으로써 시스템상에 설치되어 있는 파이썬 버전을 확인합니다. 파이썬 3.10.4 버전이 성공적으로 설치된 것을 볼 수 있습니다.

```
$ pyenv virtualenv 3.10.4 py3_10_4
```

파이썬 3.10.4 버전을 사용하는 가상 환경을 추가해 줍니다. 저는 py3_10_4라는 이름으로 가상 환경을 추가했습니다.

```
$ pyenv versions
* system (set by /Users/cheolwon/.pyenv/version)
  3.10.4
  3.10.4/envs/py3_10_4
  py3_10_4
```

가상 환경이 잘 설치되었는지 확인하기 위해 다시 pyenv versions를 입력해 봅니다. 앞서 추가했던 가상환경 py3_10_4가 추가된 것을 볼 수 있습니다.

```
$ vim .zshrc
```

```
'eval "$(pyenv init -)"
'eval "$(pyenv virtualenv-init -)"'
```

본격적으로 pyenv를 사용하기 전에 vim을 이용해 .zshrc를 실행해 위와 같은 두 문장을 추가해 줍니다.

```
$ pyenv activate py3_10_4
```

위 코드를 입력하면 py3_10_4 가상 환경을 실행할 수 있습니다.

```
(py3_10_4)$ pip install numpy
(py3_10_4)$ pip install pandas
(py3_10_4)$ pip install scipy
(py3_10_4)$ pip install matplotlib
(py3_10_4)$ pip install Jupyter
```

가상 환경 실행 후 위와 같은 라이브러리를 설치해 줍니다.

```
(py3_10_4)$ source deactivate
```

만약 가상 환경에서 빠져나오고 싶다면 위와 같은 코드를 입력해 줍니다.

```
$ pyenv uninstall py3_10_4
$ pyenv uninstall 3.10.4
```

그리고 가상 환경이나 파이썬 버전을 삭제하고 싶다면 위와 같은 코드를 입력합니다.

1.3 리눅스에서 개발 환경 구축하기

이번 절에서는 리눅스 환경에서 파이썬 개발 환경을 구축하는 실습을 진행합니다. 리눅스에는 다양한 배포판이 존재하는데 이번 절에서 실습할 것은 우분투(ubuntu)라는 운영체제입니다.

가장 먼저 터미널을 실행하고 pyenv를 설치하기 전에 필요한 사전 프로그램을 설치해 줍니다.

```
$ sudo apt-get update; sudo apt-get install make build-essential libssl-
dev zlib1g-dev \
libbz2-dev libreadline-dev libsqlite3-dev wget curl llvm \
libncursesw5-dev xz-utils tk-dev libxml2-dev libxmlsec1-dev libffi-dev
liblzma-dev
```

pyenv를 설치하기 전에 위와 같은 프로그램들이 미리 설치되어 있어야 합니다. 위와 같이 사전 프로그램을 설치했다면 다음 코드를 입력해 pyenv를 설치합니다.

```
$ curl https://pyenv.run | bash
```

위 코드는 pyenv를 설치하는 코드입니다.

설치가 완료되었다면 .bashrc 파일에 다음 다섯 문장을 추가해 줍니다.

```
export PYENV_ROOT="$HOME/.pyenv"
export PATH="$HOME/.pyenv/bin:$PATH"
eval "$(pyenv init --path)"
eval "$(pyenv init -)"
eval "$(pyenv virtualenv-init -)"
```

.bashrc 파일에 위 문장을 추가했다면 다음 코드를 입력해 셸을 다시 시작합니다.

```
$ exec $SHELL
```

위 코드를 입력해 줍니다.

```
$ pyenv -version
```

그리고 위와 같은 코드를 입력하면 pyenv가 제대로 설치되었는지 확인할 수 있습니다.

```
$ pyenv install --list
Available versions:
  2.1.3
  2.2.3
  2.3.7
  2.4.0
…(중략)
```

다음으로 설치 가능한 파이썬 버전을 확인해 봅니다. 위 코드와 같이 다양한 파이썬 버전이 설치 가능한 것을 알 수 있습니다.

```
$ pyenv install 3.10.4
```

본 교재에서는 파이썬 3.10.4 버전을 사용할 것입니다. 위와 같은 코드를 입력해 파이썬 3.10.4를 설치해 줍니다.

```
$ pyenv versions
* system (set by /Users/cheolwon/.pyenv/version)
  3.10.4
```

설치가 완료되었다면 위와 같이 pyenv versions를 입력함으로써 시스템상에 설치되어 있는 파이썬 버전을 확인합니다. 파이썬 3.10.4 버전이 성공적으로 설치된 것을 볼 수 있습니다.

```
$ pyenv virtualenv 3.10.4 py3_10_4
```

파이썬 3.10.4 버전을 사용하는 가상 환경을 추가해 줍니다. 저는 py3_10_4라는 이름으로 가상 환경을 추가했습니다.

```
$ pyenv versions
```

```
* system (set by /Users/cheolwon/.pyenv/version)
  3.10.4
  3.10.4/envs/py3_10_4
  py3_10_4
```

가상 환경이 잘 설치되었는지 확인하기 위해 다시 pyenv versions를 입력해 봅니다. 앞서 추가했던 가상환경 py3_10_4가 추가된 것을 볼 수 있습니다.

```
$ pyenv activate py3_10_4
```

위 코드를 입력하면 py3_10_4 가상 환경을 실행할 수 있습니다.

```
(py3_10_4)$ pip install numpy
(py3_10_4)$ pip install pandas
(py3_10_4)$ pip install scipy
(py3_10_4)$ pip install matplotlib
(py3_10_4)$ pip install Jupyter
```

가상 환경 실행 후 위와 같은 라이브러리를 설치해 줍니다.

```
(3_10_4)$ source deactivate
```

만약 가상 환경에서 빠져나오고 싶다면 위와 같은 코드를 입력해 줍니다.

```
$ pyenv uninstall py3_10_4
$ pyenv uninstall 3.10.4
```

그리고 가상 환경이나 파이썬 버전을 삭제하고 싶다면 위와 같은 코드를 입력합니다.

기초 수학

확률 통계 공부에는 기초적인 수학 지식이 필요합니다. 따라서 이번 장에서는 본 교재를 학습하기 위해 필요한 기초 수학을 다룹니다. 이를 위해 경우의 수에 대해 알아보고 함수, 극한, 수열과 같은 개념을 배웁니다. 그리고 지수와 로그 개념을 배우고 마지막으로 미분과 적분의 개념에 대해 알아보겠습니다. 이번 장을 열심히 학습한다면 확률 통계를 공부하는 데 필요한 기본 실력을 갖출 수 있을 것입니다.

2.1 경우의 수

2.1.1 팩토리얼

이번 절에서는 확률 통계의 기본이 되는 경우의 수에 대해 알아보겠습니다. 먼저 팩토리얼의 개념에 대해 알아보겠습니다. **팩토리얼(factorial)**은 1부터 자연수 n까지의 모든 자연수의 곱을 나타내며 !로 표기합니다. 팩토리얼의 간단한 예를 들면 다음과 같습니다.

$$5! = 5 \times 4 \times 3 \times 2 \times 1 = 120$$

위와 같이 5!은 1부터 5까지의 자연수를 모두 곱한 값으로 120이라는 것을 알 수 있습니다. 그렇다면 팩토리얼을 파이썬 코드로는 어떻게 구현할 수 있을까요? 팩토리얼을 파이썬으로 구현하면 다음과 같이 factorial 함수로 구현할 수 있습니다. 함수 factorial을 만들어 두면 추후 팩토리얼을 계산해야 하는 경우 factorial 함수를 불러와 사용할 수 있습니다.

```
def factorial(x):
    """
    팩토리얼 함수
    입력값: 정수 x
    출력값: x!
    """
    x_list = list(range(1, x+1))          ❶
    res = 1                               ❷
    for val in x_list:                    ❸
        res *= val                        ❹
    return res                            ❺
```

팩토리얼을 계산하는 함수 이름을 factorial이라고 짓겠습니다. factorial 함수는 입력값으로 팩토리얼을 계산하고 싶은 자연수 x를 받고 출력값으로 x!을 계산해 출력합니다. 팩토리얼은 1부터 자연수 x까지의 모든 자연수를 곱하는 계산 방법입니다. ❶ 따라서 팩토리얼을 위해 계산해야 할 자연수 x를 모두 구해 x_list에 담습니다. ❷ 그리고 이 함수의 출력값이 될 res를 1로 초기화시킵니다. ❸ 그리고 x!값을 구하기 위해 반복문을 수행하는데 이때, 반복문에 사용되는 값들은 x_list에 속하는 값들입니다. ❹ 모든 값을 곱해서 res를 업데이트시킵니다. ❺ 그리고 팩토리얼을 계산한 결괏값 res를 출력합니다.

```
factorial(5)
```

```
120
```

앞서 만든 factorial을 이용해 5!을 계산해 보면 올바른 값을 구하는 것을 알 수 있습니다.

▌ 2.1.2 조합

조합(combination)은 서로 다른 n개의 원소를 가지는 어떤 집합에서 순서에 상관없이 x개의 원소를 선택할 수 있는 가짓수를 의미합니다. 조합은 다음과 같이 표현합니다.

$$\binom{n}{x} = \frac{n!}{x!\,(n-x)!}$$

위 수식을 보면 조합은 앞서 배웠던 팩토리얼의 개념을 이용해 표현하는 것을 알 수 있습니다. 예를 들어, 5개의 원소 중 순서에 상관없이 3개를 선택할 수 있는 경우의 수는 다음과 같이 구할 수 있습니다.

$$\binom{5}{3} = \frac{5!}{3!\,(5-3)!} = \frac{5 \times 4 \times 3 \times 2 \times 1}{(3 \times 2 \times 1)(2 \times 1)} = 10$$

본 교재에서는 조합의 개념을 자주 사용할 것입니다. 따라서 파이썬을 이용해 조합을 계산할 수 있는 함수를 생성해 보겠습니다. 조합을 계산하는 함수 combination을 구현하면 다음과 같습니다.

```
def combination(n, x):
    """
    조합
    입력값: n, x
    출력값: nCx(실수)
    """
    res = factorial(n)/(factorial(x)*factorial(n-x))  ............❶
    return res  ............❷
```

조합을 계산하는 함수 이름을 combination이라고 짓겠습니다. 조합의 입력값은 전체 원소 개수 n과 선택할 원소의 개수 x이며 출력값은 조합 계산 결과입니다. ❶ 조합은 팩토리얼의 개념을 사용하므로 앞서 만들었던 factorial 함수를 이용해 조합을 계산하겠습니다. 조합 계산은 다음과 같이 앞서 배웠던 공식을 구현한 것입니다.

$$\binom{n}{x} = \frac{n!}{x!\,(n-x)!}$$

❷ 조합 계산 결과를 출력합니다.

```
combination(5, 3)
```

```
10.0
```

앞서 만든 combination 함수를 이용해 5개의 원소 중 순서에 상관없이 3개를 선택하는 조합 수를 구하면 10이라는 것을 알 수 있습니다.

2.2 함수

2.2.1 함수의 개념

함수(function)란 어떤 집합의 각 원소를 다른 집합의 유일한 원소에 대응시키는 것을 의미합니다. 이때, 대응이란 서로 다른 집합의 원소끼리 짝지어주는 것을 의미합니다.

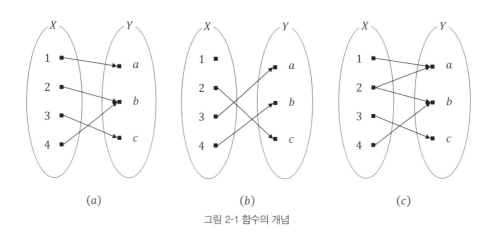

그림 2-1 함수의 개념

[그림 2-1]은 함수의 개념을 나타낸 그림입니다. (a)는 함수에 해당하지만 (b)와 (c)는 함수에 해당하지 않습니다. 왜 그럴까요? 함수가 성립되려면 집합 X에서 집합 Y로 가는 대응 가운데 X의 각 원소가 Y의 원소에 반드시 하나씩 대응되어야 합니다. (a)를 보면 X의 원소 1, 2, 3, 4 모두, 대응되는 Y의 원소가 하나씩 존재하는 것을 볼 수 있으므로 (a)는 함수에 해당합니다. 그러나 (b)의 경우 집합 X에서 1에 대응되는 집합 Y의 원소가 존재하지 않습니다. 따라서 (b) 는 함수가 아닙니다. 마지막으로 (c)는 집합 X의 원소 중 2에 대응하는 집합 Y의 원소가 a, b 로, 하나가 아닌 두 개의 원소에 대응되므로 이는 함수가 아닙니다.

집합 X에서 집합 Y로 가는 함수 f가 주어지고 집합 X의 원소를 x라고 하고 집합 Y의 원소를 y라고 하면 함수 f는 다음과 같이 표현합니다.

$$f : X \rightarrow Y$$

위 함수를 식으로 나타내면 다음과 같습니다. 다음 식은 원소 x에 대한 함숫값 y를 의미합니다.

$$y = f(x)$$

그리고 x와 대응되는 y의 함수는 다음과 같이 그림으로 나타낼 수도 있습니다.

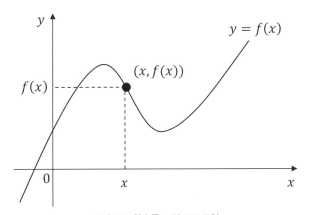

그림 2-2 함수를 그림으로 표현

함수를 그림으로 나타내면 [그림 2-2]와 같이 곡선이 될 수도 있고, 함수식에 따라 직선이 될 수도 있는 등 다양한 형태를 띨 수 있습니다.

▌2.2.2 단조 함수

단조 함수(monotone function)는 단조 증가 함수와 단조 감소 함수를 포함하는 함수를 의미합니다. 단조 증가 함수(monotonically increasing function)는 주어진 구간에서 감소하는 구간이 없는 함수를 의미합니다. 즉, $x_1 \leq x_2$면 $f(x_1) \leq f(x_2)$인 함수를 의미합니다. 단조 감소 함수(monotonically decreasing function)는 주어진 구간에서 증가하는 구간이 없는 함수를 말합니다. 즉, $x_1 \leq x_2$면 $f(x_1) \geq f(x_2)$인 함수를 의미합니다. 단조 증가 함수와 단조 감소 함수를 그림으로 표현하면 [그림 2-3]과 같습니다.

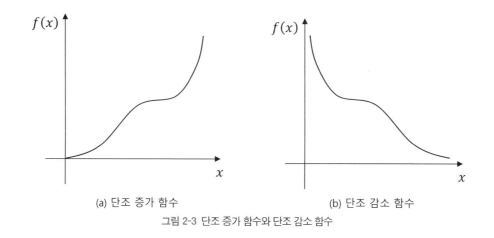

(a) 단조 증가 함수   (b) 단조 감소 함수

그림 2-3 단조 증가 함수와 단조 감소 함수

[그림 2-3]은 단조 증가 함수와 단조 감소 함수를 나타냅니다. (a) 단조 증가 함수를 보면 $f(x)$가 감소하는 구간이 없는 것을 알 수 있고 (b) 단조 감소 함수는 $f(x)$가 증가하는 구간이 없는 것을 볼 수 있습니다.

2.3 함수의 극한

▌2.3.1 극한의 개념

일반적으로 x가 a에 한없이 가까워짐에 따라 $f(x)$의 값이 일정한 값 C로 가까워지면 함수 $y = f(x)$는 C에 수렴한다고 하며 다음과 같이 수식으로 나타낼 수 있습니다.

$$\lim_{x \to a} f(x) = C$$

그리고 위 식에서 $x = a$에서 함수 $f(x)$의 극한값을 C라고 합니다.

함수의 극한과 관련된 간단한 예를 들어 보겠습니다.

$$y = x^2 + x + 1$$

위와 같은 식에서 $x = 1$에서의 극한값 $f(1)$을 구하면 다음과 같이 극한값이 3이라는 것을 알 수 있습니다.

$$\lim_{x \to 1} f(x) = 1 + 1 + 1 = 3$$

그리고 위 결과를 그림으로 나타내면 다음과 같습니다.

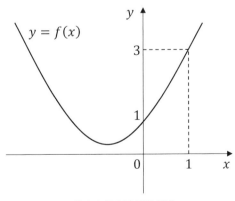

그림 2-4 함수의 극한 예제

[그림 2-4]를 보면 $x = 1$에서의 극한값 $f(1)$은 3이라는 것을 알 수 있습니다.

한 점에서의 극한은 해당 점보다 작은 지점으로부터의 극한인 좌극한과 해당 점보다 큰 지점으로부터의 극한인 우극한으로 나눌 수 있습니다. [그림 2-4]에서 $x = 1$에서의 좌극한과 우극한 값을 구하면 [그림 2-5]와 같습니다.

좌극한	x	0.9	0.99	0.999	$\cdots$	$\rightarrow$	1
	$f(x)$	2.9	2.99	2.999	$\cdots$	$\rightarrow$	3

우극한	x	1.1	1.01	1.001	$\cdots$	$\rightarrow$	1
	$f(x)$	3.1	3.01	3.001	$\cdots$	$\rightarrow$	3

그림 2-5 좌극한과 우극한

좌극한에 대해 좀 더 자세히 알아보겠습니다. 점 a에서의 좌극한은 다음과 같이 마이너스 기호를 써서 $a - 0$와 같이 나타낼 수 있습니다.

$$\lim_{x \to a-0} f(x) = C$$

위 식에서 x가 a보다 작은 값을 가지면서 a에 한없이 가까워짐에 따라 $f(x)$의 값이 C에 한없이 가까워진다면 위 식과 같이 $x = a$에서 함수 $f(x)$의 좌극한을 C라고 합니다.

$$\lim_{x \to a+0} f(x) = C$$

반대로 x가 a보다 큰 값을 가지면서 a에 한없이 가까워짐에 따라 $f(x)$의 값이 C에 한없이 가까워진다면 위 식과 같이 $x = a$에서 함수 $f(x)$의 우극한을 C라고 합니다.

$$\lim_{x \to a} f(x) = C \Leftrightarrow \lim_{x \to a-0} f(x) = \lim_{x \to a+0} f(x) = C$$

따라서 함수의 극한 값이 존재한다는 말은 위 식과 같이 함수의 좌극한 값과 우극한 값이 동일한 것을 의미합니다.

$$y = \frac{x-1}{|x-1|}$$

그렇다면 위와 같은 함수에서 $x = 1$에서의 극한값 $f(x)$는 존재할까요? 이를 확인하기 위해, 위 식에서 $x = 1$의 좌극한과 우극한을 순서대로 구하면 다음과 같습니다.

$$\lim_{x \to 1-0} f(x) = \frac{x-1}{-(x-1)} = -1$$

$$\lim_{x \to 1+0} f(x) = \frac{x-1}{x-1} = +1$$

위 식을 보면 $x = 1$에서의 좌극한은 -1이고 우극한은 $+1$이므로 좌극한과 우극한의 값이 일치하지 않습니다. 따라서 좌극한과 우극한의 값이 일치하지 않으므로 $x = 1$에서의 극한값은 존재하지 않는 것을 알 수 있습니다. 이를 그림으로 나타내면 [그림 2-5]와 같습니다.

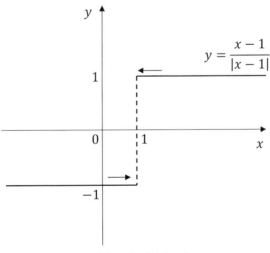

그림 2-6 좌극한과 우극한

[그림 2-6]을 보면 $x = 1$에서의 좌극한 값은 -1이고 우극한 값은 1인 것을 알 수 있습니다. 따라서 좌극한 값과 우극한 값이 일치하지 않으므로 $x = 1$에서의 극한값은 존재하지 않습니다.

▌2.3.2 자연 상수 e

이번 절에서는 **자연 상수(natural constant)** 혹은 오일러 상수(Euler's constant)라고 불리는 e 에 대해 알아보겠습니다. 자연 상수는 무리수로 다음과 같은 값을 의미합니다.

$$e = 2.7182818284\ldots$$

위와 같은 값은 어떻게 나온 것일까요? 자연 상수는 다음과 같은 식을 이용해 구할 수 있습니다.

$$e = \sum_{n=0}^{\infty} \frac{1}{n!} = 1 + \frac{1}{1} + \frac{1}{2 \cdot 1} + \frac{1}{3 \cdot 2 \cdot 1} + \cdots = 2.7182818284\ldots$$

자연 상수는 위 식과 같이 0부터 무한대까지 1을 n 팩토리얼로 나눈 값을 모두 더한 것이라는 것을 알 수 있으며, 참고로 0! = 1 입니다. 자연 상수는 본 교재에서 상당히 자주 쓰이므로 꼭 기억하고 넘어가야겠습니다. 자연 상수는 무리수지만 2.718 정도까지는 기억하는 것이 좋습니다.

이번에는 파이썬을 활용해 자연 상수 e를 계산해 보겠습니다. 자연 상수를 구하는 식을 보면 알 수 있듯, 자연 상수를 계산하기 위해서는 앞서 배운 팩토리얼의 개념이 필요합니다. 따라서 앞서 구현했던 factorial 함수를 불러오겠습니다.

```
def factorial(x):
    """
    팩토리얼 함수
    입력값: 정수 x
    출력값: x!
    """
    x_list = list(range(1, x+1))
    res = 1
    for val in x_list:
        res *= val
    return res
```

자연 상수 e를 계산하기 위해서 앞서 구현한 factorial 함수를 불러왔으면 본격적으로 자연 상수 e를 계산해 보겠습니다. 앞서 다루었듯 자연 상수 e는 다음과 같이 구할 수 있습니다.

$$e = \sum_{x=0}^{\infty} \frac{1}{x!} = 1 + \frac{1}{1} + \frac{1}{2 \cdot 1} + \frac{1}{3 \cdot 2 \cdot 1} + \cdots$$

위와 같이 자연 상수 e를 구하는 식을 보면 0부터 무한대까지 수행되는 것을 알 수 있습니다. 따라서 파이썬을 활용해 더하는 항의 개수가 늘어날수록 자연 상수 e에 가까워지는 것을 확인해 보겠습니다.

```
n = 10
e = 0
for i in range(0,n):
    e += 1/factorial(i)
print(e)
```

2.7182815255731922

먼저 더하는 항의 개수를 10으로 설정해 보겠습니다. 위 코드는 다음과 같은 식을 사용하는 것을 의미합니다.

$$e = \sum_{x=0}^{9} \frac{1}{x!} = 2.7182815255731922$$

위 코드의 결과를 보면 실제 자연 상수값과 어느 정도 차이 나는 것을 볼 수 있습니다.

```
n = 100
e = 0
for i in range(0,n):
    e += 1/factorial(i)
print(e)
```

2.7182818284590455

이번에는 더하는 항을 100개로 설정해 보겠습니다. 위 코드는 다음과 같은 식을 사용하는 것을 의미합니다.

$$e = \sum_{x=0}^{99} \frac{1}{x!} = 2.7182818284590455$$

위 코드의 결과를 보면 더하는 항을 늘릴수록 실제 자연 상수 값에 가까워지는 것을 볼 수 있습니다.

2.4 수열

2.4.1 수열의 개념

수열(sequence)이란 차례대로 나열된 수의 열을 의미합니다. 수열의 간단한 예를 들면 다음과 같습니다.

$$2, 4, 6, 8, 10, \ldots$$

수열은 위와 같이 수가 나열된 형태로 구성되어 있는 것을 의미합니다. 수열의 각 숫자 하나를 해당 수열의 항이라고 부르며 앞에서부터 제1항, 제2항, 제3항, …이라고 부릅니다. 위와 같은 수열을 일반화해서 표현하면 다음과 같습니다.

$$a_1, a_2, a_3, \cdots, a_n, \cdots$$

위와 같은 수열을 간단히 줄여서 $\{a_n\}$이라고 씁니다.

2.4.2 등차수열

이번 절에서는 등차수열에 대해 알아보겠습니다. 다음과 같은 수열은 첫째 항 1부터 2씩 증가하는 수열을 나타냅니다.

$$1, 3, 5, 7, \ldots$$

위와 같이 첫째 항부터 차례대로 특정 수를 더해서 만든 수열을 **등차수열**(arithmetic sequence)이라고 부르며, 더하는 특정 수를 공차(common difference)라고 부릅니다.

$$a_n = a_1 + (n - 1)d$$

위 식은 첫째 항이 a_1이고 공차가 d인 등차수열의 일반항입니다. 예를 들어, 첫째 항이 2이고 공차가 3인 수열의 일반항은 다음과 같이 구할 수 있습니다.

$$a_n = a_1 + (n - 1)d = 2 + (n - 1)3 = 3n - 1$$

그러면 간단한 등차수열을 생성하는 함수를 만들어 보겠습니다. 다음 함수는 수열의 시작 값이 마지막 값보다 작은 경우에 대해서 생성한 것입니다.

```
def seq(start, stop, step):                          ❶
    """
    수열 만들기
    입력값: start(시작 값), stop(끝 값), step(한 스텝당 증가 수)
    출력값: res(리스트)
    """
    res = []                                         ❷
    current = start                                  ❸
    while current < stop:                            ❹
        res.append(current)                          ❺
        current += step                              ❻
    return res                                       ❼
```

먼저 ❶ 함수 이름은 seq라고 짓겠습니다. 함수의 입력값으로는 start, stop, step이 들어가는데 start는 수열의 시작값이며, stop은 수열의 상한선을 의미합니다. 그리고 step은 수열의 한 스텝 진행 시 증가하는 수를 의미합니다. ❷ seq 함수의 출력값은 res인데 이는 등차수열 리스트입니다. ❸ 수열에서 현재 값을 current라고 이름 짓고 수열의 시작값인 start로 초기화합니다. ❹ 그리고 current가 stop보다 작다는 조건을 만족할 때, while문을 수행합니다. ❺ res 리스트에 current를 추가하고 ❻ current 값에 step을 증가시킵니다. ❼ 반복문이 종료되면 등차수열 res를 출력합니다.

```
seq(2,10,1)
```

```
[2, 3, 4, 5, 6, 7, 8, 9]
```

앞서 생성한 seq 함수를 이용해 등차수열을 만들어 보면 위와 같습니다. 첫 항이 2이고 마지막 항이 9이며 공차가 1인 수열을 생성하면 위와 같은 결과를 얻을 수 있습니다. 주의해야 할 점은 함수의 입력값으로 10이 들어가면 이는 10까지 출력하라는 것이 아니라 입력값 10보다 작은 9까지 출력하라는 의미입니다.

▌2.4.3 등비수열

등비수열(geometric sequence)이란 첫째 항부터 차례대로 일정한 수를 곱해 만든 수열을 의미합니다. 이때, 곱하는 일정한 수를 공비(common ratio)라고 합니다.

$$a_n = ar^{n-1}$$

첫째 항이 a이고, 공비가 r인 등비수열의 일반항 a_n은 위 식과 같습니다.

$$S_n = \frac{a_1(1 - r^n)}{1 - r}$$

첫째 항이 a_1이고 공비가 r인 등비수열의 합 S_n은 위와 같이 구할 수 있습니다.

▌2.4.4 무한급수

무한 수열 $\{a_n\}$의 각 항을 모두 더한 다음과 같은 식을 **무한급수**(infinite series)라고 합니다.

$$\lim_{n \to \infty} \sum_{i=1}^{n} a_i = \sum_{i=1}^{\infty} a_i = a_1 + a_2 + a_3 + \cdots + a_n + \cdots$$

위와 같은 무한급수에서 n이 무한대로 갈 때 특정 값 S에 수렴한다면 다음과 같이 나타낼 수 있습니다.

$$\lim_{n\to\infty} \sum_{i=1}^{n} a_i = S$$

무한급수는 다음과 같은 성질을 가집니다.

무한급수의 성질

(1) 무한급수 $\sum_{i=1}^{\infty} a_i$이 수렴하면 $\lim_{n\to\infty} a_n = 0$입니다.

(2) $\lim_{n\to\infty} a_n \neq 0$이면 무한급수 $\sum_{i=1}^{\infty} a_i$는 발산합니다.

무한급수 중 첫째 항이 a이고 공비가 r인 무한 등비수열의 무한급수를 첫째 항이 a이고 공비가 r인 **무한 등비 급수(infinite geometric series)**라고 합니다.

$$\sum_{i=1}^{\infty} ar^{i-1} = a + ar + ar^2 + \cdots + ar^{n-1} + \cdots$$

위와 같은 무한 등비 급수가 수렴하기 위해서는 $|r| < 1$을 만족해야 합니다.

$$\sum_{x=1}^{\infty} ar^{x-1} = \frac{a}{1-r}, \qquad |r| < 1$$

무한 등비 급수에 대한 간단한 예제를 풀어 보면 다음과 같습니다. 다음 예제는 첫째 항이 1/3이고 공비가 1/3인 무한급수의 합을 구하는 문제입니다.

$$\sum_{i=1}^{\infty} \frac{1}{3^i} = \frac{\frac{1}{3}}{1 - \frac{1}{3}} = \frac{\frac{1}{3}}{\frac{2}{3}} = \frac{1}{2}$$

위 결과와 같이 해당 무한급수는 1/2로 수렴하는 것을 알 수 있습니다.

2.5 지수와 로그

2.5.1 지수

어떤 수 x를 여러 번 곱한 x^2, x^3, $\cdots$와 같은 형태를 x의 거듭제곱이라고 하고 x^n에서 x를 거듭제곱의 밑이라고 하고 n을 거듭제곱의 지수라고 합니다. 지수는 다음과 같은 법칙을 따릅니다.

 지수 법칙

(1) $x^m x^n = x^{m+n}$

(2) $(x^m)^n = x^{mn}$

(3) $(xy)^n = x^n y^n$

(4) $\left(\dfrac{y}{x}\right)^n = \dfrac{y^n}{x^n}$

자연 상수 e를 x번 거듭 제곱하는 경우 다음과 같이 표현합니다.

$$e^x = \exp(x)$$

위 두 표현은 동일하며, 우변에서의 exp는 exponential을 의미합니다. 본 교재에서는 두 가지 표현식 모두 사용합니다.

2.5.2 로그

지수와 로그는 서로 연관성 있는 개념입니다. 다음과 같은 식을 만족하는 x는 무엇일까요?

$$2^x = 8$$

위 식을 만족시키는 x는 3이라는 것을 알 수 있습니다. 위와 같은 식을 x에 대해 쓰면 다음과 같이 나타낼 수 있습니다.

$$x = \log_2 8$$

이를 일반화해서 표현하면 다음과 같습니다.

$$a^x = N \Longleftrightarrow x = \log_a N$$

위 식에서 $\log_a N$은 밑이 a인 N의 로그(log)라고 합니다. 로그는 다음과 같은 성질을 따릅니다.

 로그의 성질

(1) $\log_a 1 = 0, \ \log_a a = 1$

(2) $\log_a MN = \log_a M + \log_a N$

(3) $\log_a \frac{M}{N} = \log_a M - \log_a N$

(4) $\log_a M^k = k \log_a M$

우리는 고등학교 때 밑이 10인 로그를 상용 로그라 하여 $\log x$라고 배웠습니다. 그리고 밑이 자연 상수 e인 로그를 $\ln x$라고 배웠습니다. 그러나 본 교재에서는 밑이 자연 상수 e인 로그를 $\log x$라고 표기하겠습니다.

$$\log x = \log_e x$$

밑이 자연 상수 e인 로그 $\log x$는 다음과 같이 극한을 이용해 계산할 수도 있습니다.

$$\lim_{n \to \infty} n \left(x^{\frac{1}{n}} - 1 \right), \qquad let \ x = e^t$$

$$= \lim_{n \to \infty} n \left(e^{\frac{t}{n}} - 1 \right)$$

$$= \lim_{n \to \infty} \frac{t\left(e^{\frac{t}{n}} - 1\right)}{\frac{t}{n}}$$

$$= t \lim_{n \to \infty} \frac{e^{\frac{t}{n}} - 1}{\frac{t}{n}}, \qquad let \; \frac{t}{n} = u$$

$$= t \lim_{u \to 0} \frac{e^u - 1}{u}$$

$$= t \lim_{u \to 0} \frac{e^u}{1}, \qquad \text{로피탈 정리 이용}$$

$$= t \cdot \frac{e^0}{1}$$

$$= t \cdot 1$$

$$= t$$

$$= \log x$$

$$\therefore \lim_{n \to \infty} n \left(x^{\frac{1}{n}} - 1\right) = \log x$$

위 식을 이용해 밑이 e인 자연 로그를 구하는 함수를 파이썬으로 구현하면 다음과 같습니다.

```
def log(x):
    """
    밑이 e인 자연 로그
    입력값: 진수 x
    출력값: ln(x)
    """
    n = 100000000.0
    res = n*( ( x**(1/n) ) -1 )
    return res
```

▍2.5.3 지수 함수와 로그 함수

앞서 배운 지수와 로그를 함수 형태로 나타내면 어떤 형태를 띨까요? 지수 함수와 로그 함수 사이에는 어떤 관계가 있을까요? 이번 절에서는 지수 함수와 로그 함수에 대해 알아보겠습니다.

$$y = a^x \Leftrightarrow x = \log_a y$$

위 식은 로그의 정의에 해당합니다. 위 식에서 왼쪽의 지수 함수는 y에 대해 나타낸 식이며 오른쪽의 로그 함수는 x에 대해 나타낸 식입니다. 지수 함수와 로그 함수는 $y = x$에 대해 서로 대칭 형태를 띠는데, 이를 그림으로 나타내면 [그림 2-7]과 같습니다.

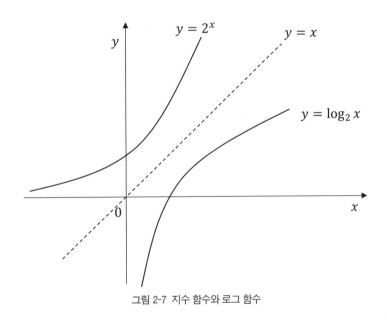

그림 2-7 지수 함수와 로그 함수

[그림 2-7]을 보면 지수 함수 $y = 2^x$와 로그 함수 $x = \log_2 y$는 $y = x$에 대해 서로 대칭 형태인 것을 알 수 있습니다.

2.6 미분

2.6.1 미분의 개념

이번 절에서는 미분에 대해 알아보겠습니다. 다음과 같은 [그림 2-8]에서 함수 $y = f(x)$를 보면 x의 값이 a에서 b로 변할 때 y의 값은 $f(a)$에서 $f(b)$로 변하는 것을 알 수 있습니다.

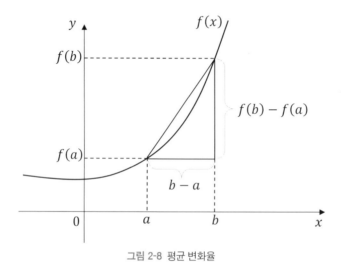

그림 2-8 평균 변화율

이때, x의 변화량에 대한 y의 변화량 비율을 다음과 같이 나타낼 수 있는데, 이를 x값이 a에서 b로 변할 때의 함수 $y = f(x)$의 평균 변화율이라고 합니다. 평균 변화율을 식으로 나타내면 다음과 같습니다.

$$\frac{f(b) - f(a)}{b - a}$$

이때, x의 변화량 $b - a$를 Δx라고 나타내고 y의 변화량 $f(b) - f(a)$를 Δy라고 나타냅니다.

$$\Delta x = b - a$$

$$\Delta y = f(b) - f(a)$$

따라서 평균 변화율은 다음과 같이 나타낼 수 있습니다.

$$\frac{\Delta y}{\Delta x} = \frac{f(b) - f(a)}{b - a} = \frac{f(a + \Delta x) - f(a)}{\Delta x}$$

위와 같은 평균 변화율에서 Δx가 0에 한없이 가까워짐에 따라 평균 변화율이 특정 값에 수렴하면 이는 $x = a$에서의 순간 변화율이 됩니다. 즉, 순간 변화율은 다음과 같이 나타낼 수 있습니다.

$$\lim_{\Delta x \to 0} \frac{\Delta y}{\Delta x} = \lim_{\Delta x \to 0} \frac{f(a + \Delta x) - f(a)}{\Delta x}$$

위와 같은 식에서 순간 변화율이 존재할 때 미분 가능하다고 하며 이 극한값을 $x = a$에서 함수 $f(x)$의 순간 변화율 또는 미분 계수라고 합니다. 미분 계수는 다음과 같이 표기합니다. 미분 계수는 점 $x = a$에서의 접선의 기울기를 의미합니다.

$$f'(a) = \lim_{\Delta x \to 0} \frac{f(a + \Delta x) - f(a)}{\Delta x} = \lim_{x \to a} \frac{f(x) - f(a)}{x - a}$$

위에서 변화량을 Δ라고 나타냈는데 이는 일반적인 변화량을 나타냅니다. 만약 변화량이 0에 가까울 정도로 아주 작다면 다음과 같이 d라고 표현합니다.

$$f'(x) = \frac{dy}{dx} = \frac{d}{dx} f(x)$$

2.6.2 다양한 미분 공식

이번 절에서는 다양한 미분 공식에 대해 알아보겠습니다. 다음은 자주 사용되는 미분 공식을 정리한 것입니다.

$$\frac{d}{dx}(x^n) = nx^{n-1}$$

$$\frac{d}{dx}(e^x) = e^x, \qquad e\text{는 자연 상수}$$

$$\frac{d}{dx}[cf(x)] = cf'(x)$$

$$\frac{d}{dx}[f(x) + g(x)] = f'(x) + g'(x)$$

$$\frac{d}{dx}[f(x) - g(x)] = f'(x) - g'(x)$$

$$\frac{d}{dx}[f(x)g(x)] = f'(x)g(x) + f(x)g'(x)$$

$$\frac{d}{dx}\left[\frac{f(x)}{g(x)}\right] = \frac{f'(x)g(x) - f(x)g'(x)}{[g(x)]^2}$$

$$\frac{d}{dx}f(g(x)) = f'(g(x))g'(x)$$

$$\frac{d}{dx}a^x = a^x \log a$$

$$\frac{d}{dx}\log|x| = \frac{1}{x}$$

위 공식에서 log는 밑이 e인 자연 로그를 의미합니다.

▌2.6.3 편미분

앞서 미분 개념을 설명하면서 사용한 함수는 다음과 같이 x에 대한 y값을 나타내는 형태였습니다. 그리고 미분 계수는 x 변화량에 대한 y 변화량의 비율이라고 배웠습니다.

$$y = f(x)$$

$$\frac{dy}{dx} = f'(x)$$

위에서 다룬 함수 f의 변수는 x로 하나인 것을 알 수 있습니다. 그렇다면 함수의 변수가 여러 개인 경우는 어떨까요? 다음과 같이 변수가 x, y로 두 개인 함수를 생각해 보겠습니다.

$$z = f(x, y)$$

위와 같은 식에서 x에 대한 미분 계수는 어떻게 구할 수 있을까요? 위와 같이 변수가 여러 개인 함수를 미분할 때는 미분하고자 하는 변수를 제외한 나머지 변수는 상수로 취급합니다. 예를 들어, 위와 같이 x와 y 변수가 존재할 때, x에 대해 미분할 때는 y를 상수로 취급하고, y에 대해 미분할 때는 x를 상수로 취급하는 것입니다. 이와 같이 **편미분**(partial derivative)은 다변수 함수에 대해 특정 변수를 제외하고 나머지 변수를 상수로 취급하는 것을 의미합니다. 편미분은 다음과 같이 나타냅니다.

$$\frac{\partial z}{\partial x}$$

편미분을 할 때는 위와 같이 기호 ∂를 사용하고 위 식은 z를 x로 편미분한 것을 의미합니다. 따라서 z는 x와 y에 대해 편미분할 수 있으며 다음과 같이 모든 변수에 대해 편미분을 구한 것을 **그래디언트**(gradient)라고 합니다.

$$\left[\frac{\partial f(x, y)}{\partial x}, \frac{\partial f(x, y)}{\partial y} \right]$$

편미분에 대한 간단한 예제를 풀어 보겠습니다.

$$f(x, y) = x^2 + xy^3 - 3y$$

위와 같은 식에서 먼저 x에 대해 편미분하면 다음과 같은 결과를 얻을 수 있습니다.

$$\frac{\partial}{\partial x} f(x, y) = 2x + y^3$$

또한 y에 대해 편미분하면 다음과 같습니다.

$$\frac{\partial}{\partial y} f(x, y) = 3xy^2 - 3$$

2.7 적분

▌2.7.1 정적분의 개념

이번 절에서는 적분에 대해 알아보겠습니다. 함수 $y = f(x)$가 구간 $[a, b]$에서 연속이고 함수 $f(x)$가 0보다 크거나 같을 때 구간 $[a, b]$를 n등분해서 각 구간의 길이를 Δx라고 하면 Δx는 다음과 같이 나타낼 수 있습니다.

$$\Delta x = \frac{b - a}{n}$$

이때, 각 구간의 오른쪽 끝에서의 함숫값이 세로인 직사각형 넓이의 합을 S_n이라고 하면 S_n은 다음과 같이 나타낼 수 있습니다.

$$S_n = f(x_1)\Delta x + f(x_2)\Delta x + \cdots + f(x_n)\Delta x = \sum_{k=1}^{n} f(x_k)\Delta x$$

위 식을 그림으로 나타내면 [그림 2-9]와 같습니다.

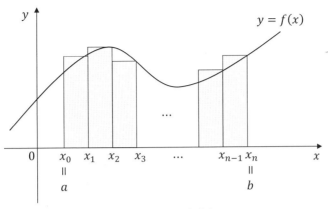

그림 2-9 정적분의 개념

[그림 2-9]에서 x축을 아주 잘게 잘라서 $n \to \infty$이 되면 도형의 넓이의 합은 함수 $y = f(x)$의 아래 넓이와 같아집니다.

$$S = \lim_{n \to \infty} S_n = \lim_{n \to \infty} \sum_{k=1}^{n} f(x_k)\,\Delta x$$

이를 그림으로 나타내면 [그림 2-10]과 같습니다.

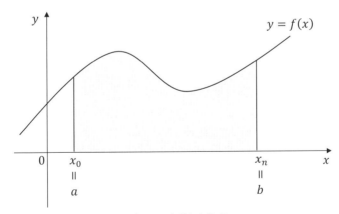

그림 2-10 정적분의 개념2

위와 같은 정적분을 다음과 같은 식으로 나타낼 수 있습니다.

$$\int_{a}^{b} f(x)dx = \lim_{n \to \infty} \sum_{k=1}^{n} f(x_k)\,\Delta x$$

▌2.7.2 다양한 적분 공식

이번 절에서는 다양한 적분 공식에 대해 알아보겠습니다.

$$\int_a^b c\,dx = c(b-a), \qquad c\text{는 상수}$$

$$\int_a^b x^n\,dx = \left[\frac{1}{n+1}x^{n+1}\right]_a^b = \frac{1}{n+1}b^{n+1} - \frac{1}{n+1}a^{n+1}$$

$$\int_a^b e^x\,dx = [e^x]_a^b = e^b - e^a, \qquad e\text{는 자연 상수}$$

$$\int_a^b [f(x)+g(x)]\,dx = \int_a^b f(x)\,dx + \int_a^b g(x)\,dx$$

$$\int_a^b [f(x)-g(x)]\,dx = \int_a^b f(x)\,dx - \int_a^b g(x)\,dx$$

$$\int_a^b cf(x)\,dx = c\int_a^b f(x)\,dx, \qquad c\text{는 상수}$$

▍2.7.3 치환 적분

이번 절에서는 치환 적분에 대해 배워 보겠습니다. 치환 적분은 그 이름처럼 치환을 이용해 적분을 하는 방법인데 일반적인 적분 공식을 사용해 적분하기 어려울 때 활용하는 방법 중 하나입니다. 치환 적분은 문제를 풀면서 배우는 게 빠릅니다. 다음과 같은 식을 적분한다고 하겠습니다.

$$\int_a^b e^{cx+d}\, dx$$

위 식은 일반적인 적분 공식을 사용해서 적분하기는 어렵습니다. 따라서 $ax + b = t$라고 치환하면 다음과 같이 정리가 가능합니다.

$$cx + d = t$$

$$\frac{dt}{dx} = c \Leftrightarrow dx = \frac{1}{c} dt$$

따라서 위 결과를 원래 식에 대입하면 다음과 같습니다.

$$\int_a^b e^{cx+d}\, dx = \int_a^b e^t \frac{1}{c} dt$$

$$= \frac{1}{c} \int_a^b e^t\, dt$$

$$= \frac{1}{c} (e^b - e^a)$$

$$\therefore \int_a^b e^{ax+b}\, dx = \frac{1}{c} (e^b - e^a)$$

2.7.4 부분 적분

이번 절에서는 부분 적분에 대해 배워 보겠습니다. 부분 적분은 다음과 같은 공식을 따릅니다.

$$\int_a^b f(x)g'(x)\,dx = [f(x)g(x)]_a^b - \int_a^b f'(x)g(x)\,dx$$

부분 적분은 위 공식처럼 두 개의 함수가 곱의 형태로 존재하고 이를 적분할 때 사용하는 함수입니다. 간단한 문제를 풀어보면서 부분 적분의 공식을 적용시켜 보겠습니다.

$$\int_0^1 2xe^x\,dx$$

위와 같은 식을 부분 적분하기 위해 다음과 같이 설정하겠습니다.

$$f(x) = 2x, \qquad g'(x) = e^x$$
$$f'(x) = 2, \qquad g(x) = e^x$$

따라서 위 공식을 이용해 부분 적분을 하면 다음과 같습니다.

$$\int_0^1 2xe^x\,dx = [f(x)g(x)]_0^1 - \int_0^1 f'(x)g(x)\,dx$$

$$= [2xe^x]_0^1 - \int_0^1 2e^x\,dx$$

$$= (2e - 0) - 2[e^x]_0^1$$

$$= 2e - (2e - 2)$$

$$= 2$$

$$\therefore \int_0^1 2xe^x\,dx = 2$$

Chapter

03

확률

이번 장부터는 본격적으로 확률을 다루어 보겠습니다. 가장 먼저 확률의 기초 개념에 대해 배우고 확률 변수, 확률 분포에 대한 개념을 배울 것입니다. 그리고 데이터를 이용해 구하는 기초 통계량인 평균과 분산, 공분산을 계산해 보고 그 의미를 알아보겠습니다. 뿐만 아니라, 조건이 주어졌을 때의 확률인 조건부 확률의 개념을 학습하고 적률 생성 함수를 다룰 예정입니다. 본 장에서 기본적인 확률의 개념을 확실하게 익힌다면 추후 다루게 될 내용을 학습하는 데 용이할 것입니다.

3.1 확률의 기초

▌ 3.1.1 확률을 배우는 이유

우리는 확률을 왜 배울까요? 확률과 관련된 여러 가지 확률 분포를 어떻게 실생활에 적용시킬 수 있을까요? 일반적으로 확률을 공부하면서 동전을 던지거나, 주사위를 던지거나 혹은 카드 게임과 같은 예제들을 보게 됩니다. 이러한 예제들은 확률의 개념을 익히기 위해 사용하는 좋은 예제가 될 수 있지만 한편으로는 이런 예제들을 실생활에 적용할 수 있을까? 하는 생각이 들 수 있습니다. 우리 인생은 예측 불가합니다. 언뜻 보면 일상이 반복되는 것처럼 보이지만 당장 내일 날씨도 예측하기 어려운 것이 현실입니다. 우리가 확률을 공부하는 이유는 무작위로 일어나는 사건들을 이해하고 해석하기 위함입니다. 따라서 확률을 공부함으로써 사건이 발생할 수 있는 확률을 기반으로 어떤 일을 계획하거나 결정할 수 있습니다.

▌ 3.1.2 확률의 개념

확률을 공부하기 위해서는 확률의 기본 개념을 알아야 합니다. 확률의 개념을 설명하기 위해 동전을 던지는 상황을 가정해 보겠습니다. 여러분이 동전을 던졌을 때 나올 수 있는 경우는 앞면, 혹은 뒷면이 전부이며 다른 경우는 발생할 수 없습니다. 이처럼 발생 가능한 모든 결과의 집합을 **표본 공간(sample space)**이라고 합니다. 표본 공간은 Ω 혹은 S라고 표기하며, Ω는 '오메가'라고 읽습니다. 앞선 예에서 동전을 던졌을 때 나올 수 있는 결과의 표본 공간은 다음과 같이 쓸 수 있습니다.

$$\Omega = \left\{ \text{앞면}, \text{뒷면} \right\}$$

이번에는 동전이 아닌 주사위를 던지는 상황을 가정해 보겠습니다. 주사위를 던졌을 때 나올 수 있는 결과는 1, 2, 3, 4, 5, 6으로 표본 공간은 다음과 같이 쓸 수 있습니다.

$$\Omega = \{1, 2, 3, 4, 5, 6\}$$

이번에는 토익 시험을 본다고 가정하겠습니다. 토익 시험은 990점이 만점인 시험으로 5점 스케일로 점수가 정해지는 시험입니다. 따라서 토익 시험을 쳤을 때 나올 수 있는 모든 결과, 즉 표본 공간은 다음과 같이 쓸 수 있습니다.

$$\Omega = \{0, 5, 10, 15, \cdots, 980, 985, 990\}$$

표본 공간의 부분 집합을 **사건(event)**이라고 합니다. 즉, 사건은 표본 공간을 구성하는 집합의 일부분이라고 할 수 있습니다. 예를 들어, 앞서 동전을 던지는 예에서 앞면이 나오는 경우를 A라고 하면 사건 A는 다음과 같이 쓸 수 있습니다. 그리고 실제로 동전을 던졌을 때 앞면이 나오면 이를 "사건 A가 발생했다"라고 표현합니다.

$$A = \left\{ 앞면 \right\}$$

주사위를 던지는 예에서 홀수가 나오는 사건을 B라고 하면 사건 B는 다음과 같이 쓸 수 있습니다.

$$B = \{1, 3, 5\}$$

토익 시험을 보는 예에서 900점 이상을 받는 사건을 C라고 하면 사건 C는 다음과 같이 쓸 수 있습니다.

$$C = \{900, 905, 910, \cdots, 990\}$$

확률(probability)이란 어떤 사건이 발생할 가능성을 0과 1 사이의 숫자로 수치화시킨 것을 의미합니다. 확률은 다음과 같은 공식으로 구할 수 있습니다.

$$P(A) = \frac{\text{사건 A의 결과 개수}}{\text{발생 가능한 모든 경우의 개수}}$$

위 공식을 이용해 동전을 던졌을 때 앞면이 나올 확률을 구하면 다음과 같습니다.

$$P(A) = \frac{\text{사건 A의 결과 개수}}{\text{발생 가능한 모든 경우의 개수}} = \frac{1}{2}$$

$$\Omega = \left\{ 앞면, 뒷면 \right\}$$

$$A = \left\{ 앞면 \right\}$$

여러 가지 사건을 다루는 경우에는 집합 기호 ∪ 또는 ∩를 사용해서 표현할 수 있습니다. 예를 들어, 동전을 던졌을 때, 앞면이 나오는 사건을 A라고 하고 뒷면이 나오는 사건을 B라고 했을 때, 사건 A 또는 B가 나오는 사건을 $A \cup B$라고 표현합니다. 또한 사건 A와 B가 동시에 발생하는 사건을 $A \cap B$라고 표현합니다. $A \cup B$가 발생할 확률과 $A \cap B$가 발생할 확률은 다음과 같이 계산할 수 있습니다.

$$P(A \cap B) = P\left(앞면과 뒷면이 동시에 발생 \right) = 0$$

$$P(A \cup B) = P\left(앞면 혹은 뒷면 \right)$$

$$= P(A) + P(B) - P(A \cap B)$$

$$= \frac{1}{2} + \frac{1}{2} - 0$$

$$= \frac{2}{2}$$

$$= 1$$

위 결과를 해석해 보면 먼저 $P(A \cap B)$는 동전을 던졌을 때 앞면과 뒷면이 동시에 발생할 확률을 의미하는데 이는 0입니다. 왜냐하면 두 경우가 동시에 발생하는 것은 불가능하기 때문입니다. 그리고 $P(A \cap B)$는 $P(A, B)$라고 표현하기도 합니다. $P(A \cup B)$는 앞면 혹은 뒷면이 나올 확률을 의미하며 $P(A \cup B) = P(A) + P(B) - P(A \cap B)$와 같은 공식으로 계산할 수 있습니다.

확률은 다음과 같은 기본적인 성질을 만족합니다.

NOTE **확률의 공리적 정의**

(1) $0 \leq P(A) \leq 1$

(2) $P(\Omega) = 1$

(3) 만약 $A_1, A_2, \cdots$ 가 상호 배반 사건이면, $P(\bigcup_{i=1}^{\infty} A_i) = \sum_{i=1}^{\infty} P(A_i)$

(1)은 모든 확률이 0과 1 사이에 있다는 뜻으로 확률은 0보다 작은 값이 나올 수 없다는 뜻입니다. (2)는 발생 가능한 모든 사건의 확률을 더하면 1이 된다는 뜻으로 동전을 던지는 예에서 동전을 던졌을 때 나올 수 있는 경우는 앞면 혹은 뒷면입니다. 이때, 앞면/뒷면이 나올 확률 즉, 각 사건이 발생할 확률은 동일하게 1/2이므로 발생 가능한 모든 확률을 더하면 1입니다. (3)은 동시에 발생할 수 없는 사건들에 대해 각 사건의 합의 확률은 개별 확률이 일어날 확률의 합과 같다는 의미입니다. 이때, 배반에 대한 개념은 이후 단원에서 자세히 알아보겠습니다.

▌ 3.1.3 확률의 종류

이번 절에서는 확률의 종류에 대해 알아보겠습니다. 확률은 크게 이론적 확률과 경험적 확률로 나눌 수 있습니다.

이론적 확률(theoretical probability)은 이론에 기반한 확률을 의미하며 아직 발생하지 않은 미래에 초점을 맞추는 방법입니다. 예를 들어, 우리는 종종 동전을 던질 때, 앞면이 나올 확률은 50%라는 말을 합니다. 이 말에 대해 생각해 보면 아직 동전을 던지지 않았음을 의미하며 동전을 던진다는 행동은 미래의 행동에 해당합니다. 즉, 동전을 아직 던지지는 않았지만 미래에 동전을 던진다면 앞면이 나올 확률은 50%라고 예측하는 것입니다.

경험적 확률(empirical probability)은 과거의 경험에 기반한 확률을 의미하며, 경험적 확률은 과거에 얻은 데이터를 기반으로 합니다. 예를 들어, 과거에 동전을 100번 던졌을 때 앞면이 53번 나왔다면 앞면이 나올 경험적 확률은 53%라고 계산합니다. 앞선 이론적 확률과 동일하게 동전을 던지는 예를 들었는데, 앞선 이론적 확률에서는 동전을 던지는 행위는 미래에 일어날 일이었습니다. 그러나 경험적 확률에서는 이미 과거에 동전을 100번 던졌으며, 과거 데이터를 기반으로 확률로 계산하는 것입니다.

▌ 3.1.4 independent

이번 절에서는 **독립(independent)**에 대해 알아보겠습니다. 두 사건 A와 B가 independent하다는 말은 각각의 두 사건이 발생할 확률을 곱한 결과가 두 사건이 동시에 발생할 확률과 동일함을 의미합니다. 이를 수식으로 설명하면 다음과 같습니다.

$$P(A \cap B) = P(A)P(B)$$

사건들이 서로 independent하다는 말은 서로 '독립'이라는 표현으로 자주 쓰입니다. 필자도 본 교재에서 '독립'이라는 단어를 주로 사용할 것입니다. 그럼에도 불구하고 본 절의 제목을 영문 그대로 independent라고 정한 이유는 때로는 영어 단어 그대로를 받아들이는 것이 나을 때가 있기 때문입니다. 또한 독립은 바로 다음 절에서 다룰 배반(disjoint)과 혼동되는 경우가 많은데, 영문명을 잘 알아 두면 independent와 disjoint를 헷갈리지 않고 이해하는 데 도움이 됩니다.

일반적으로 확률을 공부하는 사람들이 쉽게 혼동하는 점은 두 사건이 독립이라고 하면 두 사건이 동시에 발생할 확률이 0이라고 생각하는데 이는 독립의 개념이 아니라 다음 절에서 다루게 될 배반(disjoint)의 개념입니다.

▌ 3.1.5 disjoint

이번 절에서는 **배반(disjoint)**에 대해 알아보겠습니다. 두 사건 A와 B가 disjoint하다는 말은 동시에 발생할 확률이 0이라는 것을 의미합니다. disjoint의 개념을 수식으로 나타내면 다음과 같습니다.

$$P(A \cap B) = 0$$

disjoint는 우리말로 '배반'이라는 단어로 번역해서 사용하기도 합니다만 배반이라는 단어는 와 닿지 않고, 실제로 disjoint라는 영문 자체를 많이 사용하므로 본 교재에서도 disjoint라고 표기하도록 하겠습니다.

앞선 절에서 배운 independent와 이번 절에서 배운 disjoint를 혼동하는 경우가 있는데 이 둘은 수식만 봐도 확실히 다릅니다. independent는 여러 사건이 동시에 발생할 확률은 각 사건이 발생할 확률의 곱과 동일함을 의미하며 disjoint는 여러 사건이 동시에 발생할 확률이 0이라는 것을 의미합니다.

두 사건 A와 B가 disjoint하면 두 사건 중 적어도 한 사건이 발생할 확률은 다음과 같이 구할 수 있습니다.

$$P(A \cup B) = P(A) + P(B) - P(A \cap B)$$

$$= P(A) + P(B) - 0$$

$$= P(A) + P(B)$$

$$\therefore P(A \cup B) = P(A) + P(B)$$

앞선 예에서 동전을 던졌을 때 앞면이 나오는 사건을 A라고 하고, 뒷면이 나오는 사건을 B라고 했을 때 두 사건이 동시에 발생할 확률 $P(A \cap B)$는 0이므로 이는 배반 사건에 해당합니다.

위와 같은 disjoint 식을 일반화하면 n개의 사건 $A_1, A_2, \cdots, A_n$이 배반일 경우, 다음과 같은 식이 성립합니다.

$$P(A_1 \cup A_2 \cup \cdots \cup A_n) = P(A_1) + P(A_2) + \cdots + P(A_n)$$

$$P\left(\bigcup_{i=1}^{\infty} A_i\right) = P\left(\sum_{i=1}^{\infty} A_i\right)$$

위 식은 사건 $A_1, A_2, \cdots, A_n$이 배반일 경우 성립한다고 했습니다. 따라서 배반이 성립하지 않는 일반적인 경우에는 $P(A \cup B)$를 구하기 위해 $P(A \cap B)$까지 고려하므로 다음과 같은 관계가 성립한다는 것을 알 수 있습니다.

$$P\left(\bigcup_{i=1}^{\infty} A_i\right) \leq P\left(\sum_{i=1}^{\infty} A_i\right)$$

3.2 확률 변수

▌3.2.1 확률 변수의 개념

확률 변수(random variable)는 확률 현상을 통해 값이 확률적으로 정해지는 변수를 의미합니다. 이때, 확률 현상이란 발생 가능한 결과들은 알지만 가능한 결과들 중 어떤 결과가 나올지는 모르는 현상을 의미합니다. 예를 들어, 동전을 던졌을 때 발생할 수 있는 결과는 앞면, 혹은 뒷면이라는 사실은 누구나 알고 있습니다. 그러나 실제로 동전을 던졌을 때 어떤 결과가 나올지는 모릅니다.

확률 변수에는 변수(variable)라는 단어가 포함됩니다. 이를 통해, 확률 변수는 상수가 아닌 변수라는 것을 알 수 있습니다. 상수는 고정된 값을 의미하지만 변수는 이름 그대로 변할 수 있는 수입니다. 즉, 확률 변수는 변수인데 확률 현상을 통해 확률적으로 변하는 수라고 할 수 있습니다.

이번에는 확률 변수와 관련된 표기법(notation)에 대해 알아보겠습니다. 초보자에게 통계학이 어렵게 느껴지는 이유는 표기법이 의미하는 바를 이해하는 데 어려움을 느끼기 때문입니다. 따라서 지금부터 이야기할 표기법에 대해 진지하게 생각한다면 앞으로 공부를 해 나가는 데 도움이 될 것입니다.

먼저 확률 변수는 대문자로 표기합니다. 예를 들어, 확률 변수 X는 대문자 X라고 표기합니다. 그리고 확률 변수 X가 특정 값 x일 확률은 다음과 같이 표기합니다.

$$P(X = x)$$

$$or$$

$$P_X(x)$$

위 수식에 대해 생각해 보겠습니다. 먼저 P는 확률(probability)을 의미합니다. 즉, P 다음에 나오는 괄호 안의 사건(event)이 발생할 확률을 의미하는 것입니다. 그리고 대문자 X는 확률 변수를 의미합니다. 그에 반해 소문자 x는 특정 값을 의미합니다. 따라서 독자님들이 앞으로 수식을 볼 때, X와 같이 대문자로 표기되는 경우는 확률 변수를 의미하므로 특정 값을 의미하는 게 아니라고 생각해야 합니다. 반면 x와 같이 소문자로 표기되는 경우를 본다면 이는 특정 값에 해당함을 의미합니다.

$$P(X = 3)$$

예를 들어, 위와 같은 수식은 확률 변수 X가 특정 값 3일 확률을 의미하는 것입니다.

확률 변수는 크게 두 가지로 구분되는데, 확률 변수가 가질 수 있는 값의 종류를 셀 수 있으면 이산형 확률 변수(discrete random variable)라고 하고, 셀 수 없으면 연속형 확률 변수(continuous random variable)라고 합니다.

▌3.2.2 모집단과 표본

모집단(population)은 관심 있는 대상이 되는 모든 측정값의 집합을 의미합니다. 그리고 표본(sample)은 모집단에서 추출한 측정값의 집합을 의미합니다. 쉽게 말하면 모집단과 표본의 관계는 전체와 부분이라고 볼 수 있습니다.

모수(population parameter)란 모집단의 분포 특성을 규정 짓는 척도를 의미하며 관심의 대상이 되는 모집단의 대푯값을 의미합니다. 참고로 본 교재에서는 '모수'라는 단어와 '파라미터'라는 단어를 혼용해서 사용하는데, 두 단어는 동일한 의미를 가집니다. 그리고 표본 통계량(sample statistic)이란 표본의 대푯값을 의미합니다.

예를 들어, 경기도에 살고 있는 모든 고등학생의 키의 평균에 관심 있다고 했을 때 전체 고등학생의 키를 측정하기 어려워 임의의 고등학생 30명을 추출해서 키를 측정했다고 하겠습니다. 이때, 모집단은 경기도에 살고 있는 모든 고등학생의 키의 집합을 의미하며, 모수는 경기도에 살고 있는 모든 고등학생의 평균 키를 의미합니다. 또한 표본은 임의로 선택한 고등학생 30명의 키를 의미하며 표본 통계량이란 해당 30명의 키의 평균을 의미합니다.

3.2.3 히스토그램

히스토그램(histogram)은 표 형태로 되어 있는 빈도표(frequency table)를 그래프 형태로 나타낸 것을 의미합니다. 빈도표는 '도수 분포표'라고 번역하기도 하지만 본 교재에서는 빈도표라고 부르겠습니다.

$$1, 3, 3, 2, 3, 4, 2, 4, 5, 3$$

위와 같은 데이터가 주어졌다고 할 때, 위 데이터를 기반으로 빈도표를 만들어 보겠습니다. 위 데이터는 1, 2, 3, 4, 5 중 하나의 값으로 구성되어 있는데 이를 계급 값이라고 합니다. 해당 값에 속하는 데이터가 몇 개인지 세어보면 다음 [그림 3-1]의 왼쪽 그림과 같은 빈도표를 만들 수 있고 오른쪽 그림처럼 히스토그램을 그릴 수 있습니다.

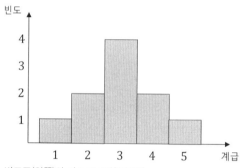

계급	빈도
1	1
2	2
3	4
4	2
5	1

그림 3-1 빈도표(왼쪽)와 히스토그램(오른쪽)

[그림 3-1]을 보면 데이터를 구성하는 값들에 대한 빈도를 확인할 수 있습니다. 예를 들어, 계급 값 3의 빈도가 4라는 말은 해당 계급에 속하는 데이터가 4개라는 뜻입니다.

빈도표에서 계급 값은 '값'이 될 수도 있지만 '구간'이 될 수도 있습니다. 다음과 같은 중간고사 수학 점수 데이터를 보겠습니다.

$$58, 62, 63, 67, 68, 72, 73, 74, 76, 78, 81, 83, 86, 91, 97$$

위 데이터를 빈도표와 히스토그램으로 나타내 보겠습니다. 앞선 예에서는 모든 값을 계급값으로 표현했지만 이번에는 데이터를 구성하는 값이 많으므로 '계급 값'이 아닌 '계급 구간'으로 표현하겠습니다. 이를 그림으로 나타내면 [그림 3-2]와 같습니다.

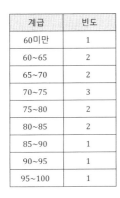

계급	빈도
60미만	1
60~70	4
70~80	5
80~90	3
90~100	2

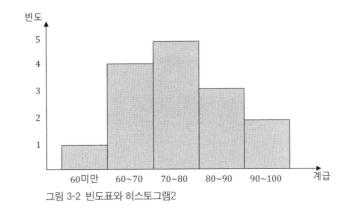

그림 3-2 빈도표와 히스토그램2

[그림 3-2]는 위 중간고사 수학 점수 데이터를 빈도표와 히스토그램으로 나타낸 그림입니다. 위 그림에서 계급 구간은 10으로 설정하고 히스토그램으로 그렸는데, 계급 구간 5로 설정하면 [그림 3-3]과 같이 나옵니다.

계급	빈도
60미만	1
60~65	2
65~70	2
70~75	3
75~80	2
80~85	2
85~90	1
90~95	1
95~100	1

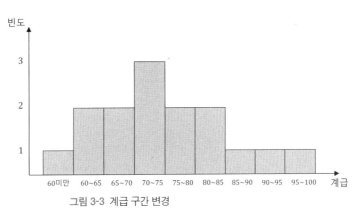

그림 3-3 계급 구간 변경

[그림 3-3]과 같이 계급 구간을 5로 설정하면 앞선 [그림 3-2]와 같이 계급 구간을 10으로 설정했을 때보다 더 촘촘한 형태의 히스토그램을 볼 수 있으며 히스토그램 형태도 달라진 것을 볼 수 있습니다.

▍3.2.4 확률 변수 파이썬 실습

이번 절에서는 앞서 배운 히스토그램 개념을 파이썬 실습을 통해 학습해 보겠습니다.

```
data = [1, 3, 3, 2, 3, 4, 2, 4, 5, 3] ............................... ❶

keys = list(set(data)) ............................................. ❷
print(keys) ........................................................ ❸
```
```
[1, 2, 3, 4, 5]
```

먼저 ❶ 빈도표를 만들기 위한 리스트 data를 선언합니다. data로 파이썬의 딕셔너리 자료형을 이용해 빈도표를 만들어 보겠습니다. ❷ 그리고 set 함수를 이용해 data의 유니크 값을 모아 list 함수를 이용해 파이썬 리스트 자료형으로 변환해 keys라는 이름으로 저장합니다. ❸ keys값을 확인합니다. keys를 확인하면 데이터 리스트 data의 유니크 값을 확인할 수 있으며, 바로 이 값이 빈도표 딕셔너리의 키(key)가 될 것입니다.

```
keys.sort()
print(keys)
```
```
[1, 2, 3, 4, 5]
```

그리고 앞서 만든 keys 리스트를 오름차순으로 정렬합니다. keys는 오름차순을 하기 전에도 이미 오름차순으로 정렬되어 있었음에도 오름차순으로 정렬하는 이유는 정렬을 확실하게 하기 위함입니다. sort 메소드를 사용하면 리스트를 오름차순으로 정렬할 수 있습니다.

```
data_freq = {} ..................................................... ❶
for key in keys: ................................................... ❷
    data_freq[key] = 0 ............................................. ❸
print(data_freq) ................................................... ❹
```
```
{1: 0, 2: 0, 3: 0, 4: 0, 5: 0}
```

이번에는 앞서 만든 keys 리스트를 이용해 빈도표를 만들어 보겠습니다. ❶ 먼저 빈도표 이름을 data_freq라고 짓고 비어 있는 딕셔너리로 선언합니다. ❷ 그리고 앞서 만든 keys 리스트에 속한 원소들을 딕셔너리의 키(key)로 설정하는 반복문을 수행하겠습니다. ❸ keys 리

스트에 속한 key를 data_freq의 키로 설정하고 값(value)은 0으로 초기화합니다. ❹ 반복문
이 종료되면 data_freq를 확인합니다. 딕셔너리의 키(key)-값(value)이 설정되어 있는 것을
볼 수 있습니다.

```
for value in data:                                              ❶
    data_freq[value] += 1                                       ❷
print(data_freq)                                                ❸

{1: 1, 2: 2, 3: 4, 4: 2, 5: 1}
```

이번에는 앞서 만든 빈도표의 각 key에 대해서 해당 key가 몇 번 등장하는지 카운트해서
data_freq의 빈도를 설정하겠습니다. ❶ 이를 위해 data 리스트에 속하는 값에 대해 반복문
을 수행합니다. ❷ 그리고 앞서 만든 data_freq 딕셔너리의 key가 value에 해당하면 해당
key값에 1을 더해 줍니다. ❸ 반복문이 종료되면 딕셔너리의 각 key의 등장 횟수를 확인할
수 있습니다.

```
def count_freq(data):                                           ❶
    """
    데이터 리스트를 빈도 딕셔너리로 변환
    입력값: 리스트 data
    출력값: 딕셔너리 data_freq
    """
    data_freq = {}
    keys = list(set(data))
    keys.sort()
    for key in keys:
        data_freq[key] = 0

    for value in data:
        data_freq[value] += 1

    return data_freq
```

위와 같은 과정을 함수화하면 위와 같습니다. 위 함수는 데이터 리스트를 빈도 딕셔너리로 바
꿔 주는 함수입니다. ❶ 우선 함수 이름은 count_freq이라고 짓습니다.

```
data = [1, 3, 3, 2, 3, 4, 2, 4, 5, 3]
data_freq = count_freq(data)
print(data_freq)
```

```
{1: 1, 2: 2, 3: 4, 4: 2, 5: 1}
```

위에서 만든 count_freq을 이용하면 data 리스트의 빈도표를 확인할 수 있습니다.

```
def freq2ratio(dic):                                    ❶
    """
    빈도 딕셔너리를 비율 딕셔너리로 변환
    입력값: 빈도 딕셔너리 dic
    출력값: 비율 딕셔너리 res
    """
    n = sum(dic.values())                               ❷
    res = {}                                            ❸
    for key in dic.keys():                              ❹
        val = dic[key]                                  ❺
        res[key] = val/n                                ❻
    return res                                          ❼
```

이번에는 앞서 만든 빈도표 딕셔너리를 비율표로 바꿔 주는 함수를 생성해 보겠습니다. ❶ 함수 이름은 빈도를 비율로 바꾼다는 의미로 freq2ratio라고 짓겠습니다. 입력값은 빈도표 딕셔너리입니다. 빈도를 비율로 바꾸기 위해서는 우선 모든 빈도의 합을 알아야 합니다. ❷ 이를 위해 values 메소드를 이용해 딕셔너리의 값을 추출하고 sum 함수로 합을 구하면 전체 빈도수 n을 구할 수 있습니다. ❸ 그리고 비율표를 res라고 이름 짓고 비어 있는 딕셔너리로 선언합니다. ❹ 그리고 입력값 딕셔너리 dic의 key에 대한 반복문을 수행합니다. ❺ 해당 key의 값을 val이라고 이름 짓고 ❻ 해당 값을 n으로 나누어 비율로 바꿔 줍니다. ❼ 반복문이 종료되면 끝으로 res를 출력합니다.

```
data_ratio = freq2ratio(data_freq)
print(data_ratio)
```

```
{1: 0.1, 2: 0.2, 3: 0.4, 4: 0.2, 5: 0.1}
```

앞서 생성한 freq2ratio 함수를 이용해 빈도표를 비율표로 바꾸면 위와 같은 결과를 볼 수 있습니다.

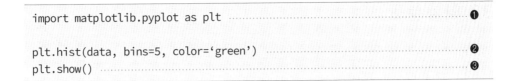

```
import matplotlib.pyplot as plt ·············································· ❶

plt.hist(data, bins=5, color='green') ·········································· ❷
plt.show() ······························································· ❸
```

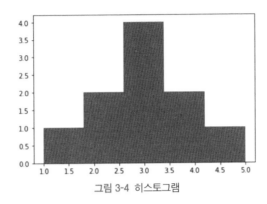

그림 3-4 히스토그램

이번에는 데이터 리스트를 이용해 히스토그램을 시각화해 보겠습니다. ❶ 먼저 시각화를 위해 필요한 라이브러리 matplotlib을 불러옵니다. ❷ 그리고 hist 함수를 이용해 data 리스트를 히스토그램으로 만들어 줍니다. bins 옵션으로 히스토그램 막대의 개수를 설정할 수 있고 color 옵션으로 색깔을 설정할 수 있습니다. ❸ 결과를 확인합니다.

3.3 확률 분포

▌3.3.1 확률 분포의 개념

확률 분포(probability distribution)란 확률 변수가 특정 값을 가질 확률을 나타내는 함수를 의미합니다. 확률 분포는 함수(function)이며 함수는 대응(mapping)을 의미합니다. 즉, 확률 분포는 확률 변수와 특정 값을 mapping시켜 주는 함수인 것입니다.

확률 분포는 크게 이산형 확률 분포와 연속형 확률 분포로 나뉩니다. 만약 확률 변수 X의 표본 공간이 셀 수 있다면(countable) 이산형 확률 분포라고 하며, 셀 수 없으면 연속형 확률 분포라고 합니다.

이산형 확률 분포(discrete probability distribution)는 확률 변수가 가질 수 있는 값의 종류를 셀 수 있는 경우를 의미하며, 연속형 확률 분포(continuous probability distribution)는 확률 변수가 가질 수 있는 값의 종류를 셀 수 없는 경우를 의미합니다. 이산형 확률 분포는 확률 질량 함수를 가지고 연속형 확률 분포는 확률 밀도 함수를 가집니다.

▌3.3.2 이산형 확률 분포

확률 변수는 이산형 확률 변수와 연속형 확률 변수로 나뉩니다. 이때, 이산형 확률 변수의 확률 분포는 확률 질량 함수라고 하고, 연속형 확률 변수의 확률 분포는 확률 밀도 함수라고 합니다.

확률 질량 함수(probability mass function, pmf)는 이산형 확률 변수가 특정 값을 가질 확률을 의미하며 다음과 같은 성질을 따릅니다.

 NOTE   **확률 질량 함수의 성질**

(1) $P_X(x) \geq 0$

(2) $\sum_x P_X(x) = 1$

확률 질량 함수의 예를 들어 보겠습니다. 동전을 던졌을 때 앞면을 0, 뒷면을 1이라고 하고, 발생하는 결과를 확률 변수 X라고 했을 때, 확률 질량 함수는 다음과 같이 표현할 수 있습니다.

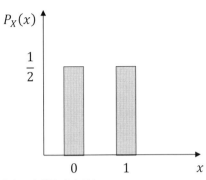

x	$P(X = x)$
0	1/2
1	1/2

그림 3-5 동전을 던졌을 때 확률 질량 함수

확률 질량 함수와 함께 많이 사용되는 분포로 누적 분포 함수가 있습니다. 확률 변수 X가 취할 수 있는 값들을 누적해서 구하는 확률 분포를 **누적 분포 함수**(cumulative distribution function, cdf)라고 합니다. 누적 분포 함수는 $F_X(x) = P(X \leq x)$라고 표현하며 이름 그대로 확률 변수가 특정 값보다 작거나 같을 확률을 의미합니다. 위의 동전을 던지는 예에서 누적 분포 함수 $F_X(x)$를 구하면 [그림 3-6]과 같이 구할 수 있습니다. 그림을 보면 누적 분포 함수는 0부터 1 사이의 값을 가질 수 있으며 이산형일 경우 계단식으로 증가하는 것을 볼 수 있습니다. 이와 같은 계단식 함수를 step function이라고 합니다.

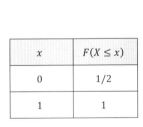

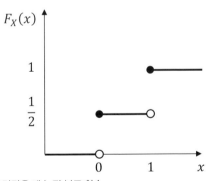

x	$F(X \leq x)$
0	1/2
1	1

그림 3-6 동전을 던졌을 때 누적 분포 함수

[그림 3-6]과 같이 누적 분포 함수를 그릴 때, F_X의 값이 증가하는 부분인 $F_X(0)$과 $F_X(1)$과 같은 부분은 직선의 오른쪽은 값을 포함하지 않는 색이 비어 있는 원으로 그리고 직선의 왼쪽은 값을 포함하는 검은색이 채워져 있는 원을 그려야 합니다. 즉, [그림 3-7]과 같은 규칙을 따라야 합니다.

그림 3-7 누적 분포 함수의 형태

이번에는 다른 예를 들어 보겠습니다. 주사위를 던졌을 때의 결과를 확률 변수 Y라고 했을 때, 확률 질량 함수는 [그림 3-8]과 같이 표현할 수 있습니다.

x	$P(X = x)$
1	1/6
2	1/6
3	1/6
4	1/6
5	1/6
6	1/6

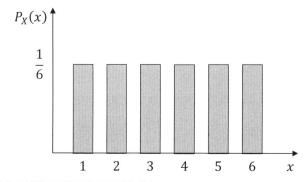

그림 3-8 주사위를 던졌을 때 확률 질량 함수

또한 주사위를 던졌을 때 누적 분포 함수를 구하면 [그림 3-9]와 같습니다. 그림을 보면 누적 분포 함수가 0부터 시작해 계단식으로 증가하며 1까지 가는 것을 볼 수 있습니다.

x	$F(X = x)$
1	1/6
2	2/6
3	3/6
4	4/6
5	5/6
6	1

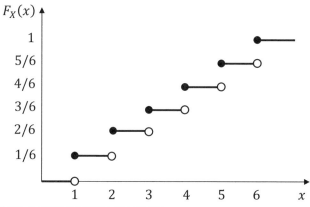

그림 3-9 주사위를 던졌을 때 누적 분포 함수

앞서 두 가지 형태의 누적 분포 함수를 살펴보았습니다. 그렇다면 누적 분포 함수에는 어떤 성질이 있을까요? 누적 분포 함수는 다음과 같은 성질이 있습니다.

NOTE **누적 분포 함수의 성질**

함수 F_X가 확률 변수 X의 누적 분포 함수일 때, 다음과 같은 성질을 따릅니다.

(1) $F_X(-\infty) = 0$

$$\lim_{x \to -\infty} F_X(x) = 0$$

(2) $F_X(+\infty) = 1$

$$\lim_{x \to +\infty} F_X(x) = 1$$

(3) 함수 F_X는 nondecreasing합니다.

$$x \leq y \Longrightarrow F_X(x) \leq F_X(y)$$

(4) 함수 F_X는 right continuous합니다.

$$\lim_{y \to x, y > x} F_X(y) = F(x)$$

만약 확률 변수 A와 확률 변수 B의 모든 발생 가능한 결과들에 대해 $P(X = x) = P(Y = x)$가 성립한다면 이는 $P_X = P_Y$를 의미하며 "확률 변수 A와 B는 동일한 분포를 가진다"라고 표현합니다. 영어로는 identically distributed하다고 표현합니다.

▮ 3.3.3 연속형 확률 분포

이산형 확률 변수가 확률 질량 함수를 가진다면, 이번 절에서 다룰 연속형 확률 변수는 확률 밀도 함수를 가집니다. 확률 밀도 함수는 다음과 같은 성질을 따릅니다.

 NOTE   **확률 밀도 함수의 성질**

(1) $f_X(x) \geq 0 \quad for\ all\ x$

(2) $\int_{-\infty}^{\infty} f_X(x) = 1$

확률 밀도 함수(probability density function, pdf)에서는 확률 변수가 특정 값을 가질 확률은 0입니다. 즉, 확률 질량 함수에서는 특정 점(point)이 확률의 의미를 갖지만, 확률 밀도 함수에서는 특정 범위(range)가 확률의 의미를 갖습니다.

$$P(a < X < b) = \int_{b}^{a} f_X(t)\,dt$$

연속형 확률 변수의 경우 다음 확률은 모두 동일합니다.

$$P(a < X < b) = P(a < X \leq b) = P(a \leq X < b) = P(a \leq X \leq b)$$

연속형 확률 변수의 누적 분포 함수는 다음과 같이 나타냅니다.

$$F_X(x) = \int_{-\infty}^{x} f_X(t)\,dt$$

간단한 예제를 풀어 보겠습니다. 다음과 같은 확률 밀도 함수가 있다고 하겠습니다.

$$f_X(x) = \frac{3}{8}x^2, \qquad for\ 0 \leq x \leq 2$$

위와 같은 함수가 확률 밀도 함수가 되려면 전체 영역에 대한 확률 값은 1입니다. 이를 직접 계산해서 확인해 보겠습니다.

$$P(0 \leq X \leq 2) = \int_0^2 f_X(t)\,dt$$

$$= \int_0^2 \frac{3}{8}t^2\,dt$$

$$= \left. \frac{3}{24}t^3 \right|_0^2$$

$$= \frac{3}{24}2^3 - 0$$

$$= 1$$

위와 같이 전체 영역에 대한 확률 값이 1이므로 $f_X(x)$는 확률 밀도 함수라는 것을 알 수 있습니다.

이번에는 위 확률 밀도 함수에서 다음 확률 $P(0 \leq X \leq 1)$을 구해 보겠습니다.

$$P(0 \leq X \leq 1) = \int_0^1 f_X(t)\,dt$$

$$= \int_0^1 \frac{3}{8}t^2\,dt$$

$$= \left. \frac{3}{24}t^3 \right|_0^1$$

$$= \frac{3}{24} - 0$$

$$= \frac{3}{24}$$

$$\therefore P(0 \leq X \leq 1) = \frac{3}{24}$$

위와 같은 확률을 그림으로 나타내면 다음 그림의 회색 영역을 의미합니다.

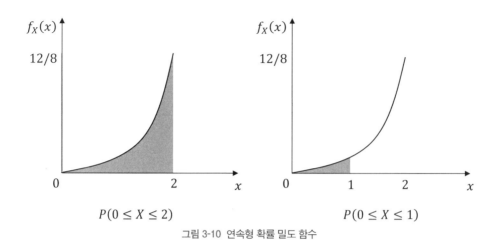

그림 3-10 연속형 확률 밀도 함수

이번에는 위 확률 밀도 함수의 누적 분포 함수를 구해 보겠습니다. 누적 분포 함수는 다음과 같이 구할 수 있습니다.

$$F_X(x) = P(0 \leq X \leq x)$$

$$= \int_0^x f_X(t) \, dt$$

$$= \int_0^x \frac{3}{8} t^2 \, dt$$

$$= \left| \frac{3}{24} t^3 \right|_0^x$$

$$= \frac{3}{24} x^3 - 0$$

$$= \frac{3}{24} x^3$$

$$\therefore F_X(x) = \frac{3}{24} x^3$$

위에서 구한 누적 분포 함수와 확률 밀도 함수를 그림으로 나타내면 다음과 같습니다.

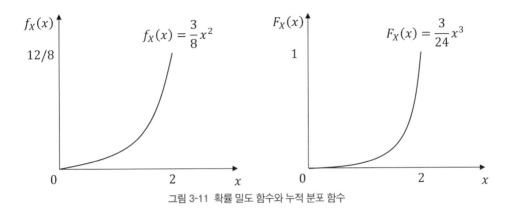

그림 3-11 확률 밀도 함수와 누적 분포 함수

▌3.3.4 확률 질량과 확률 밀도의 차이

이산형 확률 변수의 확률 분포에 대해서는 확률 질량 함수라는 단어를 사용하고, 연속형 확률 변수의 확률 분포에 대해서는 확률 밀도 함수라는 단어를 사용합니다. 왜 이산형 확률 변수와 연속형 확률 변수의 분포를 각각 다르게 칭할까요? "확률 질량(probability mass)"과 "확률 밀도(probability density)"의 차이는 무엇일까요?

확률 질량과 확률 밀도의 차이를 알아보기 전에 먼저 질량과 밀도의 차이부터 알아보겠습니다. 먼저 질량은 어떤 물질에 존재하는 물질의 양을 의미합니다. 즉, 확률 질량(probability mass)이란 각 이산형 확률 변수가 가지는 확률의 양을 나타낸다고 생각할 수 있습니다.

$$P(X = x) = 0.5, \qquad x = 0, 1$$

이산형 확률 변수의 확률 질량 함수는 위와 같이 표현합니다. 수식을 보면 확률 질량은 이산형 확률 변수가 0, 1을 각각 취할 확률이 얼마나 되는지 알 수 있습니다.

그렇다면 확률 밀도는 무엇일까요? 확률 밀도를 말하기 전에 먼저 밀도의 뜻을 알아보겠습니다. 밀도는 단위 부피에 존재하는 질량의 양을 의미합니다. 즉, 밀도는 질량이긴 한데, 단순히 질량을 가리키는 것이 아니라 단위 부피당 존재하는 질량을 의미합니다. 질량과 밀도의 차이는 사용 단위만 봐도 알 수 있습니다. 질량은 g, kg과 같은 단위를 사용하지만 밀도는 단위 부피당 질량이므로 g/mL와 같이 단위 부피를 나타내는 표현식이 포함되는 것을 알 수 있습니다.

$$P(a < X < b) = \int_b^a f_X(x)\, dx$$

연속형 확률 변수에 대해 a와 b 사이의 확률은 위와 같이 적분을 사용합니다. 위 식에서 확률 밀도는 $f_X(x)$를 의미합니다. 앞서 밀도는 단위 부피당 질량을 의미한다고 했습니다. 그렇다면 위 식에서 단위 부피는 무엇일까요? 위 식에서 단위 부피는 dx를 의미합니다. 따라서 dx는 길이이므로 확률 밀도(probability density)란 단위 길이 dx당 질량 $f_X(x)$을 의미합니다. 따라서 $f_X(x)$가 크다는 것은 해당 단위 길이에서 밀도가 높다는 것을 의미하며, 위 수식과 같이 해당 영역을 적분한 것이 확률이 되는 것을 이해할 수 있습니다.

▌3.3.5 iid

우리는 앞서 확률 변수가 서로 독립(independent)하다는 개념과 동일한 분포를 따른다(identically distributed)라는 개념을 배웠습니다. 이번 절에서는 이 두 개념을 동시에 만족하는 iid에 대해 알아보겠습니다.

확률 변수 $X_1, X_2, \cdots, X_n$이 서로 독립이고 동일한 분포를 따른다면 이를 iid라고 합니다. iid는 independent and identically distributed의 줄임말입니다. iid는 '독립 항등 분포'라고 번역해서 사용하기도 하지만 일반적으로 iid라는 표현을 더 많이 사용하므로 본 교재에서도 iid라는 표현을 사용하겠습니다.

3.4 평균과 기댓값

▎3.4.1 평균과 기댓값의 개념

평균은 누구에게나 익숙한 개념입니다. 우리는 어렸을 때 학교에서 중간고사를 보고 나면 평균 점수를 구하곤 했습니다. 그렇다면 평균에는 어떤 의미가 있을까요? 평균은 데이터의 중심을 나타낼 때 사용합니다. 즉, 평균을 알면 데이터 전체를 알지 않아도 데이터가 평균을 중심으로 분포되어 있다는 사실을 추측할 수 있습니다. 평균을 통해 분포의 중심을 알 수 있다는 말은 분포의 위치를 알 수 있다는 말과 같습니다. 따라서 평균을 알면 위치를 알 수 있다는 의미로 평균을 location parameter라고 합니다.

확률 통계 공부를 하다 보면 어떤 경우에는 평균이라는 단어를 쓰고 어떤 경우에는 기댓값이라는 단어를 사용합니다. 분명 계산하는 방식은 동일한데 왜 경우에 따라 다르게 부르는 것일까요? 이번에는 평균과 기댓값의 차이에 대해 알아보겠습니다.

평균은 영어로 "Mean"이라고 부릅니다. 평균은 표본 데이터가 실제로 주어졌을 때(given sample), 데이터의 평균을 직접 계산하는 것을 의미합니다.

기댓값은 영어로 "Expected value"라고 부릅니다. 기댓값은 확률 분포의 평균을 계산하는 것을 의미합니다. 즉, 기댓값은 데이터가 주어지기 전에 계산하는 것이며, 앞으로 데이터가 주어졌을 때 기대되는 평균을 의미합니다.

즉, 데이터가 주어지면 평균, 주어지지 않은 상태라면 기댓값이라는 용어를 사용합니다. 이 말을 달리하면, 평균은 데이터가 주어졌으므로 과거를 바라보는 단어이고, 기댓값은 데이터가 주어지지 않았으므로 미래를 바라보는 단어입니다.

평균은 모집단의 평균과 표본 평균으로 나눌 수 있습니다. 모집단의 평균을 모평균(population mean)이라고 하는데 확률 변수 X의 모평균은 μ 혹은 μ_x라고 표기합니다. 참고로 μ는 '뮤'라고 읽습니다. 보통 확률 변수 하나를 다룰 때는 μ라고 표기하고, 확률 변수가 2개 이상일 경우, 예를 들어, 확률 변수 X와 Y를 다룰 때는 모평균을 구분하기 위해 각자 μ_x, μ_y라고 표기합니다. 반면 표본의 평균을 표본 평균(sample mean)이라고 하며 확률 변수 X의 표본 평균은 $\bar{x}$라고 표기합니다. 이처럼 모평균과 표본 평균은 얼핏 비슷해 보이지만 그 의미가 다룹니다. 평균을 구하는 대상이 모집단인지 표본 데이터인지에 따라 달라지는데 원활한 의미 전달을 위해 μ와 $\bar{x}$를 혼동해서 사용하지 않도록 주의해야 합니다.

▌3.4.2 이산형 확률 변수의 기댓값

이산형 확률 변수 X의 확률 질량 함수가 $P(X = x_i)$라고 할 때,

$$E(X) = \sum_{i=1}^{\infty} x_i P(X = x_i) = \sum_{i=1}^{\infty} x_i P_X(x_i)$$

를 이산형 확률 변수 X의 기댓값이라고 합니다.

기댓값과 지시 함수의 개념을 이용하면 앞서 정의했던 확률을 지시 함수를 활용해 표현할 수 있습니다. 지시 함수는 다음과 같습니다.

$$I_A(X) = \begin{cases} 1, & if\ X \in A \\ 0, & if\ X \in A^c \end{cases}$$

위 지시 함수는 어떤 의미일까요? **지시 함수(indicator function)**는 1 혹은 0 값을 가질 수 있으며 X가 A에 포함되면 1, 포함되지 않으면 0값을 가지는 함수입니다. 지시 함수는 확률 통계 분야에서 자주 쓰이는 함수이므로 알고 있는 것이 좋습니다.

그렇다면 지시함수의 기댓값은 어떻게 구할 수 있을까요?

$$E(I_A) = P(A)$$

지시함수의 기댓값은 해당 사건이 발생할 확률과 같습니다. 이를 증명하면 다음과 같습니다.

$$E(I_A) = \sum_{x \in A} x \cdot P(I_A)$$

$$= 1 \cdot P_{I_A}(X) + 0 \cdot P_{I_{A^c}}(X)$$

$$= 1 \cdot P(A) + 0 \cdot P(A^c)$$

$$= P(A)$$

3.4.3 연속형 확률 변수의 기댓값

연속형 확률 변수 X가 구간 $[a, b]$에서 모든 값을 취할 수 있고, 확률 밀도 함수가 $f_X(x)$일 때,

$$E(X) = \int_a^b x f_X(x) \, dx$$

를 연속형 확률 변수 X의 기댓값이라고 합니다.

3.4.4 기댓값의 성질

X, Y를 확률 변수라고 하고 a, b를 상수라고 하면 기댓값은 다음과 같은 성질을 따릅니다.

 NOTE **기댓값의 성질**

(1) $E(a) = a$

(2) $E(aX) = aE(X)$

(3) $E(X + Y) = E(X) + E(Y)$

(4) $E(X - Y) = E(X) - E(Y)$

(5) $E(aX + bY) = aE(X) + bE(Y)$

(6) $E(aX - bY) = aE(X) - bE(Y)$

3.4.5 표본 평균의 개념

표본 평균은 모평균의 추정치로 사용할 수 있습니다. 이때, 모평균을 μ라고 하면 모평균 μ의 추정치는 $\hat{\mu}$라고 하고 표본 평균은 $\bar{x}$라고 표기합니다.

$$\hat{\mu} = \frac{1}{n}\sum_{i=1}^{n} x_i$$

$$= \frac{1}{n}(x_1 + x_2 + \cdots + x_n)$$

$$= \bar{x}$$

위 수식과 같이 표본 평균을 구하기 위해서는 모집단에서 표본을 추출한 후 평균을 구합니다.

표본 평균은 확률 변수일까요? 다음과 같은 상황을 상상해 보겠습니다. 임의의 모집단에서 표본으로 5명을 추출해 표본 평균 키를 구한다고 상상해 봅시다. 이때, 표본 평균 값은 표본으로 누구를 추출하느냐에 따라 달라집니다. 따라서 표본 평균은 확률 변수입니다.

그렇다면 표본 평균이 확률 변수라는 말은 무엇을 의미할까요? 표본 평균이 확률 변수라는 것은 고정된 값이 아니라는 의미이며, 이는 평균과 분산을 가진다는 뜻입니다. 다음 절에서는 표본 평균의 평균과 분산을 구해 보겠습니다.

3.4.6 표본 평균의 성질

이번 절에서는 표본 평균의 성질을 알아보겠습니다. 먼저 표본 평균의 기댓값을 구하면 다음과 같습니다.

$$E(\bar{X}) = E\left(\frac{1}{n}\sum_{i=1}^{n} X_i\right)$$

$$= \frac{1}{n}\sum_{i=1}^{n} E(X_i)$$

$$= \frac{1}{n}[E(X_1) + E(X_2) + \cdots + E(X_n)]$$

$$= \frac{1}{n}(\mu + \mu + \cdots + \mu)$$

$$= \frac{1}{n}n\mu$$

$$= \mu$$

$$\therefore E(\bar{X}) = \mu$$

위 증명 결과에 따라 표본 평균의 기댓값은 모평균이라고 할 수 있습니다. 따라서 $\bar{X}$의 기댓값이 모수 μ와 같으므로 unbiased하다고 할 수 있습니다. 이때, unbiased라는 단어의 뜻은 추정량의 기댓값과 모수의 차이가 없다는 뜻입니다.

만약 확률 변수 X의 분산을 σ^2라고 가정하면 iid를 만족하는 표본 평균 $\bar{X}$의 분산은 다음과 같이 구할 수 있습니다. 분산에 대해서는 다음 절에서 좀 더 자세히 알아보겠습니다.

$$Var(\bar{X}) = Var\left(\frac{1}{n}\sum_{i=1}^{n} X_i\right)$$

$$= \frac{1}{n^2}[Var(X_1) + Var(X_2) + \cdots + Var(X_n)]$$

$$= \frac{1}{n^2}(\sigma^2 + \sigma^2 + \cdots + \sigma^2)$$

$$= \frac{1}{n^2}n\sigma^2$$

$$= \frac{\sigma^2}{n}$$

$$\therefore Var(\bar{X}) = \frac{\sigma^2}{n}$$

▌3.4.7 평균 파이썬 실습

이번 절에서는 파이썬을 이용해 평균을 구해 보겠습니다.

$$\bar{x} = \frac{1}{n} \sum_{i=1}^{n} x_i$$

다음 코드는 위와 같은 표본 평균을 구하는 코드입니다.

```
x_list = [2, 4, 6, 1, 5, 7, 9, 8, 3]                               ❶

n = len(x_list)                                                     ❷
sum_x = 0                                                           ❸
for x in x_list:                                                    ❹
    sum_x += x                                                      ❺
mean_x = sum_x/n                                                    ❻
print(mean_x)                                                       ❼
```

```
5.0
```

먼저 ❶ 평균을 구할 리스트 x_list를 선언합니다. ❷ 그리고 평균을 구하고자 하는 리스트의 길이를 구합니다. ❸ x_list의 합을 저장할 변수 sum_x를 선언하고 0으로 초기화합니다. ❹ 그리고 x_list에 속한 모든 원소의 합을 구하기 위해 반복문을 수행합니다. ❺ 반복문을 통해 x_list에 속한 x의 합을 구하고 ❻ 반복문 종료 후 n으로 나누면 평균을 구할 수 있습니다. ❼ 결과를 확인합니다.

```
def mean(x_list):
    """
    리스트 x_list 원소의 평균 구하기
    입력값: 리스트 x_list
    출력값: 평균 res
    """
    n = len(x_list)
    sum_x = 0
    for x in x_list:
        sum_x += x
    res = sum_x/n
    return res
```

앞서 구한 리스트 원소의 평균을 구하는 코드를 함수화하면 위의 함수 mean과 같습니다.

```
x_list = [2, 4, 6, 1, 5, 7, 9, 8, 3]

res = mean(x_list)
print(res)
```

```
5.0
```

앞서 직접 생성한 함수 mean을 이용해 x_list의 평균을 구하면 위와 같은 결과를 얻을 수 있습니다.

▌3.4.8 평균 라이브러리 실습

이번 절에서는 numpy 라이브러리를 이용해 평균을 구해 보겠습니다.

```
import numpy as np ································································ ❶

x_list = [2, 4, 6, 1, 5, 7, 9, 8, 3] ········································· ❷
mean_x = np.mean(x_list) ······················································· ❸
print(mean_x) ··································································· ❹
```

```
5.0
```

먼저 ❶ 실습을 위해 numpy 라이브러리를 불러옵니다. ❷ 그리고 평균을 구할 리스트 x_list를 선언합니다. ❸ 그리고 numpy 라이브러리의 mean 함수를 이용해 x_list의 평균을 구합니다. ❹ 결과를 확인합니다.

3.5 분산

▌ 3.5.1 분산의 개념

앞서 확률 변수 X의 평균을 구하면 분포의 중심 위치를 파악할 수 있다고 했습니다. 반면 이번 절에서 배우는 **분산(variance)**을 알면 분포가 중심으로부터 얼마나 흩어져 있는지 알 수 있습니다. 이와 같은 성질 덕분에 분산을 scale parameter라고 합니다. 분산을 구하는 식은 다음과 같습니다.

$$Var(X) = E[(X - \mu)^2]$$

분산을 구하는 식을 보면 모평균 μ가 포함되어 있는 것을 알 수 있습니다. 왜 그럴까요? 앞서 분산은 분포의 중심으로부터 얼마나 흩어져 있는지 나타낸다고 했는데, 이를 알기 위해서는 우선 분포의 중심이 주어져야 합니다. 즉, 모평균 μ가 주어져야 분산을 구할 수 있다는 의미입니다.

그리고 분산의 양의 제곱근인

$$\sqrt{E[(X - \mu)^2]}$$

를 **표준 편차(standard deviation)**라고 합니다.

앞서 평균은 모평균과 표본 평균으로 나눠진다고 했듯, 분산도 모분산(population variance)과 표본 분산으로 나누어집니다. 모분산은 σ^2라고 표기하며, 확률 변수가 여러 개인 경우에는 σ_X^2, σ_Y^2와 같이 우측 한 단에 확률 변수를 표기합니다. 반면 표본 분산은 s^2이라고 표기합니다. 표준 편차 또한 모 표준 편차와 표본 표준 편차로 나뉘는데, 표준 편차는 분산의 양의 제곱근이므로 모 표준 편차는 σ라고 표기하며 표본 표준 편차는 s라고 표기합니다.

3.5.2 이산형 확률 변수의 분산

이번 절에서는 이산형 확률 변수의 분산을 구해 보겠습니다. 이산형 확률 변수 X의 확률 질량 함수가 $P(X = x)$일 때, 분산은 다음과 같이 구합니다.

$$\sigma^2 = Var(X) = E[(X - \mu)^2] = \sum_{i=1}^{\infty} (x_i - \mu)^2 \, P(X = x_i)$$

분산을 구했으면 이산형 확률 변수 X의 표준 편차를 구할 수 있는데, 표준 편차는 다음과 같이 구할 수 있습니다.

$$\sigma = \sqrt{Var(X)}$$

3.5.3 연속형 확률 변수의 분산

이번에는 연속형 확률 변수의 분산을 구해 보겠습니다. 연속형 확률 변수 X가 구간 $[a, b]$의 값을 취하고, 확률 밀도 함수가 $f_X(x)$일 때, 분산은 다음과 같이 구합니다.

$$\sigma^2 = Var(X) = E[(X - \mu)^2] = \int_{a}^{b} (x - \mu)^2 f_X(x) \, dx$$

연속형 확률 변수 X의 표준 편차는 다음과 같이 앞서 구한 분산에 양의 제곱근을 이용해 구할 수 있습니다.

$$\sigma = \sqrt{Var(X)}$$

3.5.4 분산의 성질

이번 절에서는 분산의 성질에 대해 알아보겠습니다. X, Y를 확률 변수라고 하고 a, b를 상수라고 하면 분산은 다음과 같은 성질을 따릅니다. 다음 성질에서 $Cov(X, Y)$는 확률 변수 X와 Y의 공분산이라고 부르는데 공분산에 대해서는 다음 단원에서 다루겠습니다.

$$(1)\ Var(X) = E[(X - \mu)^2] = E(X^2) - [E(X)]^2 = E(X^2) - \mu^2$$
$$(2)\ Var(aX + b) = a^2 Var(X)$$
$$(3)\ Var(X + Y) = Var(X) + Var(Y) + 2Cov(X, Y)$$
$$(4)\ Var(X - Y) = Var(X) + Var(Y) - 2Cov(X, Y)$$
$$(4)\ Var(aX + bY) = a^2 Var(X) + b^2 Var(Y) + 2ab Cov(X, Y)$$

위 성질에서 확률 변수 X와 Y가 서로 독립이라면 공분산 $Cov(X, Y)$은 0이 됩니다. 이를 앞서 배웠던 iid와 연관 지어 보면 다음과 같이 생각할 수 있습니다. iid는 확률 변수가 서로 독립이고 동일한 분포를 따르는 것이라고 했습니다. 즉, iid는 서로 독립이라는 말이 있으므로 만약 어떠한 상황에서 iid라는 조건이 붙어 있다면 해당 확률 변수들의 공분산은 모두 0이라는 것을 알 수 있습니다.

3.5.5 표본 분산의 개념

표본 분산은 모분산의 추정치로 사용할 수 있습니다. 이때, 모분산을 σ^2이라고 하면 모분산 σ^2의 추정치는 $\widehat{\sigma^2}$라고 하고 표본 분산은 s^2라고 표기합니다. 표본 분산은 다음과 같은 수식으로 구할 수 있습니다.

$$s^2 = \frac{1}{n-1}\sum_{i=1}^{n}(x_i - \bar{x})^2$$

3.5.6 표본 분산의 성질

앞서 표본 분산은 다음과 같이 구한다고 했습니다.

$$s^2 = \frac{1}{n-1}\sum_{i=1}^{n}(x_i - \bar{x})^2$$

이번 절에서는 표본 분산의 기댓값을 구해 보겠습니다. 표본 분산의 기댓값은 다음과 같이 모분산과 동일하다는 것을 알 수 있습니다.

$$E(s^2) = E\left(\frac{1}{n-1}\sum_{i=1}^{n}(x_i - \bar{x})^2\right)$$

$$= \frac{1}{n-1}E\left[\sum_{i=1}^{n}(x_i^2 - 2x_i\bar{x} + \bar{x}^2)\right]$$

$$= \frac{1}{n-1}E\left[\sum_{i=1}^{n}x_i^2 - 2\bar{x}\sum_{i=1}^{n}x_i + n\bar{x}^2\right]$$

$$= \frac{1}{n-1}E\left[\sum_{i=1}^{n}x_i^2 - 2\bar{x}(n\bar{x}) + n\bar{x}^2\right]$$

$$= \frac{1}{n-1}E\left[\sum_{i=1}^{n}x_i^2 - 2n\bar{x}^2 + n\bar{x}^2\right]$$

$$= \frac{1}{n-1}E\left[\sum_{i=1}^{n}x_i^2 - n\bar{x}^2\right]$$

$$= \frac{1}{n-1}\left[E\left(\sum_{i=1}^{n}x_i^2\right) - E(n\bar{x}^2)\right]$$

$$= \frac{1}{n-1}\left[\sum_{i=1}^{n}E(x_i^2) - nE(\bar{x}^2)\right]$$

$$= \frac{1}{n-1}\left[\sum_{i=1}^{n}(\sigma^2 + \mu^2) - n\left(\frac{\sigma^2}{n} + \mu^2\right)\right]$$

$$= \frac{1}{n-1}[n\sigma^2 + n\mu^2 - \sigma^2 - n\mu^2]$$

$$= \frac{1}{n-1}(n-1)\sigma^2$$

$$= \sigma^2$$

$$\therefore E(s^2) = \sigma^2$$

위 증명 과정에서 8번째 줄에서 9번째 줄로 넘어갈 때는 다음과 같은 공식이 사용되었습니다.

$$Var(x_i) = E(x_i^2) - [E(x_i)]^2$$

$$\Leftrightarrow E(x_i^2) = Var(x_i) + [E(x_i)]^2$$

$$\Leftrightarrow E(x_i^2) = \sigma^2 + \mu^2$$

$$Var(\bar{x}) = E(\bar{x}^2) - [E(\bar{x})]^2$$

$$\Leftrightarrow E(\bar{x}^2) = Var(\bar{x}) + [E(\bar{x})]^2$$

$$\Leftrightarrow E(\bar{x}^2) = \frac{\sigma^2}{n} + \mu^2$$

위 증명으로 표본 분산의 기댓값은 모분산과 같다는 것을 알 수 있습니다. 우리는 모분산을 모를 때, 표본 분산으로 모분산을 추정하게 되는데 그 이유는 표본 분산의 기댓값이 모분산과 동일하기 때문입니다.

3.5.7 자유도의 개념

이번 절에서는 자유도 개념에 대해 알아보겠습니다. 앞서 표본 분산은 다음과 같은 식을 통해 구할 수 있었습니다.

$$s^2 = \frac{1}{n-1} \sum_{i=1}^{n} (x_i - \bar{x})^2$$

위 식을 보면 표본 분산을 구할 때 n으로 나누는 것이 아닌 $n-1$로 나누는 것을 알 수 있습니다. 왜 그럴까요? 확률 통계를 공부하다 보면 이렇게 n으로 나누어야 할 것 같은 상황에서 $n-1$ 혹은 $n-2$와 같은 값으로 나누는 경우를 볼 수 있는데, 이는 자유도 개념과 관련이 있습니다.

이름 그대로 **자유도(degree of freedom)**는 자유로운 데이터의 개수를 의미합니다. 간단한 예를 들어 보겠습니다. 다음과 같은 데이터 5개가 있다고 하겠습니다.

$$7, 1, 5, 4, x_5$$

위 데이터에서 x_5는 무엇일까요? 위 데이터에서 x_5는 어떤 숫자든지 될 수 있습니다. 즉, x_5는 자유로운 데이터인 것입니다.

$$7, 1, 5, 4, x_5 \qquad \bar{x} = 4$$

이번에는 조금 조건을 바꿔서 데이터의 표본 평균이 4라는 전제가 존재한다고 하겠습니다. 이 경우, x_5는 어떤 값을 가질까요? 이 경우에는 $x_5 = 3$으로 정해져 있습니다. 왜냐하면 평균이 4가 되려면 x_5는 3이 될 수밖에 없기 때문입니다. 즉, x_5는 자유가 없는 데이터입니다. 5개의 데이터 중 4개의 데이터가 정해지면 나머지 하나는 자동적으로 정해지는 것입니다. 따라서 이 경우 자유도는 $n - 1 = 4$라는 것을 알 수 있습니다.

$$s^2 = \frac{1}{n-1} \sum_{i=1}^{n} (x_i - \bar{x})^2$$

그럼 다시 표본 분산을 구하는 식을 보겠습니다. 위 식을 보면 표본 분산을 구할 때 $\bar{x}$를 사용하는 것을 알 수 있습니다. 즉, $\bar{x}$가 주어졌으므로 전체 데이터 n개 중 자유로운 데이터는 $n - 1$개라는 것을 알 수 있습니다. 따라서 데이터는 n개지만 자유도는 $n - 1$이므로 $n - 1$로 나누는 것입니다.

▌3.5.8 분산, 표준 편차 파이썬 실습

이번 절에서는 파이썬을 이용해 표본 분산 및 표준 편차를 구하는 실습을 해보겠습니다. 표본 분산을 구하기 위해서는 먼저 표본 평균을 구해야 합니다. 따라서 앞서 생성했던 평균 구하는 함수인 mean을 불러옵니다.

```
def mean(x_list):
    """
    리스트 x_list 원소의 평균 구하기
```

```
입력값: 리스트 x_list
출력값: 평균 res
"""
n = len(x_list)
sum_x = 0
for x in x_list:
    sum_x += x
res = sum_x/n
return res
```

mean 함수를 불러왔으면 분산을 구하는 프로그램을 작성해 보겠습니다. 다음 코드는 표본 분산을 구하는 다음과 같은 식을 의미합니다.

$$s^2 = \frac{1}{n-1} \sum_{i=1}^{n} (x_i - \bar{x})^2$$

```
x_list = [2, 4, 6, 1, 5, 7, 9, 8, 3] ·········································· ❶

n = len(x_list) ································································· ❷
mean_x = mean(x_list) ··························································· ❸
ss_x = 0 ······································································· ❹

for x in x_list: ································································· ❺
    ss_x += (x-mean_x)**2 ····················································· ❻

var_x = ss_x/(n-1) ······························································ ❼
print(var_x) ···································································· ❽
```

7.5

먼저 ❶ 분산을 구할 리스트 x_list를 생성합니다. ❷ 그리고 x_list의 길이를 구합니다. ❸ 앞서 생성한 mean 함수를 이용해 리스트 원소의 평균을 구해 줍니다. ❹ 그리고 편차 제곱의 합 ss_x를 0으로 초기화합니다. ❺ 그리고 반복문을 이용해 x_list 리스트에 속한 원소 x에 대해 ❻ 편차 제곱을 구해 ss_x를 구해 줍니다. ❼ 반복문이 종료되면 편차 제곱 합인 ss_x를 n-1로 나누어 최종적으로 분산을 구합니다. ❽ 결과를 확인합니다.

```
std_x = var_x**0.5
print(std_x)
```

```
2.7386127875258306
```

그리고 앞서 구한 분산의 제곱근 값을 취하면 위와 같이 표준 편차도 구할 수 있습니다.

```
def var(x_list):
    """
    리스트 x_list 원소의 분산 구하기
    입력값: 리스트 x_list
    출력값: 분산 res
    """
    n = len(x_list)
    mean_x = mean(x_list)
    ss_x = 0

    for x in x_list:
        ss_x += (x-mean_x)**2

    res = ss_x/(n-1)
    return res

def std(x_list):
    """
    리스트 x_list 원소의 표준 편차 구하기
    입력값: 리스트 x_list
    출력값: 표준 편차 res
    """
    var_x = var(x_list)
    res = var_x**0.5
    return res
```

앞서 구한 분산, 표준 편차를 구하는 코드를 함수화하면 위와 같이 분산을 구하는 함수 var와 표준 편차를 구하는 함수 std를 생성할 수 있습니다.

```
x_list = [2, 4, 6, 1, 5, 7, 9, 8, 3]

var_x = var(x_list)
std_x = std(x_list)
print(var_x)
print(std_x)
```

```
7.5
2.7386127875258306
```

앞서 생성한 함수 var와 std를 이용해 표본 분산, 표본 표준 편차를 구하면 위와 같습니다.

▌3.5.9 분산, 표준 편차 라이브러리 실습

이번 절에서는 numpy 라이브러리를 활용해 분산 및 표준 편차를 구하는 실습을 해보겠습니다.

```
import numpy as np ............................................................ ❶

x_list = [2, 4, 6, 1, 5, 7, 9, 8, 3] ...................................... ❷

var_x = np.var(x_list, ddof=1) ........................................... ❸
std_x = np.std(x_list, ddof=1) ........................................... ❹
print(var_x) .................................................................. ❺
print(std_x) .................................................................. ❻
```

```
7.5
2.7386127875258306
```

먼저 ❶ 실습을 위해 필요한 라이브러리를 불러옵니다. ❷ 그리고 분산을 구할 리스트를 생성합니다. ❸ numpy 라이브러리의 var 함수를 이용해 x_list의 분산을 구합니다. 이때, 옵션으로 ddof를 1로 설정해 주는데 이는 분산을 구하는 과정에서 편차 제곱 합을 다음과 같이 n-ddof로 나눈다는 것을 의미합니다. ddof는 delta degree of freedom의 약자입니다.

$$s^2 = \frac{1}{n - ddof} \sum_{i=1}^{n} (x_i - \bar{x})^2$$

❹ numpy 라이브러리의 std 함수를 이용하면 표준 편차를 구할 수 있습니다. ❺ 분산을 확인합니다. ❻ 표준 편차를 확인합니다.

```
var_x = np.var(x_list)
std_x = np.std(x_list)
print(var_x)
print(std_x)
```

6.666666666666667
2.581988897471611

numpy 라이브러리를 활용해 var 혹은 std 함수를 사용할 때 ddof값을 1로 설정했었습니다. 이때, ddof값의 기본값은 0이며 위 코드와 같이 ddof값을 설정하지 않는다면, 다음 코드와 같이 편차 제곱 합을 n으로 나누는 것을 의미합니다.

$$s^2 = \frac{1}{n}\sum_{i=1}^{n}(x_i - \bar{x})^2$$

3.6 공분산과 상관관계

▌3.6.1 공분산의 개념

공분산(covariance)은 두 확률 변수의 상관 관계를 나타내는 값입니다. 만약 두 개의 확률 변수 중 하나의 값이 상승할 때 다른 값도 상승하는 경향이 있다면 공분산은 양수가 됩니다. 반대로 하나의 값이 상승할 때, 다른 값은 하락한다면 공분산은 음수가 됩니다. 공분산은 아래와 같이 정의합니다.

$$Cov(X, Y) = E[(X - \mu_X)(Y - \mu_Y)]$$

$$= \frac{1}{n-1}\sum_{i=1}^{n}(x_i - \bar{x})(y_i - \bar{y})$$

위 식에서 볼 수 있듯 공분산은 확률 변수 X의 편차와 확률 변수 Y의 편차를 곱한 값의 평균입니다. 위 식의 의미를 생각해 보면, X의 편차가 양수이고, Y의 편차도 양수라면 양수 곱하기 양수 형태라 공분산도 양수가 됩니다. 즉, 변수 X와 변수 Y의 편차의 부호가 같으면 공분산은 양수가 되고 만약 부호가 다르다면 공분산은 음수가 됩니다. 이를 정리하면 아래와 같습니다.

(1) 만약 $Cov(X, Y) > 0$이라면 X와 Y는 양의 상관관계(positively correlated)
(2) 만약 $Cov(X, Y) < 0$이라면 X와 Y는 음의 상관관계(negatively correlated)
(3) 만약 $Cov(X, Y) = 0$이라면 X와 Y는 상관관계가 없음(uncorrelated)

공분산은 아래와 같은 식으로 구할 수도 있습니다.

$$Cov(X, Y) = E(XY) - E(X)E(Y)$$

3.6.2 공분산의 성질

이번 절에서는 공분산의 성질에 대해 알아보겠습니다. X, Y를 확률 변수라고 하고 a, b를 상수라고 하면 공분산은 다음과 같은 성질을 따릅니다.

 공분산의 성질

(1) $Cov(X, X) = Var(X)$

(2) $Cov(X, Y) = Cov(Y, X)$

(3) $Cov(aX, bY) = abCov(X, Y)$

(4) $Cov(X + Y, Z) = Cov(X, Z) + Cov(Y, Z)$

확률 변수 X와 Y가 서로 독립일 때, 둘은 상관관계가 존재하지 않습니다. 즉, 공분산은 0입니다.

(1)

$$Cov(X, X) = Var(X)$$

$$Cov(X, X) = E[(X - \mu_X)(X - \mu_X)]$$

$$= E[(X - \mu_X)^2]$$

$$= Var(X)$$

위와 같이 변수 X끼리의 공분산은 변수 X의 분산과 같습니다.

(2)

$$Cov(X, Y) = Cov(Y, X)$$

$$Cov(X, Y) = E[(X - \mu_X)(Y - \mu_Y)]$$

$$= E[(Y - \mu_Y)(X - \mu_X)]$$

$$= Cov(Y, X)$$

위 성질은 공분산은 변수 순서와 상관없다는 뜻입니다.

(3)

$$Cov(aX, bY) = abCov(X, Y)$$

$$Cov(aX, bY) = E[(aX - a\mu_X)(bY - b\mu_Y)]$$

$$= E[a(X - \mu_X)b(Y - \mu_Y)]$$

$$= abE[(X - \mu_X)(Y - \mu_Y)]$$

$$= abCov(X, Y)$$

위 성질은 확률 변수에 상수 a, b를 곱했을 때의 공분산이 가지는 성질입니다.

## 4

$$Cov(X + Y, Z) = Cov(X, Z) + Cov(Y, Z)$$

$$Cov(X + Y, Z) = E[(X + Y)Z] - E(X + Y)E(Z)$$

$$= E(XZ + YZ) - [E(X) + E(Y)]E(Z)$$

$$= E(XZ) + E(YZ) - E(X)E(Z) - E(Y)E(Z)$$

$$= [E(XZ) - E(X)E(Z)] + [E(YZ) - E(Y)E(Z)]$$

$$= Cov(X, Z) + Cov(Y, Z)$$

위 정리를 일반화시키면 아래와 같이 됩니다.

$$Cov\left(\sum_{i=1}^{n} a_i X_i, \sum_{j=1}^{m} b_j Y_j\right) = \sum_{i=1}^{n}\sum_{j=1}^{m} a_i b_j Cov(X_i, Y_j)$$

$$Var\left(\sum_{i=1}^{n} X_i\right) = \sum_{i=1}^{n} Var(X_i) + 2\sum_{i<j} Cov(X_i, X_j)$$

두 번째 식을 증명하면 다음과 같습니다.

$$Var\left(\sum_{i=1}^{n} X_i\right) = Cov\left(\sum_{i=1}^{n} X_i, \sum_{j=1}^{n} X_j\right)$$

$$= \sum_{i=1}^{n}\sum_{j=1}^{n} Cov(X_i, X_j)$$

$$= \sum_{i=j}^{n} Cov(X_i, X_j) + \sum_{i \neq j} Cov(X_i, X_j)$$

$$= \sum_{i=j}^{n} Cov(X_i, X_j) + 2 \sum_{i<j} Cov(X_i, X_j)$$

$$= \sum_{i=1}^{n} Var(X_i) + 2 \sum_{i<j} Cov(X_i, X_j)$$

앞서 확률 변수가 서로 독립이면 공분산이 0이라고 했습니다. 확률 변수 X가 서로 독립이라면 아래와 같은 식을 만족합니다.

$$Var\left(\sum_{i=1}^{n} X_i\right) = \sum_{i=1}^{n} Var(X_i)$$

앞서 분산을 배울 때 한번 언급했지만 중요한 내용이므로 한 번 더 언급하겠습니다. 확률 변수들이 서로 독립이라면 해당 확률 변수들의 공분산은 0이 됩니다. 마찬가지로 어떤 상황에서 iid라는 조건이 붙을 경우 iid는 서로 독립이고 동일한 분포를 따른다는 의미이므로 해당 확률 변수들의 공분산은 0이 됩니다.

▌3.6.3 상관 계수의 개념

앞서 배운 공분산을 이용하면 변수 간 상관 관계를 알 수 있지만 변수 간 단위가 서로 다른 경우에는 비교가 어렵다는 단점이 있습니다. 이를 보완한 개념이 상관 계수입니다. 아래 식은 **모집단 상관 계수(population coefficient of correlation)**를 의미합니다. 상관 계수는 공분산을 각 변수의 표준 편차로 나눔으로써 쉽게 구할 수 있습니다. 상관 계수는 -1에서 1 사이의 값을 가집니다.

$$Corr(X, Y) = \frac{Cov(X, Y)}{\sqrt{Var(X)}\sqrt{Var(Y)}}$$

$$= \frac{Cov(X, Y)}{\sigma_X \sigma_Y}$$

표본 상관 계수(sample coefficient of correlation)는 다음과 같습니다.

$$r_{xy} = \frac{\sum(x_i - \bar{x})(y_i - \bar{y})}{\sqrt{\sum(x_i - \bar{x})^2 \sum(y_i - \bar{y})^2}}$$

표본 상관 계수는 위와 같은 식으로 구할 수 있지만 직접 계산을 통해 구할 때는 위 식을 그대로 사용하기 어려운 경우가 많습니다. 표본 상관 계수는 아래와 같이 계산하기 편한 식으로 구할 수도 있습니다.

$$\sum_{i=1}^{n}(x_i - \bar{x})^2 = \sum_{i=1}^{n} x_i^2 - \frac{1}{n}\left(\sum_{i=1}^{n} x_i\right)^2$$

$$\sum_{i=1}^{n}(x_i - \bar{x})(y_i - \bar{y}) = \sum_{i=1}^{n} x_i y_i - \frac{1}{n}\left(\sum_{i=1}^{n} x_i\right)\left(\sum_{i=1}^{n} y_i\right)$$

첫 번째 식을 증명해 봅니다.

$$\sum_{i=1}^{n}(x_i - \bar{x})^2 = \sum_{i=1}^{n}\left(x_i^2 - 2x_i\bar{x} + \bar{x}^2\right)$$

$$= \sum_{i=1}^{n} x_i^2 - 2\bar{x}\sum_{i=1}^{n} x_i + n\bar{x}^2$$

$$= \sum_{i=1}^{n} x_i^2 - 2\bar{x}(n\bar{x}) + n\bar{x}^2$$

$$= \sum_{i=1}^{n} x_i^2 - 2n\bar{x}^2 + n\bar{x}^2$$

$$= \sum_{i=1}^{n} x_i^2 - n\bar{x}^2$$

$$= \sum_{i=1}^{n} x_i^2 - n\left(\frac{1}{n}\sum_{i=1}^{n} x_i\right)^2$$

$$= \sum_{i=1}^{n} x_i^2 - \frac{1}{n}\left(\sum_{i=1}^{n} x_i\right)^2$$

두 번째 식의 증명입니다.

$$\sum_{i=1}^{n}(x_i - \bar{x})(y_i - \bar{y}) = \sum_{i=1}^{n}(x_iy_i - \bar{y}x_i - \bar{x}y_i + \bar{x}\bar{y})$$

$$= \sum_{i=1}^{n} x_iy_i - \bar{y}\sum_{i=1}^{n} x_i - \bar{x}\sum_{i=1}^{n} y_i + n\bar{x}\bar{y}$$

$$= \sum_{i=1}^{n} x_iy_i - \left(\frac{1}{n}\sum y_i\right)\sum_{i=1}^{n} x_i - \left(\frac{1}{n}\sum_{i=1}^{n} x_i\right)\sum_{i=1}^{n} y_i + n\left(\frac{1}{n}\sum_{i=1}^{n} x_i\right)\left(\frac{1}{n}\sum_{i=1}^{n} y_i\right)$$

$$= \sum_{i=1}^{n} x_iy_i - \frac{1}{n}\left(\sum_{i=1}^{n} x_i\right)\left(\sum_{i=1}^{n} y_i\right) - \frac{1}{n}\left(\sum_{i=1}^{n} x_i\right)\left(\sum_{i=1}^{n} y_i\right) + \frac{1}{n}\left(\sum_{i=1}^{n} x_i\right)\left(\sum_{i=1}^{n} y_i\right)$$

$$= \sum_{i=1}^{n} x_iy_i - \frac{1}{n}\left(\sum_{i=1}^{n} x_i\right)\left(\sum_{i=1}^{n} y_i\right)$$

▌3.6.4 공분산 파이썬 실습

이번 절에서는 파이썬을 이용해 공분산과 상관 계수를 구하는 실습을 해보겠습니다. 이번 실습을 위해서 앞서 생성한 mean 함수를 이용해 평균을 구하고 var 함수를 이용해 분산, std 함수를 이용해 표준 편차를 구하는 과정이 필요합니다. 따라서 이 함수들을 불러오겠습니다.

```python
def mean(x_list):
    """
    리스트 x_list 원소의 평균 구하기
    입력값: 리스트 x_list
    출력값: 평균 res
    """
    n = len(x_list)
    sum_x = 0
    for x in x_list:
        sum_x += x
    res = sum_x/n
    return res

def var(x_list):
    """
    리스트 x_list 원소의 분산 구하기
    입력값: 리스트 x_list
    출력값: 분산 res
    """
    n = len(x_list)
    mean_x = mean(x_list)
    ss_x = 0

    for x in x_list:
        ss_x += (x-mean_x)**2

    res = ss_x/(n-1)
    return res

def std(x_list):
    """
    리스트 x_list 원소의 표준 편차 구하기
    입력값: 리스트 x_list
    출력값: 표준 편차 res
    """
    var_x = var(x_list)
    res = var_x**0.5
    return res
```

공분산을 구하는 데 필요한 함수를 불러왔다면 본격적으로 공분산을 구해 보겠습니다. 공분산은 다음과 같은 식을 코드로 구현해 구할 수 있습니다.

$$\frac{1}{n-1}\sum_{i=1}^{n}(x_i - \bar{x})(y_i - \bar{y})$$

```
x1_list = [2, 4, 6, 1, 5, 7, 9, 8, 3]                   ❶
x2_list = [3, 1, 2, 7, 3, 8, 3, 4, 5]                   ❷

n = len(x1_list)                                         ❸

m1 = mean(x1_list)                                       ❹
m2 = mean(x2_list)                                       ❺

sm = 0                                                   ❻

for i in range(0, n):                                    ❼
    sm += (x1_list[i]-m1)*(x2_list[i]-m2)                ❽

covariance = sm/(n-1)                                    ❾
print(covariance)                                        ❿
```

-0.75

먼저 ❶,❷ 공분산을 구할 리스트를 선언합니다. 그리고 공분산을 구하는 데 필요한 ❸ 리스트의 길이와 ❹,❺ 각 리스트의 평균을 구합니다. ❻ 그리고 공분산을 구하는 과정에서 $\sum_{i=1}^{n}(x_i - \bar{x})(y_i - \bar{y})$를 sm이라는 변수로 선언하고 0으로 초기화하겠습니다. ❼ sm을 구하기 위해 반복문을 사용합니다. ❽ 반복문에서 i번째 원소에 대해 $(x_i - \bar{x})(y_i - \bar{y})$를 구해 모두 더함으로써 sm을 구합니다. ❾ 반복문이 종료되면 $\sum_{i=1}^{n}(x_i - \bar{x})(y_i - \bar{y})$를 구한 것이므로 sm을 $n - 1$로 나눔으로써 공분산을 구할 수 있습니다. ❿ 결과를 확인합니다.

다음으로 상관 계수는 다음과 같이 구할 수 있습니다.

$$Corr(X, Y) = \frac{Cov(X, Y)}{\sigma_X \sigma_Y}$$

```
std1 = std(x1_list)
std2 = std(x2_list)
corr = covariance/(std1*std2)
print(corr)
```

```
-0.11952286093343938
```

상관 계수를 구하는 데는 각 리스트의 표준 편차와 공분산이 필요합니다. 공분산은 앞서 구했으므로 표준 편차를 구해 나눠 주면 위와 같이 상관 계수를 구할 수 있습니다.

```
def cov(x1_list, x2_list):
    """
    리스트 x_list1, x2_list의 공분산 구하기
    입력값: 리스트 x_list1, x2_list
    출력값: 공분산 res
    """
    n = len(x1_list)

    m1 = mean(x1_list)
    m2 = mean(x2_list)

    sm = 0
    for i in range(0, n):
        sm += (x1_list[i]-m1)*(x2_list[i]-m2)

    res = sm/(n-1)
    return res

def corrcoef(x1_list, x2_list):
    """
    리스트 x_list1, x2_list의 상관 계수 구하기
    입력값: 리스트 x_list1, x2_list
    출력값: 상관 계수 res
    """
    covariance = cov(x1_list, x2_list)
    std1 = std(x1_list)
    std2 = std(x2_list)
    res = covariance/(std1*std2)
    return res
```

앞서 구한 공분산과 상관 계수를 구하는 코드를 함수화하면 위 코드와 같습니다. 공분산을 구

하는 함수는 cov라고 이름 짓고, 상관 계수를 구하는 함수는 corrcoef라고 이름 지었습니다.

```
x1_list = [2, 4, 6, 1, 5, 7, 9, 8, 3]
x2_list = [3, 1, 2, 7, 3, 8, 3, 4, 5]

covariance = cov(x1_list, x2_list)
corr = corrcoef(x1_list, x2_list)

print(covariance)
print(corr)
```

```
-0.75
-0.11952286093343938
```

앞서 생성한 함수를 이용해 x1_list와 x2_list의 공분산과 상관 계수를 구하면 위와 같습니다.

▌3.6.5 공분산 라이브러리 실습

이번 절에서는 numpy 라이브러리를 활용해 공분산과 상관 계수를 구하는 실습을 해보겠습니다.

```
import numpy as np .................................................... ❶

x1_list = [2, 4, 6, 1, 5, 7, 9, 8, 3] ................................ ❷
x2_list = [3, 1, 2, 7, 3, 8, 3, 4, 5] ................................ ❸

covariance = np.cov(x1_list, x2_list) ................................ ❹
print(covariance) ..................................................... ❺
```

```
[[ 7.5  -0.75]
 [-0.75  5.25]]
```

먼저 실습에 필요한 numpy 라이브러리를 불러옵니다. 그리고 공분산을 구할 두 리스트를 선언합니다. numpy 라이브러리의 cov 함수를 이용해 x1_list와 x2_list의 공분산을 구합니다. 결과를 확인하면 행렬 형태로 나오는 것을 알 수 있는데, 결과 행렬의 주 대각 성분은 각각 x1_list와 x2_list의 분산을 의미하고 1행 2열 원소 및 2행 1열 원소는 공분산에 해당합니다. 행렬 형태를 이용해 공분산을 구하는 자세한 방법은 "알고리즘 구현으로 배우는 선형대수 with 파이썬(2021) 장철원"을 참고하기 바랍니다.

```
corr = np.corrcoef(x1_list, x2_list)
print(corr)
```

```
[[ 1.         -0.11952286]
 [-0.11952286  1.         ]]
```

numpy 라이브러리의 corrcoef 함수를 이용하면 위와 같이 상관 계수를 구할 수도 있습니다.

3.7 조건부 확률

3.7.1 조건부 확률

이번 절에서는 조건부 확률에 대해 배워 보겠습니다. **조건부 확률**(conditional probability)은 주어진 사건이 발생한다는 가정하에 다른 한 사건이 발생할 확률을 의미합니다. 조건부 확률은 다음과 같은 수식으로 나타낼 수 있습니다.

$$P(A|B) = \frac{P(A \cap B)}{P(B)}$$

위 수식에서 좌변은 $P(A|B)$인데 이는 사건 B가 발생하는 경우, 사건 A가 발생할 확률을 의미합니다. 이는 사건 B가 발생한다는 전제하에 사건 A가 발생할 확률을 구하는 것과 같습니다. 그리고 우변의 분모는 $P(B)$이며 이는 사건 B가 발생할 확률을 의미합니다. 그리고 우변의 분자 $P(A \cap B)$는 사건 A와 사건 B가 동시에 발생할 확률입니다.

위 수식 양변에 $P(B)$를 곱하면 위 수식은 다음과 같이 쓸 수도 있습니다.

$$P(A \cap B) = P(A|B)P(B)$$

3.7.2 조건부 독립

이번에는 조건부 독립에 대해서 알아보겠습니다. 사건 A, B, C가 존재할 때, 다음 식을 만족한다면 사건 C가 주어질 때, 사건 A와 B는 **조건부 독립**(conditional independence)이라고 합니다.

$$P(A|B,C) = P(A|C)$$

위 식은 다음과 같은 식으로 나타낼 수도 있습니다. 위 식과 마찬가지로 다음 식도 사건 C가 발생할 때, 사건 A와 B는 조건부 독립임을 의미합니다.

$$P(A,B|C) = P(A|C)P(B|C)$$

위와 같은 조건부 독립 식은 머신러닝 분야에서 나이브 베이즈와 같은 알고리즘의 중요한 가정으로 적용됩니다.

3.7.3 전확률 공식

이번 절에서는 전확률 공식에 대해 알아보겠습니다. **전확률 공식**(law of total probability)은 표본 공간 Ω를 서로 배반인 부분 공간으로 나누었을 때, 한 사건이 발생할 확률은 부분 공간에 대한 조건부 확률의 합 형태로 나타낼 수 있음을 의미합니다. 예를 들어, 사건 A와 B에 대해 사건 A가 발생할 확률은 다음과 같이 쓸 수 있습니다. 다음 식에서 표본 공간 Ω는 서로 배반인 부분 공간 B와 B^c로 구성되어 있습니다.

$$P(A) = P(A|B)P(B) + P(A|B^c)P(B^c)$$

위 수식을 일반화해서 사건 $B_1, B_2, \cdots, B_n$이 표본 공간 Ω의 부분 공간이라고 하면 다음과 같이 쓸 수 있습니다.

$$P(A) = \sum_{i=1}^{n} P(A|B_i)P(B_i)$$

전확률 공식을 그림으로 나타내면 [그림 3-12]와 같습니다.

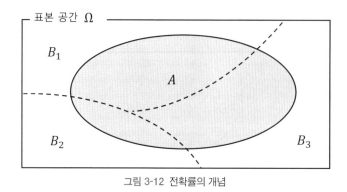

그림 3-12 전확률의 개념

[그림 3-12]를 보면 표본 공간 Ω는 서로 배반인 부분 공간 B_1, B_2, B_3의 합으로 구성되어 있는 것을 알 수 있습니다. 따라서 사건 A가 발생할 확률은 부분 공간의 조건부 확률의 합 형태로 나타낼 수 있습니다. [그림 3-12]를 수식으로 나타내면 다음과 같습니다.

$$P(A) = P(A|B_1)P(B_1) + P(A|B_2)P(B_2) + P(A|B_3)P(B_3)$$

▌3.7.4 전평균 공식

이번 절에서는 전평균 공식에 대해 알아보겠습니다. 전평균 공식은 앞서 배운 전확률 공식과 비슷한 면이 있는데, **전평균 공식**(law of total expectation)은 다음과 같은 식을 의미합니다.

$$E(A) = \sum_{i=1}^{n} E(A|B_i)P(B_i)$$

위 식은 앞선 전확률 공식 때와 마찬가지로 표본 공간 Ω는 서로 배반인 부분 공간 B_1, B_2, $\cdots$, B_n으로 구성되어 있습니다. 따라서 확률 변수 A의 기댓값은 서로 배반인 부분 공간 B_1, B_2, $\cdots$, B_n의 조건부 기댓값의 합 형태로 구할 수 있습니다.

$$E_Y\big(E_X(X|Y)\big) = E(X)$$

전평균 공식에 의하면 위와 같은 식도 성립합니다. 위 식이 성립하는 이유는 다음과 같습니다.

$$E_Y\big(E_X(X|Y)\big) = E(X) = E\left[\sum_x x \cdot P(X = x|Y)\right]$$

$$= \sum_y \left[\sum_x x \cdot P(X = x|Y = y)\right] P(Y = y)$$

$$= \sum_x x \cdot \sum_y P(X = x|Y = y)\, P(Y = y)$$

$$= \sum_x x \sum_y P(X = x \text{ and } Y = y)$$

$$= \sum_x x P(X = x)$$

$$= E(X)$$

$$\therefore E_Y\big(E_X(X|Y)\big) = E(X)$$

▌3.7.5 베이즈 정리

확률 분포의 파라미터를 상수로 보는 일반적인 빈도주의(Frequentist)와는 달리 베이지안(Bayesian)은 파라미터를 확률 변수로 보는 방법입니다. 베이즈 추정에서는 파라미터 θ가 확률 변수이므로 θ의 확률 $P(\theta)$를 구할 수 있습니다. 이때, 사건이 발생하기 전 파라미터 θ의 확률인 $P(\theta)$를 **사전 확률 밀도 함수**(prior probability density function)라고 합니다. 그리고 파라미터 θ가 주어졌을 때 표본 x가 얻어질 확률을 $P(x|\theta)$라고 표기할 수 있습니다. 따라서 파라미터 θ와 표본 x가 동시에 얻어질 확률을 아래와 같이 구할 수 있습니다.

$$P(\theta, x) = P(x|\theta)P(\theta)$$

앞서 파라미터 θ가 주어졌을 때 표본 x가 얻어질 확률을 $P(x|\theta)$라고 했습니다. 그렇다면 반대로 표본 x가 주어졌을 때 파라미터 θ가 얻어질 확률은 어떻게 구할까요?

$$P(\theta|x) = \frac{P(\theta, x)}{p(x)}$$

$$= \frac{P(x|\theta)P(\theta)}{p(x)}$$

$$= \frac{P(x|\theta)P(\theta)}{\sum_\theta P(x|\theta)P(\theta)}$$

위 식에서 $P(\theta|x)$를 **사후 확률 밀도 함수**(posterior probability density function)라고 부릅니다. 위 식에서 분포 $p(x)$는 베이즈 정리에 의해 $\sum_\theta P(x|\theta)P(\theta)$이므로 정리하면 위와 같이 쓸 수 있습니다. 위 식에서 $p(x)$는 파라미터 θ에 영향을 받지 않습니다. 즉, $p(x)$는 파라미터 θ와 무관합니다. 따라서 $p(x)$는 상수 취급할 수 있습니다. 그러므로 위에서 구한 사후 확률 밀도 함수 $P(\theta|x)$는 아래와 같이 정리할 수 있습니다.

$$P(\theta|x) \propto P(x|\theta)P(\theta)$$

연산자 $\propto$는 '비례한다'라는 의미입니다. 즉, 사후 밀도 함수 $P(\theta|x)$는 상수인 $p(x)$와는 무관하며 오직 $P(x|\theta)P(\theta)$ 값에만 영향을 받는다는 뜻입니다. 참고로 우변의 $P(x|\theta)$는 x에 관한 함수가 아니라 θ에 관한 함수입니다. 위와 같은 간단한 식이 베이즈 추정의 중요한 개념을 담고 있습니다.

3.8 적률 생성 함수

확률 변수 X에 대한 **적률 생성 함수**(moment generation function, mgf) $M_X(t)$는 다음과 같습니다.

$$M_X(t) = E(e^{tx})$$

위 적률 생성 함수는 0 근방의 t에 대해 기댓값이 존재합니다. 즉, 0보다 큰 모든 h에 대해 $h > 0$, $-h < t < h$ 구간에서 $E(e^{tx})$가 존재합니다. 만약 기댓값이 0 근방에서 존재하지 않는다면 적률 생성 함수는 존재하지 않습니다. 즉, 적률 생성 함수는 항상 존재하는 것이 아니라 존재하지 않을 수도 있다는 말입니다.

확률 변수 X가 이산형이라면 적률 생성 함수는 다음과 같이 구합니다.

$$M_X(t) = \sum_x e^{tx} P(X = x)$$

확률 변수 X가 연속형이라면 적률 생성 함수는 다음과 같이 구합니다.

$$M_X(t) = \int_{-\infty}^{\infty} e^{tx} f_X(x) dx$$

적률 생성 함수를 이용하면 확률 변수 X의 n차 적률을 구할 수 있는데 확률 변수의 n차 적률이란 $E(X^n)$을 의미하며 다음과 같이 구합니다.

$$E(X^n) = M_X^{(n)}(0)$$

위 식에서 $M_X^{(n)}(0)$은 적률 생성 함수 $M_X(t)$를 n번 미분하고 $t = 0$를 대입한 것입니다. 이를 통해 알 수 있는 사실은 적률 생성 함수 $M_X(t)$를 이용해 n차 적률 $E(X^n)$을 구하면 기댓값이나 분산을 쉽게 구할 수 있다는 것입니다.

$$E(X) = M_X'(0)$$

우리가 앞서 배운 기댓값은 위와 같이 1차 적률인 것을 알 수 있습니다. 따라서 적률 생성 함수 $M_X(t)$를 한 번 미분해 $M_X'(t)$를 구하고 $t = 0$를 대입해 $M_X'(0)$를 구하면 $E(X)$를 쉽게 구할 수 있는 것입니다.

$$Var(X) = E(X^2) - [E(X)]^2$$

$$E(X^2) = M_X''(0)$$

적률 생성 함수를 이용하면 분산도 쉽게 구할 수 있습니다. 위 식과 같이 분산은 1차 적률 $E(X)$와 2차 적률 $E(X^2)$이 사용됩니다. 따라서 기댓값과 2차 적률 $E(X^2)$을 구하면 분산을 쉽게 구할 수 있습니다. 2차 적률 $E(X^2)$은 적률 생성 함수 $M_X(t)$를 두 번 미분하고 $t = 0$를 대입하면 구할 수 있습니다.

이산형 확률 분포

이산형 확률 변수의 확률 분포를 이산형 확률 분포라고 합니다. 이번 장에서는 이산형 균일 분포, 베르누이 분포, 이항 분포, 포아송 분포, 기하 분포, 음이항 분포와 같은 여러 가지 이산형 확률 분포의 개념과 특징에 대해 다루어 보겠습니다.

4.1 이산형 균일 분포

▌4.1.1 이산형 균일 분포의 개념

균일 분포(uniform distribution)는 이산형 확률 분포의 한 종류로 확률 변수가 특정 값을 가질 확률이 모두 동일한 분포를 의미합니다. 예를 들면, 주사위를 던졌을 때 나오는 숫자를 확률 변수 X라고 할 때, 확률 변수 X가 1일 확률과 6일 확률은 동일합니다.

확률 변수 X가 **이산형 균일 분포**(discrete uniform distribution)를 따를 때, 확률 질량 함수는 다음과 같이 나타냅니다.

$$X \sim U(1, N)$$

$$P(X = x) = \frac{1}{N}, \qquad x = 1, 2, \dots, N$$

위 식과 같이 확률 변수 X가 1과 N 사이의 값 중 하나를 가질 확률이 모두 동일할 때 균일 분포의 확률 질량 함수는 위와 같이 표현하며 U는 uniform의 u를 의미합니다. 그리고 확률 변수 X가 1과 N 사이의 값 x일 확률은 $1/N$이라는 것을 의미합니다.

위와 같은 함수가 확률 분포가 되려면 확률 분포를 구성하는 확률의 총합은 1이 되어야 합니다. 이를 위해 위 확률 질량 함수의 합이 1인지 확인해 보겠습니다. 확률 변수 X가 1부터 N까지 존재하므로 이들에 대응되는 확률의 합을 구하면 다음과 같습니다.

$$\sum_{x=1}^{N} P(X = x) = \sum_{x=1}^{N} \frac{1}{N} = N \cdot \frac{1}{N} = 1$$

위 결과와 같이 확률의 합이 1이므로 확률 질량 함수의 성질을 만족하는 것을 볼 수 있습니다.

이산형 균일 분포의 기댓값과 분산은 다음과 같습니다.

$$E(X) = \frac{N+1}{2}$$

$$Var(X) = \frac{(N+1)(N-1)}{12}$$

이산형 균일 분포의 기댓값과 분산은 위와 같이 구할 수 있으며 이산형 균일 분포의 확률 질량 함수를 그림으로 나타내면 [그림 4-1]과 같습니다.

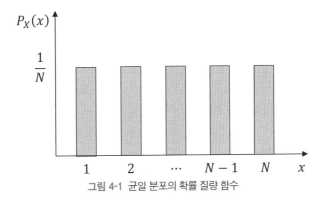

그림 4-1 균일 분포의 확률 질량 함수

[그림 4-1]은 균일 분포의 확률 질량 함수를 나타낸 그림입니다. 그림을 보면 확률 변수 X가 특정 값을 가질 확률은 값의 종류에 관계없이 모두 동일한 것을 알 수 있습니다.

이산형 균일 분포의 예를 들어 보겠습니다. 주사위를 던졌을 때 나오는 수를 확률 변수 X라고 했을 때, 표본 공간은 1부터 6까지이고 각 값이 나올 확률은 동일합니다. 따라서 확률 변수 X는 균일 분포를 따르고 확률 질량 함수는 다음과 같이 나타낼 수 있습니다.

$$X \sim U(1, 6)$$

$$P(X = x) = \frac{1}{6}, \qquad x = 1, 2, 3, 4, 5, 6$$

그리고 위 확률 질량 함수를 그림으로 나타내면 다음과 같습니다.

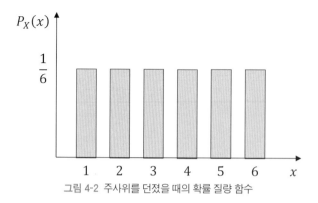

그림 4-2 주사위를 던졌을 때의 확률 질량 함수

[그림 4-2]를 보면 주사위를 던질 때 나타날 수 있는 수는 1부터 6까지며, 각 값이 발생할 확률
은 1/6로 동일한 것을 알 수 있습니다.

▎4.1.2 이산형 균일 분포의 기댓값

이번 절에서는 이산형 균일 분포의 기댓값에 대해 자세히 알아보겠습니다. 이산형 균일 분포
의 기댓값을 구할 때는 다음과 같은 식을 사용해야 하는데, 아래 식은 고등학교 과정에 나오
는 수열의 합을 구하는 식입니다.

$$\sum_{x=1}^{n} x = \frac{n(n+1)}{2}, \quad \sum_{i=1}^{n} x^2 = \frac{n(n+1)(2n+1)}{6}$$

위와 같은 식을 이용해 이산형 균일 분포의 기댓값을 구하는 식을 구하면 다음과 같습니다.

$$E(X) = \sum_{x} x \cdot f_X(x)$$

$$= \sum_{x=1}^{N} x \cdot \frac{1}{N}$$

$$= \frac{1}{N} \sum_{x=1}^{N} x$$

$$= \frac{1}{N} \cdot \frac{N(N+1)}{2}$$

$$= \frac{N+1}{2}$$

$$\therefore E(X) = \frac{N+1}{2}$$

위와 같이 균일 분포의 기댓값을 구할 수 있습니다.

4.1.3 이산형 균일 분포의 분산

이번 절에서는 이산형 균일 분포의 분산에 대해 알아보겠습니다. 일반적으로 분산은 다음 식을 이용해 구할 수 있습니다.

$$Var(X) = E[(X-\mu)^2] = E(X^2) - [E(X)]^2$$

위 식을 사용하기 위해서는 $E(X^2)$값을 알아야 하므로 먼저 이산형 균일 분포의 $E(X^2)$을 구하면 다음과 같습니다.

$$E(X^2) = \sum_x x^2 \cdot f_X(x)$$

$$= \sum_{x=1}^{N} x^2 \cdot \frac{1}{N}$$

$$= \frac{1}{N} \sum_{x=1}^{N} x^2$$

$$= \frac{1}{N} \cdot \frac{N(N+1)(2N+1)}{6}$$

$$= \frac{(N+1)(2N+1)}{6}$$

$$\therefore E(X^2) = \frac{(N+1)(2N+1)}{6}$$

앞선 과정을 통해 $E(X)$와 $E(X^2)$을 구했으므로 $Var(X)$를 구하면 다음과 같습니다.

$$Var(X) = E(X^2) - [E(X)]^2$$

$$= \frac{(N+1)(2N+1)}{6} - \left[\frac{N+1}{2}\right]^2$$

$$= \frac{(N+1)(2N+1)}{6} - \frac{(N+1)^2}{4}$$

$$= \frac{2(N+1)(2N+1)}{12} - \frac{3(N+1)^2}{12}$$

$$= \frac{(N+1)(4N+2-3N-3)}{12}$$

$$= \frac{(N+1)(N-1)}{12}$$

$$\therefore Var(X) = \frac{(N+1)(N-1)}{12}$$

▌4.1.4 이산형 균일 분포 일반화 형태

앞선 이산형 균일 분포는 표본 공간이 1부터 시작하는 분포였습니다. 이번 절에서는 이산형 균일 분포가 1이 아닌 임의의 a로 시작하는 형태를 알아보겠습니다. 다음은 a부터 b 사이의 값을 가질 수 있는 확률 변수 X에 대한 균일 분포를 나타냅니다.

$$X \sim U(a, b)$$

$$P(X = x) = \frac{1}{b - a + 1}, \qquad x = a, a + 1, a + 2, \cdots, b$$

$$E(X) = \frac{a + b}{2}$$

$$Var(X) = \frac{(N + 1)(N - 1)}{12}$$

위 식에서 N은 a와 b 사이에 있는 확률 변수 X의 개수입니다. 위와 같은 이산형 균일 분포의 일반화 형태를 그림으로 나타내면 [그림 4-3]과 같습니다.

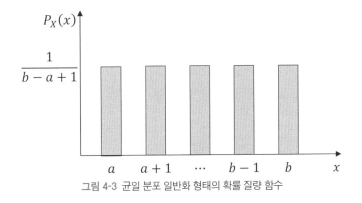

그림 4-3 균일 분포 일반화 형태의 확률 질량 함수

▎4.1.5 이산형 균일 분포 파이썬 실습

이번 절에서는 이산형 균일 분포에 대해 파이썬으로 실습을 해보겠습니다. 이산형 균일 분포를 따르는 확률 변수 X를 이용해 이산형 균일 분포의 형태를 확인해 보겠습니다.

$$P(X = x) = \frac{1}{b - a + 1}, \qquad x = a, a + 1, a + 2, \cdots, b$$

이번 실습에서는 위와 같은 확률 질량 함수를 따르는 이산형 균일 분포를 가정하겠습니다.

```
a = 1                                                          ❶
b = 5                                                          ❷

x_list = list(range(a, b+1))                                   ❸
print(x_list)                                                  ❹
```

```
[1, 2, 3, 4, 5]
```

위 코드에서 ❶ a는 이산형 균일 분포에서의 a와 동일하며 ❷ 코드상에서 b는 공식에서의 b와 동일합니다. ❸ 그리고 확률 변수 X의 범위에 해당하는 값들을 리스트로 만들어 x_list라고 이름 짓습니다. 이때, range 함수가 b를 포함시키기 위해 b에 1을 더한 값으로 설정해 줍니다. ❹ x_list를 보면 1부터 5까지의 값이 있음을 알 수 있습니다.

```
p_list = []                                                    ❺
for x in x_list:                                               ❻
    prob = 1/(b-a+1)                                           ❼
    p_list.append(prob)                                        ❽
print(p_list)                                                  ❾
```

```
[0.2, 0.2, 0.2, 0.2, 0.2]
```

앞서 ❺ 구한 x_list에 포함되는 각 x값에 대응되는 확률을 담을 리스트를 p_list라고 하겠습니다. ❻ x_list에 포함되는 값에 대한 ❼ 확률을 prob이라고 이름 짓겠습니다. ❽ 그리고 해당 prob을 p_list에 추가합니다. x_list에 포함되는 모든 값에 대해 계산이 끝나 반복문이 종료되어 ❾ p_list를 확인하면 모든 확률 변수가 0.2로 동일한 확률을 가지는 것을 알 수 있습니다.

```
import matplotlib.pyplot as plt                                ❿

plt.bar(x_list, p_list)                                        ⓫
plt.show()                                                     ⓬
```

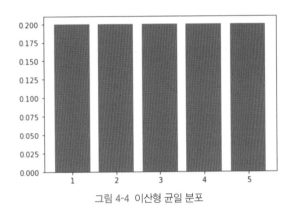

그림 4-4 이산형 균일 분포

확률 질량 함수를 시각화하기 위해 ❿ 시각화 라이브러리를 불러옵니다. ⓫ 그리고 확률 변수 X의 x값들을 모아 놓은 x_list와 해당 값들에 대한 확률 p_list에 대해 bar 차트를 구해서 결과를 확인하면 [그림 4-4]와 같이 확률 변수 X에 대해 모두 동일한 확률을 가지는 것을 볼 수 있습니다.

▎4.1.6 이산형 균일 분포 라이브러리 실습

이번 절에서는 이산형 균일 분포에 대해 파이썬 라이브러리를 활용해 실습을 해보겠습니다. 이산형 균일 분포를 따르는 확률 변수 X를 이용해 이산형 균일 분포의 형태를 확인해 보겠습니다.

$$P(X = x) = \frac{1}{b - a + 1}, \qquad x = a, a + 1, a + 2, \cdots, b$$

이번 실습에서는 위와 같은 확률 질량 함수를 따르는 이산형 균일 분포를 가정하겠습니다.

```
import numpy as np ......................................................... ❶
from scipy.stats import randint ........................................... ❷
import matplotlib.pyplot as plt ........................................... ❸
```

먼저 이번 실습을 위해 필요한 라이브러리를 불러오겠습니다. ❶ 먼저 넘파이 라이브러리를 불러오고 ❷ scipy 라이브러리에서 이산형 균일 분포를 생성하기 위한 randint 함수를 불러옵니다. ❸ 그리고 데이터 시각화를 위해 matplotlib 라이브러리를 불러옵니다.

```
a = 1                                                              ④
b = 5                                                              ⑤

x_list = np.arange(a,b+1)                                          ⑥
p_list = []                                                        ⑦

for x in x_list:                                                   ⑧
    prob = randint.pmf(x, low=a, high=b+1)                        ⑨
    p_list.append(prob)                                           ⑩
```

위 코드에서 ④ a는 이산형 균일 분포에서의 a와 동일하며 ⑤ 코드상에서 b는 공식에서의 b 와 동일합니다. ⑥ 그리고 확률 변수 X의 범위에 해당하는 값들을 모아 numpy 라이브러리의 arange 함수를 이용해 x_list라고 이름 짓습니다. 이때, arange 함수가 b를 포함시키기 위해 b에 1을 더한 값으로 설정해 줍니다. ⑦ 앞서 구한 x_list에 포함되는 각 x값에 대응되는 확률을 모은 리스트를 p_list라고 하겠습니다. randint 함수에서 pmf 메소드를 사용하면 x값에 대한 확률을 구할 수 있습니다. 옵션으로 low는 이산형 균일 분포에서 a에 해당하며, high는 b에 해당합니다. ⑧ x_list에 포함되는 값에 대한 ⑨ 확률을 prob이라고 이름 짓겠습니다. ⑩ 그리고 해당 prob을 p_list에 추가합니다. x_list에 포함되는 모든 값에 대해 계산이 끝나면 반복문이 종료됩니다.

```
plt.bar(x_list, p_list)                                           ⑪
plt.show()                                                        ⑫
```

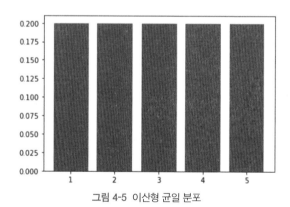

그림 4-5 이산형 균일 분포

⓫ 확률 변수 X의 x값들을 모아 놓은 x_list와 해당 값들에 대한 확률 p_list에 대해 bar 차트를 구해서 ⓬ 결과를 확인하면 [그림 4-5]와 같이 확률 변수 X에 대해 모두 동일한 확률을 가지는 것을 볼 수 있습니다.

▌4.1.7 이산형 균일 분포를 따르는 난수 생성 라이브러리 실습

이번 절에서는 numpy 라이브러리를 이용해 이산형 균일 분포를 따르는 난수를 생성하는 실습을 해보겠습니다.

```
import numpy as np                                              ❶
import matplotlib.pyplot as plt                                 ❷

x_list = np.random.randint(low=1, high=6, size=10000)           ❸
print(x_list)                                                   ❹
```

```
[1 3 3 ... 2 2 1]
```

먼저 ❶ 실습을 위해 필요한 라이브러리를 불러옵니다. 이산형 균일 분포에서 난수를 생성하기 위해 필요한 numpy 라이브러리를 불러오고 ❷ 시각화를 위해 필요한 matplotlib 라이브러리를 불러옵니다. ❸ 그리고 numpy 라이브러리의 random 모듈의 randint 함수를 이용해 이산형 균일 분포에서 난수를 생성합니다. low 옵션은 최솟값을 의미하고 high는 최댓값+1을 의미합니다. 따라서 low가 1이고 high가 6이면 1부터 5까지의 숫자 중 하나가 생성됩니다. 이때, 주의할 점은 1부터 6까지가 아니라는 점입니다.

$$[low, \qquad high)$$

그리고 size는 생성하고자 하는 난수의 개수를 의미합니다. ❹ 생성한 난수를 확인합니다.

```
plt.hist(x_list)
plt.show()
```

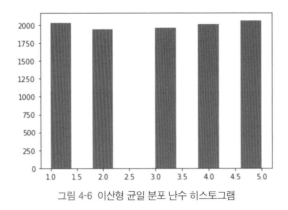

그림 4-6 이산형 균일 분포 난수 히스토그램

앞서 생성한 난수가 실제로 이산형 균일 분포를 따르는지 확인해 보겠습니다. hist를 이용해 앞서 생성한 난수로 히스토그램을 그려 결과를 확인하면 이산형 균일 분포를 따르는 것을 알 수 있습니다.

4.2 베르누이 분포

▌4.2.1 베르누이 분포 개념

베르누이 분포(Bernoulli distribution)를 따르는 확률 변수 X는 한 번 시행했을 때의 성공 횟수를 의미하며, 이때, 한 번 시행하므로 베르누이 분포를 다른 말로 베르누이 시행(Bernoulli trial)이라고 부르기도 합니다. 앞서 성공 횟수라는 표현을 사용했지만, 베르누이 분포는 한 번 시행했을 때의 성공할 확률로 볼 수도 있고 혹은 실패할 확률을 나타내는 것이라고도 볼 수 있습니다.

확률 변수 X가 베르누이 분포를 따를 때 베르누이 분포의 확률 질량 함수는 다음과 같이 나타낼 수 있습니다.

$$X \sim Bernoulli(p)$$

$$P(X = x) = p^x(1 - p)^{1-x}, \qquad x = 0,1$$

위 식에서 확률 변수 X는 0 또는 1, 단 두 가지 종류의 값을 가질 수 있는데 이때, 0은 실패, 1은 성공이라고 볼 수 있습니다. 그리고 성공할 확률은 p, 실패할 확률은 $1 - p$로 표현합니다.

$$\sum_{x=0}^{1} P(X = x) = \sum_{x=0}^{1} p^x(1 - p)^{1-x} = (1 - p) + p = 1$$

이번에는 베르누이 분포의 확률의 합이 1인지 확인해 보겠습니다. 위와 같이 모든 확률을 더하면 1이 되는 것을 볼 수 있습니다.

베르누이 분포의 기댓값과 분산은 다음과 같이 나타냅니다.

$$E(X) = p$$

$$Var(X) = p(1 - p)$$

다음 그림은 베르누이 분포의 확률 질량 함수를 그림으로 나타낸 것입니다.

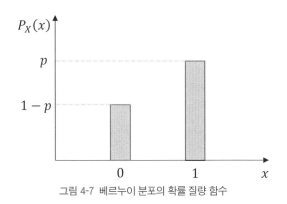

그림 4-7 베르누이 분포의 확률 질량 함수

[그림 4-7]은 베르누이 분포의 확률 질량 함수를 나타내는데 확률 변수 X는 0 또는 1을 가지는 것을 알 수 있습니다. 확률 변수 X가 1일 확률은 p이고 0일 확률은 $1 - p$임을 알 수 있습니다.

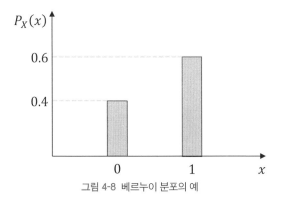

그림 4-8 베르누이 분포의 예

예를 들어, 성공할 확률이 0.6인 베르누이 분포의 확률 질량 함수는 위와 같은 [그림 4-8]을 나타냅니다.

▌4.2.2 베르누이 분포의 기댓값

이번 절에서는 베르누이 분포의 기댓값을 구해 보겠습니다. 베르누이 분포의 기댓값을 구하면 다음과 같습니다.

$$E(X) = \sum_x x \cdot f_X(x)$$

$$= 0 \cdot f_X(x) + 1 \cdot f_X(x)$$

$$= 0 \cdot p^0 (1-p)^{1-0} + 1 \cdot p^1 (1-p)^{1-1}$$

$$= p$$

$$\therefore E(X) = p$$

▌4.2.3 베르누이 분포의 분산

이번 절에서는 베르누이 분포의 분산을 구해 보겠습니다. 베르누이 분포의 분산을 구하면 다음과 같습니다.

$$Var(X) = E[(X-\mu)^2]$$

$$= \sum_x (x-\mu)^2 f_X(x)$$

$$= (0-p)^2 p^0 (1-p)^{1-0} + (1-p)^2 p^1 (1-p)^{1-1}$$

$$= p^2(1-p) + (1-p)^2 p$$

$$= p(1-p)(p+1-p)$$

$$= p(1-p)$$

$$\therefore Var(X) = p(1-p)$$

▌4.2.4 베르누이 분포 파이썬 실습

이번 절에서는 베르누이 분포에 대해 파이썬으로 실습을 해보겠습니다. 베르누이 분포를 따르는 확률 변수 X를 이용해 베르누이 분포의 형태를 확인해 보겠습니다.

$$P(X = x) = p^x(1 - p)^{1-x}, \qquad x = 0, 1$$

이번 실습에서는 위와 같은 확률 질량 함수를 따르는 베르누이 분포를 가정하겠습니다.

```
p = 0.3                                                    ❶
x_list = [0, 1]                                            ❷
p_list = []                                                ❸

for x in x_list:                                           ❹
    prob = (p**x)*((1-p)**(1-x))                           ❺
    p_list.append(prob)                                    ❻
```

먼저 ❶ 베르누이 분포에 적용될 성공 확률 p를 설정합니다. 따라서 베르누이 분포의 확률 질량 함수는 다음과 같습니다.

$$P(X = x) = 0.3^x(1 - 0.3)^{1-x}, \qquad x = 0, 1$$

❷ 그리고 확률 변수 X의 값들을 모아 x_list라고 설정합니다. 베르누이 분포에서는 값이 0과 1만 포함됩니다 ❸ 그리고 해당 값들에 대응되는 확률을 모을 리스트를 p_list라고 이름 짓습니다. ❹ 그리고 x_list에 포함되는 x값들에 대해 반복문을 수행합니다. ❺ 베르누이 분포의 확률 질량 함수에 x를 대입해 x에 대한 확률을 구해 prob이라고 설정합니다. ❻ 이렇게 구한 prob을 p_list에 추가합니다.

```
import matplotlib.pyplot as plt                            ❼

plt.bar(x_list, p_list)                                    ❽
plt.show()                                                 ❾
```

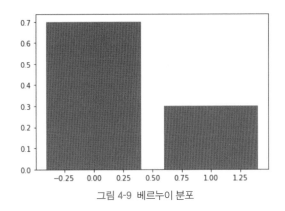

그림 4-9 베르누이 분포

확률 질량 함수를 시각화하기 위해 ❼ 시각화 라이브러리를 불러옵니다. ❽ 그리고 확률 변수 X의 x값들을 모아 놓은 x_list와 해당 값들에 대한 확률 p_list에 대해 bar 차트를 구해서 ❾ 결과를 확인하면 [그림 4-9]와 같은 결과를 확인할 수 있습니다.

▌4.2.5 베르누이 분포 라이브러리 실습

이번 절에서는 베르누이 분포에 대해 파이썬 라이브러리로 실습을 해보겠습니다. 베르누이 분포를 따르는 확률 변수 X를 이용해 베르누이 분포의 형태를 확인해 보겠습니다.

$$P(X = x) = p^x(1 - p)^{1-x}, \qquad x = 0,1$$

이번 실습에서는 위와 같은 확률 질량 함수를 따르는 베르누이 분포를 가정하겠습니다.

```
from scipy.stats import bernoulli ......................................................................❶
import matplotlib.pyplot as plt ......................................................................❷
```

먼저 실습을 위해 라이브러리를 불러오겠습니다. ❶ 베르누이 분포의 실습을 위해 scipy 라이브러리에서 bernoulli 함수를 불러옵니다. ❷ 그리고 데이터 시각화를 위해 matplotlib 라이브러리를 불러옵니다.

```
p = 0.3                                               ❸

x_list = [0,1]                                        ❹
p_list = []                                           ❺

for x in x_list:                                      ❻
    prob = bernoulli.pmf(k=x, p=p)                    ❼
    p_list.append(prob)                               ❽
```

그리고 ❸ 베르누이 분포에 적용될 성공 확률 p를 설정합니다. 따라서 베르누이 분포의 확률 질량 함수는 다음과 같습니다.

$$P(X = x) = 0.3^x(1 - 0.3)^{1-x}, \qquad x = 0,1$$

다음으로 ❹ 확률 변수 X의 값들을 모아 x_list라고 설정합니다. 베르누이 분포에서는 값이 0과 1만 포함됩니다 ❺ 그리고 해당 값들에 대응되는 확률을 모은 리스트를 p_list라고 이름 짓습니다. ❻ 그리고 x_list에 포함되는 x값들에 대해 반복문을 수행합니다. ❼ 베르누이 분 포의 확률 질량 함수에 x를 대입해 x에 대한 확률을 구해 prob라고 설정합니다. 베르누이 분 포의 확률 질량 함수를 사용하기 위해서는 bernoulli 함수의 pmf 메소드를 활용합니다. 옵 션에서 k는 확률 변수 X의 값 x를 의미하고 p는 베르누이 분포의 확률 질량 함수의 p를 의미 합니다. ❽ 이렇게 구한 prob을 p_list에 추가합니다.

```
plt.bar(x_list, p_list)                               ❾
plt.show()                                            ❿
```

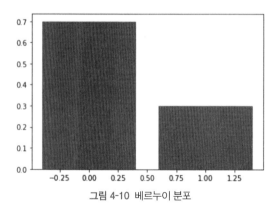

그림 4-10 베르누이 분포

118

이번에는 앞서 구한 확률을 시각화해 보겠습니다. ❾ 확률 변수 X의 x값들을 모아 놓은 x_list와 해당 값들에 대한 확률 p_list에 대해 bar 차트를 구해서 ❿ 결과를 확인하면 [그림 4-10]과 같이 확률 변수 X가 0일 확률은 0.7이고 확률 변수 X가 1일 확률은 0.3인 것을 알 수 있습니다.

4.2.6 베르누이 분포를 따르는 난수 생성 라이브러리 실습

이번 절에서는 numpy 라이브러리를 이용해 베르누이 분포를 따르는 난수를 생성하는 실습을 해보겠습니다.

```
import numpy as np                                                      ❶
import matplotlib.pyplot as plt                                         ❷

x_list = np.random.binomial(n=1, p=0.3, size=10000)                     ❸
print(x_list)                                                           ❹
```
```
[0 0 0 ... 0 1 0]
```

먼저 ❶ 실습을 위해 필요한 라이브러리를 불러옵니다. 베르누이 분포에서 난수를 생성하기 위해 필요한 numpy 라이브러리를 불러오고 ❷ 시각화를 위해 필요한 matplotlib 라이브러리를 불러옵니다. ❸ 그리고 numpy 라이브러리의 random 모듈의 binomial 함수를 이용해 베르누이 분포에서 난수를 생성합니다. 원래 binomial 함수는 이항 분포에서 난수를 생성하기 위한 함수이나 베르누이 분포는 이항 분포에서 n=1인 경우이므로 binomial 함수를 이용해 베르누이 분포를 따르는 난수를 생성할 수 있습니다. n과 p는 다음 이항 분포 식에서의 n과 p를 의미합니다.

$$P(X = x) = \binom{n}{x} p^x (1 - p)^{n-x}, \qquad x = 0, 1, \dots, n$$

우리는 베르누이 분포를 사용하고자 하므로 n을 1로 설정합니다. size는 생성하고자 하는 난수의 개수를 의미합니다. ❹ 생성한 난수를 확인합니다.

```
plt.hist(x_list)
plt.show()
```

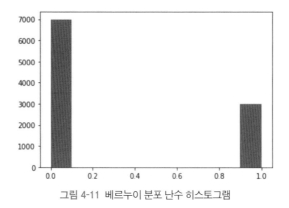

그림 4-11 베르누이 분포 난수 히스토그램

앞서 생성한 난수가 실제로 베르누이 분포를 따르는지 확인해 보겠습니다. hist를 이용해 앞서 생성한 난수로 히스토그램을 그려 결과를 확인하면 베르누이 분포를 따르는 것을 알 수 있습니다.

4.3 이항 분포

4.3.1 이항 분포의 개념

이번 절에서는 이항 분포에 대해 알아보겠습니다. 본격적으로 이항 분포에 대해 알아보기 전에 이항 정리에 대해 먼저 알아보겠습니다. 우리는 이미 고등학교 때 이항 정리(binomial theorem)에 대해 배웠습니다. 이항 정리는 다음과 같은 식을 의미합니다.

$$(p + q)^n = \sum_{x=0}^{n} \binom{n}{x} p^x q^{n-x}$$

그리고 위 식을 응용하면 다음과 같은 식도 사용할 수 있습니다.

$$2^n = (1 + 1)^n = \sum_{x=0}^{n} \binom{n}{x} 1^x 1^{n-x} = \sum_{x=0}^{n} \binom{n}{x}$$

이항 분포는 위와 같은 이항 정리와 관련된 분포입니다.

우리는 앞서 베르누이 시행에 대해 배웠습니다. 이번에 배울 **이항 분포**(binomial distribution)를 따르는 확률 변수 X는 독립적인 베르누이 시행을 n번 했을 때의 성공 횟수를 의미합니다. 즉, iid를 만족하는 확률 변수 $Y_1, Y_2, \cdots, Y_n$이 성공 확률이 p인 베르누이 분포를 따를 때, 이들의 합인 확률 변수 X는 이항 분포를 따르는 것입니다. 이를 정리하면 다음과 같습니다.

$$Y_1, Y_2, \cdots, Y_n \sim Bernoulli(p)$$

$$X = \sum_{i=1}^{n} Y_i$$

$$X \sim Binomial(n, p)$$

확률 변수 X가 이항 분포를 따를 때, 이항 분포의 확률 질량 함수는 다음과 같습니다.

$$X \sim Binomial(n, p)$$

$$P(X = x) = \binom{n}{x} p^x (1-p)^{n-x}, \qquad x = 0, 1, \dots, n$$

$$\binom{n}{x} = \frac{n!}{x!\,(n-x)!}$$

이항 분포의 확률 질량 함수를 보면 확률 변수 X는 독립 시행을 n번 했을 때의 성공 횟수를 의미하므로 확률 변수 X가 가질 수 있는 값은 0부터 n까지임을 알 수 있습니다. 그리고 각 시행이 성공할 확률은 p, 실패할 확률은 $1-p$에 해당합니다. 즉, 위 식은 n번의 시행 중 x번 성공, $n-x$번 실패할 확률을 나타내는 것입니다.

$$\sum_{x=0}^{n} P(X = x) = \sum_{x=0}^{n} \binom{n}{x} p^x (1-p)^{n-x} = (p + 1 - p)^n = 1$$

확률 질량 함수의 합이 1인지 확인하면 위와 같습니다. 확률 변수에 대응되는 확률의 합을 앞서 배운 이항 정리를 이용해 구하면 위와 같이 1이 되는 것을 볼 수 있습니다.

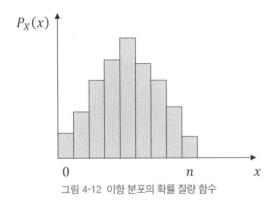

그림 4-12 이항 분포의 확률 질량 함수

이항 분포의 확률 질량 함수는 [그림 4-12]와 같이 확률 변수가 0부터 n까지의 값을 가지는 것을 볼 수 있습니다.

122

이항 분포의 기댓값과 분산은 다음과 같이 나타냅니다.

$$E(X) = np$$

$$Var(X) = np(1 - p)$$

▋ 4.3.2 이항 분포의 적률 생성 함수

이번 절에서는 이항 분포의 적률 생성 함수를 구해 보겠습니다. 이항 분포의 적률 생성 함수 $M_X(t)$는 다음과 같이 구할 수 있습니다.

$$M_X(t) = E(e^{tx})$$

$$= \sum e^{tx} \cdot P(X = x)$$

$$= \sum_{x=0}^{n} e^{tx} \binom{n}{x} p^x (1-p)^{n-x}$$

$$= \sum_{x=0}^{n} \binom{n}{x} (pe^t)^x (1-p)^{n-x}$$

$$= [pe^t + (1-p)]^n$$

$$\therefore M_X(t) = [pe^t + (1-p)]^n$$

▌4.3.3 이항 분포의 기댓값

이번 절에서는 이항 분포의 기댓값을 구해 보겠습니다. 이항 분포의 기댓값은 다음과 같이 구할 수 있습니다.

$$E(X) = \sum_x x \cdot f_X(x)$$

$$= \sum_{x=0}^{n} x \binom{n}{x} p^x (1-p)^{n-x}$$

$$= \sum_{x=1}^{n} x \binom{n}{x} p^x (1-p)^{n-x}$$

$$= \sum_{x=1}^{n} n \binom{n-1}{x-1} p^x (1-p)^{n-x}$$

$$= \sum_{y=0}^{n} n \binom{n-1}{y} p^{y+1} (1-p)^{n-(y+1)}$$

$$= np \sum_{y=0}^{n-1} \binom{n-1}{y} p^y (1-p)^{n-1-y}$$

$$= np$$

$$\therefore E(X) = np$$

위와 같이 이항 분포의 기댓값을 구하는 과정에서 세 번째 줄에서 네 번째 줄로 넘어가는 과정에서는 다음과 같은 식을 사용했습니다.

$$x \binom{n}{x} = n \binom{n-1}{x-1}$$

위 식이 성립하는 이유는 다음과 같습니다.

$$x \binom{n}{x} = x \frac{n!}{x!\,(n-x)!}$$

$$= \frac{n!}{(x-1)!\,(n-x)!}$$

$$= \frac{n(n-1)!}{(x-1)!\,(n-x)!}$$

$$= \frac{n(n-1)!}{(x-1)!\,(n-1-x+1)!}$$

$$= n \binom{n-1}{x-1}$$

또한 네 번째 줄에서 다섯 번째 줄로 넘어가는 과정에서는 $y = x - 1$이라는 식을 사용했는데 이는 $x - 1$을 y라고 치환하겠다는 의미입니다.

■ 적률 생성 함수를 이용한 기댓값 구하기

이번에는 적률 생성 함수를 이용해 이항 분포의 기댓값을 구해 보겠습니다. 기댓값을 구하기 위해서는 먼저 $M_X'(t)$를 구해야 합니다. 먼저 앞서 구한 적률 생성 함수는 다음과 같습니다.

$$M_X(t) = [pe^t + (1-p)]^n$$

위 적률 생성 함수를 이용해 한번 미분한 값인 $M_X'(t)$를 구해 보겠습니다.

$$M_X'(t) = \frac{d}{dt} M_X(t)$$

$$= \frac{d}{dt} [pe^t + (1-p)]^n$$

$$= n[pe^t + (1-p)]^{n-1} \cdot pe^t$$

$$\therefore M_X'(t) = n[pe^t + (1-p)]^{n-1} \cdot pe^t$$

위에서 구한 $M_X'(t)$에 $t = 0$를 대입하면 $E(X)$를 구할 수 있습니다.

$$E(X) = M_X'(0)$$
$$= n[pe^0 + (1-p)]^{n-1} \cdot pe^0$$
$$= n(p + 1 - p)^{n-1} \cdot p$$
$$= np$$

$$\therefore E(X) = np$$

▌4.3.4 이항 분포의 분산

이번 절에서는 이항 분포의 분산을 구해 보겠습니다. 먼저 분산을 구하는 식은 다음과 같습니다.

$$Var(X) = E[(X - \mu)^2] = E(X^2) - [E(X)]^2$$

위 식을 사용하기 위해서는 $E(X^2)$값을 알아야 하므로 $E(X^2)$를 먼저 구해 보겠습니다.

$$E(X^2) = \sum_x x^2 \cdot f_X(x)$$
$$= \sum_{x=0}^{n} x^2 \binom{n}{x} p^x (1-p)^{n-x}$$
$$= n \sum_{x=1}^{n} x \binom{n-1}{x-1} p^x (1-p)^{n-x}$$
$$= n \sum_{y=0}^{n-1} (y+1) \binom{n-1}{y} p^{y+1} (1-p)^{n-1-y}$$

$$= np \sum_{y=0}^{n-1} y \binom{n-1}{y} p^y (1-p)^{n-1-y} + np \sum_{y=0}^{n-1} \binom{n-1}{y} p^y (1-p)^{n-1-y}$$

$$= n(n-1)p^2 + np$$

$$\therefore E(X^2) = n(n-1)p^2 + np$$

위 과정에서 두 번째 줄에서 세 번째 줄로 넘어가는 과정에서는 다음 성질을 이용해야 합니다.

$$x^2 \binom{n}{x} = nx \binom{n-1}{x-1}$$

위 식이 성립하는 이유를 확인하면 다음과 같습니다.

$$x^2 \binom{n}{x} = x^2 \frac{n!}{x! \, (n-x)!}$$

$$= x \frac{n!}{(x-1)! \, (n-x)!}$$

$$= nx \frac{(n-1)!}{(x-1)! \, (n-x)!}$$

$$= nx \binom{n-1}{x-1}$$

또한 세 번째 줄에서 네 번째 줄로 넘어가는 과정에서는 $y = x - 1$이라는 식을 사용했는데 이는 $x - 1$을 y라고 치환하겠다는 의미입니다.

이를 종합해서 이항 분포의 분산을 구하면 다음과 같습니다.

$$Var(X) = E[(X - \mu)^2]$$

$$= E(X^2) - [E(X)]^2$$

$$= n(n-1)p^2 + np - (np)^2$$

$$= np(1-p)$$

$$\therefore Var(X) = np(1-p)$$

■ 적률 생성 함수를 이용한 분산 구하기

이번에는 앞서 구한 이항 분포의 적률 생성 함수를 이용해 분산을 구해 보겠습니다. 분산을 구하는 식은 다음과 같이 1차 적률 $E(X)$와 2차 적률 $E(X^2)$이 필요합니다.

$$Var(X) = E(X^2) - [E(X)]^2$$

1차 적률 $E(X)$는 앞서 기댓값을 구할 때 구했으므로 2차 적률 $E(X^2)$을 구해 보겠습니다. 2차 적률을 구하기 앞서 먼저 $M_X''(t)$를 구해 보겠습니다.

$$M_X'(t) = n[pe^t + (1-p)]^{n-1} \cdot pe^t = npe^t[pe^t + (1-p)]^{n-1}$$

$$\begin{aligned} M_X''(t) &= \frac{d^2}{dt^2} M_X(t) \\ &= \frac{d}{dt}\left[\frac{d}{dt} M_X(t)\right] \\ &= \frac{d}{dt} M_X'(t) \\ &= npe^t[pe^t + (1-p)]^{n-1} - npe^t(n-1)[pe^t + (1-p)]^{n-1} \cdot pe^t \end{aligned}$$

따라서 위에서 구한 $M_X''(t)$에 $t = 0$를 대입하면 다음과 같이 $E(X^2)$를 구할 수 있습니다.

$$E(X^2) = M_X''(0)$$

$$= npe^0[pe^0 + (1-p)]^{n-1} - npe^0(n-1)[pe^0 + (1-p)]^{n-1} \cdot pe^0$$

$$= np - np(n-1)p$$

$$= np - n^2p^2 - np^2$$

위에서 구한 $E(X^2)$와 앞서 구한 $E(X)$를 종합하면 다음과 같이 분산 $Var(X)$를 구할 수 있습니다.

$$Var(X) = E(X^2) - [E(X)]^2$$

$$= np - n^2p^2 - np^2 - (np)^2$$

$$= np - n^2p^2 - np^2 - n^2p^2$$

$$= np - np^2$$

$$= np(1-p)$$

$$\therefore Var(X) = np(1-p)$$

▌4.3.5 이항 분포 파이썬 실습

이번 절에서는 이항 분포에 대해 파이썬으로 실습을 해보겠습니다. 이항 분포를 따르는 확률 변수 X를 이용해 이항 분포의 형태를 확인해 보겠습니다.

$$P(X = x) = \binom{n}{x} p^x (1-p)^{n-x}, \qquad x = 0, 1, \dots, n$$

이번 실습에서는 위와 같은 확률 질량 함수를 따르는 이항 분포를 가정하겠습니다.

```
def factorial(x):
    """
    팩토리얼 함수
    입력값: 정수 x
    출력값: x!
    """
    x_list = list(range(1, x+1))
    res = 1
    for val in x_list:
        res *= val
    return res

def combination(n, x):
    """
    조합
    입력값: n, x
    출력값: nCx(실수)
    """
    res = factorial(n)/(factorial(x)*factorial(n-x))
    return res
```

이항 분포 실습을 위해서 이전에 만들었던 factorial 함수와 combination 함수를 사용하겠습니다. factorial 함수는 팩토리얼을 계산하는 함수이며, combination 함수는 조합을 계산하는 함수입니다. 다음 코드는 $n = 10$이고, $p = 0.3$인 이항 분포에 대해 실습하는 코드입니다.

$$P(X = x) = \binom{10}{x} 0.3^x (1 - 0.3)^{n-x}, \qquad x = 0, 1, \dots, 10$$

```
n = 10                                              ❶
p = 0.3                                             ❷
x_list = list(range(0, n+1))                        ❸
p_list = []                                         ❹

for x in x_list:                                    ❺
    prob = combination(n,x)*(p**x)*((1-p)**(n-x))   ❻
    p_list.append(prob)                             ❼
print(p_list)                                       ❽
```

130

```
[0.02824752489999998,
 0.12106082099999993,
 0.23347444049999988,
…(중략)
 0.00013778099999999996,
 5.904899999999975e-06]
```

먼저 ❶ 이항 분포의 확률 질량 함수에 들어갈 n을 정해 줍니다. ❷ 그리고 p를 정해 줍니다.
❸ 확률 변수 X가 될 수 있는 x의 리스트를 만들어 x_list라고 이름 짓습니다. ❹ 그리고 해
당 확률 변수의 확률을 모아 놓을 리스트를 p_list로 설정해 줍니다. ❺ x_list에 포함되
는 x에 대해 반복문을 수행합니다. ❻ 각 확률 변수에 대해 확률을 구해 prob이라고 이름 짓
습니다. prob을 계산하기 위해 앞서 구현한 combination 함수를 이용한 조합 계산이 필
요합니다. ❼ 그리고 해당 확률 prob을 p_list에 추가해 줍니다. ❽ 반복문이 종료되면 p_
list를 확인해 봅니다.

```
import matplotlib.pyplot as plt ·········································· ❾

plt.bar(x_list, p_list) ··················································· ❿
plt.show() ································································· ⓫
```

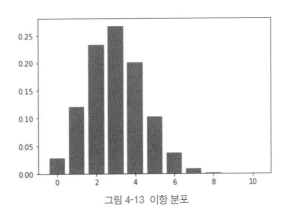

그림 4-13 이항 분포

이번에는 앞서 구한 x_list에 포함되는 값들에 대한 확률 p_list를 시각화해 보겠습니다.
❾ 먼저 시각화에 필요한 라이브러리를 불러옵니다. ❿ 그리고 bar 차트를 그려 줍니다. ⓫
결과를 확인합니다.

▎4.3.6 이항 분포 라이브러리 실습

이번 절에서는 이항 분포에 대해 파이썬 라이브러리 실습을 해보겠습니다. 이항 분포를 따르는 확률 변수 X를 이용해 이항 분포의 형태를 확인해 보겠습니다.

$$P(X = x) = \binom{n}{x} p^x (1-p)^{n-x}, \qquad x = 0,1,\dots,n$$

이번 실습에서는 위와 같은 확률 질량 함수를 따르는 이항 분포를 가정하겠습니다.

```
import numpy as np                        ❶
from scipy.stats import binom             ❷
import matplotlib.pyplot as plt           ❸
```

먼저 실습에 필요한 라이브러리를 불러오겠습니다. ❶ 확률 변수 X의 값들을 포함하는 array를 생성하기 위해 numpy를 불러오고 ❷ 이항 분포를 사용하기 위해 scipy 라이브러리의 binom 함수를 불러옵니다. ❸ 그리고 데이터 시각화를 위해 matplotlib 라이브러리를 불러옵니다.

다음 코드는 $n = 10$이고, $p = 0.3$인 이항 분포에 대해 실습하는 코드입니다.

$$P(X = x) = \binom{10}{x} 0.3^x (1-0.3)^{n-x}, \qquad x = 0,1,\dots,10$$

```
n = 10                                    ❹
p = 0.3                                   ❺

x_list = np.arange(0, n+1)                ❻
p_list = []                               ❼

for x in x_list:                          ❽
    prob = binom.pmf(k=x, n=n, p=p)       ❾
    p_list.append(prob)                   ❿
print(p_list)                             ⓫
```

```
[0.02824752489999998,
 0.12106082099999989,
 0.2334744405000001,
…(중략)…
 0.0001377809999999988,
 5.9048999999999975e-06]
```

## 4

라이브러리를 불러왔으면 ❹ 이항 분포의 확률 질량 함수에 들어갈 n을 정해 줍니다. ❺ 그리고 p를 정해 줍니다. ❻ 확률 변수 X가 될 수 있는 x의 array를 만들어 x_list라고 이름 짓습니다. ❼ 그리고 해당 확률 변수의 확률을 모아 놓은 리스트를 p_list라고 설정해 줍니다. ❽ x_list에 포함되는 x에 대해 반복문을 수행합니다. ❾ 각 확률 변수에 대해 확률을 구해 prob이라고 이름 짓습니다. prob을 계산하기 위해 binom 함수의 pmf 메소드를 사용합니다. k값은 확률 변수 X의 값 x를 의미하며 n과 p는 이항 분포의 확률 질량 함수에서 n, p를 의미합니다. ❿ 그리고 해당 확률 prob을 p_list에 추가해 줍니다. ⓫ 반복문이 종료되면 p_list를 확인해 봅니다.

```
plt.bar(x_list, p_list) ·························································· ⓬
plt.show() ······························································· ⓭
```

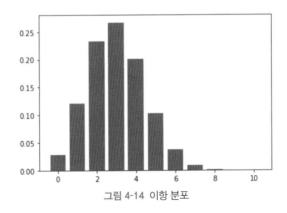
그림 4-14 이항 분포

이번에는 앞서 구한 p_list를 시각화해 보겠습니다. ⓬ bar 메소드를 이용해 x_list에 대한 p_list값들을 이용해 bar 차트를 그립니다. ⓭ 그리고 결과를 확인하면 [그림 4-14]와 같은 형태를 띠는 것을 알 수 있습니다.

▌4.3.7 이항 분포를 따르는 난수 생성 라이브러리 실습

이번 절에서는 numpy 라이브러리를 이용해 이항 분포를 따르는 난수를 생성하는 실습을 해 보겠습니다.

```
import numpy as np ······································································ ❶
import matplotlib.pyplot as plt ···································· ❷

x_list = np.random.binomial(n=10, p=0.3, size=10000) ·········· ❸
print(x_list) ·············································································· ❹
```
```
[5 5 4 ... 3 4 2]
```

먼저 ❶ 실습을 위해 필요한 라이브러리를 불러옵니다. 이항 분포에서 난수를 생성하기 위해 필요한 numpy 라이브러리를 불러오고 ❷ 시각화를 위해 필요한 matplotlib 라이브러리를 불러옵니다. ❸ 그리고 numpy 라이브러리의 random 모듈의 binomial 함수를 이용해 베르누이 분포에서 난수를 생성합니다. n과 p는 다음 이항 분포 식에서의 n과 p를 의미합니다.

$$P(X = x) = \binom{n}{x} p^x (1-p)^{n-x}, \qquad x = 0,1,\dots,n$$

size는 생성하고자 하는 난수의 개수를 의미합니다. ❹ 생성한 난수를 확인합니다.

```
plt.hist(x_list)
plt.show()
```

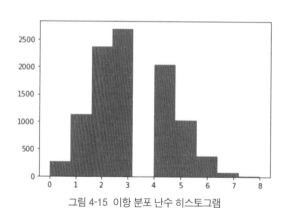

그림 4-15 이항 분포 난수 히스토그램

앞서 생성한 난수가 실제로 이항 분포를 따르는지 확인해 보겠습니다. hist를 이용해 앞서 생성한 난수로 히스토그램을 그려 결과를 확인하면 이항 분포를 따르는 것을 알 수 있습니다.

4.4 포아송 분포

▍4.4.1 포아송 분포의 개념

이번 절에서는 포아송 분포에 대해 알아보겠습니다. 포아송 분포는 매우 중요한 분포로 적용되는 분야가 넓고, 본 교재에서도 이후 확률 과정(stochastic process) 단원에서 포아송 과정(Poisson process)에 적용됩니다.

확률 변수 X가 단위 시간 동안 발생하는 이벤트의 횟수라고 했을 때, 확률 변수 X가 **포아송 분포**(Poisson distribution)를 따른다고 말하고, 포아송 분포의 확률 질량 함수는 다음과 같이 표현합니다.

$$X \sim Poisson(\lambda)$$

$$P(X = x) = \frac{e^{-\lambda}\lambda^x}{x!}, \qquad x = 0,1,2,\dots$$

$$e^{\lambda} = \sum_{x=0}^{\infty} \frac{\lambda^x}{x}$$

위 식에서 확률 질량 함수를 보면 확률 변수 X는 단위 시간 동안 발생한 이벤트의 횟수이므로 0부터 무한대의 값을 가지는 것을 알 수 있습니다. 또한 위 식에서 e^{λ}는 테일러 급수를 활용해 표현할 수 있습니다.

$$\sum_{x=0}^{\infty} P(X = x) = \sum_{x=0}^{\infty} \frac{e^{-\lambda}\lambda^x}{x!} = e^{-\lambda} \sum_{x=0}^{\infty} \frac{\lambda^x}{x!} = e^{-\lambda}e^{\lambda} = 1$$

위 확률 질량 함수의 합이 1인지 확인해 보겠습니다. 확률 변수에 대응되는 확률의 합을 구하면 위와 같이 1이 되는 것을 볼 수 있습니다.

포아송 분포의 기댓값과 분산은 다음과 같습니다. 다음 식을 보면 포아송 분포의 기댓값과 분산은 동일하다는 것을 알 수 있습니다. 이렇듯 기댓값과 분산이 동일하다는 사실은 포아송 분포만의 중요한 특징입니다.

$$E(X) = \lambda$$

$$Var(X) = \lambda$$

위 식과 같이 포아송 분포의 기댓값과 분산은 동일한 값 λ로 이 사실이 의미하는 것은 포아송 분포의 확률 질량 함수를 알고 있다면 기댓값과 분산은 계산하지 않고도 알 수 있습니다.

포아송 분포의 확률 질량 함수는 다음과 같이 표현할 수 있습니다.

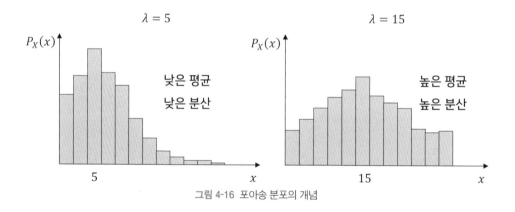

그림 4-16 포아송 분포의 개념

[그림 4-16]은 λ가 변함에 따라 포아송 분포의 모습이 달라지는 것을 나타낸 그림입니다. [그림 4-16]과 같이 λ가 낮다는 것은 낮은 평균, 낮은 분산을 나타내며 오른쪽 그림과 같이 값이 커질수록 포아송 분포의 평균과 분산이 커지는 것을 알 수 있습니다.

▎4.4.2 포아송 분포의 적률 생성 함수

이번 절에서는 포아송 분포의 적률 생성 함수를 구해 보겠습니다. 먼저 포아송 분포의 확률 질량 함수는 다음과 같습니다.

$$X \sim Poisson(\lambda)$$

$$P(X = x) = \frac{e^{-\lambda}\lambda^x}{x!}, \qquad x = 0,1,2,\dots$$

위와 같은 확률 질량 함수의 적률 생성 함수 $M_X(t)$를 구하면 다음과 같습니다.

$$M_X(t) = E(e^{tx})$$

$$= \sum e^{tx} \cdot P(X = x)$$

$$= \sum_{x=0}^{\infty} e^{tx} \cdot \frac{e^{-\lambda}\lambda^x}{x!}$$

$$= e^{-\lambda} \sum_{x=0}^{\infty} \frac{e^{tx}\lambda^x}{x!}$$

$$= e^{-\lambda} \sum_{x=0}^{\infty} \frac{(e^t\lambda)^x}{x!}$$

$$= e^{-\lambda} e^{\lambda e^t}$$

$$= e^{\lambda(e^t - 1)}$$

$$\therefore M_X(t) = e^{\lambda(e^t - 1)}$$

▎4.4.3 포아송 분포의 기댓값

포아송 분포의 기댓값을 구하면 다음과 같습니다.

$$E(X) = \sum_x x \cdot f_X(x)$$

$$= \sum_{x=0}^{\infty} x \cdot \frac{e^{-\lambda}\lambda^x}{x!}$$

$$= \sum_{x=1}^{\infty} x \cdot \frac{e^{-\lambda}\lambda^x}{x!}$$

$$= \lambda e^{-\lambda} \sum_{x=1}^{\infty} \frac{\lambda^{x-1}}{(x-1)!}$$

$$= \lambda e^{-\lambda} \sum_{y=0}^{\infty} \frac{\lambda^y}{y!}$$

$$= \lambda e^{-\lambda} e^{\lambda}$$

$$= \lambda$$

위 식에서 네 번째 줄에서 다섯 번째 줄로 넘어가는 과정에서는 $y = x - 1$이라는 식을 사용했는데 이는 $x - 1$을 y라고 치환하겠다는 의미입니다.

$$M_X(t) = e^{\lambda(e^t - 1)}$$

포아송 분포의 평균은 앞서 구한 적률 생성 함수를 이용하면 좀 더 쉽게 구할 수 있습니다. 위 적률 생성 함수를 이용해 평균을 구하기 위해서는 먼저 다음과 같이 미분을 해서 $M_X'(t)$를 구해야 합니다.

$$M_X'(t) = \frac{d}{dt} M_X(t)$$

$$= \frac{d}{dt} e^{\lambda(e^t - 1)}$$

$$= e^{\lambda(e^t - 1)} \cdot \lambda e^t$$

그리고 위에서 구한 $M_X'(t)$에 $t = 0$를 대입하면 $E(X)$를 구할 수 있습니다.

$$E(X) = M_X'(0)$$

$$= e^{\lambda(e^0 - 1)} \cdot \lambda e^0$$

$$= 1 \cdot \lambda \cdot 1$$

$$= \lambda$$

$$\therefore E(X) = \lambda$$

▌4.4.4 포아송 분포의 분산

다음으로 분산을 구하는 식은 다음과 같습니다.

$$Var(X) = E[(X - \mu)^2] = E(X^2) - [E(X)]^2$$

위 식을 사용하기 위해서는 $E(X^2)$값을 알아야 하므로 $E(X^2)$를 먼저 구해 보겠습니다.

$$E(X^2) = \sum_x x^2 \cdot f_X(x)$$

$$= \sum_{x=0}^{\infty} x^2 \cdot \frac{e^{-\lambda}\lambda^x}{x!}$$

$$= \sum_{x=1}^{\infty} x^2 \cdot \frac{e^{-\lambda}\lambda^x}{x!}$$

$$= \lambda e^{-\lambda} \sum_{x=1}^{\infty} x^2 \cdot \frac{\lambda^{x-1}}{x!}$$

$$= \lambda e^{-\lambda} \sum_{x=1}^{\infty} x \cdot \frac{\lambda^{x-1}}{(x-1)!}$$

$$= \lambda e^{-\lambda} \sum_{x=1}^{\infty} [(x-1) + 1] \frac{\lambda^{x-1}}{(x-1)!}$$

$$= \lambda e^{-\lambda} \left[\sum_{x=1}^{\infty} (x-1) \frac{\lambda^{x-1}}{(x-1)!} + \sum_{x=1}^{\infty} \frac{\lambda^{x-1}}{(x-1)!} \right]$$

$$= \lambda e^{-\lambda} \left[\sum_{x=2}^{\infty} \frac{\lambda^{x-2} \lambda}{(x-2)!} + \sum_{x=1}^{\infty} \frac{\lambda^{x-1}}{(x-1)!} \right]$$

$$= \lambda e^{-\lambda} \left(\lambda e^{\lambda} + e^{\lambda} \right)$$

$$= \lambda^2 + \lambda$$

$$\therefore E(X^2) = \lambda^2 + \lambda$$

이를 종합해서 포아송 분포의 분산을 구하면 다음과 같습니다.

$$Var(X) = E[(X - \mu)^2]$$
$$= E(X^2) - [E(X)]^2$$
$$= \lambda^2 + \lambda - \lambda^2$$
$$= \lambda$$

$$\therefore Var(X) = \lambda$$

포아송 분포의 중요한 특징은 기댓값과 분산이 동일하다는 것입니다. 이는 포아송 분포만의 특징이므로 기억해 두는 것이 좋습니다.

■ 적률 생성 함수를 이용한 분산 구하기

$$M_X(t) = e^{\lambda(e^t-1)}$$

$$M_X'(t) = e^{\lambda(e^t-1)} \cdot \lambda e^t$$

앞서 구한 적률 생성 함수를 이용하면 포아송 분포의 분산을 쉽게 구할 수 있습니다.

$$Var(X) = E(X^2) - [E(X)]^2$$

분산을 구하는 식은 위와 같으므로 $E(X^2)$을 구하기 위한 2차 적률 $M_X''(t)$가 필요한 것을 알 수 있으므로 이를 구하면 다음과 같습니다.

$$M_X''(t) = \frac{d^2}{dt^2} M_X(t)$$

$$= \frac{d}{dt} \left[\frac{d}{dt} M_X(t) \right]$$

$$= \frac{d}{dt} [M_X'(t)]$$

$$= \frac{d}{dt} \left[e^{\lambda(e^t-1)} \cdot \lambda e^t \right]$$

$$= \lambda e^t \cdot e^{\lambda(e^t-1)} - \lambda e^t \cdot e^{\lambda(e^t-1)} \cdot \lambda e^t$$

$$\therefore M_X''(t) = \lambda e^t \cdot e^{\lambda(e^t-1)} - \lambda e^t \cdot e^{\lambda(e^t-1)} \cdot \lambda e^t$$

따라서 위 결과를 이용해 $t = 0$를 대입해 $M_X''(0)$를 구하면 다음과 같이 $E(X^2)$을 구할 수 있습니다.

$$E(X^2) = M_X''(0)$$

$$= \lambda e^0 \cdot e^{\lambda(e^0-1)} - \lambda e^0 \cdot e^{\lambda(e^0-1)} \cdot \lambda e^0$$

$$= \lambda \cdot 1 - \lambda \cdot 1 \cdot \lambda$$

$$= \lambda - \lambda^2$$

따라서 위에서 구한 $E(X^2)$과 앞서 구한 $E(X)$를 이용하면 다음과 같이 분산을 구할 수 있습니다.

$$Var(X) = E(X^2) - [E(X)]^2$$

$$= \lambda - \lambda^2 - (\lambda)^2$$

$$= \lambda$$

$$\therefore Var(X) = \lambda$$

4.4.5 이항 분포의 포아송 근사

앞서 배운 이항 분포와 포아송 분포 간에는 특별한 관계가 성립합니다. 앞서 우리는 다음과 같은 이항 분포를 배웠습니다.

$$P(X = x) = \binom{n}{x} p^x (1-p)^{n-x}, \qquad x = 0, 1, \dots, n$$

$$X \sim Binomial(n, p)$$

위 식에서 알 수 있듯, 이항 분포에 영향을 주는 요인은 표본의 크기 n과 성공할 확률 p입니다. 이때, 이항 분포에서 n이 크고 p가 작다면 어떻게 될까요? 이 경우, 이항 분포는 포아송 분포에 가까워집니다.

$$P(X = x) \approx \frac{e^{-np}(np)^x}{x!}, \qquad x = 0, 1, \dots$$

$$X \sim Poisson(\lambda = np)$$

즉, 위 식과 같이 이항 분포에서 n이 크고 p가 작은 경우, λ가 np인 포아송 분포에 근접하는 것입니다. 이를 정리하면 다음과 같이 표현할 수 있습니다.

$$X \sim Binomial\left(n, p = \frac{\lambda}{n}\right)$$

$$Y \sim Poisson(\lambda)$$

$$\lim_{n \to \infty} Binomial\left(n, p = \frac{\lambda}{n}\right) = \frac{e^{-\lambda}\lambda^x}{x!}$$

$$= Poisson(\lambda)$$

$$\lim_{n \to \infty} Binomial\left(n, p = \frac{\lambda}{n}\right) = Poisson(\lambda)$$

이항 분포의 포아송 근사와 관련된 간단한 예제를 풀어 보겠습니다. 하루 동안 3000명이 복권을 샀을 때, 당첨될 확률이 0.002라고 하고, 복권에 당첨된 사람 수를 확률 변수 X라고 하면 확률 변수 X는 다음과 같은 이항 분포를 따릅니다.

$$X = 복권에\ 당첨된\ 사람\ 수$$

$$X \sim Binomial(n = 3000, p = 0.002)$$

이때, n이 크고 p가 작으므로 확률 변수 X는 다음과 같은 포아송 분포를 따른다고 할 수 있습니다.

$$\lambda = 3000 \times 0.002 = 6$$

$$X \sim Poisson(\lambda = 6)$$

$$P(X = x) = \frac{e^{-6}6^x}{x!}, \qquad x = 0,1,\ldots$$

위 식을 토대로 확률 변수 X가 3일 확률 $P(X = 3)$을 구하면 다음과 같습니다.

$$P(X = 3) = \frac{e^{-6}6^3}{3!} = \frac{0.0024 \times 216}{6} = 0.0864$$

▎4.4.6 포아송 분포 파이썬 실습

이번 절에서는 포아송 분포에 대해 파이썬으로 실습을 해보겠습니다. 포아송 분포를 따르는 확률 변수 X를 이용해 포아송 분포의 형태를 확인해 보겠습니다.

$$P(X = x) = \frac{e^{-\lambda}\lambda^x}{x!}, \qquad x = 0,1,2,\ldots$$

이번 실습에서는 위와 같은 확률 질량 함수를 따르는 포아송 분포를 가정하겠습니다.

```python
def factorial(x):
    """
    팩토리얼 함수
    입력값: 정수 x
    출력값: x!
    """
    x_list = list(range(1, x+1))
    res = 1
    for val in x_list:
        res *= val
    return res
```

포아송 분포를 실습하기 위해 이전에 구현했던 factorial 함수를 사용하겠습니다. factorial

함수는 팩토리얼을 계산하는 함수입니다.

$$P(X = x) = \frac{e^{-2}2^x}{x!}, \qquad x = 0,1,2,\dots$$

다음 코드는 $\lambda = 2$인 포아송 분포에 대한 실습입니다.

```
e = 2.7182818284 ·········································································· ❶

lamb = 2 ················································································· ❷
x_list = list(range(0, 10)) ······················································· ❸
p_list = [] ·············································································· ❹

for x in x_list: ·········································································· ❺
    prob = ((e**(-lamb))*(lamb**x))/factorial(x) ······················· ❻
    p_list.append(prob) ··························································· ❼
print(p_list) ··········································································· ❽
```

```
[0.13533528324249208,
 0.27067056648498417,
 0.27067056648498417,
…(중략)…
 0.0008592716396348703,
 0.0001909492532521934]
```

포아송 분포 실습을 위해 ❶ 자연 상수 e를 정의하겠습니다. ❷ 그리고 포아송 분포의 확률 질량 함수에 포함될 λ값을 2라고 설정하고 lamb라고 이름 짓겠습니다. ❸ 확률 변수 X의 값이 되는 x를 모아 x_list라고 이름 짓겠습니다. 원래 포아송 분포를 따르는 확률 변수 값의 범위는 0부터 무한대까지이지만 본 실습에서는 10까지의 확률만 표현해 보겠습니다. ❹ 그리고 해당 확률 변수의 값 x에 대한 확률을 모아 담게 될 리스트를 p_list라고 이름 짓겠습니다. ❺ x_list에 포함되는 x에 대해 반복문을 수행합니다. ❻ 앞서 구현한 factorial 함수를 이용해 포아송 분포를 따르는 x의 확률을 구해 prob이라고 이름 짓습니다. ❼ 그리고 prob을 p_list에 추가합니다. ❽ 반복문이 종료되면 p_list에 포함되어 있는 확률들을 확인해 봅니다.

```
import matplotlib.pyplot as plt ·················································· ❾

plt.bar(x_list, p_list) ···································································· ❿
plt.show() ··············································································· ⓫
```

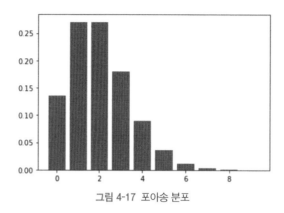

그림 4-17 포아송 분포

앞서 구한 확률 p_list를 시각화해 보겠습니다. ❾ 먼저 시각화를 위해 필요한 라이브러리를 불러옵니다. ❿ 그리고 x_list, p_list에 대해 bar 차트를 그리고 ⓫ 결과를 확인하면 [그림 4-17]과 같은 형태를 띠는 것을 알 수 있습니다.

▌4.4.7 포아송 분포 라이브러리 실습

이번 절에서는 포아송 분포에 대해 파이썬 라이브러리 실습을 해보겠습니다. 포아송 분포를 따르는 확률 변수 X를 이용해 포아송 분포의 형태를 확인해 보겠습니다.

$$P(X = x) = \frac{e^{-\lambda}\lambda^x}{x!}, \qquad x = 0, 1, 2, \ldots$$

이번 실습에서는 위와 같은 확률 질량 함수를 따르는 포아송 분포를 가정하겠습니다.

```
import numpy as np ································································ ❶
from scipy.stats import poisson ·········································· ❷
import matplotlib.pyplot as plt ·········································· ❸
```

먼저 실습을 위해 필요한 라이브러리를 불러 오겠습니다. ❶ 확률 변수 X의 값 x들을 담을 때 필요한 array를 생성하기 위해 numpy 라이브러리를 불러옵니다. ❷ 그리고 포아송 분포 실습을 위해 필요한 scipy 라이브러리의 poisson 함수를 불러옵니다. ❸ 그리고 데이터 시각화를 위해 matplotlib 라이브러리를 불러옵니다.

$$P(X = x) = \frac{e^{-2}2^x}{x!}, \qquad x = 0,1,2,\ldots$$

다음 코드는 $\lambda = 2$인 포아송 분포에 대한 실습입니다.

```
lamb = 2 ····································································································· ❹

x_list = np.arange(0, 10) ············································································ ❺
p_list = [] ··································································································· ❻

for x in x_list: ···························································································· ❼
    prob = poisson.pmf(k=x, mu=lamb) ························································ ❽
    p_list.append(prob) ················································································· ❾
print(p_list) ······························································································· ❿
```

```
[0.1353352832366127,
 0.2706705664732254,
 0.2706705664732254,
…(중략)…
 0.0008592716395975402,
 0.00019094925324389823]
```

먼저 ❹ 포아송 분포의 확률 질량 함수의 λ값을 설정해 줍니다. ❺ 확률 변수 X의 값이 되는 x를 모아 x_list라고 이름 짓겠습니다. 원래 포아송 분포를 따르는 확률 변수 값의 범위는 0부터 무한대까지이지만 본 실습에서는 10까지의 확률만 표현해 보겠습니다. ❻ 그리고 해당 확률 변수의 값 x에 대한 확률을 모아 담게 될 리스트를 p_list라고 이름 짓겠습니다. ❼ x_list에 포함되는 x에 대해 반복문을 수행합니다. ❽ 포아송 분포를 따르는 x의 확률을 구해 prob이라고 이름 짓습니다. 이를 위해 scipy 라이브러리의 poisson 함수의 pmf 메소드를 사용합니다. k는 확률 변수 X의 값 x를 의미하며, mu는 포아송 분포에서 λ값에 해당합니다. ❾ 그리고 prob을 p_list에 추가합니다. ❿ 반복문이 종료되면 p_list에 포함되어 있는 확률들을 확인해 봅니다.

```
plt.bar(x_list, p_list) ················································································· ⓫
plt.show() ·································································································· ⓬
```

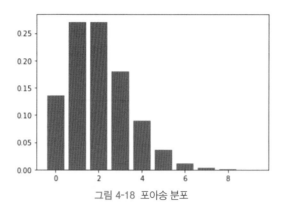

그림 4-18 포아송 분포

앞서 구한 p_list에 포함되어 있는 값들을 시각화해 보겠습니다. ⑪ x_list에 대응하는 p_list에 대해 bar 차트를 그립니다. ⑫ 결과를 확인하면 [그림 4-18]과 같은 포아송 분포를 따르는 것을 알 수 있습니다.

▎4.4.8 포아송 분포를 따르는 난수 생성 라이브러리 실습

이번 절에서는 numpy 라이브러리를 이용해 포아송 분포를 따르는 난수를 생성하는 실습을 해보겠습니다.

```
import numpy as np                                          ❶
import matplotlib.pyplot as plt                             ❷

x_list = np.random.poisson(lam=2.0, size=10000)             ❸
print(x_list)                                               ❹
```
```
[2 1 1 ... 1 1 2]
```

먼저 ❶ 실습을 위해 필요한 라이브러리를 불러옵니다. 포아송 분포에서 난수를 생성하기 위해 필요한 numpy 라이브러리를 불러오고 ❷ 시각화를 위해 필요한 matplotlib 라이브러리를 불러옵니다. ❸ 그리고 numpy 라이브러리의 random 모듈의 poisson 함수를 이용해 포아송 분포에서 난수를 생성합니다. lam은 다음 포아송 분포 식에서의 λ를 의미합니다.

$$P(X = x) = \frac{e^{-\lambda}\lambda^x}{x!}, \qquad x = 0,1,2, \ldots$$

size는 생성하고자 하는 난수의 개수를 의미합니다. ❹ 생성한 난수를 확인합니다.

```
plt.hist(x_list)
plt.show()
```

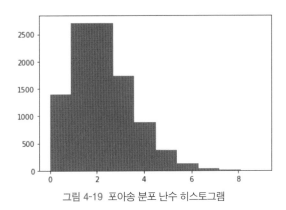

그림 4-19 포아송 분포 난수 히스토그램

앞서 생성한 난수가 실제로 포아송 분포를 따르는지 확인해 보겠습니다. hist를 이용해 앞서 생성한 난수로 히스토그램을 그려 결과를 확인하면 포아송 분포를 따르는 것을 알 수 있습니다.

4.5 기하 분포

▌4.5.1 기하 분포의 개념

이번 절에서 다룰 기하 분포는 두 가지 관점으로 볼 수 있습니다. **기하 분포**(geometric distribution)를 따르는 확률 변수는 베르누이 시행을 계속 시행할 때, 처음 성공할 때까지의 시행 횟수라고 볼 수도 있으며 처음 성공할 때까지의 실패 횟수라고 볼 수도 있습니다. 처음 성공할 때까지의 시행 횟수를 나타내는 확률 변수를 X라고 하고 처음 성공할 때까지의 실패 횟수를 확률 변수 Y라고 했을 때 두 확률 변수 사이에는 다음과 같은 관계가 성립합니다.

$$Y = X - 1$$

위 식의 의미는 다음과 같습니다. 위 식에서 Y는 실패 횟수를 의미하는데 이는 성공할 때까지 시행한 총 시행 횟수 X에서 1을 뺀 것과 같습니다. 어찌 보면 이는 당연한 것입니다. 기하 분포는 성공할 때까지 시행을 계속하는 것이므로 총 시행 횟수에서 마지막 시행은 성공이라는 의미이고 따라서 실패 횟수는 전체 시행 횟수에서 1을 뺀 것과 같습니다. 이를 그림으로 나타내면 다음과 같습니다.

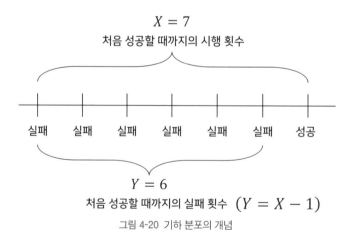

그림 4-20 기하 분포의 개념

[그림 4-20]은 기하 분포를 따르는 확률 변수의 두 가지 관점을 그림으로 나타낸 것입니다. 위 그림에서 기하 분포는 성공할 때까지 시행을 하는 것이므로 마지막 시행은 항상 성공이라는 것을 알 수 있으며 실패 횟수는 전체 시행 횟수에서 1을 뺀 것과 같다는 것을 알 수 있습니다.

그렇다면 각 관점에 대해 확률 질량 함수를 살펴보겠습니다.

1) 확률 변수를 시행 횟수라고 보는 경우

우리는 앞서 베르누이 시행에 대해 배웠습니다. 이번에 배울 기하 분포를 따르는 확률 변수 X는 독립적인 베르누이 시행을 반복할 때 첫 번째 성공할 때까지의 시행 횟수를 의미합니다. 즉, iid를 만족하는 확률 변수 $Z_1, Z_2, \cdots, Z_n$이 성공 확률이 p인 베르누이 분포를 따를 때, 최초로 1이 되는 Z_n의 n에 해당하는 확률 변수 X는 기하 분포를 따르는 것입니다. 이를 정리하면 다음과 같습니다.

$$Z_1, Z_2, \cdots, Z_n \sim Bernoulli(p)$$

$$X = \inf\{n : Z_n = 1\}$$

$$X \sim Geometric(p)$$

확률 변수 X가 처음 성공할 때까지의 시행 횟수라고 했을 때 확률 변수 X는 기하 분포를 따르며 다음과 같은 확률 질량 함수를 가집니다.

$$X = \text{처음 성공할 때까지의 시행 횟수}$$

$$X \sim Geometric(p)$$

$$P(X = x) = p(1 - p)^{x-1}, \qquad x = 1, 2, \ldots$$

위 식에서 x가 1부터 시작하는 이유는 확률 변수 X가 성공할 때까지의 시행 횟수이기 때문입니다. 만약 x가 0이라면 한 번도 시행하지 않고 성공했다는 말인데 이는 불가능하며 성공하려면 최소 한 번은 시행해야 합니다.

$$\sum_{x=1}^{\infty} P(X=x) = \sum_{x=1}^{\infty} p(1-p)^{x-1}$$

$$= p \sum_{x=1}^{\infty} (1-p)^{x-1}$$

$$= p \cdot \frac{1}{1-(1-p)}$$

$$= p \cdot \frac{1}{p}$$

$$= 1$$

위 확률 질량 함수의 합이 1인지 확인해 보겠습니다. 확률 변수에 대응되는 확률의 합을 구하면 위와 같이 1이 되는 것을 볼 수 있습니다. 참고로 위 증명의 두 번째 줄에서 세 번째 줄로 넘어갈 때는 무한 등비 급수의 합을 구하는 공식을 사용한 것입니다.

위와 같은 기하 분포의 기댓값과 분산은 다음과 같습니다.

$$E(X) = \frac{1}{p}$$

$$Var(X) = \frac{1-p}{p^2}$$

2) 확률 변수를 성공할 때까지의 실패 횟수로 보는 경우

앞서 언급했듯, X는 성공할 때까지의 전체 시행 횟수이고 Y는 실패 횟수입니다. 즉, 전체 시행 횟수는 실패 횟수에 1을 더한 것이고, 다른 말로 하면 전체 시행 횟수에서 1을 빼면 전체 실패 횟수가 됩니다. 기하 분포는 첫 번째 성공을 하는 순간 종료되는 분포이므로 한 번의 성공을 빼면 모두 실패입니다.

$$Y = \text{처음 성공할 때까지의 실패 횟수}$$

$$Y \sim Geometric(p)$$

$$X = Y + 1$$

$$Y = X - 1$$

이번에는 확률 변수 Y가 처음 성공할 때까지의 실패 횟수라고 했을 때 확률 변수 Y는 기하 분포를 따르며 다음과 같은 확률 질량 함수를 가집니다.

$$P(Y = y) = p(1 - p)^y, \qquad y = 0, 1, \dots$$

1)에서 x는 1부터 시작했지만 2)에서 y는 0부터 시작합니다. y는 실패 횟수이므로 한 번도 실수하지 않고 성공하는 것이 가능하므로 y는 0부터 시작하는 것입니다.

$$\sum_{y=0}^{\infty} P(Y = y) = \sum_{y=0}^{\infty} p(1 - p)^y$$

$$= p \sum_{y=0}^{\infty} (1 - p)^y$$

$$= p \cdot \frac{1}{1 - (1 - p)}$$

$$= p \cdot \frac{1}{p}$$

$$= 1$$

위 확률 질량 함수의 합이 1인지 확인해 보겠습니다. 확률 변수에 대응되는 확률의 합을 구하면 위와 같이 1이 되는 것을 볼 수 있습니다. 참고로 위 증명의 두 번째 줄에서 세 번째 줄로 넘어갈 때는 무한 등비 급수의 합을 구하는 공식을 사용한 것입니다.

기하 분포에서 성공 확률 p가 달라지면 다음과 같이 형태가 달라집니다.

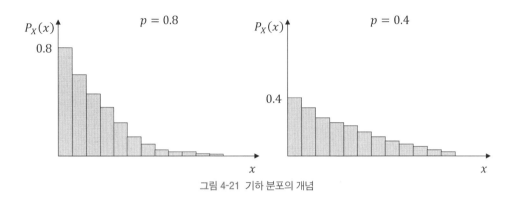

그림 4-21 기하 분포의 개념

[그림 4-21]에서 기하 분포의 형태는 점차 감소하는 형태로 나타나며 성공 확률 p가 높을수록
시작 부분의 막대가 길다는 사실을 알 수 있습니다.

이 경우의 기댓값과 분산은 다음과 같습니다.

$$E(X) = \frac{1-p}{p}$$

$$Var(X) = \frac{1-p}{p^2}$$

▌4.5.2 기하 분포의 누적 분포 함수

이번 절에서는 기하 분포의 누적 분포 함수를 구해 보겠습니다. 먼저 기하 분포의 확률 질량
함수를 보면 다음과 같습니다.

$$P(X = x) = p(1-p)^{x-1}, \qquad x = 1,2,\ldots$$

위 확률 질량 함수를 이용해 누적 분포 함수를 구하면 다음과 같습니다.

$$P(X \leq x) = \sum_{k=1}^{x} p(1-p)^{k-1}$$

$$= p \sum_{k=1}^{x} (1-p)^{k-1}$$

$$= p \cdot \frac{(1-p)^x - 1}{(1-p) - 1}$$

$$= 1 - (1-p)^x$$

$$\therefore P(X \leq x) = 1 - (1-p)^x$$

그리고 위 결과를 응용하면 다음과 같이 $P(X > x)$를 구할 수 있습니다.

$$P(X > x) = 1 - P(X \leq x)$$

$$= 1 - [1 - (1-p)^x]$$

$$= (1-p)^x$$

$$\therefore P(X > x) = (1-p)^x$$

▌4.5.3 기하 분포의 적률 생성 함수

이번에는 기하 분포의 적률 생성 함수를 구해 보겠습니다. 이번 절에서는 확률 변수 X를 다음과 같이 처음 성공할 때까지의 시행 횟수라고 설정하고 이에 대한 적률 생성 함수를 구해 보겠습니다.

$$X = \text{처음 성공할 때까지의 시행 횟수}$$

$$X \sim Geometric(p)$$

$$P(X = x) = p(1-p)^{x-1}, \qquad x = 1, 2, \dots$$

위와 같은 확률 질량 함수에 대해 적률 생성 함수 $M_X(t)$를 구하면 다음과 같습니다.

$$M_X(t) = E(e^{tx})$$

$$= \sum e^{tx} P(X = x)$$

$$= \sum_{x=1}^{\infty} e^{tx} p(1-p)^{x-1}$$

$$= p \sum_{x=1}^{\infty} e^{tx} (1-p)^x (1-p)^{-1}$$

$$= \frac{p}{1-p} \sum_{x=1}^{\infty} [e^t(1-p)]^x = \frac{p}{1-p} \cdot \frac{e^t(1-p)}{1-(1-p)e^t}$$

$$= \frac{pe^t}{1-(1-p)e^t}$$

$$\therefore M_X(t) = \frac{pe^t}{1-(1-p)e^t}$$

4.5.4 기하 분포의 무기억성

기하 분포는 **무기억성(memoryless property)**이라는 성질을 가지고 있는데 이는 매우 중요합니다. 왜냐면 어떠한 이산형 확률 변수가 무기억성이라는 성질을 가지고 있다는 사실만 알아도 해당 확률 변수는 기하 분포를 따른다는 사실을 알 수 있기 때문입니다. 기하 분포의 무기억성이란 다음과 같은 성질을 의미합니다.

 기하 분포의 무기억성

1) 만약 확률 변수 X가 기하 분포를 따른다면, 확률 변수 X는 다음과 같은 무기억성을 따릅니다.

$$X \sim Geometric(p)$$
$$P(X > y + z \mid X > y) = P(X > z), \qquad for\ all\ y, z > 0$$
$$P(X > y + z) = P(X > y)P(X > z), \qquad for\ all\ y, z > 0$$

2) 만약 확률 변수 X가 이산형 확률 변수이고 X가 무기억성을 가진다면 확률 변수 X는 기하 분포를 따릅니다.

---

1)을 증명하면 다음과 같습니다.

$$P(X > y + z \mid X > y) = \frac{P(\{X > y + z\} \cap \{X > y\})}{P(X > y)}$$

$$= \frac{P(X > y + z)}{P(X > y)}$$

$$= \frac{(1-p)^{y+z}}{(1-p)^y}$$

$$= (1-p)^z$$

$$= P(X > z)$$

$$\therefore P(X > y + z \mid X > y) = P(X > z)$$

2)를 증명하면 다음과 같습니다.

확률 변수 X는 무기억성을 가지므로 $z = 1$인 경우,

$$P(X > y + 1) = P(X > y)P(X > 1), \qquad for \; y = 1,2,3,\cdots$$

위 식에서 $y = 1$인 경우,

$$P(X > 2) = P(X > 1)^2$$

를 만족하고, $y = 2$인 경우

$$P(X > 3) = P(X > 2)P(X > 1) = P(X > 1)^3$$

를 만족합니다. 이를 일반화하면

$$P(X > n) = P(X > 1)^n$$

로 표현할 수 있으며 이는 기하 분포에서 $P(X > n) = P(X > 1)^n$이라는 사실과 동일합니다.

▍4.5.5 기하 분포의 기댓값

확률 변수를 시행 횟수라고 보는 경우에 대해서만 기댓값을 구해 보겠습니다.

$$
\begin{aligned}
E(X) &= \sum_x x \cdot f_X(x) \\
&= \sum_{x=1}^{\infty} xp(1-p)^{x-1} \\
&= p \sum_{x=1}^{\infty} x(1-p)^{x-1}
\end{aligned}
$$

$$= p[1(1-p)^{1-1} + 2(1-p)^{2-1} + 3(1-p)^{3-1} + \cdots]$$

$$= p[1 + 2(1-p) + 3(1-p)^2 + \cdots]$$

$$= p \cdot \frac{1}{p}[1 + (1-p) + (1-p)^2 + (1-p)^3 \cdots]$$

$$= 1 + (1-p) + (1-p)^2 + (1-p)^3 \cdots$$

$$= \sum_{x=1}^{\infty} (1-p)^{x-1}$$

$$= \frac{1}{1-(1-p)}$$

$$= \frac{1}{p}$$

$$\therefore E(X) = \frac{1}{p}$$

위 과정에서 다섯 번째 줄에서 여섯 번째 줄로 넘어가는 과정은 다음과 같습니다.

$$S = 1 + 2(1-p) + 3(1-p)^2 + \cdots$$

$$(1-p)S = (1-p) + 2(1-p)^2 + 3(1-p)^3 + \cdots$$

위 두 식을 빼면 다음과 같습니다.

$$S - (1-p)S = 1 + (1-p) + (1-p)^2 + (1-p)^3 + \cdots$$

$$\Leftrightarrow pS = 1 + (1-p) + (1-p)^2 + (1-p)^3 \cdots$$

$$\Leftrightarrow \frac{1}{p}[1 + (1-p) + (1-p)^2 + (1-p)^3 \cdots]$$

따라서 $1 + 2(1-p) + 3(1-p)^2 + \cdots = \frac{1}{p}[1 + (1-p) + (1-p)^2 + (1-p)^3 \cdots]$라고 쓸 수 있습니다.

▌ 4.5.6 기하 분포의 분산

다음으로 분산을 구하는 식은 다음과 같습니다.

$$Var(X) = E[(X - \mu)^2] = E(X^2) - [E(X)]^2$$

위 식을 사용하기 위해서는 $E(X^2)$값을 알아야 하므로 $E(X^2)$를 먼저 구해 보겠습니다.

$$E(X^2) = \sum_x x^2 \cdot f_X(x)$$

$$= \sum_{x=1}^{\infty} x^2 p(1-p)^{x-1}$$

$$= p \sum_{x=1}^{\infty} x^2 (1-p)^{x-1}$$

$$= p[1(1-p)^{1-1} + 2^2(1-p)^{2-1} + 3^2(1-p)^{3-1} + \cdots]$$

$$= p[1 + 4(1-p) + 9(1-p)^2 + 16(1-p)^3 + \cdots]$$

$$= p \cdot \frac{2-p}{p^3}$$

$$= \frac{2-p}{p^2}$$

$$\therefore E(X^2) = \frac{2-p}{p^2}$$

위 과정에서 다섯 번째 줄에서 여섯 번째 줄로 넘어가는 과정은 다음과 같습니다.

$$S = 1 + 4(1 - p) + 9(1 - p)^2 + 16(1 - p)^3 + \cdots$$

$$(1 - p)S = (1 - p) + 4(1 - p)^2 + 9(1 - p)^3 + \cdots$$

위 두 식을 빼면 다음과 같습니다.

$$S - (1 - p)S = 1 + 3(1 - p) + 5(1 - p)^2 + 7(1 - p)^3 + \cdots$$

그리고 위 식을 정리하면 다음과 같습니다.

$$pS = [2 + 4(1 - p) + 6(1 - p)^2 + 8(1 - p)^3 + \cdots] - [1 + (1 - p) + (1 - p)^2 + (1 - p)^3 + \cdots]$$

$$= S_2 + S_1$$

$$= \frac{2}{p^2} - \frac{1}{p}$$

$$= \frac{2 - p}{p^2}$$

$$\therefore S = \frac{2 - p}{p^3}$$

위 식에서 S_1을 구하는 과정을 보면 다음과 같습니다.

$$S_1 = 1 + (1 - p) + (1 - p)^2 + (1 - p)^3 + \cdots$$

$$= \sum_{x=1}^{\infty} (1 - p)^{x-1}$$

$$= \frac{1}{1 - (1 - p)}$$

$$= \frac{1}{p}$$

다음으로 S_2를 구하는 과정은 다음과 같습니다.

$$S_2 = 2 + 4(1-p) + 6(1-p)^2 + 8(1-p)^3 + \cdots$$

$$(1-p)S_2 = 2(1-p) + 4(1-p)^2 + 6(1-p)^3 + 8(1-p)^4 + \cdots$$

그리고 위 두 식을 빼면 다음과 같습니다.

$$S_2 - (1-p)S_2 = 2 + 2(1-p) + 2(1-p)^2 + 2(1-p)^3 + \cdots$$

$$= \sum_{x=1}^{\infty} 2(1-p)^{x-1}$$

$$= \frac{2}{1-(1-p)}$$

$$= \frac{2}{p}$$

$$\therefore S_2 = \frac{2}{p^2}$$

이를 종합해서 기하 분포의 분산을 구하면 다음과 같습니다.

$$Var(X) = E[(X-\mu)^2]$$

$$= E(X^2) - [E(X)]^2$$

$$= \frac{2-p}{p^2} - \left(\frac{1}{p}\right)^2$$

$$= \frac{1-p}{p^2}$$

$$\therefore Var(X) = \frac{1-p}{p^2}$$

▌4.5.7 기하 분포 파이썬 실습

이번 절에서는 기하 분포에 대해 파이썬으로 실습을 해보겠습니다. 기하 분포를 따르는 확률 변수 X를 이용해 기하 분포의 형태를 확인해 보겠습니다.

$$P(X = x) = p(1 - p)^{x-1}, \qquad x = 1, 2, \ldots$$

이번 실습에서는 위와 같은 확률 질량 함수를 따르는 기하 분포를 가정하겠습니다.

$$P(X = x) = 0.7(1 - 0.7)^{x-1}, \qquad x = 1, 2, \ldots$$

다음 코드는 $p = 0.7$인 기하 분포에 대해 실습하는 코드입니다.

```
p = 0.7                              ❶
x_list = list(range(1, 10))          ❷
p_list = []                          ❸

for x in x_list:                     ❹
    prob = p*((1-p)**(x-1))          ❺
    p_list.append(prob)              ❻
print(p_list)                        ❼
```

```
[0.7,
 0.21000000000000002,
 0.06300000000000001,
 …(중략)…
 0.00015309000000000015,
 4.5927000000000005e-05]
```

먼저 ❶ 기하 분포의 확률 질량 함수에 들어가는 p를 설정합니다. ❷ 그리고 기하 분포를 따르는 확률 변수 X의 값들을 포함하는 리스트를 x_list라고 이름 짓습니다. 이때, 주의할 점은 이번 실습에서 사용하는 확률 변수 X는 최초의 성공까지의 '시행 횟수'를 의미하므로 확률 변수 X의 범위는 0이 아닌 1부터 시작한다는 점입니다. 따라서 x_list를 만들 때도 0이 아닌 1부터 만들어야 합니다. 이번 실습에서 X의 범위는 1부터 무한대까지이지만 10까지만 설정하도록 하겠습니다. ❸ 그리고 x_list에 포함되는 값들에 대한 확률을 담을 p_list를 설정합니다. ❹ x_list에 포함되는 x에 대해 반복문을 수행합니다. ❺ 각 x에 대한 확률을 구해

prob이라고 이름 짓겠습니다. ❻ 이렇게 구한 prob을 p_list에 추가합니다. ❼ 반복문이 종료되면 p_list에 포함되어 있는 값들을 확인해 봅니다.

```
import matplotlib.pyplot as plt ·············································· ❽

plt.bar(x_list, p_list) ····················································· ❾
plt.show() ································································· ❿
```

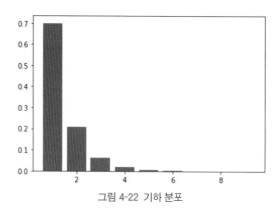

그림 4-22 기하 분포

이번에는 앞서 구한 결과를 시각화해 보겠습니다. ❽ 먼저 데이터 시각화를 위해 필요한 matplotlib 라이브러리를 불러옵니다. ❾ 그리고 x_list에 대한 p_list 값을 bar 차트로 나타냅니다. ❿ 결과를 확인하면 [그림 4-22]와 같은 분포를 따르는 것을 알 수 있습니다.

4.5.8 기하 분포 라이브러리 실습

이번 절에서는 기하 분포에 대해 파이썬 라이브러리 실습을 해보겠습니다. 기하 분포를 따르는 확률 변수 X를 이용해 기하 분포의 형태를 확인해 보겠습니다.

$$P(X = x) = p(1 - p)^{x-1}, \qquad x = 1, 2, \ldots$$

이번 실습에서는 위와 같은 확률 질량 함수를 따르는 기하 분포를 가정하겠습니다.

```
import numpy as np                                               ❶
from scipy.stats import geom                                     ❷
import matplotlib.pyplot as plt                                  ❸
```

먼저 실습을 위해 필요한 라이브러리를 불러오겠습니다. ❶ 확률 변수 X의 값 x들을 담을 때
필요한 array를 생성하기 위해 numpy 라이브러리를 불러옵니다. ❷ 그리고 기하 분포 실습
을 위해 필요한 scipy 라이브러리의 geom 함수를 불러옵니다. ❸ 그리고 데이터 시각화를 위
해 matplotlib 라이브러리를 불러옵니다.

$$P(X = x) = 0.7(1 - 0.7)^{x-1}, \qquad x = 1, 2, \dots$$

다음 코드는 $p = 0.7$인 기하 분포에 대해 실습하는 코드입니다.

```
p = 0.7                                                          ❹

x_list = np.arange(1, 10)                                        ❺
p_list = []                                                      ❻

for x in x_list:                                                 ❼
    prob = geom.pmf(k=x, p=p)                                    ❽
    p_list.append(prob)                                          ❾
print(p_list)                                                    ❿

[0.7,
 0.21000000000000002,
 0.06300000000000001,
…(중략)…
 0.00015309000000000015,
 4.592700000000005e-05]
```

먼저 ❹ 기하 분포의 확률 질량 함수의 p값을 설정해 줍니다. ❺ 확률 변수 X의 값이 되는 x를
모아 x_list라고 이름 짓겠습니다. 이때, 주의할 점은 이번 실습에서 사용하는 확률 변수 X
는 최초의 성공까지의 '시행 횟수'를 의미하므로 확률 변수 X의 범위는 0이 아닌 1부터 시작한
다는 점입니다. 따라서 x_list를 만들 때도 0이 아닌 1부터 만들어야 합니다. 이번 실습에서
X의 범위는 1부터 무한대까지이지만 10까지만 설정하도록 하겠습니다. ❻ 그리고 해당 확률
변수의 값 x에 대한 확률을 모아 담게 될 리스트를 p_list라고 이름 짓겠습니다. ❼ x_list

에 포함되는 x에 대해 반복문을 수행합니다. ❽ 기하 분포를 따르는 x의 확률을 구해 prob이라고 이름 짓습니다. 이를 위해 scipy 라이브러리의 geom 함수의 pmf 메소드를 사용합니다. k는 확률 변수 X의 값 x를 의미하며, p는 기하 분포의 확률 질량 함수에서 p값에 해당합니다. ❾ 그리고 prob을 p_list에 추가합니다. ❿ 반복문이 종료되면 p_list에 포함되어 있는 확률들을 확인해 봅니다.

```
plt.bar(x_list, p_list)                                          ⓫
plt.show()                                                       ⓬
```

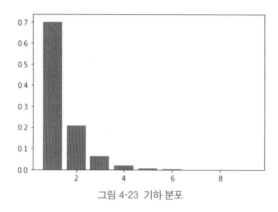

그림 4-23 기하 분포

앞서 구한 p_list에 포함되어 있는 값들을 시각화해 보겠습니다. ⓫ x_list에 대응하는 p_list에 대해 bar 차트를 그립니다. ⓬ 결과를 확인하면 [그림 4-23]과 같은 기하 분포를 따르는 것을 알 수 있습니다.

4.5.9 기하 분포를 따르는 난수 생성 라이브러리 실습

이번 절에서는 numpy 라이브러리를 이용해 기하 분포를 따르는 난수를 생성하는 실습을 해보겠습니다.

```
import numpy as np ········································································ ❶
import matplotlib.pyplot as plt ····················································· ❷

x_list = np.random.geometric(0.7, size=10000) ································· ❸
print(x_list) ·············································································· ❹
```

```
[1 1 2 ... 2 1 1]
```

먼저 ❶ 실습을 위해 필요한 라이브러리를 불러옵니다. 기하 분포에서 난수를 생성하기 위해
필요한 numpy 라이브러리를 불러오고 ❷ 시각화를 위해 필요한 matplotlib 라이브러리를
불러옵니다. ❸ 그리고 numpy 라이브러리의 random 모듈의 geometric 함수를 이용해 기하
분포에서 난수를 생성합니다. p는 다음 기하 분포 식에서의 p를 의미합니다.

$$P(X = x) = p(1 - p)^{x-1}, \qquad x = 1, 2, \dots$$

size는 생성하고자 하는 난수의 개수를 의미합니다. ❹ 생성한 난수를 확인합니다.

```
plt.hist(x_list)
plt.show()
```

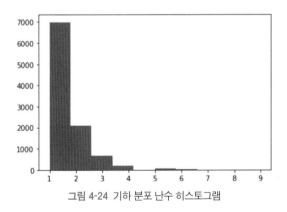

그림 4-24 기하 분포 난수 히스토그램

앞서 생성한 난수가 실제로 기하 분포를 따르는지 확인해 보겠습니다. hist를 이용해 앞서
생성한 난수로 히스토그램을 그려 결과를 확인하면 기하 분포를 따르는 것을 알 수 있습니다.

4.6 음이항 분포

▌ 4.6.1 음이항 분포의 개념

음이항 분포는 기하 분포의 응용 버전이라고 볼 수 있습니다. 기하 분포를 따르는 확률 변수가 베르누이 시행을 반복할 때, 처음 성공할 때까지의 시행 횟수 혹은 실패 횟수라고 했다면, r번째 성공할 때까지의 시행 횟수/실패 횟수를 확률 변수 X라고 한다면 확률 변수 X는 **음이항 분포**(negative binomial distribution)를 따르며 확률 질량 함수는 다음과 같이 나타낼 수 있습니다.

1) 확률 변수를 성공할 때까지의 시행 횟수로 보는 경우

음이항 분포를 따르는 확률 변수 X는 독립적인 베르누이 시행을 반복할 때 r번째 성공할 때까지의 시행 횟수를 의미합니다. 즉, iid를 만족하는 확률 변수 $Z_1, Z_2, \cdots, Z_n$이 성공 확률이 p인 베르누이 분포를 따를 때, r번째로 1이 되는 Z_n의 n에 해당하는 확률 변수 X는 음이항 분포를 따르는 것입니다. 이를 정리하면 다음과 같습니다.

$$Z_1, Z_2, \cdots, Z_n \sim Bernoulli(p)$$

$$X = \inf\left\{n : \sum_{i=1}^{n} Z_i = r\right\}$$

$$X \sim NegativeBinomial(r, p)$$

확률 변수 X를 r번째 성공할 때까지의 시행 횟수라고 하겠습니다. 이 경우 확률 변수는 음이항 분포를 따르며 다음과 같은 확률 질량 함수를 따릅니다.

$$X = r번\ 성공할\ 때까지의\ 시행\ 횟수$$

$$X \sim NegativeBinomial(r, p)$$

$$P(X = x) = \binom{x-1}{r-1} p^r (1-p)^{x-r}, \qquad x = r, r+1, \ldots$$

위 확률 질량 함수를 보면 확률 변수 X는 r부터 시작하는 것을 알 수 있습니다. 이는 당연한 것으로 r번 성공하려면 최소 r번 시행해야 합니다. 따라서 확률 변수 X는 r부터 시작하는 것을 알 수 있습니다.

음이항 분포의 기댓값과 분산은 다음과 같이 구할 수 있습니다.

$$E(X) = \frac{r}{p}$$

$$Var(X) = \frac{r(1-p)}{p^2}$$

2) 확률 변수를 성공할 때까지의 실패 횟수로 보는 경우

이번에는 확률 변수 Y가 r번 성공할 때까지의 실패 횟수라고 했을 때를 생각해 보겠습니다. 확률 변수 Y가 r번 성공할 때까지의 실패 횟수라고 했을 때, 확률 변수 Y는 음이항 분포를 따르며 다음과 같은 확률 질량 함수를 따릅니다.

$$Y = r번 \ 성공할 \ 때까지의 \ 실패 \ 횟수$$

$$X = Y + r$$
$$Y = X - r$$

$$P(Y = y) = \binom{r+y-1}{y} p^r (1-p)^y, \qquad y = 0, 1, \ldots$$

위 식을 보면 확률 변수 Y는 0부터 시작하는 것을 알 수 있습니다. 앞서 확률 변수 X는 r번 성공할 때까지의 시행 횟수였으므로 r부터 시작한 반면 확률 변수 Y는 실패 횟수를 의미하므로 0부터 시작하는 것을 알 수 있습니다. 확률 변수 Y가 0이라는 것은 r번 성공할 때까지 한 번도 실패하지 않음을 의미합니다.

음이항 분포의 기댓값과 분산은 다음과 같이 구할 수 있습니다.

$$E(Y) = \frac{r(1-p)}{p}$$

$$Var(Y) = \frac{r(1-p)}{p^2}$$

▍4.6.2 음이항 분포와 기하 분포의 관계

기하 분포는 첫 번째 성공까지의 시행 횟수/실패 횟수를 의미하고 음이항 분포는 r번째 성공까지의 시행 횟수/실패 횟수를 의미합니다. 이처럼 음이항 분포는 기하 분포와 연관이 있는데요. 이번 절에서는 음이항 분포와 기하 분포의 관계를 알아보겠습니다.

음이항 분포를 따르는 확률 변수 X는 r번째 성공까지의 시행 횟수라고 하겠습니다. 편의상 베르누이 시행을 반복할 때, 첫 번째 성공을 X_1이라고 하고 두 번째 성공을 X_2라고 했을 때, r번째 성공을 X_r이라고 하면 다음과 같이 그림으로 나타낼 수 있습니다.

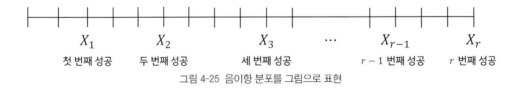
그림 4-25 음이항 분포를 그림으로 표현

이때, X_r은 다음과 같이 바꾸어 표현할 수 있습니다.

$$X_r = X_1 + (X_2 - X_1) + (X_3 - X_2) + \cdots + (X_r - X_{r-1})$$

이때, 각 항은 $Geometric(p)$를 따르고 다음과 같이 표현할 수 있습니다.

$$X_1 \sim Geometric(p)$$

$$X_2 - X_1 \sim Geometric(p)$$

$$X_3 - X_2 \sim Geometric(p)$$

$$\vdots$$

$$X_r - X_{r-1} \sim Geometric(p)$$

이를 그림으로 나타내면 [그림 4-26]과 같습니다.

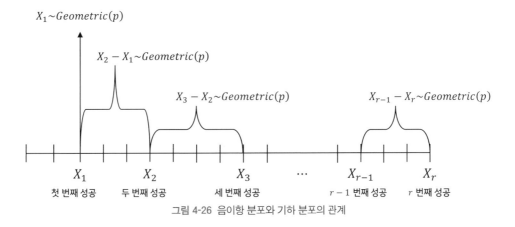

그림 4-26 음이항 분포와 기하 분포의 관계

4.6.3 음이항 분포의 기댓값

이번 절에서는 음이항 분포의 기댓값을 구해 보겠습니다. 음이항 분포의 기댓값을 구하면 다음과 같습니다.

$$E(Y) = \sum_y y \cdot f_Y(y)$$

$$= \sum_{y=0}^{\infty} y \binom{r+y-1}{y} p^r (1-p)^y$$

$$= \sum_{y=1}^{\infty} y \frac{(r+y-1)!}{y!\,(r+y-1-y)!} p^r (1-p)^y$$

$$= \sum_{y=1}^{\infty} \frac{(r+y-1)!}{(y-1)!\left(\frac{r!}{r}\right)} p^r (1-p)^y$$

$$= \sum_{y=1}^{\infty} \frac{r(r+y-1)!}{(y-1)!\,r!} p^r (1-p)^y$$

$$= r \sum_{y=1}^{\infty} \binom{r+y-1}{y-1} p^r (1-p)^y$$

$$= r \sum_{z=0}^{\infty} \binom{q+z-1}{z} p^{q-1} (1-p)^{z+1}$$

$$= r \sum_{z=0}^{\infty} \binom{q+z-1}{z} p^q p^{-1} (1-p)^z (1-p)$$

$$= \frac{r(1-p)}{p} \sum_{z=0}^{\infty} \binom{q+z-1}{z} p^q (1-p)^z$$

$$= \frac{r(1-p)}{p} \cdot 1$$

$$= \frac{r(1-p)}{p}$$

$$\therefore E(Y) = \frac{r(1-p)}{p}$$

위 과정에서 3번째 줄에서 4번째 줄로 넘어갈 때 $(r-1)! = (r!/r)$이 성립하는 이유는 다음과 같습니다.

$$r! = r(r-1)! \quad \Leftrightarrow \quad (r-1)! = \frac{r!}{r}$$

또한 6번째 줄에서 7번째 줄로 넘어가는 과정은 다음과 같은 변환을 사용합니다.

$$z = y - 1, \qquad q = r + 1$$

$$r + y - 1 = q - 1 + z + 1 - 1$$

$$= q + z - 1$$

마지막으로 9번째 줄에서 10번째 줄로 넘어가는 과정은 음이항 분포의 확률 밀도 함수의 합은 1임을 이용하는 것입니다.

$$\sum_{z=0}^{\infty} \binom{q + z - 1}{z} p^q (1 - p)^z = 1$$

▌4.6.4 음이항 분포의 분산

다음으로 분산을 구하면 분산을 구하는 식은 다음과 같습니다.

$$Var(Y) = E[(Y - \mu)^2] = E(Y^2) - [E(Y)]^2$$

위 식을 사용하기 위해서는 $E(Y^2)$값을 알아야 하므로 $E(Y^2)$를 먼저 구해 보겠습니다. 이를 위해 다음과 같은 식을 사용하겠습니다.

$$E[Y(Y - 1)] = E(Y^2 - Y)$$

$$= E(Y^2) - E(Y)$$

$$\therefore E(Y^2) = E[Y(Y - 1)] + E(Y)$$

먼저 $E(Y^2)$을 구하기 위해 $E[Y(Y-1)]$을 계산해 보겠습니다.

$$E[Y(Y-1)] = \sum_y y(y-1) \cdot f_Y(y)$$

$$= \sum_{y=0}^{\infty} y(y-1)\binom{r+y-1}{y} p^r (1-p)^y$$

$$= \sum_{y=2}^{\infty} y(y-1)\binom{r+y-1}{y} p^r (1-p)^y$$

$$= \sum_{y=2}^{\infty} r(r+1)\binom{r+y-1}{y-2} p^r (1-p)^y$$

$$= r(r+1) \sum_{z=0}^{\infty} \binom{q+z-1}{z} p^{q-2} (1-p)^{z+2}$$

$$= r(r+1) \sum_{z=0}^{\infty} \binom{q+z-1}{z} p^q p^{-2} (1-p)^z (1-p)^2$$

$$= \frac{r(r+1)(1-p)^2}{p^2} \sum_{z=0}^{\infty} \binom{q+z-1}{z} p^q (1-p)^z$$

$$= \frac{r(r+1)(1-p)^2}{p^2} \cdot 1$$

$$= \frac{r(r+1)(1-p)^2}{p^2}$$

위 과정에서 3번째 줄에서 4번째 줄로 넘어가는 과정에서는 다음과 같은 식을 사용합니다.

$$(r+1)! = (r+1)r(r-1)! \quad \Leftrightarrow \quad (r-1)! = \frac{(r+1)!}{r(r+1)}$$

$$y(y-1)\binom{r+y-1}{y} = y(y-1)\frac{(r+y-1)!}{y!\,(r-1)!}$$

$$= y(y-1)\frac{(r+y-1)!}{y(y-1)(y-2)!\dfrac{(r+1)!}{r(r+1)}}$$

$$= r(r+1)\frac{(r+y-1)!}{(y-2)!\,(r+1)!}$$

$$= r(r+1)\binom{r+y-1}{y-2}$$

$$\therefore\ y(y-1)\binom{r+y-1}{y} = r(r+1)\binom{r+y-1}{y-2}$$

그리고 4번째 줄에서 5번째 줄로 넘어가는 과정은 다음과 같은 변환을 사용합니다.

$$z = y - 2, \qquad q = r + 2$$

$$r + y - 1 = q - 2 + z + 2 - 1$$

$$= q + z - 1$$

이렇게 앞서 구한 $E[Y(Y-1)]$을 이용해 $E(Y^2)$을 구하면 다음과 같습니다.

$$E(Y^2) = E[Y(Y-1)] + E(Y)$$

$$= \frac{r(r+1)(1-p)^2}{p^2} + \frac{r(1-p)}{p}$$

$$Var(Y) = E[(Y-\mu)^2]$$

$$= E(Y^2) - [E(Y)]^2$$

$$= \frac{r(r+1)(1-p)^2}{p^2} + \frac{r(1-p)}{p} - \left[\frac{r(1-p)}{p}\right]^2$$

$$= \frac{r(1-p)}{p}\left[\frac{(r+1)(1-p)}{p} + 1 - \frac{r(1-p)}{p}\right]$$

$$= \frac{r(1-p)}{p}\left[\frac{(r+1)(1-p) + p - r(1-p)}{p}\right]$$

$$= \frac{r(1-p)}{p^2}(r - rp + 1 - p + p - r + rp)$$

$$= \frac{r(1-p)}{p^2}$$

$$\therefore Var(Y) = \frac{r(1-p)}{p^2}$$

▌4.6.5 음이항 분포 파이썬 실습

이번 절에서는 음이항 분포에 대해 파이썬으로 실습을 해보겠습니다. 음이항 분포를 따르는 확률 변수 X를 이용해 음이항 분포의 형태를 확인해 보겠습니다.

$$P(X = x) = \binom{x-1}{r-1} p^r (1-p)^{x-r}, \qquad x = r, r+1, \dots$$

이번 실습에서는 위와 같은 확률 질량 함수를 따르는 음이항 분포를 가정하겠습니다.

```python
def factorial(x):
    """
    팩토리얼 함수
    입력값: 정수 x
    출력값: x!
    """
    x_list = list(range(1, x+1))
```

```
    res = 1
    for val in x_list:
        res *= val
    return res

def combination(n, x):
    """
    조합
    입력값: n, x
    출력값: nCx(실수)
    """
    res = factorial(n)/(factorial(x)*factorial(n-x))
    return res
```

음이항 분포 실습을 위해서 이전에 만들었던 factorial 함수와 combination 함수를 사용
하겠습니다. factorial 함수는 팩토리얼을 계산하는 함수이며, combination 함수는 조합
을 계산하는 함수입니다.

$$P(X = x) = \binom{x-1}{5-1} 0.6^5 (1-0.6)^{x-5}, \qquad x = 5, 6, \dots$$

다음 코드는 $r = 5, p = 0.6$인 음이항 분포에 대해 실습하는 코드입니다.

```
r = 5                                                               ❶
p = 0.6                                                             ❷
x_list = list(range(r, r+20))                                       ❸
p_list = []                                                         ❹

for x in x_list:                                                    ❺
    prob = combination(x-1, r-1)*(p**r)*((1-p)**(x-r))              ❻
    p_list.append(prob)                                            ❼
```

먼저 ❶, ❷ 음이항 분포의 확률 질량 함수에 필요한 r과 p를 설정합니다. ❸ 그리고 음이항
분포를 따르는 확률 변수 X의 값 x들을 포함할 리스트 x_list를 생성해 줍니다. 이때, 주의
해야 할 점은 이번 실습에서 사용하는 음이항 분포를 따르는 확률 변수 X가 의미하는 것은 r
번째 성공할 때까지 시행 횟수입니다. 따라서 확률 변수 X가 취할 수 있는 값은 5부터 무한대
까지임을 알 수 있습니다. 따라서 x_list를 생성할 때도 r부터 시작하는 리스트를 만들어야

합니다. x의 범위는 무한대까지이지만 이번 실습에서는 $r + 19$까지만 생성하도록 하겠습니다. ❹ 그리고 각 확률 변수의 확률을 담을 p_list를 생성합니다. ❺ 그리고 x_list에 포함되는 x에 대해 반복문을 수행합니다. ❻ 각 음이항 분포를 따르는 x에 대해 확률을 구해 prob이라고 정의하고 ❼ p_list에 추가해 줍니다.

```
import matplotlib.pyplot as plt ·································································· ❽

plt.bar(x_list, p_list) ··············································································· ❾
plt.show() ································································································· ❿
```

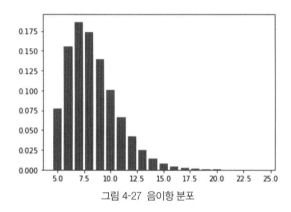

그림 4-27 음이항 분포

이번에는 앞서 구한 결과를 시각화해 보겠습니다. ❽ 먼저 데이터 시각화를 위해 필요한 matplotlib 라이브러리를 불러옵니다. ❾ 그리고 x_list에 대한 p_list 값을 bar 차트로 나타냅니다. ❿ 결과를 확인하면 [그림 4-27]과 같은 분포를 따르는 것을 알 수 있습니다.

4.6.6 음이항 분포 라이브러리 실습

이번 절에서는 음이항 분포에 대해 파이썬으로 실습을 해보겠습니다. 음이항 분포를 따르는 확률 변수 X를 이용해 음이항 분포의 형태를 확인해 보겠습니다.

$$P(X = x) = \binom{x - 1}{r - 1} p^r (1 - p)^{x-r}, \qquad x = r, r + 1, \dots$$

이번 실습에서는 위와 같은 확률 질량 함수를 따르는 음이항 분포를 가정하겠습니다.

```
import numpy as np                               ❶
from scipy.stats import nbinom                   ❷
import matplotlib.pyplot as plt                  ❸
```

먼저 실습을 위해 필요한 라이브러리를 불러오겠습니다. ❶ 확률 변수 X의 값 x들을 담을 때 필요한 array를 생성하기 위해 numpy 라이브러리를 불러옵니다. ❷ 그리고 음이항 분포 실습을 위해 필요한 scipy 라이브러리의 nbinom 함수를 불러옵니다. ❸ 그리고 데이터 시각화를 위해 matplotlib 라이브러리를 불러옵니다.

$$P(X = x) = \binom{x - 1}{5 - 1} 0.6^5 (1 - 0.6)^{x-5}, \qquad x = 5, 6, \dots$$

다음 코드는 $r = 5, p = 0.6$인 음이항 분포에 대해 실습하는 코드입니다.

```
r = 5                                            ❹
p = 0.6                                          ❺

x_list = np.arange(r, r+20)                      ❻
p_list = []                                      ❼

for x in x_list:                                 ❽
    prob = nbinom.pmf(k=x, n=r, p=p)             ❾
    p_list.append(prob)                          ❿
```

먼저 ❹, ❺ 음이항 분포의 확률 질량 함수에 필요한 r과 p를 설정합니다. ❻ 그리고 음이항 분포를 따르는 확률 변수 X의 값 x들을 포함할 array인 x_list를 생성해 줍니다. 이때, 주의해야 할 점은 이번 실습에서 사용하는 음이항 분포를 따르는 확률 변수 X가 의미하는 것은 r 번째 성공할 때까지 시행 횟수입니다. 따라서 확률 변수 X가 취할 수 있는 값은 5부터 무한대 까지임을 알 수 있습니다. 따라서 x_list를 생성할 때도 r부터 시작하는 리스트를 만들어야 합니다. x의 범위는 무한대까지이지만 이번 실습에서는 $r + 19$까지만 생성하도록 하겠습니 다. ❼ 그리고 각 확률 변수의 확률을 담을 p_list를 생성합니다. ❽ 그리고 x_list에 포함 되는 x에 대해 반복문을 수행합니다. ❾ 각 음이항 분포를 따르는 x에 대해 확률을 구해 prob 이라고 이름 짓습니다. 이를 위해서는 nbinom 함수의 pmf 메소드를 사용하는데 k는 확률 변 수 X의 값 x를 의미하며, n은 음이항 분포의 확률 질량 함수에서의 r에 해당하고 p는 음이항 분포의 확률 질량 함수에서 p값에 해당합니다. ❿ p_list에 추가해 줍니다.

```
plt.bar(x_list, p_list)  ⓫
plt.show()  ⓬
```

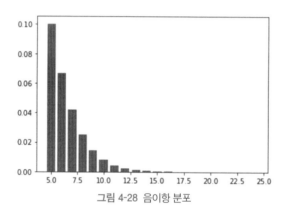

그림 4-28 음이항 분포

이번에는 앞서 구한 결과를 시각화해 보겠습니다. ❽ 먼저 데이터 시각화를 위해 필요한 matplotlib 라이브러리를 불러옵니다. ❾ 그리고 x_list에 대한 p_list 값을 bar 차트로 나타냅니다. ❿ 결과를 확인하면 [그림 4-28]과 같은 분포를 따르는 것을 알 수 있습니다.

▌4.6.7 음이항 분포를 따르는 난수 생성 라이브러리 실습

이번 절에서는 numpy 라이브러리를 이용해 음이항 분포를 따르는 난수를 생성하는 실습을
해보겠습니다.

```
import numpy as np ·························································· ❶
import matplotlib.pyplot as plt ········································· ❷

x_list = np.random.negative_binomial(n=5, p=0.6, size=10000) ······· ❸
print(x_list) ·························································· ❹
```
```
[0 7 2 ... 8 1 2]
```

먼저 ❶ 실습을 위해 필요한 라이브러리를 불러옵니다. 음이항 분포에서 난수를 생성하기 위
해 필요한 numpy 라이브러리를 불러오고 ❷ 시각화를 위해 필요한 matplotlib 라이브러리
를 불러옵니다. ❸ 그리고 numpy 라이브러리의 random 모듈의 negative_binomial 함수를
이용해 음이항 분포에서 난수를 생성합니다. n은 다음 음이항 분포 식에서의 r을 의미합니다.

$$P(Y = y) = \binom{r + y - 1}{y} p^r (1 - p)^y, \qquad y = 0, 1, \dots$$

size는 생성하고자 하는 난수의 개수를 의미합니다. ❹ 생성한 난수를 확인합니다.

```
plt.hist(x_list)
plt.show()
```

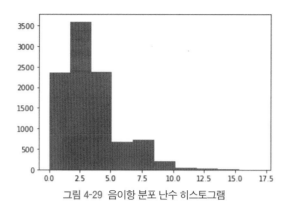

그림 4-29 음이항 분포 난수 히스토그램

앞서 생성한 난수가 실제로 음이항 분포를 따르는지 확인해 보겠습니다. hist를 이용해 앞서 생성한 난수로 히스토그램을 그려 결과를 확인하면 음이항 분포를 따르는 것을 알 수 있습니다.

연속형 확률 분포

연속형 확률 변수의 확률 분포를 연속형 확률 분포라고 합니다. 이번 장에서는 연속형 균일 분포, 정규 분포, 감마 분포, 지수 분포, 카이제곱 분포, 베타 분포와 같은 여러 가지 이산형 확률 분포의 개념과 특징에 대해 다루어 보겠습니다. 그리고 확률 분포와 관련된 이론에 대해 알아보겠습니다.

5.1 연속형 균일 분포

5.1.1 연속형 균일 분포의 개념

균일 분포는 이산형인 경우와 연속형인 경우로 나눌 수 있습니다. 앞서 이산형 확률 분포에서 다루었던 이산형 균일 분포와는 달리 이번 절에서는 연속형 균일 분포를 다룹니다. 이산형 균일 분포와 연속형 균일 분포의 차이는 확률 변수 X가 이산형 확률 변수인지 혹은 연속형 확률 변수인지의 차이입니다.

확률 변수 X가 **연속형 균일 분포**(continuous uniform distribution)를 따를 때 확률 밀도 함수는 다음과 같습니다.

$$X \sim U(a, b)$$

$$f_X(x) = \frac{1}{b - a}, \qquad x \in [a, b]$$

연속형 균일 분포의 확률 밀도 함수는 위와 같으며 위 식에서 확률 변수 X는 a과 b 사이의 값을 가지며 $f_X(x)$는 $1/(b-a)$로 동일한 것을 알 수 있습니다. 연속형 균일 분포를 그림으로 나타내면 [그림 5-1]과 같습니다.

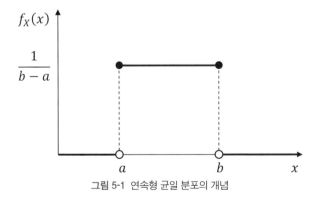

그림 5-1 연속형 균일 분포의 개념

[그림 5-1]은 연속형 균일 분포의 개념을 그림으로 나타낸 것입니다. 다음으로 연속형 균일 분

포의 확률 밀도 함수의 합이 1인지 확인해 보겠습니다. 이를 확인하기 위해서는 표본 공간에 대해 확률 밀도 함수를 적분하면 되는데, 이를 계산하면 다음과 같습니다.

$$\int_a^b f_X(x)\,dx = \int_a^b \frac{1}{b-a}\,dx$$

$$= \left|\frac{1}{b-a}x\right|_a^b$$

$$= \frac{b}{b-a} - \frac{a}{b-a}$$

$$= \frac{b-a}{b-a}$$

$$= 1$$

표본 공간에 대해 확률 변수에 대응되는 확률의 적분 값을 구하면 위와 같이 1이 되는 것을 볼 수 있습니다.

연속형 균일 분포의 기댓값과 분산은 다음과 같이 구할 수 있습니다.

$$E(X) = \frac{b+a}{2}$$

$$Var(X) = \frac{(b-a)^2}{12}$$

연속형 균일 분포의 기댓값과 분산을 구하기 위해 위와 같은 공식을 사용하는 이유는 다음 절에서 자세히 알아보겠습니다.

▌5.1.2 연속형 균일 분포의 기댓값

이번 절에서는 연속형 균일 분포의 기댓값을 구해 보겠습니다. 연속형 균일 분포의 기댓값을 구하면 다음과 같습니다.

$$E(X) = \int_{-\infty}^{\infty} x f_X(x)\, dx$$

$$= \int_{a}^{b} x \frac{1}{b-a}\, dx$$

$$= \frac{1}{b-a} \int_{a}^{b} x\, dx$$

$$= \frac{1}{b-a} \left[\frac{1}{2} x^2 \right]_{a}^{b}$$

$$= \frac{1}{b-a} \cdot \frac{1}{2}(b^2 - a^2)$$

$$= \frac{1}{2} \cdot \frac{(b+a)(b-a)}{b-a}$$

$$= \frac{b+a}{2}$$

▌5.1.3 연속형 균일 분포의 분산

이번 절에서는 연속형 균일 분포의 분산을 구해 보겠습니다. 우선 분산을 구하는 식은 다음과 같습니다.

$$Var(X) = E[(X-\mu)^2] = E(X^2) - [E(X)]^2$$

위 식을 사용하기 위해서는 $E(X^2)$값을 알아야 하므로 연속형 균일 분포에 대해 $E(X^2)$를 먼저 구해 보겠습니다.

$$E(X^2) = \int x^2 f_X(x)\, dx$$

$$= \int_a^b x^2 \cdot \frac{1}{b-a}\, dx$$

$$= \frac{1}{b-a} \int_a^b x^2\, dx$$

$$= \frac{1}{b-a} \left[\frac{1}{3} x^3 \right]_a^b$$

$$= \frac{1}{b-a} \cdot \frac{1}{3}(b^3 - a^3)$$

$$= \frac{(b-a)(a^2 + ab + b^2)}{3(b-a)}$$

$$= \frac{a^2 + ab + b^2}{3}$$

$$\therefore E(X^2) = \frac{a^2 + ab + b^2}{3}$$

위와 같이 $E(X^2)$을 구했으므로 연속형 균일 분포의 분산을 구할 수 있습니다. 분산을 구하면 다음과 같습니다.

$$Var(X) = E[(X - \mu)^2]$$

$$= E(X^2) - [E(X)]^2$$

$$= \frac{a^2 + ab + b^2}{3} - \left(\frac{b+a}{2} \right)^2$$

$$= \frac{a^2 + ab + b^2}{3} - \frac{(b+a)^2}{4}$$

$$= \frac{4a^2 + 4ab + 4b^2}{12} - \frac{3b^2 + 6ab + 3a^2}{12}$$

$$= \frac{b^2 - 2ab + a^2}{12}$$

$$= \frac{(b-a)^2}{12}$$

$$\therefore Var(X) = \frac{(b-a)^2}{12}$$

5.1.4 연속형 균일 분포 파이썬 실습

이번 절에서는 연속형 균일 분포에 대해 파이썬으로 실습을 해보겠습니다. 연속형 균일 분포를 따르는 확률 변수 X를 이용해 연속형 균일 분포의 형태를 확인해 보겠습니다.

$$f_X(x) = \frac{1}{b-a}, \qquad x \in [a, b]$$

이번 실습에서는 위와 같은 확률 밀도 함수를 따르는 연속형 균일 분포를 가정하겠습니다.

```python
def seq(start, stop, step):
    """
    수열 만들기
    입력값: start(시작 값), stop(끝 값), step(한 스텝당 증가 수)
    출력값: res(리스트)
    """
    res = []
    current = start
    while current < stop:
        res.append(current)
        current += step
    return res
```

연속형 균일 분포 실습을 하기 위해 필요한 함수 seq를 불러오겠습니다. seq는 수열을 배우는 단원에서 구현한 함수입니다. seq 함수는 시작 값 start, 상한선 stop, 한 스텝당 증가하는 수인 step을 입력값으로 받고 해당 조건을 만족하는 등차수열 res를 출력하는 함수입니다.

$$f_X(x) = \frac{1}{5-1}, \qquad x \in [1,5]$$

다음 코드는 $a = 1$, $b = 5$인 연속형 균일 분포에 대해 실습하는 코드입니다.

```
a = 1.0                                                    ❶
b = 5.0                                                    ❷

x_list = seq(a, b, 0.01)                                   ❸
print(x_list)                                              ❹
```

[1.0, 1.01, 1.02,…(중략)…, , , 4.999999999999937]

먼저 ❶, ❷ 연속형 균일 분포에 포함될 a, b를 설정합니다. ❸ 그리고 확률 변수 X의 값을 모은 리스트 x_list를 생성합니다. 확률 변수 X는 연속형이므로 셀 수 없을 정도로 많은 값들이 될 수 있지만 본 실습에서는 0.01 단위로 생성해 보겠습니다. 따라서 시작값인 a와 상한선 b를 기준으로 0.01씩 증가하는 수열을 생성하겠습니다. 이때, 주의해야 할 점은 상한선 b는 수열에 포함되지 않는다는 점입니다. ❹ 이렇게 생성된 x_list를 확인하면 1부터 0.01씩 증가하는 것을 알 수 있습니다.

```
p_list = []                                                ❺
for x in x_list:                                           ❻
    prob = 1/(b-a)                                         ❼
    p_list.append(prob)                                    ❽
```

앞서 ❺ 생성한 x_list에 포함되는 확률 변수 X의 값에 대한 확률 밀도를 담을 리스트를 p_list라고 이름 짓겠습니다. ❻ 그리고 x_list에 포함되어 있는 x에 대해 반복문을 수행합니다. ❼ 각 x에 대해 확률 밀도를 구해 prob이라고 저장합니다. ❽ 그리고 이 값을 p_list에 추가합니다.

```
import matplotlib.pyplot as plt ·············································· ❾
```

```
plt.plot(x_list, p_list) ······················································· ❿
plt.show() ······································································· ⓫
```

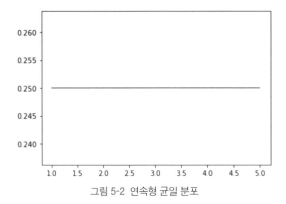

그림 5-2 연속형 균일 분포

이번에는 앞서 만든 p_list의 값을 시각화해 보겠습니다. ❾ 데이터 시각화를 위한 matplotlib 라이브러리를 불러옵니다. ❿ 그리고 x_list, p_list에 대한 플랏을 그리고 ⓫ 결과를 확인하면 [그림 5-2]와 같은 균일 분포를 띄는 것을 볼 수 있습니다.

▌5.1.5 연속형 균일 분포 라이브러리 실습

이번 절에서는 연속형 균일 분포에 대해 파이썬 라이브러리 실습을 해보겠습니다. 연속형 균일 분포를 따르는 확률 변수 X를 이용해 연속형 균일 분포의 형태를 확인해 보겠습니다.

$$f_X(x) = \frac{1}{b-a}, \qquad x \in [a, b]$$

이번 실습에서는 위와 같은 확률 밀도 함수를 따르는 연속형 균일 분포를 가정하겠습니다.

```
import numpy as np ······························································ ❶
from scipy.stats import uniform ················································ ❷
import matplotlib.pyplot as plt ················································· ❸
```

먼저 실습을 위해 필요한 라이브러리를 불러오겠습니다. ❶ 확률 변수 X의 값 x들을 담을 때 필요한 array를 생성하기 위해 numpy 라이브러리를 불러옵니다. ❷ 그리고 연속형 균일 분포 실습을 위해 필요한 scipy 라이브러리의 uniform 함수를 불러옵니다. ❸ 그리고 데이터 시각화를 위해 matplotlib 라이브러리를 불러옵니다.

$$f_X(x) = \frac{1}{5-1}, \qquad x \in [1,5]$$

다음 코드는 $a = 1, b = 5$인 연속형 균일 분포에 대해 실습하는 코드입니다.

```
a = 1                                                        ❹
b = 5                                                        ❺

x_list = np.arange(a, b, 0.01)                               ❻
p_list = []                                                  ❼

for x in x_list:                                             ❽
    prob = uniform.pdf(x, loc=a, scale=b-a)                  ❾
    p_list.append(prob)                                      ❿
```

먼저 ❹, ❺ 연속형 균일 분포에 포함될 a, b를 설정합니다. ❻ 그리고 확률 변수 X의 값을 모은 리스트 x_list를 생성합니다. 확률 변수 X는 연속형이므로 셀 수 없을 정도로 많은 값들이 될 수 있지만 본 실습에서는 0.01 단위로 생성해 보겠습니다. 따라서 시작값인 a와 마지막 값인 b를 기준으로 0.01씩 증가하는 수열을 생성하겠습니다. ❼ x_list의 원소에 대응하는 확률을 담을 리스트를 p_list라고 이름 짓겠습니다. ❽ x_list에 포함되는 x에 대해 반복문을 수행합니다. ❾ 확률 변수 X에 대해 확률 밀도를 구하는데 이는 uniform 함수의 pdf 메소드를 통해 구할 수 있습니다. 옵션으로 loc와 scale이 있는데 uniform 함수의 pdf 메소드를 사용하면 [loc, loc+scale] 구간의 값을 확률 변수의 값으로 설정합니다. 따라서 1부터 5 사이의 값을 범위로 지정하고 싶다면 loc값은 a이라고 설정하고 scale을 b-a라고 설정해야 [loc, loc+scale] 구간이 [a, b-a]=[1, 1+5-1]=[1, 5]가 되어 1부터 5 사이의 값을 취할 수 있습니다. ❿ 이렇게 구한 확률 밀도를 p_list에 추가합니다.

```
plt.plot(x_list, p_list)                                     ⓫
plt.show()                                                   ⓬
```

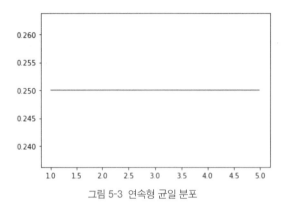

그림 5-3 연속형 균일 분포

이번에는 앞서 구한 결과를 시각화해 보겠습니다. ⓫ x_list에 대한 p_list 값을 plot 차트로 나타냅니다. ❿ 결과를 확인하면 [그림 5-3]과 같은 분포를 따르는 것을 알 수 있습니다.

5.1.6 연속형 균일 분포를 따르는 난수 생성 라이브러리 실습

이번 절에서는 numpy 라이브러리를 이용해 연속형 균일 분포를 따르는 난수를 생성하는 실습을 해보겠습니다.

```
import numpy as np                                                          ❶
import matplotlib.pyplot as plt                                             ❷

x_list = np.random.uniform(low=1.0, high=5.0, size=10000)                   ❸
print(x_list)                                                              ❹
```

```
[4.13633305 4.09262036 4.01308098 ... 3.47270878 3.26863988 3.86650205]
```

먼저 ❶ 실습을 위해 필요한 라이브러리를 불러옵니다. 연속형 균일 분포에서 난수를 생성하기 위해 필요한 numpy 라이브러리를 불러오고 ❷ 시각화를 위해 필요한 matplotlib 라이브러리를 불러옵니다. ❸ 그리고 numpy 라이브러리의 random 모듈의 uniform 함수를 이용해 연속형 균일 분포에서 난수를 생성합니다. low는 다음 식에서 최솟값 a에 해당하고 high는 다음 식에서 최댓값 b에 해당합니다.

$$f_X(x) = \frac{1}{b-a}, \qquad x \in [a, b]$$

size는 생성하고자 하는 난수의 개수를 의미합니다. ❹ 생성한 난수를 확인합니다.

```
plt.hist(x_list)
plt.show()
```

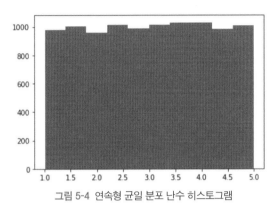

그림 5-4 연속형 균일 분포 난수 히스토그램

앞서 생성한 난수가 실제로 연속형 균일 분포를 따르는지 확인해 보겠습니다. hist를 이용해 앞서 생성한 난수로 히스토그램을 그려 결과를 확인하면 연속형 균일 분포를 따르는 것을 알 수 있습니다.

5.2 정규 분포

▌5.2.1 정규 분포의 개념

정규 분포는 연속형 확률 분포에서 가장 기본이 되는 분포입니다. 확률 변수 X가 **정규 분포 (normal distribution)** 를 따를 때, 평균이 μ, 분산이 σ^2인 정규 분포의 확률 밀도 함수는 다음과 같이 나타냅니다.

$$X \sim N(\mu, \sigma^2)$$

$$f_X(x) = \frac{1}{\sqrt{2\pi}\sigma} e^{-\frac{1}{2}\left(\frac{x-\mu}{\sigma}\right)^2}, \qquad -\infty < x < \infty$$

위 식을 보면 확률 변수 X의 범위는 제한이 없는 것을 알 수 있습니다. 그리고 위 식에서 N은 normal distribution의 n을 의미합니다.

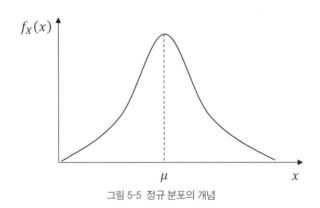

그림 5-5 정규 분포의 개념

[그림 5-5]는 정규 분포의 형태를 나타냅니다. 위 그림처럼 정규 분포는 종(bell) 모양 분포라는 것을 알 수 있습니다.

정규 분포의 평균과 분산은 다음과 같습니다.

$$E(X) = \mu$$

$$Var(X) = \sigma^2$$

정규 분포에서 평균 μ는 분포의 위치를 정하는 파라미터로 location parameter라고 부르고, 분산 σ^2은 분포의 평균으로부터의 흩어짐 정도를 나타내는 파라미터로 scale parameter라고 부릅니다.

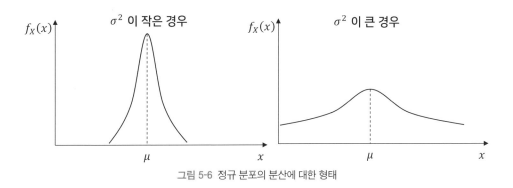

그림 5-6 정규 분포의 분산에 대한 형태

[그림 5-6]은 정규 분포의 분산의 크기에 따른 형태의 차이를 나타낸 그림입니다. [그림 5-6]의 왼쪽 그림과 같이 분산이 작은 경우 대부분의 값이 평균 근처에 밀집해 있는 것을 볼 수 있으며 분산이 큰 경우에는 값이 넓게 퍼져 있는 것을 볼 수 있습니다.

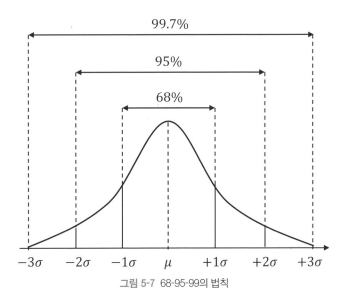

그림 5-7 68-95-99의 법칙

[그림 5-7]은 정규 분포의 68-95-99의 법칙을 나타냅니다. 그림을 보면 평균 μ를 중심으로 $\pm1\sigma$ 범위 내의 데이터들은 전체의 68%를 차지합니다. 또한 $\pm2\sigma$ 범위 내의 데이터들은 전체의 95%를 차지하며 $\pm3\sigma$ 범위 내의 데이터들은 전체의 99.7%를 차지하는 것을 알 수 있습니다.

5.2.2 표준 정규 분포

정규 분포에서 평균이 0, 분산이 1인 경우, **표준 정규 분포**(standard normal distribution)를 따른다고 하며 다음과 같은 확률 밀도 함수를 따릅니다.

$$X \sim N(0, 1)$$

$$f_X(x) = \frac{1}{\sqrt{2\pi}} e^{-\frac{1}{2}x^2}, \qquad -\infty < x < \infty$$

표준 정규 분포는 평균이 0, 분산이 1이므로 정규 분포의 확률 밀도 함수에 비해 간단한 형태임을 알 수 있습니다.

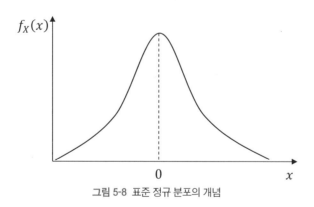

그림 5-8 표준 정규 분포의 개념

[그림 5-8]은 표준 정규 분포의 개념을 나타내는 그림입니다. 표준 정규 분포는 평균이 0이므로 0을 중심으로 좌우 대칭 형태를 띠는 것을 볼 수 있습니다.

표준 정규 분포의 기댓값과 분산은 다음과 같습니다.

$$E(X) = 0$$

$$Var(X) = 1$$

▌ 5.2.3 정규 근사

주어진 데이터가 정규 분포를 따르지 않더라도, 데이터의 개수 n이 커지면 정규 분포에 가까워지는 현상이 발생할 수 있는데 이를 **정규 근사**(normal approximation)라고 부릅니다. 이번 절에서는 다양한 분포의 정규 근사에 대해 알아보겠습니다.

■ 이항 분포의 정규 근사

이항 분포에서 n이 커지면 정규 분포에 근접하게 됩니다. 즉, 확률 변수 X가 $Binomial(n, p)$를 따를 때 n이 커지면 평균이 np이고 분산이 $np(1-p)$인 정규 분포를 따른다는 것입니다. 이를 식으로 나타내면 다음과 같습니다.

$$X \sim Binomial(n, p)$$

$$X \sim N\big(np, np(1-p)\big) \qquad as\ n \to \infty$$

■ 포아송 분포의 정규 근사

이항 분포의 정규 근사와 비슷하게 포아송 분포에서도 λ가 커지면 정규 분포에 근접하게 됩니다. 확률 변수 X가 $Poisson(\lambda)$를 따를 때 λ가 커지면 평균이 λ이고 분산이 λ인 정규 분포를 따릅니다. 이를 식으로 나타내면 다음과 같습니다.

$$X \sim Poisson(\lambda)$$

$$X \sim N(\lambda, \lambda) \qquad as\ \lambda \to \infty$$

5.2.4 정규 분포 파이썬 실습

이번 절에서는 정규 분포에 대해 파이썬으로 실습을 해보겠습니다. 정규 분포를 따르는 확률 변수 X를 이용해 정규 분포의 형태를 확인해 보겠습니다.

$$f_X(x) = \frac{1}{\sqrt{2\pi}\sigma} e^{-\frac{1}{2}\left(\frac{x-\mu}{\sigma}\right)^2}, \quad -\infty < x < \infty$$

이번 실습에서는 위와 같은 확률 밀도 함수를 따르는 정규 분포를 가정하겠습니다.

```python
def seq(start, stop, step):
    """
    수열 만들기
    입력값: start(시작 값), stop(끝 값), step(한 스텝당 증가 수)
    출력값: res(리스트)
    """
    res = []
    current = start
    while current < stop:
        res.append(current)
        current += step
    return res
```

정규 분포 실습을 하기 위해 필요한 함수 seq를 불러오겠습니다. seq는 수열을 배우는 단원에서 구현했던 함수입니다. seq 함수는 시작 값 start, 상한선 stop, 한 스텝당 증가하는 수인 step을 입력값으로 받고 해당 조건을 만족하는 등차수열 res를 출력하는 함수입니다.

$$f_X(x) = \frac{1}{\sqrt{2\pi} \cdot 3} e^{-\frac{1}{2}\left(\frac{x-75}{3}\right)^2}, \quad -\infty < x < \infty$$

다음 코드는 $\mu = 75$, $\sigma = 3$인 정규 분포에 대해 실습하는 코드입니다.

```python
pi = 3.1415926535                                    ❶
e = 2.7182818284                                     ❷

mu = 75                                              ❸
s = 3                                                ❹
```

```
x_list = seq(mu-3*s, mu+3*s, 0.01) ························· ❺
p_list = [] ··················································· ❻

for x in x_list: ·············································· ❼
    prob = (1/(((2*pi)**0.5)*s))*(e**(-0.5*(((x-mu)/s)**2))) ❽
    p_list.append(prob) ······································ ❾
```

먼저 ❶, ❷ 정규 분포 구현에 필요한 π와 e를 설정해 줍니다. ❸, ❹ 그리고 정규 분포의 평균에 해당하는 μ를 mu라고 이름 짓고 표준 편차 σ를 s라고 이름 짓겠습니다. ❺ 정규 분포를 따르는 확률 변수 X의 범위를 설정해 줍니다. 이번 실습에서의 확률 변수의 범위는 평균으로부터 3σ까지로 설정하겠습니다. ❻ 그리고 해당 확률 변수 값의 확률을 넣을 리스트를 p_list라고 설정하겠습니다. ❼ x_list에 포함되는 x에 대해 반복문을 수행합니다. ❽ 정규 분포의 확률 밀도 함수를 이용해 확률 변수 X에 대한 확률 밀도를 구해 prob이라고 저장합니다. ❾ 그리고 p_list에 prob을 추가합니다.

```
import matplotlib.pyplot as plt ······························ ❿

plt.plot(x_list, p_list) ····································· ⓫
plt.show() ···················································· ⓬
```

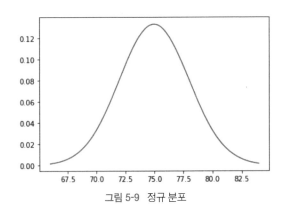

그림 5-9 정규 분포

이번에는 앞서 만든 p_list의 값을 시각화해 보겠습니다. ❾ 데이터 시각화를 위한 matplotlib 라이브러리를 불러옵니다. ❿ 그리고 x_list, p_list에 대한 플랏을 그리고 ⓫ 결과를 확인하면 [그림 5-9]와 같은 정규 분포를 띠는 것을 볼 수 있습니다.

▍5.2.5 정규 분포 라이브러리 실습

이번 절에서는 정규 분포에 대해 파이썬 라이브러리를 이용한 실습을 해보겠습니다. 정규 분포를 따르는 확률 변수 X를 이용해 정규 분포의 형태를 확인해 보겠습니다.

$$f_X(x) = \frac{1}{\sqrt{2\pi}\sigma} e^{-\frac{1}{2}\left(\frac{x-\mu}{\sigma}\right)^2}, \qquad -\infty < x < \infty$$

이번 실습에서는 위와 같은 확률 밀도 함수를 따르는 정규 분포를 가정하겠습니다.

```
import numpy as np ....................................................❶
from scipy.stats import norm ......................................❷
import matplotlib.pyplot as plt ..................................❸
```

먼저 실습을 위해 필요한 라이브러리를 불러오겠습니다. ❶ 확률 변수 X의 값 x들을 담을 때 필요한 array를 생성하기 위해 numpy 라이브러리를 불러옵니다. ❷ 그리고 정규 분포 실습을 위해 필요한 scipy 라이브러리의 norm 함수를 불러옵니다. ❸ 그리고 데이터 시각화를 위해 matplotlib 라이브러리를 불러옵니다.

$$f_X(x) = \frac{1}{\sqrt{2\pi}\cdot 3} e^{-\frac{1}{2}\left(\frac{x-75}{3}\right)^2}, \qquad -\infty < x < \infty$$

다음 코드는 $\mu = 75$, $\sigma = 3$인 정규 분포에 대해 실습하는 코드입니다.

```
mu = 75 ..................................................................❹
s = 3 .....................................................................❺

x_list = np.arange(mu-3*s, mu+3*s, 0.01) ..................❻
p_list = [] ..............................................................❼

for x in x_list: .........................................................❽
    prob = norm.pdf(x, loc=mu, scale=s) ...................❾
    p_list.append(prob) ...........................................❿
```

먼저 ❹, ❺ 정규 분포의 평균에 해당하는 μ를 mu라고 이름 짓고 표준 편차 σ를 s라고 이름 짓겠습니다. ❻ 정규 분포를 따르는 확률 변수 X의 범위를 설정해 줍니다. 이번 실습에서의 확률 변수의 범위는 평균으로부터 3σ까지로 설정하겠습니다. ❼ 그리고 해당 확률 변수 값의 확률을 넣을 리스트를 p_list라고 설정하겠습니다. ❽ x_list에 포함되는 x에 대해 반복문을 수행합니다. ❾ 정규 분포의 확률 밀도 함수를 이용해 확률 변수 X에 대한 확률 밀도를 구해 prob이라고 저장합니다. 이를 위해서는 norm 함수의 pdf 메소드를 사용하는데, loc은 정규 분포에서 평균을 의미하고 scale은 표준 편차를 의미합니다. ❿ 그리고 p_list에 prob을 추가합니다.

```
plt.plot(x_list, p_list)                                      ⓫
plt.show()                                                    ⓬
```

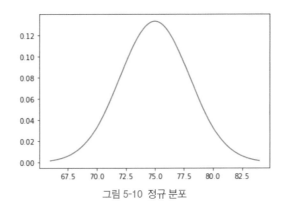

그림 5-10 정규 분포

이번에는 앞서 만든 p_list의 값을 시각화해 보겠습니다. ⓫ 그리고 x_list, p_list에 대한 플랏을 그리고 ⓬ 결과를 확인하면 [그림 5-10]과 같은 정규 분포를 띠는 것을 볼 수 있습니다.

▍5.2.6 정규 분포를 따르는 난수 생성 라이브러리 실습

이번 절에서는 numpy 라이브러리를 이용해 정규 분포를 따르는 난수를 생성하는 실습을 해 보겠습니다.

```
import numpy as np                                                    ❶
import matplotlib.pyplot as plt                                       ❷

x_list = np.random.normal(loc=75, scale=3, size=10000)               ❸
print(x_list)                                                         ❹
```

```
[79.21073498 76.84884482 75.41169344 ... 76.63666388 73.94779837
77.68234154]
```

먼저 ❶ 실습을 위해 필요한 라이브러리를 불러옵니다. 정규 분포에서 난수를 생성하기 위해
필요한 numpy 라이브러리를 불러오고 ❷ 시각화를 위해 필요한 matplotlib 라이브러리를
불러옵니다. ❸ 그리고 numpy 라이브러리의 random 모듈의 normal 함수를 이용해 정규 분
포에서 난수를 생성합니다. loc은 다음 식에서 평균 μ에 해당하고 scale은 다음 식에서 표준
편차 σ에 해당합니다.

$$f_X(x) = \frac{1}{\sqrt{2\pi}\sigma} e^{-\frac{1}{2}\left(\frac{x-\mu}{\sigma}\right)^2}, \qquad -\infty < x < \infty$$

size는 생성하고자 하는 난수의 개수를 의미합니다. ❹ 생성한 난수를 확인합니다.

```
plt.hist(x_list)
plt.show()
```

앞서 생성한 난수가 실제로 정규 분포를 따르는지 확인해 보겠습니다. hist를 이용해 앞서
생성한 난수로 히스토그램을 그려 결과를 확인하면 정규 분포를 따르는 것을 알 수 있습니다.

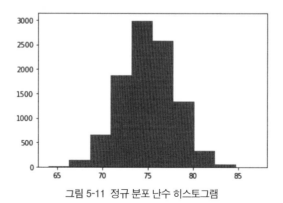

그림 5-11 정규 분포 난수 히스토그램

5.3 감마 분포

5.3.1 감마 함수

이번 절에서는 감마 분포에 대해 알아보겠습니다. 감마 분포를 학습하기 전에 먼저 감마 함수에 대한 이해가 필요합니다. 그리고 감마 함수를 이해하기 위해서는 팩토리얼의 개념을 먼저 알아야 합니다. 우리는 앞서 다음과 같은 팩토리얼 함수를 배웠습니다.

$$f(x) = x! = x \times (x - 1) \times (x - 2) \times \cdots \times 1$$

본래 팩토리얼 함수는 음이 아닌 정수 값만 가질 수 있는 불연속 함수입니다. 따라서 위와 같은 팩토리얼 함수를 사용할 경우 정수가 아닌 실수 값에 대해서는 적용할 수 없다는 한계가 존재합니다. 반면 **감마 함수(gamma function)**는 팩토리얼 함수를 확장시킨 함수로써 팩토리얼 함수를 연속 함수화한 것이라고 생각하면 됩니다. 감마 함수는 다음과 같이 정의합니다.

$$\Gamma(\alpha) = \int_0^\infty x^{\alpha-1} e^{-x} dx, \qquad \alpha > 0$$

감마 함수는 다음과 같은 성질을 따릅니다.

📝 NOTE **감마 함수의 성질**

i) $\Gamma(\alpha) = (\alpha - 1)!$

ii) $\Gamma(\alpha + 1) = \alpha \Gamma(\alpha)$

iii) $\Gamma\left(\frac{1}{2}\right) = \sqrt{\pi}$

iv) $\Gamma(1) = 1$

▍5.3.2 감마 분포의 개념

감마 분포(gamma distribution)를 따르는 확률 변수 X는 α번째 성공할 때까지의 대기 시간을 의미합니다. 확률 변수 X가 감마 분포를 따를 때 확률 밀도 함수는 다음과 같습니다.

$$X \sim Gamma(\alpha, \beta)$$

$$f_X(x) = \frac{1}{\Gamma(\alpha)\beta^\alpha} x^{\alpha-1} e^{-\frac{1}{\beta}x}, \qquad 0 < x < \infty, \qquad \alpha > 0, \qquad \beta > 0$$

위 식에서 확률 변수 X의 범위는 0부터 무한대까지라는 것을 알 수 있습니다. 이는 확률 변수 X가 성공할 때까지의 대기 시간을 의미한다는 사실을 생각해 보면 대기 시간이 음수일 수는 없으므로 자연스러운 것을 알 수 있습니다.

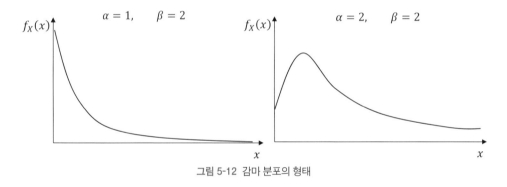

그림 5-12 감마 분포의 형태

[그림 5-12]는 감마 분포의 형태를 나타냅니다. 감마 분포의 형태는 α와 β값에 따라 그 형태가 달라질 수 있습니다.

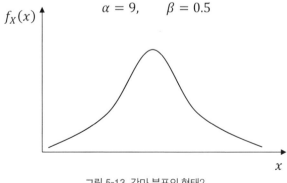

그림 5-13 감마 분포의 형태2

특히 감마 분포는 α와 β값을 바꿈에 따라 [그림 5-13]과 같이 정규 분포의 형태를 띠기도 합니다.

감마 분포의 확률 밀도 함수의 합이 1인지 확인하면 다음과 같습니다.

$$
\begin{aligned}
\int_0^\infty f_X(x)\, dx &= \int_0^\infty \frac{1}{\Gamma(\alpha)\beta^\alpha} x^{\alpha-1} e^{-\frac{1}{\beta}x}\, dx \\[2mm]
&= \frac{1}{\Gamma(\alpha)\beta^\alpha} \int_0^\infty x^{\alpha-1} e^{-\frac{1}{\beta}x}\, dx \\[2mm]
&= \frac{1}{\Gamma(\alpha)\beta^\alpha} \int_0^\infty (\beta t)^{\alpha-1} e^{-t} \beta dt \\[2mm]
&= \frac{1}{\Gamma(\alpha)\beta^\alpha} \int_0^\infty \beta^{\alpha-1} t^{\alpha-1} e^{-t} \beta dt \\[2mm]
&= \frac{1}{\Gamma(\alpha)\beta^\alpha} \beta^\alpha \int_0^\infty t^{\alpha-1} e^{-t}\, dt \\[2mm]
&= \frac{1}{\Gamma(\alpha)\beta^\alpha} \beta^\alpha \Gamma(\alpha) \\[2mm]
&= 1
\end{aligned}
$$

확률 변수에 대응되는 확률의 적분 값을 구하면 위와 같이 1이 되는 것을 볼 수 있습니다. 위 증명에서 두 번째 줄에서 세번째 줄로 넘어갈 때는 다음과 같이 x를 t로 치환해 치환 적분을 활용한 것입니다.

$$
\frac{1}{\beta} x = t \iff x = \beta t
$$

감마 분포의 기댓값과 분산은 다음과 같습니다.

$$
E(X) = \alpha\beta
$$

$$
Var(X) = \alpha\beta^2
$$

5.3.3 감마 분포의 적률 생성 함수

이번 절에서는 감마 분포의 적률 생성 함수 $M_X(t)$를 구해 보겠습니다. 감마 분포의 적률 생성 함수는 다음과 같이 구할 수 있습니다.

$$M_X(t) = E(e^{tx})$$

$$= \int e^{tx} f_X(x)\, dx$$

$$= \int_0^\infty e^{tx} \frac{1}{\Gamma(\alpha)\beta^\alpha} x^{\alpha-1} e^{-\frac{1}{\beta}x}\, dx$$

$$= \frac{1}{\Gamma(\alpha)\beta^\alpha} \int_0^\infty e^{tx} x^{\alpha-1} e^{-\frac{1}{\beta}x}\, dx$$

$$= \frac{1}{\Gamma(\alpha)\beta^\alpha} \int_0^\infty x^{\alpha-1} e^{-\frac{1}{\beta}x + tx}\, dx$$

$$= \frac{1}{\Gamma(\alpha)\beta^\alpha} \int_0^\infty x^{\alpha-1} e^{-\left(\frac{1}{\beta}-t\right)x}\, dx$$

$$= \frac{1}{\Gamma(\alpha)\beta^\alpha} \int_0^\infty x^{\alpha-1} e^{-\left(\frac{1-\beta t}{\beta}\right)x}\, dx$$

$$= \frac{1}{\Gamma(\alpha)\beta^\alpha} \Gamma(\alpha) \left(\frac{\beta}{1-\beta t}\right)^\alpha$$

$$= \left(\frac{1}{\beta}\right)^\alpha \left(\frac{\beta}{1-\beta t}\right)^\alpha$$

$$= \left(\frac{1}{1-\beta t}\right)^\alpha$$

$$= (1-\beta t)^{-\alpha}$$

$$\therefore M_X(t) = (1-\beta t)^{-\alpha}$$

▌5.3.4 감마 분포의 기댓값

이번 절에서는 감마 분포의 기댓값에 대해 알아보겠습니다. 감마 분포의 기댓값은 다음과 같이 구할 수 있습니다.

$$E(X) = \int_{-\infty}^{\infty} x f_X(x)\, dx$$

$$= \int_{0}^{\infty} x \cdot \frac{1}{\Gamma(\alpha)\beta^{\alpha}} x^{\alpha-1} e^{-\frac{1}{\beta}x}\, dx$$

$$= \frac{1}{\Gamma(\alpha)\beta^{\alpha}} \int_{0}^{\infty} x \cdot x^{\alpha-1} e^{-\frac{1}{\beta}x}\, dx$$

$$= \frac{1}{\Gamma(\alpha)\beta^{\alpha}} \int_{0}^{\infty} x^{\alpha} e^{-\frac{1}{\beta}x}\, dx$$

$$= \frac{1}{\Gamma(\alpha)\beta^{\alpha}} \Gamma(\alpha+1)\beta^{\alpha+1}$$

$$= \alpha\beta$$

$$\therefore E(X) = \alpha\beta$$

위 과정에서 4번째 줄에서 5번째 줄로 넘어갈 때 적분 값을 구하는 방식은 다음과 같습니다.

$$\int_{0}^{\infty} x^{\alpha} e^{-\frac{1}{\beta}x}\, dx$$

$$\frac{1}{\beta}x = t, \qquad x = \beta t, \qquad dx = \beta dt$$

$$\int_{0}^{\infty} x^{\alpha} e^{-\frac{1}{\beta}x}\, dx = \int_{0}^{\infty} (\beta t)^{\alpha} e^{-t} \beta\, dt$$

207

$$= \beta^{\alpha+1} \int_0^\infty t^\alpha e^{-t} \beta \, dt$$

$$= \beta^{\alpha+1} \Gamma(\alpha + 1)$$

■ 적률 생성 함수를 이용해 기댓값 구하기

이번에는 앞서 구한 적률 생성 함수 $M_X(t)$를 이용해 감마 분포의 기댓값을 구해 보겠습니다. 기댓값을 구하기 위해서는 1차 적률 $E(X)$를 구해야 합니다.

$$M_X(t) = (1 - \beta t)^{-\alpha}$$

앞서 구한 감마 분포의 적률 생성 함수는 위와 같습니다. 이를 이용해 1차 적률 $E(X)$를 구하기 위해서는 먼저 $M_X(t)$를 한번 미분한 $M_X'(t)$를 구해야 합니다.

$$M_X'(t) = \frac{d}{dt} M_X(t)$$

$$= \frac{d}{dt}[(1 - \beta t)^{-\alpha}]$$

$$= -\alpha(1 - \beta t)^{-\alpha-1}(-\beta)$$

$$= \alpha\beta(1 - \beta t)^{-\alpha-1}$$

$$\therefore M_X'(t) = \alpha\beta(1 - \beta t)^{-\alpha-1}$$

따라서 $M_X'(t)$에 $t = 0$를 대입하면 다음과 같이 $E(X)$를 구할 수 있습니다.

$$E(X) = M_X'(0)$$

$$= \alpha\beta(1 - \beta \cdot 0)^{-\alpha-1}$$

$$= \alpha\beta$$

$$\therefore E(X) = \alpha\beta$$

5.3.5 감마 분포의 분산

이번 절에서는 감마 분포의 분산을 구하는 과정을 자세히 알아보겠습니다. 감마 분포의 분산을 구하는 식은 다음과 같습니다.

$$Var(X) = E[(X - \mu)^2] = E(X^2) - [E(X)]^2$$

위 식을 사용하기 위해서는 $E(X^2)$값을 알아야 하므로 $E(X^2)$를 먼저 구해 보겠습니다.

$$
\begin{aligned}
E(X^2) &= \int x^2 f_X(x)\, dx \\
&= \int_0^\infty x^2 \cdot \frac{1}{\Gamma(\alpha)\beta^\alpha} x^{\alpha-1} e^{-\frac{1}{\beta}x}\, dx \\
&= \frac{1}{\Gamma(\alpha)\beta^\alpha} \int_0^\infty x^2 \cdot x^{\alpha-1} e^{-\frac{1}{\beta}x}\, dx \\
&= \frac{1}{\Gamma(\alpha)\beta^\alpha} \int_0^\infty x^{\alpha+1} e^{-\frac{1}{\beta}x}\, dx \\
&= \frac{1}{\Gamma(\alpha)\beta^\alpha} \Gamma(\alpha + 2)\beta^{\alpha+2} \\
&= (\alpha + 1)\alpha\beta^2 \\
&= \alpha^2\beta^2 + \alpha\beta^2
\end{aligned}
$$

$$E(X^2) = \alpha^2\beta^2 + \alpha\beta^2$$

위 과정에서 4번째 줄에서 5번째 줄로 넘어가는 과정은 다음과 같습니다.

$$\int_0^\infty x^{\alpha+1} e^{-\frac{1}{\beta}x}\, dx$$

$$\frac{1}{\beta}x = t, \qquad x = \beta t, \qquad dx = \beta dt$$

$$\int_0^\infty x^{\alpha+1} e^{-\frac{1}{\beta}x}\, dx = \int_0^\infty (\beta t)^{\alpha+1} e^{-t} \beta\, dt$$

$$= \beta^{\alpha+2} \int_0^\infty t^{\alpha+1} e^{-t} \beta\, dt$$

$$= \beta^{\alpha+2} \Gamma(\alpha+2)$$

따라서 감마 함수의 분산은 다음과 같습니다.

$$Var(X) = E[(X-\mu)^2]$$

$$= E(X^2) - [E(X)]^2$$

$$= \alpha^2\beta^2 + \alpha\beta^2 - (\alpha\beta)^2$$

$$= \alpha\beta^2$$

■ 적률 생성 함수를 이용해 분산 구하기

이번에는 감마 분포의 적률 생성 함수를 이용해 분산을 구해 보겠습니다. 분산은 다음과 같이 1차 적률 $E(X)$와 2차 적률 $E(X^2)$을 이용해 구합니다.

$$Var(X) = E(X^2) - [E(X)]^2$$

1차 적률 $E(X)$는 앞서 기댓값을 구하는 과정에서 이미 구했으므로 2차 적률 $E(X^2)$을 구해야 하는데 이에 앞서 $M_X''(t)$를 구해 보겠습니다.

$$M_X'(t) = \alpha\beta(1 - \beta t)^{-\alpha-1}$$

$$M_X''(t) = \frac{d^2}{dt^2}M_X(t)$$

$$= \frac{d}{dt}\left[\frac{d}{dt}M_X(t)\right]$$

$$= \frac{d}{dt}[\alpha\beta(1 - \beta t)^{-\alpha-1}]$$

$$= \alpha\beta(-\alpha - 1)(1 - \beta t)^{-\alpha-2}(-\beta)$$

$$= -\alpha\beta^2(-\alpha - 1)(1 - \beta t)^{-\alpha-2}$$

$$M_X''(t) = -\alpha\beta^2(-\alpha - 1)(1 - \beta t)^{-\alpha-2}$$

위에서 구한 $M_X''(t)$에 $t = 0$를 대입하면 다음과 같이 $E(X^2)$을 구할 수 있습니다.

$$E(X^2) = M_X''(0)$$

$$= -\alpha\beta^2(-\alpha - 1)(1 - \beta \cdot 0)^{-\alpha-2}$$

$$= \alpha^2\beta^2 + \alpha\beta^2$$

$$\therefore E(X^2) = \alpha^2\beta^2 + \alpha\beta^2$$

위에서 구한 $E(X^2)$과 $E(X)$를 종합하면 다음과 같이 분산 $Var(X)$를 구할 수 있습니다.

$$Var(X) = E(X^2) - [E(X)]^2$$

$$= \alpha^2\beta^2 + \alpha\beta^2 - (\alpha\beta)^2$$

$$= \alpha^2\beta^2 + \alpha\beta^2 - \alpha^2\beta^2$$

$$= \alpha\beta^2$$

$$\therefore Var(X) = \alpha\beta^2$$

▎5.3.6 감마 분포 파이썬 실습

이번 절에서는 감마 분포에 대해 파이썬으로 실습을 해보겠습니다. 감마 분포를 따르는 확률 변수 X를 이용해 감마 분포의 형태를 확인해 보겠습니다.

$$f_X(x) = \frac{1}{\Gamma(\alpha)\beta^\alpha} x^{\alpha-1} e^{-\frac{1}{\beta}x}, \qquad 0 < x < \infty, \qquad \alpha > 0, \qquad \beta > 0$$

이번 실습에서는 위와 같은 확률 밀도 함수를 따르는 감마 분포를 가정하겠습니다.

먼저 본격적인 감마 분포 실습에 앞서서 필요한 함수를 불러오겠습니다.

```
def seq(start, stop, step):
    """
    수열 만들기
    입력값: start(시작 값), stop(끝값), step(한 스텝당 증가 수)
    출력값: res(리스트)
    """
    res = []
    current = start
    while current < stop:
        res.append(current)
        current += step
    return res
```

가장 먼저 불러올 함수는 수열을 생성하는 seq 함수입니다.

```
def gamma_function(alpha, x):                                    ❶
    """
```

```
감마 함수
입력값: alpha, x
출력값: res(실수)
"""
e = 2.7182818284                                           ❷
res = (x**(alpha-1))*(e**(-x))                             ❸
return res                                                 ❹
```

위 함수 gamma_function은 감마 함수에서 다음 값을 구하는 함수입니다.

$$x^{\alpha-1}e^{-x}$$

위 코드에서 ❶ 함수 이름은 gamma_function이라고 지었고 입력값 alpha는 위 식에서 α에 해당하고 x는 x에 해당합니다. ❷ 그리고 위 값을 구하기 위해 필요한 자연 상수 e를 정의해 줍니다. 그리고 ❸ 위 식을 따라 계산하면 계산 값 res를 구할 수 있고 ❹ res를 출력합니다.

```
def gamma(alpha):                                          ❶
    """
    감마
    입력값: alpha
    출력값: res(실수)
    """
    a = 0                                                  ❷
    b = 100                                                ❸
    x_list = seq(0.0001, 100, 0.001)                       ❹
    gamma_list = []                                        ❺
    for x in x_list:                                       ❻
        y = gamma_function(alpha, x)                       ❼
        gamma_list.append(y)                               ❽
    res = ((b-a)/len(x_list))*sum(gamma_list)              ❾
    return res                                             ❿
```

위 함수 gamma는 다음과 같은 적분 값을 구하는 함수입니다. ❶ 함수 gamma의 입력값 alpha 는 다음 식에서 α에 해당합니다.

$$\Gamma(\alpha) = \int_0^\infty x^{\alpha-1}e^{-x}\,dx$$

그리고 적분 영역을 구합니다. ❷, ❸ 위 식에서는 0부터 무한대까지로 설정되어 있지만 본 교재에서는 0부터 100까지로 설정하겠습니다. 따라서 적분 시작 영역인 a는 0으로 설정하고 끝 영역 b는 100으로 설정합니다. ❹ 그리고 확률 변수 값을 설정하겠습니다. 감마 분포의 확률 변수는 실수에 해당하므로 0.0001부터 0.001씩 100까지 증가하는 수열을 생성해 리스트 x_list라고 저장합니다. ❺ 그리고 각 x에 대한 함숫값을 저장하기 위한 gamma_list를 선언합니다. ❻ 그리고 각 x에 대한 함숫값을 구하기 위한 반복문을 수행합니다. ❼ 각 x에 대한 함수값 y를 구한 후 ❽ 해당 값을 gamma_list에 추가합니다. ❾ 그리고 적분 영역에 대한 적분 값 res를 구하는데 적분 값을 이러한 코드로 구하는 이유는 이후 8.1.4절인 몬테카를로 시뮬레이션을 이용한 적분 값 구하기를 참고하기 바랍니다. ❿ 그리고 결과를 출력합니다.

$$f_X(x) = \frac{1}{\Gamma(\alpha)\beta^\alpha} x^{\alpha-1} e^{-\frac{1}{\beta}x}, \qquad 0 < x < \infty, \qquad \alpha > 0, \qquad \beta > 0$$

다음 코드는 $\alpha = 2, \beta = 1$인 감마 분포에 대해 실습하는 코드입니다.

```
alpha = 2                                                              ❶
beta = 1                                                               ❷

e = 2.7182818284                                                       ❸

x_list = seq(0, alpha*beta*5, 0.01)                                    ❹
p_list = []                                                            ❺

for x in x_list:                                                       ❻
    prob = (1/(gamma(alpha)*(beta**alpha)))*(x**(alpha-1))*(e**((-1/
beta)*x))                                                             ❼
    p_list.append(prob)                                               ❽
```

먼저 ❶, ❷ 감마 분포의 α, β를 정해 줍니다. ❸ 그리고 자연 상수 e를 정의합니다. ❹ 또한 감마 분포를 따르는 확률 변수 X의 범위를 설정해 줍니다. 이 범위는 원래 0부터 무한대까지이지만 이번 실습에서는 alpha*beta*5까지만 설정하겠습니다. ❺ 그리고 확률 변수에 따른 확률 밀도를 담을 리스트를 p_list라고 이름 짓겠습니다. ❻ x_list에 포함되는 x에 대해 반복문을 수행합니다. ❼ 감마 분포를 따르는 각 x에 대해 확률 밀도를 계산해 prob이라고 저장하고 ❽ p_list에 추가합니다.

```
import matplotlib.pyplot as plt ·································································· ❾

plt.plot(x_list, p_list) ···························································································· ❿
plt.show() ··············································································································· ⓫
```

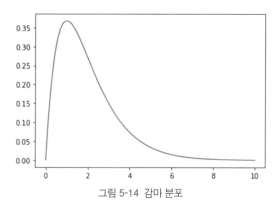

그림 5-14 감마 분포

이번에는 앞서 만든 p_list의 값을 시각화해 보겠습니다. ❾ 데이터 시각화를 위한 matplotlib 라이브러리를 불러옵니다. ❿ 그리고 x_list, p_list에 대한 플랏을 그리고 ⓫ 결과를 확인하면 [그림 5-14]와 같은 감마 분포를 띠는 것을 볼 수 있습니다.

▌5.3.7 감마 분포 라이브러리 실습

이번 절에서는 감마 분포에 대해 라이브러리 실습을 해보겠습니다. 감마 분포를 따르는 확률 변수 X를 이용해 감마 분포의 형태를 확인해 보겠습니다.

$$f_X(x) = \frac{1}{\Gamma(\alpha)\beta^\alpha} x^{\alpha-1} e^{-\frac{1}{\beta}x}, \qquad 0 < x < \infty, \qquad \alpha > 0, \qquad \beta > 0$$

이번 실습에서는 위와 같은 확률 밀도 함수를 따르는 감마 분포를 가정하겠습니다.

```
import numpy as np ································································································· ❶
from scipy.stats import gamma ·················································································· ❷
import matplotlib.pyplot as plt ················································································ ❸
```

215

먼저 실습을 위해 필요한 라이브러리를 불러오겠습니다. ❶ 확률 변수 X의 값 x들을 담을 때 필요한 array를 생성하기 위해 numpy 라이브러리를 불러옵니다. ❷ 그리고 감마 분포 실습을 위해 필요한 scipy 라이브러리의 gamma 함수를 불러옵니다. ❸ 그리고 데이터 시각화를 위해 matplotlib 라이브러리를 불러옵니다.

$$f_X(x) = \frac{1}{\Gamma(\alpha)\beta^\alpha} x^{\alpha-1} e^{-\frac{1}{\beta}x}, \qquad 0 < x < \infty, \qquad \alpha > 0, \qquad \beta > 0$$

다음 코드는 위 식에서 $\alpha = 2, \beta = 1$인 지수 분포에 대해 실습하는 코드입니다.

```
alpha = 2                                                          ❹
beta = 1                                                           ❺

x_list = np.arange(0, alpha*beta*5, 0.01)                          ❻
p_list = []                                                        ❼


for x in x_list:                                                   ❽
    prob = gamma.pdf(x, a=alpha, scale=beta)                       ❾
    p_list.append(prob)
```

먼저 ❹, ❺ 감마 분포의 파라미터인 alpha와 beta를 설정합니다. ❻ 그리고 감마 분포를 따르는 확률 변수 X의 범위를 설정해 줍니다. 원래 감마 분포를 따르는 확률 변수의 범위는 0부터 무한대까지이지만 이번 실습에서는 alpha*beta*5까지로 설정하겠습니다. ❼ 그리고 확률 변수의 확률 값을 저장하기 위한 p_list를 설정합니다. ❽ x_list에 포함되는 x에 대해 반복문을 수행합니다. ❾ 감마 분포를 따르는 각 x에 대해 확률 밀도를 계산해 prob이라고 저장합니다. 이를 위해 gamma 함수의 pdf 메소드를 사용하게 되는데, a는 감마 분포에서의 α에 해당하며 scale은 감마 분포의 β를 의미합니다. ❿ 그리고 prob을 p_list에 추가합니다.

```
plt.plot(x_list, p_list)                                           ⓫
plt.show()                                                         ⓬
```

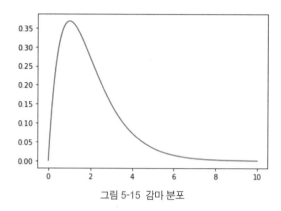

그림 5-15 감마 분포

이번에는 앞서 만든 p_list의 값을 시각화해 보겠습니다. ⑪ 그리고 x_list, p_list에 대한 플랏을 그리고 ⑫ 결과를 확인하면 [그림 5-15]와 같은 감마 분포를 띠는 것을 볼 수 있습니다.

█ 5.3.8 감마 분포를 따르는 난수 생성 라이브러리 실습

이번 절에서는 numpy 라이브러리를 이용해 감마 분포를 따르는 난수를 생성하는 실습을 해 보겠습니다.

```
import numpy as np                                                    ❶
import matplotlib.pyplot as plt                                       ❷

x_list = np.random.gamma(shape=2, scale=1, size=10000)               ❸
print(x_list)                                                        ❹
```
```
[1.42576807 0.31645635 3.63940441 ... 1.49579828 7.53890681 0.84653305]
```

먼저 ❶ 실습을 위해 필요한 라이브러리를 불러옵니다. 감마 분포에서 난수를 생성하기 위해 필요한 numpy 라이브러리를 불러오고 ❷ 시각화를 위해 필요한 matplotlib 라이브러리를 불러옵니다. ❸ 그리고 numpy 라이브러리의 random 모듈의 gamma 함수를 이용해 감마 분포에서 난수를 생성합니다. shape는 다음 식에서 α에 해당하고 scale은 다음 식에서 β에 해당합니다.

$$f_X(x) = \frac{1}{\Gamma(\alpha)\beta^\alpha} x^{\alpha-1} e^{-\frac{1}{\beta}x}, \qquad 0 < x < \infty, \qquad \alpha > 0, \qquad \beta > 0$$

217

size는 생성하고자 하는 난수의 개수를 의미합니다. ❹ 생성한 난수를 확인합니다.

```
plt.hist(x_list)
plt.show()
```

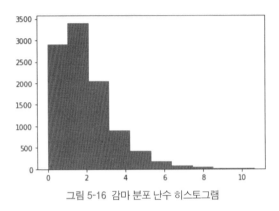

그림 5-16 감마 분포 난수 히스토그램

앞서 생성한 난수가 실제로 감마 분포를 따르는지 확인해 보겠습니다. hist를 이용해 앞서 생성한 난수로 히스토그램을 그려 결과를 확인하면 감마 분포를 따르는 것을 알 수 있습니다.

5.4 지수 분포

5.4.1 지수 분포의 개념

지수 분포는 감마 분포에서 알파가 1인 특수한 경우를 의미합니다. 확률 변수 X가 첫 번째 성공할 때까지의 대기 시간이라고 했을 때, 확률 변수 X는 **지수 분포**(exponential distribution)를 따르며 다음과 같은 확률 밀도 함수를 가집니다.

$$X \sim Exponential(\beta)$$

$$f_X(x) = \frac{1}{\beta} e^{-\frac{1}{\beta}x}, \qquad x > 0$$

위 식에서 확률 변수 X는 0보다 크다는 것을 알 수 있습니다.

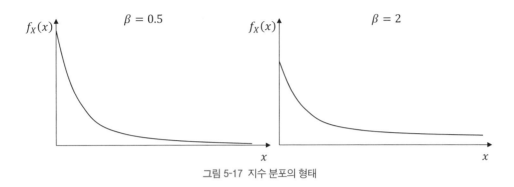

그림 5-17 지수 분포의 형태

[그림 5-17]은 지수 분포의 형태를 나타냅니다. 지수 분포의 형태는 이산형 확률 분포 중 기하 분포의 형태와 비슷하다는 것을 알 수 있습니다.

$$\int_0^\infty f_X(x)\, dx = \int_0^\infty \frac{1}{\beta} e^{-\frac{1}{\beta}x}\, dx$$

$$= \frac{1}{\beta} \int_0^\infty e^{-\frac{1}{\beta}x}\, dx$$

$$= \frac{1}{\beta} \left| -\beta e^{-\frac{1}{\beta}x} \right|_0^\infty$$

$$= \frac{1}{\beta} \left(0 - (-\beta) \right)$$

$$= \frac{1}{\beta} \beta$$

$$= 1$$

지수 분포의 확률 밀도 함수의 합이 1인지 확인해 보겠습니다. 확률 변수에 대응되는 확률의 합을 구하면 위와 같이 1이 되는 것을 볼 수 있습니다.

지수 분포의 기댓값과 분산은 다음과 같습니다.

$$E(X) = \beta$$

$$Var(X) = \beta^2$$

5.4.2 지수 분포의 무기억성

우리는 앞서 이산형 확률 분포에서 기하 분포의 무기억성에 대해 배웠습니다. 연속형 확률 분포에서는 지수 분포가 무기억성 성질을 가지고 있는데, 이는 다음과 같이 기하분포의 그것과 동일합니다.

 NOTE **지수 분포의 무기억성**

1) 만약 확률 변수 X가 지수 분포를 따른다면, 확률 변수 X는 다음과 같은 무기억성을 따릅니다.

$$X \sim Exp(\beta)$$
$$P(X > s + t \mid X > t) = P(X > s), \qquad for\ all\ s, t > 0$$
$$P(X > s + t) = P(X > s)P(X > t), \qquad for\ all\ s, t > 0$$

2) 만약 확률 변수 X가 연속형 확률 변수이고 X가 무기억성을 가진다면 확률 변수 X는 지수 분포를 따릅니다.

5.4.3 지수 분포의 적률 생성 함수

이번 절에서는 지수 분포의 적률 생성 함수 $M_X(t)$를 구해 보겠습니다.

$$M_X(t) = E(e^{tx})$$

$$= \int e^{tx} f_X(x)\, dx$$

$$= \int_0^\infty e^{tx} \cdot \frac{1}{\beta} e^{-\frac{1}{\beta}x}\, dx$$

$$= \frac{1}{\beta} \int_0^\infty e^{-\frac{1}{\beta}x + tx} \, dx$$

$$= \frac{1}{\beta} \int_0^\infty e^{-\left(\frac{1-\beta t}{\beta}\right)x} \, dx$$

$$= \frac{1}{\beta} \left[-\left(\frac{\beta}{1-\beta t} e^{-\left(\frac{1-\beta t}{\beta}\right)x} \right) \right]_0^\infty$$

$$= (1 - \beta t)^{-1}$$

$$\therefore M_X(t) = (1 - \beta t)^{-1}$$

▎5.4.4 지수 분포의 기댓값

이번 절에서는 지수 분포의 기댓값을 구해 보겠습니다. 지수 분포의 기댓값은 다음과 같이 구할 수 있습니다.

$$E(X) = \int_{-\infty}^\infty x f_X(x) \, dx = \int_0^\infty x \frac{1}{\beta} e^{-\frac{1}{\beta}x} \, dx$$

위 식을 부분 적분으로 풀기 위해 $f(x)$와 $g'(x)$를 다음과 같이 설정합니다.

$$\int f(x) g'(x) \, dx = f(x) g(x) - \int f'(x) g(x) \, dx$$

$$f(x) = x, \qquad f'(x) = 1$$

$$g'(x) = \frac{1}{\beta} e^{-\frac{1}{\beta}x}, \qquad g(x) = -e^{-\frac{1}{\beta}x}$$

위 식에서 $g'(x)$를 적분해 $g(x)$를 구하는 과정은 다음과 같습니다.

$$\int g'(x)\,dx = \int \frac{1}{\beta} e^{-\frac{1}{\beta}x}\,dx$$

$$-\frac{1}{\beta}x = u, \qquad -\frac{1}{\beta}dx = du, \qquad dx = -\beta du$$

$$g(x) = \int g'(x)\,dx$$

$$= \int \frac{1}{\beta} e^{-\frac{1}{\beta}x}\,dx$$

$$= \int \frac{1}{\beta} e^{u}(-\beta)\,du$$

$$= -\int e^{u}\,du$$

$$= -e^{u}$$

$$= -e^{-\frac{1}{\beta}x}$$

$$\therefore g(x) = -e^{-\frac{1}{\beta}x}$$

따라서 이를 바탕으로 다시 한번 기댓값을 구하면 다음과 같습니다.

$$f(x) = x, \qquad f'(x) = 1$$

$$g'(x) = \frac{1}{\beta} e^{-\frac{1}{\beta}x}, \qquad g(x) = -e^{-\frac{1}{\beta}x}$$

$$E(X) = \int_{-\infty}^{\infty} x f_X(x) \, dx$$

$$= \int_{0}^{\infty} x \frac{1}{\beta} e^{-\frac{1}{\beta}x} \, dx$$

$$= -x e^{-\frac{1}{\beta}x} \Big|_{0}^{\infty} + \int_{0}^{\infty} 1 \cdot e^{-\frac{1}{\beta}x} \, dx$$

$$= 0 + \left[-\beta e^{-\frac{1}{\beta}x} \right]_{0}^{\infty}$$

$$= 0 - (-\beta)$$

$$= \beta$$

$$\therefore \ E(X) = \beta$$

■ 적률 생성 함수를 이용해 기댓값 구하기

이번에는 앞서 구한 적률 생성 함수 $M_X(t)$를 이용해 지수 분포의 기댓값을 구해 보겠습니다.

$$M_X(t) = (1 - \beta t)^{-1}$$

위 적률 생성 함수 $M_X(t)$를 이용해 기댓값 $E(X)$를 구하려면 먼저 $M_X'(t)$를 구해야 합니다.

$$M_X'(t) = \frac{d}{dt} M_X(t)$$

$$= \frac{d}{dt} (1 - \beta t)^{-1}$$

$$= -(1 - \beta t)^{-2}(-\beta)$$

$$= \beta(1 - \beta t)^{-2}$$

$$\therefore M'_X(t) = \beta(1 - \beta t)^{-2}$$

위에서 구한 $M'_X(t)$에 $t = 0$를 대입하면 다음과 같이 $E(X)$를 구할 수 있습니다.

$$E(X) = M'_X(0)$$
$$= \beta(1 - \beta \cdot 0)^{-2}$$
$$= \beta$$

$$\therefore E(X) = \beta$$

▎5.4.5 지수 분포의 분산

다음으로 지수 분포의 분산을 구해 보겠습니다. 분산을 구하는 식은 다음과 같습니다.

$$Var(X) = E[(X - \mu)^2] = E(X^2) - [E(X)]^2$$

위 식을 사용하기 위해서는 $E(X^2)$값을 알아야 하므로 $E(X^2)$를 먼저 구해 보겠습니다.

$$\int f(x)g'(x) \, dx = f(x)g(x) - \int f'(x)g(x) \, dx$$

$$f(x) = x^2, \qquad f'(x) = 2x$$

$$g'(x) = \frac{1}{\beta}e^{-\frac{1}{\beta}x}, \qquad g(x) = -e^{-\frac{1}{\beta}x}$$

위 내용을 참고로 $E(X^2)$을 구하면 다음과 같습니다.

$$E(X^2) = \int x^2 f_X(x)\,dx$$

$$= \int_0^\infty x^2 \frac{1}{\beta} e^{-\frac{1}{\beta}x}\,dx$$

$$= -x^2 e^{-\frac{1}{\beta}x}\Big|_0^\infty + \int_0^\infty 2x e^{-\frac{1}{\beta}x}\,dx$$

$$= 0 + 2\beta^2$$

$$= 2\beta^2$$

$$\therefore E(X^2) = 2\beta^2$$

위 수식에서 3번째 줄에서 4번째 줄로 가는 과정에서 다음과 같이 앞서 기댓값을 구할 때의 과정을 이용하면 적분 값을 쉽게 구할 수 있습니다.

$$\int_0^\infty x \frac{1}{\beta} e^{-\frac{1}{\beta}x}\,dx = \beta \Leftrightarrow \int_0^\infty x e^{-\frac{1}{\beta}x}\,dx = \beta^2$$

따라서 $E(X^2)$을 구했으므로 지수 분포의 분산을 구하면 다음과 같습니다.

$$Var(X) = E[(X - \mu)^2]$$

$$= E(X^2) - [E(X)]^2$$

$$= 2\beta^2 - \beta^2$$

$$= \beta^2$$

$$\therefore Var(X) = \beta^2$$

■ 적률 생성 함수를 이용해 분산 구하기

이번에는 앞서 구한 적률 생성 함수를 이용해 지수 분포의 분산을 구해 보겠습니다. 분산을 구하는 공식은 다음과 같이 1차 적률 $E(X)$와 2차 적률 $E(X^2)$이 필요합니다.

$$Var(X) = E(X^2) - [E(X)]^2$$

1차 적률 $E(X)$는 앞서 기댓값을 구할 때 이미 구했으므로 2차 적률 $E(X^2)$을 구해 보겠습니다. 2차 적률을 구하기 앞서 $M_X''(t)$를 먼저 구해야 합니다.

$$M_X'(t) = \beta(1 - \beta t)^{-2}$$

$$
\begin{aligned}
M_X''(t) &= \frac{d^2}{dt^2} M_X(t) \\[2mm]
&= \frac{d}{dt}\left[\frac{d}{dt} M_X(t)\right] \\[2mm]
&= \frac{d}{dt}[M_X'(t)] \\[2mm]
&= \frac{d}{dt}\beta(1 - \beta t)^{-2} \\[2mm]
&= -2\beta(1 - \beta t)^{-3}(-\beta) \\[2mm]
&= 2\beta^2(1 - \beta t)^{-3}
\end{aligned}
$$

$$\therefore\ M_X''(t) = 2\beta^2(1 - \beta t)^{-3}$$

2차 적률 $E(X^2)$은 앞서 구한 $M_X''(t)$에 $t = 0$를 대입하면 다음과 같이 구할 수 있습니다.

$$E(X^2) = M_X''(0)$$

$$= 2\beta^2(1 - \beta \cdot 0)^{-3}$$

$$= 2\beta^2$$

따라서 $E(X^2)$과 앞서 구한 $E(X)$를 이용하면 분산 $Var(X)$를 구할 수 있습니다.

$$Var(X) = E(X^2) - [E(X)]^2$$

$$= 2\beta^2 - (\beta)^2$$

$$= \beta^2$$

$$\therefore Var(X) = \beta^2$$

▍5.4.6 지수 분포 파이썬 실습

이번 절에서는 지수 분포에 대해 파이썬으로 실습을 해보겠습니다. 지수 분포를 따르는 확률 변수 X를 이용해 지수 분포의 형태를 확인해 보겠습니다.

$$f_X(x) = \frac{1}{\beta} e^{-\frac{1}{\beta}x}, \qquad x > 0$$

이번 실습에서는 위와 같은 확률 밀도 함수를 따르는 지수 분포를 가정하겠습니다.

```
def seq(start, stop, step):
    """"
    수열 만들기
    입력값: start(시작 값), stop(끝 값), step(한 스텝당 증가 수)
    출력값: res(리스트)
    """""
    res = []
    current = start
    while current < stop:
```

```
        res.append(current)
        current += step
    return res
```

지수 분포 실습을 하기 위해 필요한 함수 seq를 불러오겠습니다. seq는 수열을 배우는 단원에서 구현했던 함수입니다. seq 함수는 시작 값 start, 상한선 stop, 한 스텝당 증가하는 수인 step을 입력값으로 받고 해당 조건을 만족하는 등차수열 res를 출력하는 함수입니다.

$$f_X(x) = \frac{1}{\beta} e^{-\frac{1}{\beta}x}, \qquad x > 0$$

다음 코드는 $\beta = 2$인 지수 분포에 대해 실습하는 코드입니다.

```
e = 2.7182818284 ·············································································· ❶

beta = 2 ······················································································ ❷
x_list = seq(0, beta*10, 0.01) ················································ ❸
p_list = []. ················································································· ❹

for x in x_list: ·············································································· ❺
    prob = (1/beta)*(e**((-1/beta)*x)) ································ ❻
    p_list.append(prob) ································································ ❼
```

먼저 ❶ 지수 분포의 확률 밀도 함수에 필요한 자연 상수 e를 정의합니다. ❷ 그리고 지수 분포의 파라미터가 되는 beta 값을 설정합니다. ❸ 또한 지수 분포를 따르는 확률 변수 X의 범위를 설정해 줍니다. 이 범위는 원래 0부터 무한대까지이지만 이번 실습에서는 beta*10까지만 설정하겠습니다. ❹ 그리고 확률 변수에 따른 확률 밀도를 담을 리스트를 p_list라고 이름 짓겠습니다. ❺ x_list에 포함되는 x에 대해 반복문을 수행합니다. ❻ 지수 분포를 따르는 각 x에 대해 확률 밀도를 계산해 prob이라고 저장하고 ❼ p_list에 추가합니다.

```
import matplotlib.pyplot as plt ···················································· ❽

plt.plot(x_list, p_list) ·································································· ❾
plt.show() ···················································································· ❿
```

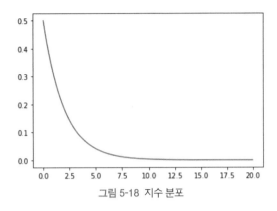

그림 5-18 지수 분포

이번에는 앞서 만든 p_list의 값을 시각화해 보겠습니다. ❽ 데이터 시각화를 위한 matplotlib 라이브러리를 불러옵니다. ❾ 그리고 x_list, p_list에 대한 플랏을 그리고 ❿ 결과를 확인하면 [그림 5-18]과 같은 지수 분포를 띠는 것을 볼 수 있습니다.

▌ 5.4.7 지수 분포 라이브러리 실습

이번 절에서는 지수 분포에 대해 파이썬으로 실습을 해보겠습니다. 지수 분포를 따르는 확률 변수 X를 이용해 지수 분포의 형태를 확인해 보겠습니다.

$$f_X(x) = \frac{1}{\beta} e^{-\frac{1}{\beta}x}, \qquad x > 0$$

이번 실습에서는 위와 같은 확률 밀도 함수를 따르는 지수 분포를 가정하겠습니다.

```
import numpy as np ............................................................❶
from scipy.stats import expon ............................................❷
import matplotlib.pyplot as plt ........................................❸
```

먼저 실습을 위해 필요한 라이브러리를 불러오겠습니다. ❶ 확률 변수 X의 값 x들을 담을 때 필요한 array를 생성하기 위해 numpy 라이브러리를 불러옵니다. ❷ 그리고 지수 분포 실습을 위해 필요한 scipy 라이브러리의 expon 함수를 불러옵니다. ❸ 그리고 데이터 시각화를 위해 matplotlib 라이브러리를 불러옵니다.

$$f_X(x) = \frac{1}{\beta} e^{-\frac{1}{\beta}x}, \qquad x > 0$$

다음 코드는 위 식에서 $\beta = 2$인 지수 분포에 대해 실습하는 코드입니다.

```
beta = 2                                                          ❹

x_list = np.arange(0, beta*10, 0.01)                              ❺
p_list = []                                                       ❻

for x in x_list:                                                  ❼
    prob = expon.pdf(x, scale=beta)                               ❽
    p_list.append(prob)                                           ❾
```

먼저 ❹ 지수 분포의 파라미터인 beta를 설정합니다. ❺ 그리고 지수 분포를 따르는 확률 변수 X의 범위를 설정해 줍니다. 원래 지수 분포를 따르는 확률 변수의 범위는 0부터 무한대까지이지만 이번 실습에서는 beta*10까지로 설정하겠습니다. ❻ 그리고 확률 변수의 확률 값을 저장하기 위한 p_list를 설정합니다. ❼ x_list에 포함되는 x에 대해 반복문을 수행합니다. ❽ 지수 분포를 따르는 각 x에 대해 확률 밀도를 계산해 prob이라고 저장합니다. 이를 위해 expon 함수의 pdf 메소드를 사용하게 되는데, scale은 지수 함수의 β를 의미합니다. ❾ 그리고 prob을 p_list에 추가합니다.

```
plt.plot(x_list, p_list)                                          ❿
plt.show()
```

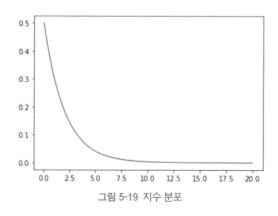

그림 5-19 지수 분포

이번에는 앞서 만든 p_list의 값을 시각화해 보겠습니다. ❿ 그리고 x_list, p_list에 대한 플랏을 그리고 ⓫ 결과를 확인하면 [그림 5-19]와 같은 지수 분포를 띠는 것을 볼 수 있습니다.

▌5.4.8 지수 분포를 따르는 난수 생성 라이브러리 실습

이번 절에서는 numpy 라이브러리를 이용해 지수 분포를 따르는 난수를 생성하는 실습을 해 보겠습니다.

```
import numpy as np                                                      ❶
import matplotlib.pyplot as plt                                         ❷

x_list = np.random.exponential(scale=2, size=10000)                     ❸
print(x_list)                                                           ❹
```

```
[2.78572708 1.91040217 2.86289898 ... 0.67433621 1.34361513 0.36284081]
```

먼저 ❶ 실습을 위해 필요한 라이브러리를 불러옵니다. 지수 분포에서 난수를 생성하기 위해 필요한 numpy 라이브러리를 불러오고 ❷ 시각화를 위해 필요한 matplotlib 라이브러리를 불러옵니다. ❸ 그리고 numpy 라이브러리의 random 모듈의 exponential 함수를 이용해 지수 분포에서 난수를 생성합니다. scale은 다음 식에서 β에 해당합니다.

$$f_X(x) = \frac{1}{\beta} e^{-\frac{1}{\beta}x}, \qquad x > 0$$

size는 생성하고자 하는 난수의 개수를 의미합니다. ❹ 생성한 난수를 확인합니다.

```
plt.hist(x_list)
plt.show()
```

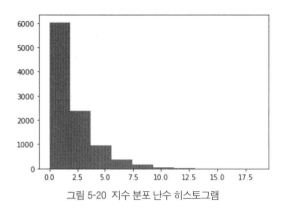

그림 5-20 지수 분포 난수 히스토그램

앞서 생성한 난수가 실제로 감마 분포를 따르는지 확인해 보겠습니다. hist를 이용해 앞서 생성한 난수로 히스토그램을 그려 결과를 확인하면 감마 분포를 따르는 것을 알 수 있습니다.

5.5 카이제곱 분포

▌5.5.1 카이제곱 분포의 개념

카이제곱 분포(chi-square distribution)는 감마 분포의 특수한 형태로 감마 분포에서 α는 $p/2$, β는 2인 경우를 의미합니다. 확률 변수 X가 카이제곱 분포를 따른다고 할 때, 다음과 같은 확률 밀도 함수를 따릅니다. 아래 식에서 p는 자유도에 해당합니다.

$$X \sim \chi^2(p)$$

$$f_X(x) = \frac{1}{\Gamma\left(\frac{p}{2}\right) 2^{\frac{p}{2}}} x^{\frac{p}{2}-1} e^{-\frac{1}{2}x}, \qquad 0 < x < \infty$$

카이제곱 분포의 기댓값과 분산은 다음과 같습니다.

$$E(X) = p$$

$$Var(X) = 2p$$

5.5.2 카이제곱 분포 파이썬 실습

이번 절에서는 카이제곱 분포에 대해 파이썬으로 실습을 해보겠습니다. 카이제곱 분포를 따르는 확률 변수 X를 이용해 카이제곱 분포의 형태를 확인해 보겠습니다.

$$f_X(x) = \frac{1}{\Gamma\left(\frac{p}{2}\right)2^{\frac{p}{2}}}x^{\frac{p}{2}-1}e^{-\frac{1}{2}x}, \qquad 0 < x < \infty$$

이번 실습에서는 위와 같은 확률 밀도 함수를 따르는 카이제곱 분포를 가정하겠습니다.

```
def seq(start, stop, step):
    """
    수열 만들기
    입력값: start(시작 값), stop(끝 값), step(한 스텝당 증가 수)
    출력값: res(리스트)
    """
    res = []
    current = start
    while current < stop:
        res.append(current)
        current += step
    return res

def gamma_function(alpha, x):
    """
    감마 함수
    입력값: alpha, x
    출력값: res(실수)
    """
    e = 2.7182818284
    res = (x**(alpha-1))*(e**(-x))
    return res
```

233

```
def gamma(alpha):
    """
    감마
    입력값: alpha
    출력값: res(실수)
    """
    a = 0
    b = 100
    x_list = seq(0.0001, 100, 0.001)
    gamma_list = []
    for x in x_list:
        y = gamma_function(alpha, x)
        gamma_list.append(y)
    res = ((b-a)/len(x_list))*sum(gamma_list)
    return res
```

먼저 카이제곱 분포 실습을 위해 앞서 생성한 함수를 불러옵니다. 카이제곱 분포는 감마 분포의 변형이므로 감마 분포를 구현하기 위해 필요한 함수들이 그대로 사용됩니다.

$$f_X(x) = \frac{1}{\Gamma\left(\frac{3}{2}\right) 2^{\frac{3}{2}}} x^{\frac{3}{2}-1} e^{-\frac{1}{2}x}, \qquad 0 < x < \infty$$

다음 코드는 $p = 3$인 카이제곱 분포에 대해 실습하는 코드입니다.

```
p = 3 .............................................................. ❶
alpha = p/2 ....................................................... ❷
beta = 2 .......................................................... ❸

e = 2.7182818284 .................................................. ❹

x_list = seq(0, p*5, 0.01) ........................................ ❺
p_list = [] ....................................................... ❻

for x in x_list: .................................................. ❼
    prob = (1/(gamma(alpha)*(beta**alpha)))*(x**(alpha-1))*(e**((-1/
beta)*x)) ......................................................... ❽
    p_list.append(prob) ........................................... ❾
```

먼저 ❶ 카이제곱 분포의 파라미터에 해당하는 자유도 p를 정해줍니다. ❷, ❸ 카이제곱 분포는 감마 분포의 변형이므로 p를 정하면 감마 분포의 α와 β값이 정해집니다. ❹ 그리고 자연상수 e를 정의하고 ❺ 확률 변수의 범위를 정해 줍니다. 이번 실습에서는 p의 5배만큼의 범위로 정하겠습니다. ❻ 그리고 각 확률 변수의 확률을 담을 p_list를 정의합니다. ❼ 그리고 각 확률 변수 값에 대한 확률을 구하기 위해 x_list에 대해 반복문을 수행합니다. ❽ 카이제곱 분포를 따르는 각 x에 대해 확률 밀도를 구해 prob이라고 저장합니다. ❾ 그리고 p_list에 prob을 추가합니다.

```
import matplotlib.pyplot as plt ⑩

plt.plot(x_list, p_list) ⑪
plt.show() ⑫
```

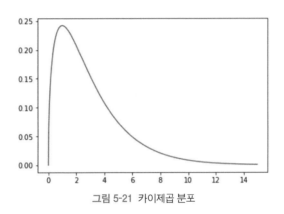

그림 5-21 카이제곱 분포

이번에는 앞서 만든 p_list의 값을 시각화해 보겠습니다. ⑩ 데이터 시각화를 위한 matplotlib 라이브러리를 불러옵니다. ⑪ 그리고 x_list, p_list에 대한 플랏을 그리고 ⑫ 결과를 확인하면 [그림 5-21]과 같은 카이제곱 분포를 띠는 것을 볼 수 있습니다.

▌5.5.3 카이제곱 분포 라이브러리 실습

이번 절에서는 카이제곱 분포에 대해 파이썬으로 실습을 해보겠습니다. 카이제곱 분포를 따르는 확률 변수 X를 이용해 카이제곱 분포의 형태를 확인해 보겠습니다.

$$f_X(x) = \frac{1}{\Gamma\left(\frac{p}{2}\right)2^{\frac{p}{2}}} x^{\frac{p}{2}-1} e^{-\frac{1}{2}x}, \qquad 0 < x < \infty$$

이번 실습에서는 위와 같은 확률 밀도 함수를 따르는 카이제곱 분포를 가정하겠습니다.

```
import numpy as np                          ❶
from scipy.stats import chi2                ❷
import matplotlib.pyplot as plt             ❸
```

먼저 실습을 위해 필요한 라이브러리를 불러오겠습니다. ❶ 확률 변수 X의 값 x들을 담을 때 필요한 array를 생성하기 위해 numpy 라이브러리를 불러옵니다. ❷ 그리고 카이제곱 분포 실습을 위해 필요한 scipy 라이브러리의 chi2 함수를 불러옵니다. ❸ 그리고 데이터 시각화를 위해 matplotlib 라이브러리를 불러옵니다.

$$f_X(x) = \frac{1}{\Gamma\left(\frac{3}{2}\right)2^{\frac{3}{2}}} x^{\frac{3}{2}-1} e^{-\frac{1}{2}x}, \qquad 0 < x < \infty$$

다음 코드는 자유도 $p = 3$인 카이제곱 분포에 대해 실습하는 코드입니다.

```
p = 3                                       ❹

x_list = np.arange(0, p*5, 0.01)            ❺
p_list = []                                 ❻

for x in x_list:                            ❼
    prob = chi2.pdf(x, df=p)                ❽
    p_list.append(prob)                     ❾
```

먼저 ❹ 카이제곱 분포의 파라미터인 자유도 p를 정해줍니다. 그리고 ❺ 확률 변수의 범위를 정해 줍니다. 이번 실습에서는 p의 다섯 배만큼의 범위로 정하겠습니다. ❻ 그리고 각 확률 변수의 확률을 담을 p_list를 정의합니다. ❼ 그리고 각 확률 변수 값에 대한 확률을 구하기 위해 x_list에 대해 반복문을 수행합니다. ❽ 카이제곱 분포를 따르는 각 x에 대해 확률 밀도를 구해 prob이라고 저장합니다. 이를 위해 chi2 함수의 pdf 메소드를 사용하는데 df는 카이제곱 분포에서 자유도 p를 의미합니다. ❾ 그리고 p_list에 prob을 추가합니다.

```
plt.plot(x_list, p_list) ················································· ❿
plt.show() ···························································· ⓫
```

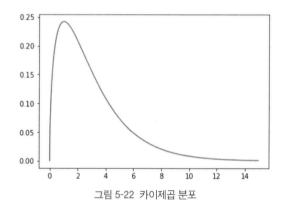

그림 5-22 카이제곱 분포

이번에는 앞서 만든 p_list의 값을 시각화해 보겠습니다. ❿ 그리고 x_list, p_list에 대한 플랏을 그리고 ⓫ 결과를 확인하면 [그림 5-22]와 같은 지수 분포를 띠는 것을 볼 수 있습니다.

5.5.4 카이제곱 분포를 따르는 난수 생성 라이브러리 실습

이번 절에서는 numpy 라이브러리를 이용해 카이제곱 분포를 따르는 난수를 생성하는 실습을 해보겠습니다.

```
import numpy as np ···················································· ❶
import matplotlib.pyplot as plt ········································ ❷

x_list = np.random.chisquare(df=3, size=10000) ······················ ❸
print(x_list) ························································· ❹
```

```
[0.48720412 4.23851609 1.84729252 ... 4.12902063 2.50024164 0.42828899]
```

먼저 ❶ 실습을 위해 필요한 라이브러리를 불러옵니다. 카이제곱 분포에서 난수를 생성하기 위해 필요한 numpy 라이브러리를 불러오고 ❷ 시각화를 위해 필요한 matplotlib 라이브러리를 불러옵니다. ❸ 그리고 numpy 라이브러리의 random 모듈의 chisquare 함수를 이용해 카이제곱 분포에서 난수를 생성합니다. df는 다음 식에서 p에 해당합니다.

$$f_X(x) = \frac{1}{\Gamma\left(\frac{p}{2}\right)2^{\frac{p}{2}}} x^{\frac{p}{2}-1} e^{-\frac{1}{2}x}, \qquad 0 < x < \infty$$

size는 생성하고자 하는 난수의 개수를 의미합니다. ❹ 생성한 난수를 확인합니다.

```
plt.hist(x_list)
plt.show()
```

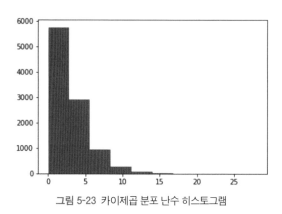

그림 5-23 카이제곱 분포 난수 히스토그램

앞서 생성한 난수가 실제로 카이제곱 분포를 따르는지 확인해 보겠습니다. hist를 이용해 앞서 생성한 난수로 히스토그램을 그려 결과를 확인하면 카이제곱 분포를 따르는 것을 알 수 있습니다.

5.6 베타 분포

5.6.1 베타 함수

이번 절에서 알아볼 확률 분포는 베타 분포입니다. 베타 분포를 이해하기 위해서 먼저 베타 함수가 무엇인지 알아야 합니다. **베타 함수(beta function)**는 이항 계수를 실수 범위로 확장한 것이라고 볼 수 있습니다. 베타 함수는 다음과 같이 정의합니다.

$$B(\alpha, \beta) = \frac{\Gamma(\alpha)\Gamma(\beta)}{\Gamma(\alpha + \beta)}$$

$$B(\alpha, \beta) = \int_0^1 x^{\alpha-1}(1-x)^{\beta-1}dx$$

5.6.2 베타 분포의 개념

확률 변수 X가 **베타 분포(beta distribution)**를 따를 때 확률 변수 X의 확률 밀도 함수는 다음과 같습니다.

$$X \sim Beta(\alpha, \beta)$$

$$f_X(x) = \frac{\Gamma(\alpha + \beta)}{\Gamma(\alpha)\Gamma(\beta)} x^{\alpha-1}(1-x)^{\beta-1}, \qquad 0 < x < 1, \qquad \alpha > 0, \qquad \beta > 0$$

위 식을 보면 베타 분포의 값의 범위가 0과 1 사이인 것을 볼 수 있습니다. 지금까지 배운 확률 분포에서 확률 변수의 범위가 위아래로 제한되어 있는 것은 균일 분포가 있었습니다. 따라서 베타 분포와 균일 분포는 서로 연관되어 있는 것을 알 수 있습니다.

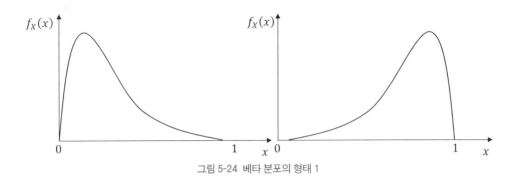

그림 5-24 베타 분포의 형태 1

[그림 5-24]는 베타 분포의 형태를 나타냅니다. 베타 분포는 α값과 β값에 의해 왼쪽으로 치우쳐진 종 모양이 될 수도 있고 오른쪽으로 치우쳐진 종 모양이 될 수도 있습니다.

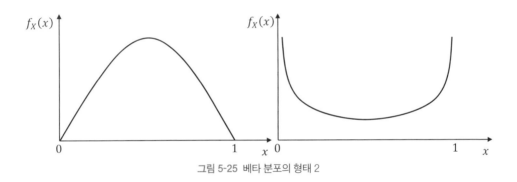

그림 5-25 베타 분포의 형태 2

베타 분포의 형태는 [그림 5-25]의 왼쪽 그림과 같이 정규 분포의 형태로 좌우 대칭이 될 수도 있습니다. 뿐만 아니라 베타 분포는 오른쪽 그림과 같은 형태 등 다양한 형태가 가능합니다.

$$\int_0^1 f_X(x)\,dx = \int_0^1 \frac{\Gamma(\alpha+\beta)}{\Gamma(\alpha)\Gamma(\beta)} x^{\alpha-1}(1-x)^{\beta-1}\,dx$$

$$= \frac{\Gamma(\alpha+\beta)}{\Gamma(\alpha)\Gamma(\beta)} \int_0^1 x^{\alpha-1}(1-x)^{\beta-1}\,dx$$

$$= \frac{\Gamma(\alpha+\beta)}{\Gamma(\alpha)\Gamma(\beta)} \cdot \frac{\Gamma(\alpha)\Gamma(\beta)}{\Gamma(\alpha+\beta)}$$

$$= 1$$

지수 분포의 확률 밀도 함수의 합이 1인지 확인해 보겠습니다. 확률 변수에 대응되는 확률의 합을 구하면 위와 같이 1이 되는 것을 볼 수 있습니다.

베타 분포의 기댓값과 분산은 다음과 같습니다.

$$E(X) = \frac{\alpha}{\alpha + \beta}$$

$$Var(X) = \frac{\alpha\beta}{(\alpha + \beta)^2(\alpha + \beta + 1)}$$

▌5.6.3 베타 분포의 기댓값

이번 절에서는 베타 분포의 기댓값에 대해 자세히 알아보겠습니다. 베타 분포의 기댓값은 다음과 같이 구할 수 있습니다.

$$E(X) = \int_{-\infty}^{\infty} x f_X(x)\, dx$$

$$= \int_0^1 x \frac{\Gamma(\alpha + \beta)}{\Gamma(\alpha)\Gamma(\beta)} x^{\alpha-1}(1-x)^{\beta-1}\, dx$$

$$= \frac{\Gamma(\alpha + \beta)}{\Gamma(\alpha)\Gamma(\beta)} \int_0^1 x \cdot x^{\alpha-1}(1-x)^{\beta-1}\, dx$$

$$= \frac{\Gamma(\alpha + \beta)}{\Gamma(\alpha)\Gamma(\beta)} \int_0^1 x^{\alpha}(1-x)^{\beta-1}\, dx$$

$$= \frac{\Gamma(\alpha + \beta)}{\Gamma(\alpha)\Gamma(\beta)} \frac{\Gamma(\alpha + 1)\Gamma(\beta)}{\Gamma(\alpha + \beta + 1)}$$

$$= \frac{\alpha}{\alpha + \beta}$$

$$\therefore E(X) = \frac{\alpha}{\alpha + \beta}$$

▍5.6.4 베타 분포의 분산

다음으로 베타 분포의 분산을 구하는 식은 다음과 같습니다.

$$Var(X) = E[(X - \mu)^2] = E(X^2) - [E(X)]^2$$

위 식을 사용하기 위해서는 $E(X^2)$값을 알아야 하므로 $E(X^2)$를 먼저 구해 보겠습니다.

$$E(X^2) = \int_{-\infty}^{\infty} x^2 f_X(x) \, dx$$

$$= \int_0^1 x^2 \frac{\Gamma(\alpha + \beta)}{\Gamma(\alpha)\Gamma(\beta)} x^{\alpha-1} (1-x)^{\beta-1} \, dx$$

$$= \frac{\Gamma(\alpha + \beta)}{\Gamma(\alpha)\Gamma(\beta)} \int_0^1 x^{\alpha+1} (1-x)^{\beta-1} \, dx$$

$$= \frac{\Gamma(\alpha + \beta)}{\Gamma(\alpha)\Gamma(\beta)} \frac{\Gamma(\alpha + 2)\Gamma(\beta)}{\Gamma(\alpha + \beta + 2)}$$

$$= \frac{(\alpha + 1)\alpha}{(\alpha + \beta + 1)(\alpha + \beta)}$$

$$E(X^2) = \frac{(\alpha + 1)\alpha}{(\alpha + \beta + 1)(\alpha + \beta)}$$

따라서 베타 분포의 분산을 구하면 다음과 같습니다.

$$Var(X) = E[(X - \mu)^2]$$

$$= E(X^2) - [E(X)]^2$$

$$= \frac{(\alpha + 1)\alpha}{(\alpha + \beta + 1)(\alpha + \beta)} - \left(\frac{\alpha}{\alpha + \beta}\right)^2$$

$$= \frac{(\alpha + 1)\alpha}{(\alpha + \beta + 1)(\alpha + \beta)} - \frac{\alpha^2}{(\alpha + \beta)^2}$$

$$= \frac{(\alpha + 1)\alpha(\alpha + \beta)}{(\alpha + \beta + 1)(\alpha + \beta)^2} - \frac{(\alpha + \beta + 1)\alpha^2}{(\alpha + \beta + 1)(\alpha + \beta)^2}$$

$$= \frac{(\alpha^2 + \alpha)(\alpha + \beta)}{(\alpha + \beta + 1)(\alpha + \beta)^2} - \frac{(\alpha + \beta + 1)\alpha^2}{(\alpha + \beta + 1)(\alpha + \beta)^2}$$

$$= \frac{\alpha^3 + \alpha^2\beta + \alpha^2 + \alpha\beta}{(\alpha + \beta + 1)(\alpha + \beta)^2} - \frac{\alpha^3 + \alpha^2\beta - \alpha^2}{(\alpha + \beta + 1)(\alpha + \beta)^2}$$

$$= \frac{\alpha\beta}{(\alpha + \beta + 1)(\alpha + \beta)^2}$$

▎5.6.5 베타 분포 파이썬 실습

이번 절에서는 베타 분포에 대해 파이썬으로 실습을 해보겠습니다. 베타 분포를 따르는 확률 변수 X를 이용해 베타 분포의 형태를 확인해 보겠습니다.

$$f_X(x) = \frac{\Gamma(\alpha + \beta)}{\Gamma(\alpha)\Gamma(\beta)} x^{\alpha - 1}(1 - x)^{\beta - 1}, \qquad 0 < x < 1, \qquad \alpha > 0, \qquad \beta > 0$$

이번 실습에서는 위와 같은 확률 밀도 함수를 따르는 베타 분포를 가정하겠습니다.

```
def seq(start, stop, step):
    """
    수열 만들기
    입력값: start(시작 값), stop(끝 값), step(한 스텝당 증가 수)
    출력값: res(리스트)
    """
    res = []
    current = start
    while current < stop:
        res.append(current)
        current += step
```

```
    return res

def gamma_function(alpha, x):
    """
    감마 함수
    입력값: alpha, x
    출력값: res(실수)
    """
    e = 2.7182818284
    res = (x**(alpha-1))*(e**(-x))
    return res

def gamma(alpha):
    """
    감마
    입력값: alpha
    출력값: res(실수)
    """
    a = 0
    b = 100
    x_list = seq(0.0001, 100, 0.001)
    gamma_list = []
    for x in x_list:
        y = gamma_function(alpha, x)
        gamma_list.append(y)
    res = ((b-a)/len(x_list))*sum(gamma_list)
    return res
```

먼저 베타 분포 실습을 위해 앞서 생성한 함수를 불러옵니다. 베타 분포를 구현하기 위해 앞서 감마 분포를 구현하는 데 필요했던 함수들이 동일하게 사용됩니다.

$$f_X(x) = \frac{\Gamma(0.5 + 0.5)}{\Gamma(0.5)\Gamma(0.5)} x^{0.5-1} (1 - x)^{0.5-1}, \qquad 0 < x < 1, \qquad \alpha > 0, \qquad \beta > 0$$

다음 코드는 $\alpha = 0.5, \beta = 0.5$인 베타 분포에 대해 실습하는 코드입니다.

```
alpha = 0.5 ................................................... ❶
beta = 0.5 .................................................... ❷
```

```
e = 2.7182818284 ························································· ❸

x_list = seq(0.01, 1, 0.01) ············································ ❹
p_list = [] ·············································································· ❺

beta_function = ((gamma(alpha+beta))/(gamma(alpha)*gamma(beta))) ········ ❻
for x in x_list: ································································· ❼
    prob = beta_function*(x**(alpha-1))*((1-x)**(beta-1)) ··········· ❽
    p_list.append(prob) ······················································ ❾
```

먼저 ❶, ❷ 베타 분포의 파라미터가 되는 α, β를 정해 줍니다. ❸ 그리고 자연 상수 e를 정의합니다. ❹ 베타 분포의 확률 변수 X의 범위를 정해 줍니다. 베타 분포는 0부터 1 사이에 확률 변수 값이 정해지므로 해당 범위에 맞추어 설정합니다. ❺ 그리고 각 확률 변수의 확률 밀도를 담을 p_list를 정합니다. ❻ 베타 분포의 확률 밀도 함수를 구하기 위한 베타 함숫값을 구합니다. ❼ 각 확률 변수의 확률 밀도를 구하기 위해 x_list에 포함되는 x에 대해 반복문을 수행합니다. ❽ 각 확률 변수 x에 대해 확률 밀도를 구해 prob을 정합니다. ❾ 그리고 p_list에 prob을 추가해 줍니다.

```
import matplotlib.pyplot as plt ··········································· ❿

plt.plot(x_list, p_list) ······················································· ⓫
plt.show() ···················································································· ⓬
```

이번에는 앞서 만든 p_list의 값을 시각화해 보겠습니다. ❿ 데이터 시각화를 위한 matplotlib 라이브러리를 불러옵니다. ⓫ 그리고 x_list, p_list에 대한 플랏을 그리고 ⓬ 결과를 확인하면 [그림 5-26]과 같은 베타 분포를 띠는 것을 볼 수 있습니다.

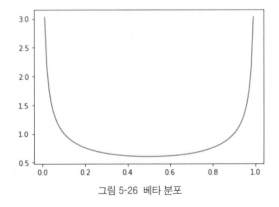

그림 5-26 베타 분포

245

5.6.6 베타 분포 라이브러리 실습

이번 절에서는 베타 분포에 대해 파이썬으로 실습을 해보겠습니다. 베타 분포를 따르는 확률 변수 X를 이용해 베타 분포의 형태를 확인해 보겠습니다.

$$f_X(x) = \frac{\Gamma(\alpha + \beta)}{\Gamma(\alpha)\Gamma(\beta)} x^{\alpha-1}(1-x)^{\beta-1}, \qquad 0 < x < 1, \qquad \alpha > 0, \qquad \beta > 0$$

이번 실습에서는 위와 같은 확률 밀도 함수를 따르는 베타 분포를 가정하겠습니다.

```
import numpy as np                          ❶
from scipy.stats import beta                ❷
import matplotlib.pyplot as plt             ❸
```

먼저 실습을 위해 필요한 라이브러리를 불러오겠습니다. ❶ 확률 변수 X의 값 x들을 담을 때 필요한 array를 생성하기 위해 numpy 라이브러리를 불러옵니다. ❷ 그리고 베타 분포 실습을 위해 필요한 scipy 라이브러리의 beta 함수를 불러옵니다. ❸ 그리고 데이터 시각화를 위해 matplotlib 라이브러리를 불러옵니다.

$$f_X(x) = \frac{\Gamma(0.5 + 0.5)}{\Gamma(0.5)\Gamma(0.5)} x^{0.5-1}(1-x)^{0.5-1}, \qquad 0 < x < 1, \qquad \alpha > 0, \qquad \beta > 0$$

다음 코드는 $\alpha = 0.5, \beta = 0.5$인 베타 분포에 대해 실습하는 코드입니다.

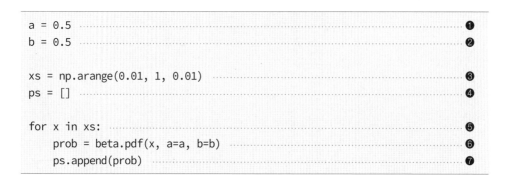

```
a = 0.5                              ❶
b = 0.5                              ❷

xs = np.arange(0.01, 1, 0.01)        ❸
ps = []                              ❹

for x in xs:                         ❺
    prob = beta.pdf(x, a=a, b=b)     ❻
    ps.append(prob)                  ❼
```

먼저 ❶, ❷ 베타 분포의 파라미터가 되는 α, β를 정해 줍니다. ❸ 베타 분포의 확률 변수 X의 범위를 정해 줍니다. 베타 분포는 0부터 1 사이에 확률 변수 값이 정해지므로 해당 범위에 맞추어 설정합니다. ❹ 그리고 각 확률 변수의 확률 밀도를 담을 p_list를 정합니다. ❺ 각 확률 변수의 확률 밀도를 구하기 위해 x_list에 포함되는 x에 대해 반복문을 수행합니다. ❻ 각 확률 변수 x에 대해 확률 밀도를 구해 prob을 정합니다. 이를 위해 beta 함수의 pdf 메소드를 사용하는데, a는 베타 분포의 α를 의미하며 b는 β를 의미합니다. ❼ 그리고 p_list에 prob을 추가해 줍니다.

```
plt.plot(xs, ps)                                                    ❽
plt.show()                                                          ❾
```

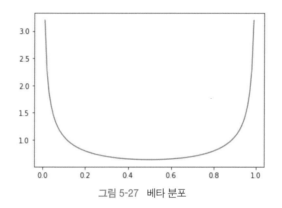

그림 5-27 베타 분포

이번에는 앞서 만든 p_list의 값을 시각화해 보겠습니다. ❽ 그리고 x_list, p_list에 대한 플랏을 그리고 ❾ 결과를 확인하면 [그림 5-27]과 같은 베타 분포를 띠는 것을 볼 수 있습니다.

▌5.6.7 베타 분포를 따르는 난수 생성 라이브러리 실습

이번 절에서는 numpy 라이브러리를 이용해 베타 분포를 따르는 난수를 생성하는 실습을 해보겠습니다.

```
import numpy as np                                                  ❶
import matplotlib.pyplot as plt                                     ❷

x_list = np.random.beta(a=0.5, b=0.5, size=10000)                   ❸
print(x_list)                                                       ❹
```

```
[0.14964555 0.13258448 0.35656934 ... 0.83213593 0.15862124 0.37863733]
```

먼저 ❶ 실습을 위해 필요한 라이브러리를 불러옵니다. 베타 분포에서 난수를 생성하기 위해
필요한 numpy 라이브러리를 불러오고 ❷ 시각화를 위해 필요한 matplotlib 라이브러리를
불러옵니다. ❸ 그리고 numpy 라이브러리의 random 모듈의 beta 함수를 이용해 베타 분포에
서 난수를 생성합니다. a는 다음 식에서 α에 해당하며, b는 β에 해당합니다.

$$f_X(x) = \frac{\Gamma(\alpha + \beta)}{\Gamma(\alpha)\Gamma(\beta)} x^{\alpha-1}(1-x)^{\beta-1}, \qquad 0 < x < 1, \qquad \alpha > 0, \qquad \beta > 0$$

size는 생성하고자 하는 난수의 개수를 의미합니다. ❹ 생성한 난수를 확인합니다.

```
plt.hist(x_list)
plt.show()
```

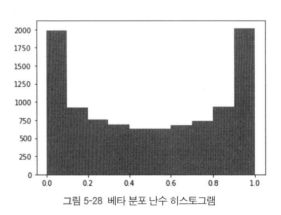

그림 5-28 베타 분포 난수 히스토그램

앞서 생성한 난수가 실제로 베타 분포를 따르는지 확인해 보겠습니다. hist를 이용해 앞서
생성한 난수로 히스토그램을 그려 결과를 확인하면 베타 분포를 따르는 것을 알 수 있습니다.

5.7 확률 분포와 관련된 이론

▌5.7.1 확률 변수의 변환

지금까지 우리는 확률 변수 X에 관심이 있었습니다. 즉, 확률 변수 X의 확률 분포나 누적 분포 함수를 알고자 했습니다. 그렇다면 확률 변수 X에 관심이 있는 것이 아닌 X의 함수인 $g(X)$에 관심이 있다면 $g(X)$의 확률 분포는 어떻게 구할 수 있을까요? 이번 절에서는 확률 변수 X의 변환에 대해 알아보겠습니다.

확률 변수 X의 확률 밀도 함수가 $f_X(x)$일 때, 확률 변수 X의 함수인 $g(X)$ 역시 확률 변수입니다. 만약 우리가 확률 변수 X에 관심이 있는 것이 아니라 X의 함수인 $g(X)$에 관심이 있을 때, Y를 $Y = g(X)$라고 하겠습니다. 지금부터 확률 변수 X가 아닌 확률 변수 X의 함수인 확률 변수 Y에 관심이 있는 경우에 대해 알아보겠습니다.

$Y = g(X)$라는 수식을 보면 Y는 X의 함수이므로 $g(X)$는 X의 표본 공간에서 새로운 표본 공간인 Y의 표본 공간으로 매핑하는 함수를 의미합니다. 확률 변수 X의 표본 공간을 $\mathcal{X}$라고 하고 확률 변수 Y의 표본 공간을 $\mathcal{Y}$라고 하면 $g(X)$는 다음을 의미합니다.

$$g(X) \colon \mathcal{X} \to \mathcal{Y}$$

앞서 함수 g는 X를 Y에 매핑하는 함수라고 했습니다. 이를 통해 g의 역함수인 g^{-1}은 Y에서 X로 매핑하는 함수라는 것을 알 수 있습니다. 이때, g의 역함수인 g^{-1}가 존재하려면 $g(X) = Y$를 만족하는 X가 하나만 존재해야 하며, 이 경우 $g^{-1}(Y) = X$를 만족하는 Y도 하나만 존재하여 역함수 g^{-1}가 존재합니다. 이를 일대일 대응이라고 합니다. 만약 Y의 표본 공간 $\mathcal{Y}$에 속하는 집합 A가 존재할 때, $A \subset \mathcal{Y}$에 대해 확률 변수 Y의 확률 분포는 다음과 같이 구할 수 있습니다.

$$P(Y \in A) = P(g(X) \in A)$$

$$= P\left(g^{-1}\big(g(X)\big) \in g^{-1}(A)\right)$$

$$= P\left(X \in g^{-1}(A)\right)$$

지금부터는 좀 더 구체적으로 Y의 확률 분포를 구해 보겠습니다. 확률 변수는 이산형 확률 변수와 연속형 확률 변수로 나뉩니다. 먼저 이산형 확률 변수에 대해 보면, 확률 변수 X가 이산형 확률 변수라면 X의 표본 공간인 $\mathcal{X}$는 셀 수 있는 집합입니다. 따라서 $Y = g(X)$의 표본 공간 $\mathcal{Y}$ 또한 셀 수 있는 집합이라는 것을 알 수 있습니다. 따라서 확률 변수 Y의 확률 질량 함수는 다음과 같이 구할 수 있습니다.

$$
\begin{aligned}
f_Y(y) &= P(Y = y) \\
&= P(g(X) = y) \\
&= P\left(g^{-1}(g(X)) = g^{-1}(y)\right) \\
&= P\left(X = g^{-1}(y)\right) \\
&= \sum_{x \in g^{-1}(y)} P(X = x) \\
&= \sum_{x \in g^{-1}(y)} f_X(x)
\end{aligned}
$$

이번에는 연속형 확률 변수에 대해 알아보겠습니다. 연속형 확률 변수 X의 확률 밀도 함수가 $f_X(x)$라고 하고 구하고자 하는 확률 변수를 $Y = g(X)$라고 하겠습니다. 이때, 함수 g는 단조 함수(monotone function)입니다. X의 표본 공간을 $\mathcal{X}$라고 하고 Y의 표본 공간을 $\mathcal{Y}$라고 할 때, $f_X(x)$가 x에서 연속이고 $g^{-1}(y)$가 $\mathcal{Y}$에서 미분 가능하다고 하겠습니다. 그러면 확률 변수 Y의 확률 밀도 함수는 다음과 같이 표현할 수 있습니다.

$$
f_Y(y) = f_X\left(g^{-1}(y)\right)\left|\frac{d}{dy}g^{-1}(y)\right|
$$

그러면 위 식을 이용해 예제를 한 번 풀어 보겠습니다. 다음과 같은 감마 분포가 있다고 했을 때 $g(X) = 1/X$의 확률 밀도 함수를 구해 보겠습니다.

$$
f_X(x) = \frac{1}{\Gamma(\alpha)\beta^\alpha}x^{\alpha-1}e^{-\frac{1}{\beta}x}, \qquad 0 < x < \infty, \qquad \alpha > 0, \qquad \beta > 0
$$

위 문제에서 확률 변수 X의 범위는 $0 < x < \infty$이므로 이에 대응하는 Y의 범위도 $0 < y < \infty$인 것을 알 수 있습니다.

$$g(x) = y = \frac{1}{x} \iff x = \frac{1}{y}$$

$$g^{-1}(y) = \frac{1}{y}$$

$$\frac{d}{dy} g^{-1}(y) = -\frac{1}{y^2}$$

따라서 확률 변수 Y의 확률 밀도 함수를 구하면 다음과 같습니다.

$$f_Y(y) = f_X\big(g^{-1}(y)\big) \left| \frac{d}{dy} g^{-1}(y) \right|$$

$$= \frac{1}{\Gamma(\alpha)\beta^\alpha} \left(\frac{1}{y}\right)^{\alpha-1} e^{-\frac{1}{\beta}\left(\frac{1}{y}\right)} \left| -\frac{1}{y^2} \right|$$

$$= \frac{1}{\Gamma(\alpha)\beta^\alpha} \left(\frac{1}{y}\right)^{\alpha-1} e^{-\frac{1}{\beta y}} \left(\frac{1}{y^2}\right)$$

$$= \frac{1}{\Gamma(\alpha)\beta^\alpha} \left(\frac{1}{y}\right)^{\alpha+1} e^{-\frac{1}{\beta y}}$$

$$f_Y(y) = \frac{1}{\Gamma(\alpha)\beta^\alpha} \left(\frac{1}{y}\right)^{\alpha+1} e^{-\frac{1}{\beta y}}$$

위와 같은 확률 밀도 함수를 inverted gamma pdf라고 합니다.

▌5.7.2 확률 수렴

이번 절에서는 확률 수렴에 대해 알아보겠습니다.

확률 수렴(convergence in probability)

확률 변수 $X_1, X_2, \cdots$가 다음 식에서 모든 $\epsilon > 0$에 대해 성립하면 확률 변수 X에 대해 확률 수렴을 만족한다고 합니다.

$$\lim_{n \to \infty} P(|X_n - X| \geq \epsilon) = 0$$

또는

$$\lim_{n \to \infty} P(|X_n - X| < \epsilon) = 1$$

위 식에서 ϵ은 임의의 양수를 의미하며 엡실론(epsilon)이라고 읽습니다. 또한 확률 변수 X는 iid 조건을 만족할 필요는 없습니다. 확률 수렴은 다음과 같이 간략히 표현할 수 있습니다.

$$X_n \xrightarrow{p} X$$

약대수의 법칙(weak law of large numbers)

확률 변수 $X_1, X_2, \cdots$가 iid를 만족하고 $E(X_i) = \mu$이고 $Var(X_i) = \sigma^2 < \infty$라고 하겠습니다. 그리고 확률 변수 X의 표본 평균을 다음과 같이 정의하겠습니다.

$$\bar{X}_n = \frac{1}{n} \sum_{i=1}^{n} X_i$$

그러면 다음과 같은 식에서 모든 $\epsilon > 0$에 대해 성립됩니다.

$$\lim_{n \to \infty} P(|\bar{X}_n - \mu| < \epsilon) = 1$$

위와 같은 약대수의 법칙을 따르면 $\bar{X}_n$는 μ에 확률 수렴한다고 말합니다. 이를 영문 그대로 표기하면 "$\bar{X}_n$ *converges in probability to* μ"라고 표현할 수 있습니다.

거의 확실한 수렴(converges almost surely)

확률 변수 $X_1, X_2, \cdots$에 대해 다음 식을 만족하면 모든 $\epsilon > 0$에 대해 확률 변수 $X_1, X_2,$ $\cdots$는 X에 거의 확실히 수렴한다고 말합니다.

$$P\left(\lim_{n \to \infty} |X_n - X| < \epsilon\right) = 1$$

위와 같은 거의 확실한 수렴은 앞서 배운 확률 수렴과 유사해 보입니다만 식을 자세히 살펴보면 두 이론은 서로 다르다는 것을 알 수 있습니다. 거의 확실한 수렴은 확률 수렴보다 더 강한 성질이라고 할 수 있습니다.

 강대수의 법칙(strong law of large numbers)

확률 변수 $X_1, X_2, \cdots$가 iid를 만족하고 $E(X_i) = \mu$이고 $Var(X_i) = \sigma^2 < \infty$라고 하겠습니다. 그리고 확률 변수 X의 표본 평균을 다음과 같이 정의하겠습니다.

$$\bar{X}_n = \frac{1}{n} \sum_{i=1}^{n} X_i$$

그러면 다음과 같은 식에서 모든 $\epsilon > 0$에 대해 성립됩니다.

$$P\left(\lim_{n \to \infty} |\bar{X}_n - \mu| < \epsilon\right) = 1$$

위 성질은 강대수의 법칙을 나타냅니다. 강대수의 법칙에서 $\bar{X}_n$는 μ에 거의 확실히 수렴한다고 말합니다. 이를 영문 그대로 표기하면 "$\bar{X}_n$ converges almost surely to μ"라고 표현할 수 있습니다.

 분포 수렴(convergence in distribution)

다음과 같은 식을 만족하면 확률 변수 $X_1, X_2, \cdots$는 확률 변수 X에 분포 수렴한다고 말합니다.

$$\lim_{n \to \infty} F_{X_n}(x) = F_X(x)$$

위 식에서 F는 누적 분포 함수를 의미합니다. 분포 수렴은 다음과 같이 간략하게 표현할 수 있습니다.

$$X_n \xrightarrow{d} X$$

참고로 만약 확률 변수 $X_1, X_2, \cdots$가 확률 변수 X에 확률 수렴한다면 확률 변수 $X_1, X_2, \cdots$는 X에 분포 수렴합니다.

▌5.7.3 중심 극한 정리

이번 절에서는 중심 극한 정리에 대해 알아보겠습니다. **중심 극한 정리**(central limit theorem)는 확률 변수 $X_1, X_2, \cdots, X_n$이 $E(X_i) = \mu$이고 $Var(X_i) = \sigma^2 < \infty$인 분포를 따르고 iid 성질을 만족할 때 다음 성질을 만족하는 것을 의미합니다.

$$\frac{\bar{X} - \mu}{\sigma/\sqrt{n}} \xrightarrow{d} N(0, 1)$$

위 수식은 동일하게 다음과 같이 표현할 수도 있습니다.

$$\bar{X} \xrightarrow{d} N\left(\mu, \frac{\sigma^2}{n}\right)$$

즉, 표본 평균은 평균이 μ이고 분산이 σ^2/n인 정규 분포를 따릅니다.

중심 극한 정리에서 중요한 점은 확률 변수 $X_1, X_2, \cdots, X_n$이 특정 분포를 따른다는 가정이 필요 없다는 것입니다. 즉, 확률 변수 $X_1, X_2, \cdots, X_n$이 어떤 분포를 따르느냐에 상관없이 표본 평균 $\bar{X}$는 평균이 μ이고 분산이 σ^2/n인 정규 분포를 따른다는 사실을 의미합니다. 이때, $n \to \infty$라면 표본 평균의 분산은 0에 수렴하는 것을 알 수 있습니다.

▌5.7.4 델타 메소드

이번 절에서는 델타 메소드에 대해 알아보겠습니다. 델타 메소드에 대해 본격적으로 알아보기 전에 슬러츠키 정리와 테일러 정리에 대해 먼저 알아야 합니다. 슬러츠키 정리는 다음과 같습니다.

 NOTE **슬러츠키 정리(Slutsky's Theorem)**

확률 변수 X_n이 X에 분포 수렴하고($X_n \to X$), 확률 변수 Y_n가 상수 a에 수렴하면($Y_n \to a$), 다음과 같은 분포 수렴을 만족합니다.

(1) $Y_n X_n \overset{d}{\to} aX$

(2) $X_n + Y_n \overset{d}{\to} X + a$

다음으로 테일러 정리에 대해 알아보겠습니다. 테일러 정리는 다음과 같습니다.

 NOTE **테일러 정리(Taylor's Theorem)**

$f(x)$가 $x = a$에서 k차 미분 가능할 때 $f(x)$는 다음과 같이 나타낼 수 있습니다.

$$f(x) = f(a) + f'(a)(x - a) + \frac{f''(a)}{2!}(x - a)^2 + \cdots + \frac{f^{(k)}(a)}{k!}(x - a)^k + h_k(x)(x - a)^k$$

위 식에서 $h_k(x)$는 다음 식을 만족합니다.

$$\lim_{x \to a} h_k(x) = 0$$

테일러 정리에서 $h_k(x)(x - a)^k$는 remainder라고 부릅니다.

슬러츠키 정리와 테일러 정리를 이용하면 다음의 델타 메소드를 이해할 수 있습니다.

델타 메소드(delta method)

확률 변수 Y_n이 다음과 같이 분포 수렴한다고 하겠습니다.

$$\sqrt{n}(Y_n - \theta) \xrightarrow{d} N(0, \sigma^2)$$

이때, 함수 g와 특정 값 θ가 주어졌을 때, g를 θ에 대해 미분한 $g'(\theta)$가 존재하며 미분 값이 0이 아니라면 다음 식이 분포 수렴합니다.

$$\sqrt{n}[g(Y_n) - g(\theta)] \xrightarrow{d} N(0, \sigma^2[g'(\theta)]^2)$$

위와 같은 델타 메소드는 어떻게 만족하는 것일까요? $g(Y_n)$를 $Y_n = \theta$에 대해 테일러 정리를 적용하면 다음과 같이 표현할 수 있습니다.

$$g(Y_n) = g(\theta) + g'(\theta)(Y_n - \theta) + Remainder$$

위 식에서 n이 커짐에 따라 Y_n이 θ에 수렴할 때, Remainder 또한 0에 수렴합니다. 따라서 위 식은 다음과 같이 정리할 수 있습니다.

$$g(Y_n) = g(\theta) + g'(\theta)(Y_n - \theta)$$

그리고 위 식에서 우변의 $g(\theta)$를 좌변으로 이항하면 다음과 같이 나타낼 수 있습니다.

$$g(Y_n) - g(\theta) = g'(\theta)(Y_n - \theta)$$

그리고 양변에 상수 $\sqrt{n}$을 곱하면 다음과 같이 쓸 수 있습니다.

$$\sqrt{n}[g(Y_n) - g(\theta)] = g'(\theta)\sqrt{n}(Y_n - \theta)$$

위 식에서 우변을 보면 $\sqrt{n}(Y_n - \theta) \to N(0, \sigma^2)$에 분포 수렴하는 것을 알 수 있으므로 $\sqrt{n}(Y_n - \theta)$를 Y로 치환하면 다음과 같이 쓸 수 있습니다.

$$Y \to N(0, \sigma^2)$$

따라서 위 식 양변에 $g'(\theta)$를 곱하면 다음과 같이 쓸 수 있습니다.

$$g'(\theta)Y \rightarrow g'(\theta)N(0, \sigma^2)$$

위 식에서 $g'(\theta)$는 상수이므로 $g'(\theta)$를 c로 단순하게 표기하면 다음과 같이 나타낼 수 있습니다.

$$cY \rightarrow cN(0, \sigma^2)$$

따라서 분산의 성질을 이용해 cY의 분산을 구하면 다음과 같습니다.

$$Var(cY) = c^2 Var(Y) = c^2 \sigma^2$$

따라서 최종적으로 다음 식이 만족되는 것을 알 수 있습니다.

$$\sqrt{n}[g(Y_n) - g(\theta)] \rightarrow N(0, \sigma^2[g'(\theta)]^2)$$

▎5.7.5 확률 분포 간의 관계

우리는 지금까지 다양한 확률 분포에 대해 배웠습니다. 여러 가지 확률 분포는 서로 관련이 있는 경우가 많은데 지금까지 배운 확률 분포의 관계를 정리하면 [그림 5-29]와 같습니다.

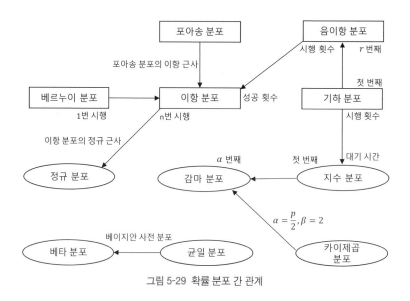

그림 5-29 확률 분포 간 관계

위와 같은 [그림 5-29]에서 사각형은 이산형 확률 분포를 의미하고 타원형은 연속형 확률 분포를 의미합니다. 위와 같은 확률 분포를 알아두면 여러 가지 분포를 다룰 때 유용하게 사용할 수 있습니다.

추정

추정(estimation)이란 표본 데이터를 이용해 모집단의 특성 값인 모수(population parameter)를 확률적으로 추론하는 과정을 의미합니다. 이번 장에서는 대표적인 세 가지 추정 방법인 MME, MLE, MAP에 대해 알아보겠습니다.

6.1 MME

▎6.1.1 MME의 개념

이번 절에서는 MME에 대해 알아보겠습니다. MME는 **적률 추정량**이라고 하며 Method of Moment Estimator의 줄임말입니다. MME는 앞서 배웠던 적률(moment) 개념을 사용해서 추정하는 방법입니다.

확률 변수 $X_1, X_2, \cdots, X_n$가 확률 밀도(질량) 함수 $f(x)$의 표본이라고 했을 때 k차 표본 적률(sample moment)과 모적률(population moment)을 일치시킴으로써 모수를 추정할 수 있습니다. 이때, k차 표본 적률은 다음과 같습니다.

■ 1차 표본 적률

$$m_1 = \frac{1}{n}\sum_{i=1}^{n} X_i^1$$

■ 2차 표본 적률

$$m_2 = \frac{1}{n}\sum_{i=1}^{n} X_i^2$$

■ k차 표본 적률

$$m_k = \frac{1}{n}\sum_{i=1}^{n} X_i^k$$

그리고 모적률은 다음과 같습니다.

■ 1차 모적률

$$M_1 = E(X^1)$$

■ 2차 모적률

$$M_2 = E(X^2)$$

■ k차 모적률

$$M_k = E(X^k)$$

적률 추정법은 표본 적률과 모적률을 일치시킴으로써 모수를 추정하는 방법입니다. 예를 들어, 1차 적률 추정법을 사용하면 다음과 같이 $E(X^1)$를 추정할 수 있습니다.

$$\frac{1}{n}\sum_{i=1}^{n} X_i^1 = m_1 = M_1 = E(X^1)$$

그리고 2차 적률 추정은 다음과 같이 수행합니다.

$$\frac{1}{n}\sum_{i=1}^{n} X_i^2 = m_2 = M_2 = E(X^2)$$

끝으로 k차 적률 추정은 다음과 같이 수행합니다.

$$\frac{1}{n}\sum_{i=1}^{n} X_i^k = m_k = M_k = E(X^k)$$

그렇다면 적률 추정법을 이용해 예제를 한번 풀어 보겠습니다.

확률 변수 $X_1, X_2, \cdots, X_n$가 이항 분포 $Binomial(1, p)$의 표본일 때, p와 $p(1-p)$의 적률 추정량을 구해 보겠습니다. 앞서 이항 분포 단원에서 배웠듯이 p는 이항 분포를 따르는 확률 변수 X의 기댓값에 해당합니다. 따라서 p는 1차 모적률에 해당하며 다음과 같이 표현할 수 있습니다.

$$M_1 = E(X) = p$$

그리고 1차 표본 적률은 다음과 같이 구할 수 있습니다.

$$m_1 = \frac{1}{n}\sum_{i=1}^{n} X_i$$

따라서 1차 모적률과 표본 적률을 일치시켜 p의 MME를 구하면 다음과 같습니다.

$$\hat{p} = M_1 = m_1 = \frac{1}{n}\sum_{i=1}^{n} X_i = \bar{X}$$

$$\therefore \hat{p} = \bar{X}$$

다음으로 $p(1-p)$의 MME를 구해 보겠습니다. 먼저 $p(1-p)$를 모적률로 나타내면 다음과 같습니다.

$$p(1-p) = Var(X) = E(X^2) - [E(X)]^2 = M_2 - M_1^2$$

따라서 표본 적률을 이용해 MME를 구하면 다음과 같습니다.

$$p\widehat{(1-p)} = M_2 - M_1^2 = m_2 - m_1^2 = \frac{1}{n}\sum_{i=1}^{n} X_i^2 - \left(\frac{1}{n}\sum_{i=1}^{n} X_i\right)^2 = \frac{1}{n}\sum_{i=1}^{n} X_i^2 - \bar{X}^2$$

$$\therefore p\widehat{(1-p)} = \frac{1}{n}\sum_{i=1}^{n} X_i^2 - \bar{X}^2$$

MME를 구하는 한 가지 예제를 더 풀어 보겠습니다. 이번에는 확률 변수 $X_1, X_2, \cdots, X_n$가 감마 분포 $\Gamma(\alpha, \beta)$의 표본일 때, α와 β의 MME를 구해 보겠습니다.

앞서 감마 분포 단원에서 배웠듯, 감마 분포 $\Gamma(\alpha, \beta)$의 기댓값은 $\alpha\beta$이고 분산은 $\alpha\beta^2$입니다. 이를 이용해 모적률을 표현할 수 있습니다.

$$E(X) = M_1 = \alpha\beta$$

$$Var(X) = E(X^2) - [E(X)]^2 = M_2 - M_1^2 = \alpha\beta^2$$

위 식을 정리하면 다음과 같이 쓸 수 있습니다.

$$M_1 = \alpha\beta$$

$$M_2 - M_1^2 = \alpha\beta^2$$

따라서 위 식을 α와 β에 대해 표현하면 다음과 같습니다.

$$\alpha = \frac{M_1^2}{M_2 - M_1^2}$$

$$\beta = \frac{M_2 - M_1^2}{M_1}$$

따라서 표본 적률을 모적률과 일치시켜 MME를 구하면 다음과 같습니다.

$$\hat{\alpha} = \frac{M_1^2}{M_2 - M_1^2} = \frac{m_1^2}{m_2 - m_1^2} = \frac{\bar{X}^2}{\frac{1}{n}\sum_{i=1}^{n} X_i^2 - \bar{X}^2}$$

$$\therefore \hat{\alpha} = \frac{\bar{X}^2}{\frac{1}{n}\sum_{i=1}^{n} X_i^2 - \bar{X}^2}$$

$$\hat{\beta} = \frac{M_2 - M_1^2}{M_1} = \frac{m_2 - m_1^2}{m_1} = \frac{\frac{1}{n}\sum_{i=1}^{n} X_i^2 - \bar{X}^2}{\bar{X}}$$

$$\therefore \hat{\beta} = \frac{\frac{1}{n}\sum_{i=1}^{n} X_i^2 - \bar{X}^2}{\bar{X}}$$

▌6.1.2 MME 라이브러리 실습

이번 절에서는 앞서 배운 적률 추정법에 관해 풀어본 문제를 파이썬 라이브러리를 이용한 실습을 통해 배워 보겠습니다.

■ 문제 1

먼저 확률 변수 $X_1, X_2, \cdots, X_n$가 이항 분포 $Binomial(1, p)$의 표본일 때, p와 $p(1-p)$의 적률 추정량을 구해 보겠습니다.

```
import numpy as np                                                    ❶

x_list = np.random.binomial(n=1 , p=0.2 , size=10000)                 ❷
print(x_list)                                                         ❸
```
```
[1 0 0 ... 0 0 0]
```

먼저 실습에 필요한 표본을 생성해 보겠습니다. 이를 위해 필요한 numpy 라이브러리를 불러오고 random 모듈의 binomial 메소드를 통해 $n = 1, p = 0.2$에서 난수 10000개를 생성해 x_list라고 저장합니다. x_list의 값을 확인해 봅니다. 우리는 앞으로 x_list 값들을 이용해 p와 $p(1-p)$를 추정해 보겠습니다. 만약 올바르게 추정한다면 p와 $p(1-p)$의 추정치로는 다음과 같은 값이 나와야 합니다.

$$p = 0.2$$

$$p(1-p) = 0.2 \times 0.8 = 0.16$$

```
def moment(x_list, k):                                                ❶
    n = len(x_list)                                                   ❷
    sum_xk = 0                                                        ❸
    for x in x_list:                                                  ❹
        sum_xk += x**k                                                ❺
    res = sum_xk/n                                                    ❻
    return res                                                        ❼
```

그리고 k차 모멘트를 구할 moment 함수를 생성합니다. 위에서 구한 moment 함수는 다음 식을 구현한 것입니다.

$$kth\ moment = \frac{1}{n}\sum_{i=1}^{n} X_i^k$$

❶ moment 함수의 입력값은 모멘트를 구하고자 하는 x_list와 k차 모멘트의 k입니다. ❷ 먼저 x_list의 길이를 구해 n이라고 저장합니다. ❸ 그리고 x_list의 원소를 k제곱해 더한 값을 저장할 변수를 sum_xk라고 선언하고 0으로 초기화합니다. ❹ 반복문을 이용해 x_list의 각 원소 x에 대해 x 제곱의 합을 구해 보겠습니다. ❺ x의 k 제곱을 한 후 sum_xk에 더해 줍니다. ❻ 그리고 이렇게 더한 값을 x_list의 크기인 n으로 나누어 ❼ 최종 결과 res를 출력합니다. res는 k차 모멘트 값에 해당합니다.

```
moment1 = moment(x_list, 1)
print(moment1)
```

```
0.1978
```

$$\frac{1}{n}\sum_{i=1}^{n} X_i$$

이번에는 앞서 구현한 moment 함수를 이용해 p의 MME를 구해 보겠습니다. p의 추정량은 다음과 같이 구할 수 있습니다.

$$\hat{p} = M_1 = m_1 = \frac{1}{n}\sum_{i=1}^{n} X_i = \bar{X}$$

$$\therefore \hat{p} = \bar{X}$$

위 식과 같이 p의 MME는 1차 표본 적률인 표본 평균이라는 것을 알 수 있습니다. 따라서 moment 함수를 이용해 x_list의 1차 표본 적률을 구하면 0.1978이라는 것을 알 수 있습니다. 이는 모수 0.2와 근사한 값이라는 것을 확인할 수 있습니다.

$$\hat{p} = 0.1978$$

$$p = 0.2$$

```
moment2 = moment(x_list, 2)
print(moment2)
```

```
0.1978
```

$$\frac{1}{n}\sum_{i=1}^{n} X_i^2$$

다음은 $p(1-p)$의 MME를 구하기 위해 필요한 2차 적률을 구해 보겠습니다. 2차 적률을 구하면 1차 적률과 동일한 값이 나오는 것을 알 수 있습니다. 그 이유는 x_list의 원소는 0 혹은 1이므로 이는 제곱해도 변하지 않으므로 1차 적률과 2차 적률이 동일한 것입니다.

```
moment2 - moment1**2
```

```
0.15867516
```

앞서 구했듯 $p(1-p)$의 MME는 1차 표본 적률과 2차 표본 적률을 이용해 다음과 같이 구할 수 있습니다.

$$p\widehat{(1-p)} = M_2 - M_1^2 = m_2 - m_1^2 = \frac{1}{n}\sum_{i=1}^{n} X_i^2 - \left(\frac{1}{n}\sum_{i=1}^{n} X_i\right)^2 = \frac{1}{n}\sum_{i=1}^{n} X_i^2 - \bar{X}^2$$

$$\therefore p\widehat{(1-p)} = \frac{1}{n}\sum_{i=1}^{n} X_i^2 - \bar{X}^2$$

이를 이용해 값을 계산하면 0.15867516이라는 것을 알 수 있습니다. 이는 실제 구하고자 하는 모수 0.16과 비슷한 것을 알 수 있습니다.

$$p(1-p) = 0.2 \times 0.8 = 0.16$$

$$p\widehat{(1-p)} = 0.15867516$$

■ 문제 2

이번에는 앞서 풀었던 두 번째 문제인 확률 변수 $X_1, X_2, \cdots, X_n$가 감마 분포 $\Gamma(\alpha, \beta)$의 표본일 때, α와 β의 MME를 구해 보겠습니다.

```
x_list = np.random.gamma(shape=3, scale=2, size=10000)
print(x_list)
```
```
[ 4.69104521  6.26000982  3.8244937  ...  6.28542548 11.90820315 0.795137 ]
```

먼저 실습에 필요한 표본을 생성해 보겠습니다. numpy 라이브러리의 random 모듈의 gamma 메소드를 통해 $\alpha = 3$, $\beta = 2$에서 난수 10000개를 생성해 x_list라고 저장합니다. x_list의 값을 확인해봅니다. 우리는 앞으로 x_list 값들을 이용해 α와 β를 추정해 보겠습니다. 만약 올바르게 추정한다면 α와 β의 추정치는 다음과 같은 값이 나와야 합니다.

$$\alpha = 3, \qquad \beta = 2$$

```
moment1 = moment(x_list, 1)
print(moment1)
```
```
5.973579647953728
```

$$\frac{1}{n}\sum_{i=1}^{n} X_i$$

우리가 구하고자 하는 모수 α, β의 MME를 구하기 위해 필요한 1차, 2차 표본 적률을 구해 보겠습니다. 먼저 1차 표본 적률을 구해 보겠습니다. 앞서 생성한 moment 함수를 이용해 x_list의 1차 표본 적률을 구하면 위와 같은 결과를 확인할 수 있습니다.

```
moment2 = moment(x_list, 2)
print(moment2)
```
```
47.71558089238509
```

$$\frac{1}{n}\sum_{i=1}^{n} X_i^2$$

이번에는 2차 표본 적률을 구해 보겠습니다. 앞서 생성한 moment 함수를 이용해 x_list의 2차 표본 적률을 구하면 위와 같은 결과를 확인할 수 있습니다.

```
alpha_hat = (moment1**2)/(moment2 - moment1**2)
print(alpha_hat)
```

```
2.965747179769232
```

앞서 구한 1차 표본 적률과 2차 표본 적률을 이용해 α의 적률 추정량 $\hat{\alpha}$을 구해 보겠습니다. $\hat{\alpha}$는 다음과 같은 식을 이용해 구할 수 있습니다.

$$\hat{\alpha} = \frac{M_1^2}{M_2 - M_1^2} = \frac{m_1^2}{m_2 - m_1^2} = \frac{m_1^2}{m_2 - m_1^2} = \frac{\bar{X}^2}{\frac{1}{n}\sum_{i=1}^{n} X_i^2 - \bar{X}^2}$$

$$\therefore \hat{\alpha} = \frac{\bar{X}^2}{\frac{1}{n}\sum_{i=1}^{n} X_i^2 - \bar{X}^2}$$

위 공식을 이용해 α의 MME를 구하면 다음과 같이 정리할 수 있습니다. 이는 실제 구하고자 하는 α값과 유사한 것을 알 수 있습니다.

$$\hat{\alpha} = 2.96$$

$$\alpha = 3$$

```
beta_hat = (moment2 - moment1**2)/moment1
print(beta_hat)
```

```
2.014190450454559
```

이번에는 앞서 구한 1차 표본 적률과 2차 표본 적률을 이용해 β의 적률 추정량 $\hat{\beta}$을 구해 보겠습니다. $\hat{\beta}$는 다음과 같은 식을 이용해 구할 수 있습니다.

$$\hat{\beta} = \frac{M_2 - M_1^2}{M_1} = \frac{m_2 - m_1^2}{m_1} = \frac{\frac{1}{n}\sum_{i=1}^{n} X_i^2 - \bar{X}^2}{\bar{X}}$$

$$\therefore \hat{\beta} = \frac{\frac{1}{n}\sum_{i=1}^{n} X_i^2 - \bar{X}^2}{\bar{X}}$$

위 공식을 이용해 β의 MME를 구하면 다음과 같이 정리할 수 있습니다. 이는 실제 구하고자 하는 모수 β와 비슷한 값을 가지는 것을 볼 수 있습니다.

$$\hat{\beta} = 2.01$$

$$\beta = 2$$

6.2 MLE

6.2.1 likelihood의 개념

이번 단원에서는 MLE에 대해서 알아보겠습니다. MLE는 Maximum Likelihood Estimation의 줄임말로 likelihood를 최대화하는 방법으로 추정한다는 의미입니다. 이때, likelihood는 '가능도' 혹은 '우도'라고 번역합니다.

6.2.2 probability vs likelihood

확률(probability)과 **가능도(likelihood)**는 비슷해 보이고 혼동하기 쉽습니다. 그렇다면 이 둘의 차이점은 무엇일까요? 명확한 의미 전달을 위해 한글보다는 영어로, 확률은 probability, 가능도는 likelihood로 설명하겠습니다.

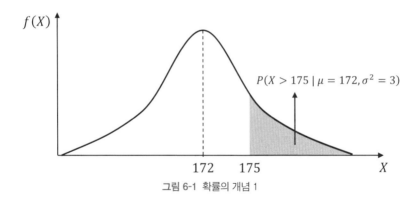

그림 6-1 확률의 개념 1

먼저 probability에 대해 생각해 보겠습니다. 성인 남성 평균 키를 172, 분산을 3이라고 가정했을 때, 확률 변수 X를 성인 남성의 키라고 하면, 확률 변수 X가 175보다 클 확률은 [그림 6-1]과 같고 다음과 같이 계산합니다. 즉, 내가 관심 있는 부분은 확률 변수 X가 175보다 큰 경우입니다.

$$P(X > 175 \mid \mu = 172, \sigma^2 = 3)$$

이번에는 관심 있는 부분이 바뀌어 확률 변수가 180보다 큰 확률을 계산하고 싶다고 하겠습니다. 이 경우, 해당 확률은 다음과 같이 계산합니다.

$$P(X > 180 \mid \mu = 172, \sigma^2 = 3\,)$$

위 확률은 [그림 6-2]와 같은 영역을 의미합니다.

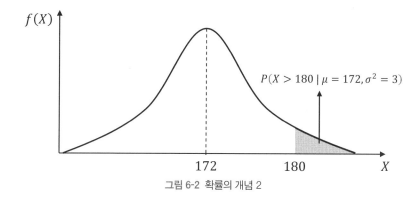

그림 6-2 확률의 개념 2

위 두 경우 수식을 $P(A \mid B)$의 형태로 썼는데, 이때, 우리가 관심 있는 부분은 수식에서 A이며 B는 A를 계산하기 위한 확률 분포의 특성을 묘사하는 부분이므로 바뀌지 않습니다. 우리의 관심사가 바뀔 때마다 A를 바꿔 줬는데 이것이 probability의 개념입니다. probability는 확률 분포를 정의하는 파라미터가 정해져 있고 우리가 관심 있는 확률 변수의 범위를 의미합니다. 즉, probability란 고정된 확률 분포에서 우리가 관심 있는 영역을 의미합니다.

이번에는 likelihood의 개념에 대해 알아보겠습니다. 이번에는 성인 남성 한 명의 키를 측정했더니 175라는 결과를 얻었다고 하겠습니다. 이 경우 파라미터가 μ는 172이고 σ^2는 3일 likelihood는 다음과 같이 계산합니다.

$$L(\mu = 172, \sigma^2 = 3 \mid X = 175)$$

위 식은 확률 변수가 175일 때 평균이 172이고, 분산이 3일 likelihood를 계산하는 식입니다. 앞선 probability와 다르게 $P(A \mid B)$에서 A와 B의 순서가 바뀐 것을 알 수 있습니다. 이를 그림으로 나타내면 [그림 6-3]과 같습니다. 그림을 보면 175라는 샘플 데이터를 얻었을 때 평균이 172이고, 분산이 3일 likelihood는 y축 값으로 알 수 있습니다.

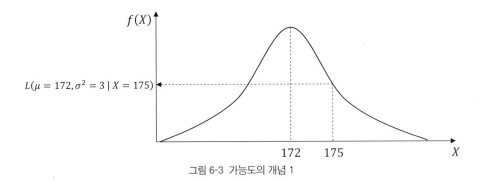

그림 6-3 가능도의 개념 1

만약 여전히 키 175라는 샘플을 가지고 있을 때 평균이 175, 분산이 3일 likelihood는 얼마일
까요? 이는 다음과 같이 구할 수 있습니다.

$$L(\mu = 175, \sigma^2 = 3 \mid X = 175)$$

이와 같이 likelihood는 우리가 얻은 샘플은 고정되어 있는 상황에서 확률 분포를 정의하는 파
라미터가 바뀔 때마다 측정하는 값입니다. 이를 그림으로 나타내면 [그림 6-4]와 같습니다.
그림을 보면 분포의 평균이 175이므로 분포 자체가 앞선 평균이 172였던 분포에 비해 오른쪽
으로 이동한 것을 볼 수 있습니다.

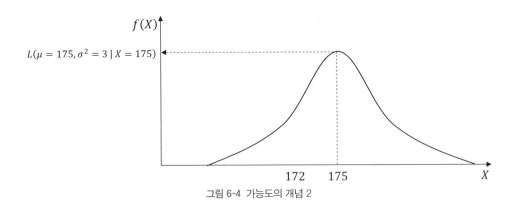

그림 6-4 가능도의 개념 2

그렇다면 앞선 경우와 같이 175라는 샘플 데이터를 얻었을 때 $L(\mu = 172, \sigma^2 = 3 \mid X = 175)$
와 $L(\mu = 175, \sigma^2 = 3 \mid X = 175)$ 중 어느 쪽의 likelihood가 더 높을까요? 즉, 어느 쪽이 더 '그
럴 듯'할까요? 이를 그림으로 비교하면 [그림 6-5]와 같습니다.

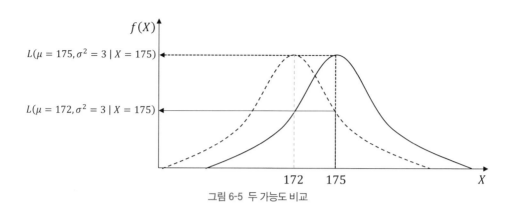

그림 6-5 두 가능도 비교

[그림 6-5]를 보면 두 likelihood 중 $L(\mu = 175, \sigma^2 = 3 \mid X = 175)$의 값이 더 크므로 더 그럴 듯하다는 것을 확인할 수 있습니다. 즉, $X = 175$라는 데이터는 평균이 172, 분산이 3인 정규 분포보다는 평균이 175, 분산이 3인 정규 분포에서 추출된 샘플이라고 추정하는 것이 더 그럴 듯하다는 것입니다.

6.2.3 MLE의 개념

MLE(Maximum Likelihood Estimation)은 주어진 샘플 데이터의 가능도를 이용해 모집단의 분포를 추정하는 것을 의미합니다. 예를 들어, 성인 남성의 키가 정규 분포를 따른다고 할 때, 모집단의 평균과 분산을 추정하기 위해 여러 명의 성인 남성의 키 샘플 데이터를 모았다고 가정하겠습니다. 정규 분포에서 평균을 추정한다는 것의 의미는 분포의 중심이 어딘지를 추정한다는 의미이고 분산을 추정한다는 말의 의미는 분포가 중심으로부터 얼마나 넓게 퍼져 있는지를 추정한다는 의미입니다.

MLE를 좀 더 쉬운 말로 표현하면 "가장 그럴듯한 추정"이라고 할 수 있습니다. 여기서 그럴 듯하다는 말은 분포의 파라미터가 될 수 있는 후보 값은 여러 가지가 있는데 해당 샘플을 얻을 가능성이 높은 가장 그럴 듯한 파라미터를 추정한다는 의미입니다.

확률 변수 $X = (X_1, X_2, \cdots, X_n)$의 확률 밀도 함수는 다음과 같이 표현할 수 있습니다. 다음 식은 결합 확률 밀도 함수(joint probability density function)입니다. 결합 확률 밀도 함수는 확률 변수 X의 함수입니다.

$$g(x_1, x_2, \ldots, x_n) = f(x_1|\theta)f(x_2|\theta) \ldots f(x_n|\theta)$$

$$= \prod_{i=1}^{n} f(x_i|\theta)$$

이번에는 시점을 한 번 바꿔 보겠습니다. 위 함수를 확률 변수 X의 함수로 보는 것이 아니라 시점을 달리해 파라미터 θ의 함수라고 보는 것입니다. 이를 가능도 함수(likelihood function)라고 합니다. 가능도 함수는 아래와 같이 표기합니다.

$$L(\theta|x) = \prod_{i=1}^{n} f(x_i|\theta)$$

$$\hat{\theta} = \underset{\theta}{\mathrm{argmax}}\, L(\theta|x) = \underset{\theta}{\mathrm{argmax}} \prod_{i=1}^{n} f(x_i|\theta)$$

가능도 함수는 결합 확률 밀도 함수와 동일한 형태를 띠지만 함수를 바라보는 시점을 확률 변수가 아닌 파라미터로 변경한 함수입니다. 그리고 가능도 함수에 로그를 취한 함수를 로그 가능도 함수(log-likelihood function)라고 부릅니다.

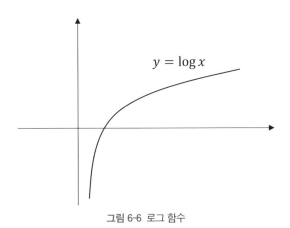

그림 6-6 로그 함수

가능도 함수에 로그를 취할 수 있는 이유는 [그림 6-6]과 같이 로그 함수는 1대1 함수이자 단조 증가 함수이므로 로그를 취하기 전후의 대소 관계가 그대로 유지되기 때문입니다. 따라서

274

가능도 함수에 로그를 취해도 로그함수는 1대1 함수이므로 성질은 변하지 않습니다. 그렇다면 가능도 함수에 왜 로그를 취하는 것일까요? 가능도 함수에서는 다수의 확률을 곱하는 형태를 띱니다. 그리고 확률은 0과 1 사이의 값이므로 많은 수를 곱할 경우 0에 가까워집니다. 따라서 이를 빅데이터에 적용하면 가능도는 0에 수렴하므로 계산상의 오류가 발생할 가능성이 있습니다. 이러한 문제를 해결하기 위해 가능도 함수에 로그를 취하는 것입니다. 로그 가능도 함수는 아래와 같이 표현합니다.

$$l(\theta|x) = \log L(\theta|x) = \log\left(\prod_{i=1}^{n} f(x_i|\theta)\right) = \sum_{i=1}^{n} \log f(x_i|\theta)$$

파라미터를 추정하는 데 가능도 함수를 사용합니다. 가능도 함수를 사용해 가장 그럴듯한 추정 값을 파라미터로 추정하는 것입니다. [그림 6-7]과 같이 파라미터별 가능도를 구해 가장 높은 가능도를 파라미터 추정값으로 사용합니다. 이를 최대 가능도 추정량(Maximum Likelihood Estimator)이라고 하고 줄여서 MLE라고 부릅니다.

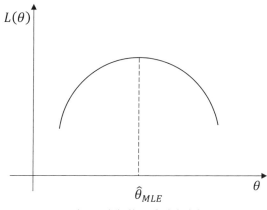

그림 6-7 최대 가능도 추정량 개념 1

[그림 6-7]의 개념을 쉬운 예를 들어 더 자세히 알아보겠습니다. [그림 6-8]과 같이 7개의 샘플 데이터를 얻었다고 하겠습니다. 우리의 목적은 7개의 샘플 데이터가 어떤 분포에서 추출되었는지를 추정하는 것입니다.

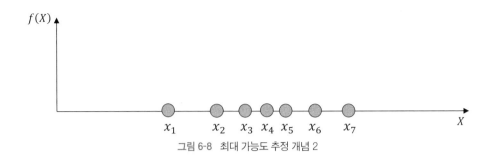

그림 6-8 최대 가능도 추정 개념 2

[그림 6-8]의 샘플 데이터가 분산은 알고 있는 정규 분포에서 추출되었다고 하고, 평균을 추정
해 보겠습니다. [그림 6-9]는 평균이 θ_1인 정규 분포에서 샘플이 추정되었다고 가정했을 경우
가능도를 구하는 그림입니다.

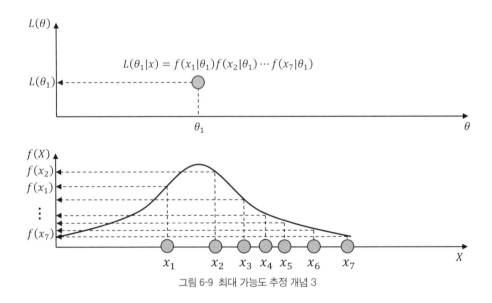

그림 6-9 최대 가능도 추정 개념 3

[그림 6-9]에서 x축에 해당하는 각 샘플 데이터에 대해 각 $f(x)$를 구한 후 구한 $f(x_1|\theta_1)$,
$f(x_2|\theta_1), \cdots, f(x_7|\theta_1)$를 모두 곱하면 가능도를 구할 수 있습니다. 따라서 [그림 6-9]에서의
위 그림과 같이 x축 θ_1에 해당하는 가능도 $L(\theta_1)$를 구할 수 있는 것입니다.

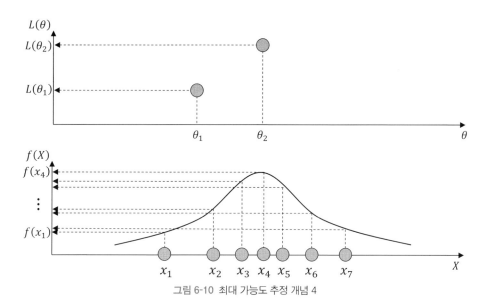

그림 6-10 최대 가능도 추정 개념 4

이번에는 또 다른 파라미터 θ_2에 대한 가능도를 계산해 보겠습니다. 앞선 방법과 마찬가지로 [그림 6-10]과 같이 $f(x_1|\theta_2), f(x_2|\theta_2), \cdots, f(x_7|\theta_2)$를 모두 곱함으로써 가능도 $L(\theta_2)$를 구할 수 있습니다. 그렇다면 앞서 구한 θ_1과 θ_2 중 어떤 파라미터가 더 그럴듯할까요? 가능도를 비교하면 $L(\theta_2) > L(\theta_1)$이므로 $L(\theta_2)$가 $L(\theta_1)$에 비해 더 그럴듯하다는 사실을 확인할 수 있습니다.

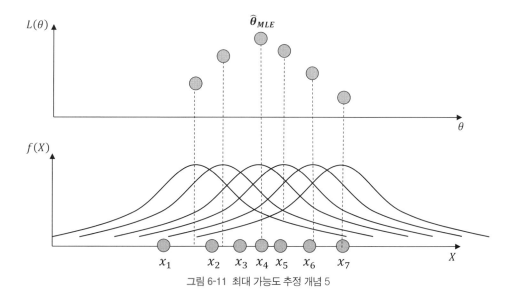

그림 6-11 최대 가능도 추정 개념 5

앞선 방법을 반복해서 파라미터 θ를 계속 변경하면서 가능도가 가장 큰 θ를 찾으면 해당 파라미터가 최대 가능도 추정량이 되는 것입니다. [그림 6-11]은 이와 같은 과정을 그림으로 나타낸 것입니다. [그림 6-11]에서는 6개의 파라미터 후보들에 대해서 최대 가능도 추정량을 구한 그림입니다.

최대 가능도 추정량의 개념을 이해하기 위해 예제를 풀어 보겠습니다. 서로 독립인 표본 x_1, x_2를 평균 $\mu = \theta$, 분산 $\sigma^2 = 1$인 정규분포에서 얻은 표본이라고 하겠습니다. 그러면 x_1과 x_2 모두 얻을 확률은 사건이 동시에 일어난 것이므로 아래 식을 이용할 수 있습니다.

$$P(A \cap B) = P(A)P(B)$$

이때, $P(A)$, $P(B)$는 각각 사건 A와 사건 B가 발생할 확률이므로, 이 문제에서는 표본 x_1과 x_2가 얻어질 확률을 의미하고 이는 정규분포의 확률 밀도 함수와 같습니다. 즉, 아래 식과 같습니다.

$$f_X(x_1|\theta) = \frac{1}{\sqrt{2\pi} \times 1} e^{-\frac{1}{2}\left(\frac{x_1-\theta}{1}\right)^2}$$

$$f_X(x_2|\theta) = \frac{1}{\sqrt{2\pi} \times 1} e^{-\frac{1}{2}\left(\frac{x_2-\theta}{1}\right)^2}$$

가능도 함수는 해당 표본이 얻어질 확률, 즉, 표본 x_1과 x_2가 얻어질 확률이고 이는 $P(x_1)$ $P(x_2)$이므로 가능도 함수 L은 아래와 같습니다.

$$L = f_X(x_1|\theta) \times f_X(x_2|\theta)$$

$$= \frac{1}{\sqrt{2\pi}} e^{-\frac{1}{2}\left(\frac{x_1-\theta}{1}\right)^2} \times \frac{1}{\sqrt{2\pi}} e^{-\frac{1}{2}\left(\frac{x_2-\theta}{1}\right)^2}$$

위에서 구한 가능도 함수를 통해 어떻게 파라미터를 추정할 수 있을까요? 파라미터 추정 방법은 가능도 함수를 최대화시키는 값을 파라미터로 추정하는 것입니다. 그리고 가능도 함수의 최대화 지점은 미분 개념을 사용하면 알 수 있습니다. 가능도 함수를 그래프로 그렸을 때 기울기가 0인 지점을 파라미터로 추정하고 이를 최대 가능도 추정량(maximum likelihood estimator)이라고 부릅니다. 그렇다면 위 식을 이용해 실제로 최대 가능도 추정량을 구해 보겠습니다.

먼저 수학적 계산의 편의를 위해 가능도 함수에 로그를 취한 로그 가능도 함수(log-likelihood)를 구해 보겠습니다. 아래 식에서 로그는 밑이 자연 상수 e인 자연 로그(ln)입니다.

$$\log L = \log\left(\frac{1}{\sqrt{2\pi}} e^{-\frac{1}{2}\left(\frac{x_1-\theta}{1}\right)^2} \times \frac{1}{\sqrt{2\pi}} e^{-\frac{1}{2}\left(\frac{x_2-\theta}{1}\right)^2}\right)$$

$$= \log\left(\frac{1}{2\pi}\right) - \frac{1}{2}(x_1 - \theta)^2 - \frac{1}{2}(x_2 - \theta)^2$$

위에서 구한 로그 가능도 함수를 이용해 최대 가능도 추정량(MLE)을 구해 보겠습니다. 우리가 관심 있는 파라미터는 θ입니다. 따라서 로그 가능도 함수를 관심 있는 파라미터로 미분한 값이 0이 되는 지점을 찾아보겠습니다.

$$\frac{\partial \log L}{\partial \theta} \equiv 0$$

$$\frac{\partial \log L}{\partial \theta} = (x_1 - \theta) + (x_2 - \theta) \equiv 0$$

$$\leftrightarrow \hat{\theta} = \frac{x_1 + x_2}{2}$$

위 식처럼 로그 가능도 함수를 θ로 미분한 결과가 0이 되어야 하므로 아래와 같이 θ의 추정량 $\hat{\theta}$을 구할 수 있습니다.

$$\hat{\theta} = \frac{x_1 + x_2}{2}$$

위 식은 우리가 이미 알고 있던 표본 평균을 구하는 공식입니다. 따라서 데이터가 두 개가 아닌 n개인 경우는 아래와 같이 확장해서 표기할 수 있습니다.

$$\hat{\theta} = \frac{1}{n} \sum_{i=1}^{n} x_i$$

마지막 확인 작업으로 앞서 미분해서 0인 값이 최댓값이려면 두 번 미분했을 때 0보다 작아야 합니다.

$$\frac{\partial^2 \log L}{\partial^2 \theta} < 0$$

즉, 위 식을 만족해야 최대 가능도 추정량이 되는 것입니다.

$$\frac{\partial \log L}{\partial \theta} = (x_1 - \theta) + (x_2 - \theta)$$

$$= x_1 + x_2 - 2\theta$$

로그 가능도 함수를 한 번 미분한 값은 위와 같고 이를 한 번 더 미분하면 아래 식을 만족합니다.

$$\frac{\partial^2 \log L}{\partial^2 \theta} = -2 < 0$$

따라서 θ의 추정량 $\frac{x_1 + x_2}{2}$은 최댓값을 만족하는 최대 가능도 추정량이라는 것을 알 수 있습니다.

▌6.2.4 MLE 파이썬 실습

이번 절에서는 MLE의 개념을 파이썬 실습을 통해 알아보도록 하겠습니다. 먼저 본격적인 실습에 앞서 필요한 함수 seq, factorial, combination을 불러오겠습니다. seq는 수열을 생성하는 함수이며, factorial 함수는 팩토리얼을 계산하는 함수입니다. 그리고 combination 함수는 조합을 계산하는 함수입니다.

```
def seq(start, stop, step):
    """
    수열 만들기
    입력값: start(시작 값), stop(끝 값), step(한 스텝당 증가수)
    출력값: res(리스트)
    """
    res = []
    current = start
    while current < stop:
        res.append(current)
        current += step
    return res

def factorial(x):
    """
    팩토리얼 함수
    입력값: 정수 x
    출력값: x!
    """
    x_list = list(range(1, x+1))
    res = 1
    for val in x_list:
        res *= val
    return res

def combination(n, x):
    """
    조합
    입력값: n, x
    출력값: nCx(실수)
    """
    res = factorial(n)/(factorial(x)*factorial(n-x))
    return res
```

스페인 프로 축구리그에서 레알 마드리드라는 팀이 38경기 중 27경기를 승리했다는 데이터가 있다고 가정하겠습니다. 우리가 이 데이터를 가지고 있을 때, 레알 마드리드의 다음 시즌 각 시합의 승리 확률이 얼마나 되는지 어떻게 추정할 수 있을까요? 가장 쉬운 방법은 이번 시즌 38경기에서 27경기를 승리했으므로 다음 시즌의 매 시합에서 승리 확률을 다음과 같이 약 71%라고 추정하는 것입니다.

281

$$\frac{27}{38} = 0.71 = 71\%$$

그렇다면 우리가 앞서 배운 MLE 방법을 이용해 레알 마드리드가 각 시합에서 승리할 확률을 추정하면 어떻게 될까요? 지금부터는 MLE 방법을 이용해 각 시합 승리 확률을 추정해 보겠습니다.

실제 축구 시합에서는 상대방이 누구냐에 따라 승리 확률이 달라집니다. 그러나 문제를 단순화하기 위해 각 시합의 승리 확률은 상대방에 상관없이 동일하다고 가정하겠습니다. 즉, 레알 마드리드의 매 축구 경기를 승리 확률 p인 베르누이 시행으로 보는 것입니다.

$$X \sim Bernoulli(p)$$

$$P(X = x) = p^x(1 - p)^{1-x}, \qquad x = 0,1$$

매 축구 경기가 베르누이 분포를 따르므로 시즌 전체는 다음과 같은 이항 분포를 따릅니다.

$$X \sim Binomial(n, p)$$

$$P(X = x) = \binom{n}{x} p^x(1 - p)^{n-x}, \qquad x = 0,1, \dots, n$$

그리고 우리는 이미 38경기 중 27승을 했다는 데이터를 가지고 있으므로 다음과 같은 이항 분포 식을 쓸 수 있습니다.

$$P(X = 27) = \binom{38}{27} p^{27}(1 - p)^{38-27}$$

그렇다면 $p = 0.1$일 때, 위와 같은 데이터가 관측될 확률은 얼마나 될까요? 즉, 레알 마드리드가 각 경기에서 승리할 확률이 0.1일 때, 38경기 중 27승을 할 확률은 얼마나 될까요? 이는 다음과 같이 계산할 수 있습니다.

$$P(X = 27 | p = 0.1) = \binom{38}{27} 0.1^{27}(1 - 0.1)^{38-27}$$

이를 파이썬을 활용해 계산하면 다음과 같습니다.

```
n = 38
x = 27
p = 0.1

prob = combination(n,x)*(p**x)*((1-p)**(n-x))
print(prob)
```

3.7761528448566324e-19

위 결과를 보면 $p = 0.1$일 때 38경기 중 27승을 할 확률은 0에 수렴할 정도로 작은 것을 알 수 있습니다. 즉, $p = 0.1$일 때 해당 데이터가 관측될 확률은 그럴 듯하지 않다고 말할 수 있습니다.

$$P(X = 27 | p = 0.7) = \binom{38}{27} 0.7^{27}(1 - 0.7)^{38-27}$$

이번에는 $p = 0.7$일 때, 38경기 중 27승을 하는 데이터가 관측될 확률을 계산해 보겠습니다. 마찬가지로 위 식을 파이썬을 이용해 계산해 보겠습니다.

```
n = 38
x = 27
p = 0.7

prob = combination(n,x)*(p**x)*((1-p)**(n-x))
print(prob)
```

0.14007571343647338

위 결과를 보면 $p = 0.7$일 때, 38경기 중 27승을 하는 데이터가 관측될 확률은 0.14로 $p = 0.1$일 때보다 높은 확률을 보이는 것을 알 수 있습니다. 따라서 $p = 0.7$이 $p = 0.1$보다 더 그럴듯한 추정이라고 할 수 있습니다.

위 방법의 연장선상으로 MLE를 통해 가장 그럴 듯한 p를 추정하는 방법은 모든 p에 대해 해당 사건이 관측될 확률이 가장 높은 p를 선택하는 것입니다. 이를 파이썬 코드로 구현하면 다음과 같습니다.

```
n = 38                                               ❶
x = 27                                               ❷
p_list = seq(0, 1, 0.01)                             ❸
probs = []                                           ❹

for p in p_list:                                     ❺
    prob = combination(n,x)*(p**x)*((1-p)**(n-x))    ❻
    probs.append(prob)                               ❼
```

먼저 ❶, ❷ 이항 분포에 들어갈 관측 데이터를 정해 줍니다. 38경기 중 27경기를 승리했다는 데이터가 있으므로 n을 38, x를 27로 설정합니다. ❸ 그리고 MLE의 후보가 되는 확률 리스트를 seq 함수를 이용해 만들어 줍니다. p_list는 0부터 0.01씩 1까지 증가하는 수로 구성된 확률 리스트입니다. ❹ 그리고 이항 분포의 파라미터 후보 p들에 대해 probs는 해당 사건이 관측될 확률 리스트를 의미합니다. ❺ 그리고 MLE를 구하기 위해 반복문을 수행합니다. ❻ 각 p에 대해 해당 사건이 관측될 확률을 구하고, ❼ probs에 추가합니다.

```
import matplotlib.pyplot as plt

plt.plot(p_list, probs)
plt.show()
```

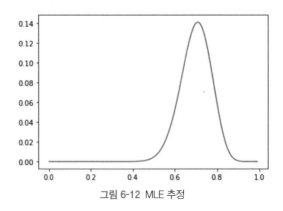

그림 6-12 MLE 추정

데이터 시각화를 통해 해당 데이터가 관측될 확률이 가장 높은 p를 추정하면 위 그림과 같습니다. [그림 6-12]를 보면 $p = 0.7$ 근방에서 가장 높은 관측 확률이 나타나는 것을 볼 수 있습니다. 위 그림에서 가장 높은 관측 확률을 보이는 정확한 MLE 값을 구하면 다음과 같습니다.

```
max(probs)
```
```
0.14149312976895556
```

먼저 관측 확률 probs 중 가장 높은 관측 확률을 구하면 위와 같습니다.

```
probs.index(max(probs))
```
```
71
```

그리고 위 관측 확률은 71번째 값이라는 것을 알 수 있습니다.

```
probs[71]
```
```
0.14149312976895556
```

실제로 관측 확률의 71번째 값을 보면 0.14149…로 가장 높은 값을 보이는 것을 확인할 수 있습니다.

```
p_list[71]
```
```
0.7100000000000004
```

따라서 파라미터 후보 p_list 중 71번째 값을 찾으면 해당 값이 MLE입니다. 위와 같이 p_list의 71번째 값은 0.71이라는 것을 알 수 있으므로 MLE는 다음과 같이 구할 수 있습니다.

$$\hat{p}_{MLE} = 0.71$$

즉, 레알 마드리드의 다음 시즌 매 경기 승리 확률은 71%라고 추정할 수 있습니다.

6.2.5 MLE 라이브러리 실습

이번에는 앞서 파이썬으로 구현한 내용을 numpy, scipy와 같은 라이브러리를 이용해 실습해 보겠습니다.

```
import numpy as np .......................................................... ❶
from scipy.stats import binom ............................................... ❷
import matplotlib.pyplot as plt ............................................. ❸
```

먼저 실습에 필요한 라이브러리를 불러옵니다. ❶ 기본적인 수학 계산을 위한 numpy 라이브러리와 ❷ 이항 분포를 불러오기 위해 scipy 라이브러리에서 binom 함수를 불러옵니다. ❸ 그리고 데이터 시각화를 위한 matplotlib 라이브러리를 불러옵니다.

앞선 파이썬 실습과 마찬가지로 $p = 0.1$일 때, 즉, 레알 마드리드가 각 경기에서 승리할 확률이 0.1일 때, 38경기 중 27승을 할 확률은 얼마나 될까요? 이는 다음과 같이 계산할 수 있습니다.

$$P(X = 27 \mid p = 0.1) = \binom{38}{27} 0.1^{27}(1 - 0.1)^{38-27}$$

이를 라이브러리를 활용해 계산하면 다음과 같습니다.

```
n = 38
x = 27
p = 0.1

prob = binom.pmf(k=x, n=n, p=p)
print(prob)
```
```
3.776152844856644e-19
```

앞선 실습과 다른 점은 binom 함수를 이용해 해당 데이터가 관측될 확률을 구한 것입니다.

$$P(X = 27 \mid p = 0.7) = \binom{38}{27} 0.7^{27}(1 - 0.7)^{38-27}$$

이번에는 $p = 0.7$일 때, 38경기 중 27승을 하는 데이터가 관측될 확률을 계산해 보겠습니다. 마찬가지로 위 식을 파이썬 라이브러리를 이용해 계산해 보겠습니다.

```
n = 38
x = 27
p = 0.7

prob = binom.pmf(k=x, n=n, p=p)
print(prob)
```
```
0.14007571343647326
```

앞선 코드와 마찬가지로 binom 함수의 pmf 메소드를 구하면 해당 데이터가 관측될 확률을 구할 수 있습니다.

```
n = 38                                              ❶
x = 27                                              ❷
p_list = np.arange(0, 1, 0.01)                      ❸
probs = []                                          ❹

for p in p_list:                                    ❺
    prob = binom.pmf(k=x, n=n, p=p)                 ❻
    probs.append(prob)                              ❼
```

먼저 ❶, ❷ 이항 분포에 들어갈 관측 데이터를 정해 줍니다. 38경기 중 27경기를 승리했다는 데이터가 있으므로 n을 38, x를 27로 설정합니다. ❸ 그리고 MLE의 후보가 되는 확률 리스트를 numpy 라이브러리의 arange 함수를 이용해 만들어 줍니다. p_list는 0부터 0.01씩 1까지 증가하는 수로 구성된 확률 리스트입니다. ❹ 그리고 이항 분포의 파라미터 후보 p들에 대해 probs는 해당 사건이 관측될 확률 리스트를 의미합니다. ❺ 그리고 MLE를 구하기 위해 반복문을 수행합니다. ❻ 각 p에 대해 해당 사건이 관측될 확률 binom 함수의 pmf 메소드를 이용해 구하고, ❼ probs에 추가합니다.

```
plt.plot(p_list, probs)
plt.show()
```

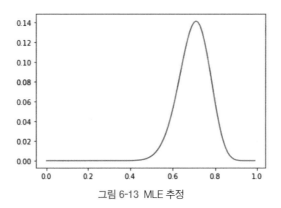

그림 6-13 MLE 추정

데이터 시각화를 통해 해당 데이터가 관측될 확률이 가장 높은 p를 추정하면 위 그림과 같습니다. [그림 6-13]을 보면 $p = 0.7$ 근방에서 가장 높은 관측 확률이 나타나는 것을 볼 수 있습니다. 위 그림에서 가장 높은 관측 확률을 보이는 정확한 MLE 값을 구하면 다음과 같습니다.

```
max(probs)
```

```
0.14149312976895556
```

먼저 관측 확률 probs 중 가장 높은 관측 확률을 구하면 위와 같습니다.

```
np.argmax(probs)
```

```
71
```

그리고 위 관측 확률은 71번째 값이라는 것을 알 수 있습니다. 이는 numpy 라이브러리의 argmax 함수를 사용하면 쉽게 구할 수 있습니다.

```
probs[71]
```

```
0.14149312976895556
```

실제로 관측 확률의 71번째 값을 보면 0.14149…로 가장 높은 값을 보이는 것을 확인할 수 있습니다.

```
p_list[71]
```

```
0.7100000000000004
```

따라서 파라미터 후보 p_list 중 71번째 값을 찾으면 해당 값이 MLE입니다. 위와 같이 p_list의 71번째 값은 0.71이라는 것을 알 수 있으므로 MLE는 다음과 같이 구할 수 있습니다.

$$\hat{p}_{MLE} = 0.71$$

즉, 레알 마드리드의 다음 시즌 매 경기 승리 확률은 71%라고 추정할 수 있습니다.

6.3 MAP

▎6.3.1 MAP 개념

지금까지 우리는 확률 분포의 파라미터를 상수로 보았습니다. 파라미터를 상수로 본다는 말은 파라미터는 변할 수 있는 값이 아닌 고정된 값으로 보았다는 의미입니다. 확률 분포의 파라미터를 상수로 보는 일반적인 빈도주의(Frequentist)와는 달리 베이지안(Bayesian)은 파라미터를 확률 변수로 보는 방법입니다. 베이즈 추정에서는 파라미터 θ가 확률 변수이므로 θ의 확률 $P(\theta)$를 구할 수 있습니다. 이때, 사건이 발생하기 전 파라미터 θ의 확률인 $P(\theta)$를 **사전 확률 밀도 함수(prior probability density function)**라고 하며 줄여서 사전 분포라고 합니다. 그리고 파라미터 θ가 주어졌을 때 표본 x가 얻어질 확률을 $P(x|\theta)$라고 표기할 수 있습니다. 이번 절에서는 연속형 확률 변수라고 가정하고 파라미터 θ의 사전 확률 밀도 함수를 $f(\theta)$라고 하겠습니다. 그리고 파라미터 θ가 주어졌을 때 표본 x가 관측될 확률 밀도 함수를 $f(x|\theta)$라고 하겠습니다.

한편 파라미터 θ와 표본 x가 동시에 얻어질 확률을 아래와 같이 구할 수 있습니다.

$$f(\theta, x) = f(x|\theta)f(\theta)$$

앞서 파라미터 θ가 주어질 때 표본 x가 얻어질 확률 밀도 함수를 $f(x|\theta)$라고 했습니다. 그렇다면 반대로 표본 x가 주어질 때 파라미터 θ가 얻어질 확률은 어떻게 구할까요?

$$f(\theta|x) = \frac{f(\theta, x)}{f(x)}$$

$$= \frac{f(x|\theta)f(\theta)}{f(x)}$$

$$= \frac{f(x|\theta)f(\theta)}{\int f(x|\theta)f(\theta)d\theta}$$

위 식에서 $f(\theta|x)$를 **사후 확률 밀도 함수(posterior probability density function)**라고 부르며

줄여서 사후 분포라고 부릅니다. 위 식에서 분포 $f(x)$는 베이즈 정리에 의해 $\int f(x|\theta)f(\theta)d\theta$ 이므로 정리하면 위와 같이 쓸 수 있습니다. 위 식에서 $f(x)$는 파라미터 θ에 영향을 받지 않습니다. 즉, $f(x)$는 파라미터 θ와 무관합니다. 따라서 $f(x)$는 상수 취급할 수 있습니다. 그러므로 위에서 구한 사후 확률 밀도 함수 $f(\theta|x)$는 아래와 같이 정리할 수 있습니다.

$$f(\theta|x) \propto f(x|\theta)f(\theta)$$

연산자 $\propto$는 '비례한다'라는 의미입니다. 즉, 사후 확률 밀도 함수 $f(\theta|x)$는 상수인 $f(x)$와는 무관하며 오직 $f(x|\theta)f(\theta)$ 값에만 영향을 받는다는 뜻입니다. 참고로 우변의 $f(x|\theta)$는 x에 관한 함수가 아니라 θ에 관한 함수입니다. 위와 같은 간단한 식이 베이즈 추정의 중요한 개념을 담고 있습니다.

우리의 목적은 주어진 표본 x를 이용해 파라미터 θ를 추정하는 것입니다. **최대 사후 추정 (maximum a posteriori estimation, MAP)**은 사후 확률 밀도 함수 $f(\theta|x)$를 최대화시키는 파라미터 θ를 추정값으로 구하며 아래와 같이 나타낼 수 있습니다.

$$\hat{\theta}_{MAP} = \underset{\theta}{\text{argmax}}\, f(\theta|x)$$

$$= \underset{\theta}{\text{argmax}}\, \frac{f(x|\theta)f(\theta)}{\int f(x|\theta)f(\theta)}$$

$$\propto \underset{\theta}{\text{argmax}}\, f(x|\theta)f(\theta)$$

이번에는 예제를 한번 풀어 보겠습니다.

파라미터 θ의 사전 분포 $f(\theta)$가 다음과 같다고 하겠습니다.

$$f(\theta) = 2\theta, \qquad 0 \leq \theta \leq 1$$

그리고 파라미터 θ가 주어졌을 때 표본 x의 분포를 다음과 같이 기하분포를 따른다고 하겠습니다.

$$x|\theta \sim Geometric(\theta)$$

$$f(x|\theta) = \theta(1-\theta)^{x-1}, \qquad x = 1,2,3,\cdots$$

이때, 표본 x가 $x = 3$으로 주어졌을 때의 파라미터 θ의 MAP을 구해 보겠습니다.

먼저 파라미터 θ가 주어졌을 때 $x = 3$일 확률 밀도는 다음과 같이 구할 수 있습니다.

$$f(3|\theta) = \theta(1-\theta)^2$$

따라서 우리는 파라미터 θ의 구간 $0 \le \theta \le 1$에서 MAP가 최대가 되는 파라미터 θ를 찾으면 됩니다. 파라미터 θ의 사후 분포를 구하면 다음과 같습니다.

$$\begin{aligned}
f(\theta|x) &= f(x|\theta)f(\theta)\\
&= \theta(1-\theta)^2 \cdot 2\theta\\
&= 2\theta^2(1-\theta)^2
\end{aligned}$$

따라서 위 사후 분포를 최대로 하는 파라미터 θ를 찾기 위해 θ에 대해 미분하면 다음과 같습니다.

$$\begin{aligned}
\frac{d}{d\theta}f(\theta|x) &= \frac{d}{d\theta}\left[2\theta^2(1-\theta)^2\right]\\
&= 4\theta(1-\theta)^2 + 2\theta^2 \cdot 2(1-\theta)(-1)\\
&= 4\theta(1-\theta)^2 - 4\theta^2(1-\theta)
\end{aligned}$$

따라서 사후 분포를 최대로 하는 파라미터 θ는 미분해서 0이 되는 값이므로 다음과 같이 구할 수 있습니다.

$$4\theta(1-\theta)^2 - 4\theta^2(1-\theta) \equiv 0$$

$$\Leftrightarrow 4\theta(1-\theta)^2 = 4\theta^2(1-\theta)$$

$$\Longleftrightarrow 1 - \theta = \theta$$

$$\Longleftrightarrow \hat{\theta}_{MAP} = \frac{1}{2}$$

$$\therefore \hat{\theta}_{MAP} = \frac{1}{2}$$

▍6.3.2 MAP 파이썬 실습

이번 절에서는 MAP를 이용해 확률을 추정해 보겠습니다. 본격적인 실습에 앞서 필요한 함수를 불러오겠습니다. 다음 함수는 베타 분포를 사용하기 위해 필요한 함수들입니다.

```python
def seq(start, stop, step):
    """
    수열 만들기
    입력값: start(시작 값), stop(끝 값), step(한 스텝당 증가 수)
    출력값: res(리스트)
    """
    res = []
    current = start
    while current < stop:
        res.append(current)
        current += step
    return res

def factorial(x):
    """
    팩토리얼 함수
    입력값: 정수 x
    출력값: x!
    """
    x_list = list(range(1, x+1))
    res = 1
    for val in x_list:
        res *= val
    return res
```

```python
def combination(n, x):
    """
    조합
    입력값: n, x
    출력값: nCx(실수)
    """
    res = factorial(n)/(factorial(x)*factorial(n-x))
    return res

def gamma_function(alpha, x):
    """
    감마 함수
    입력값: alpha, x
    출력값: res(실수)
    """
    e = 2.7182818284
    res = (x**(alpha-1))*(e**(-x))
    return res

def gamma(alpha):
    """
    감마
    입력값: alpha
    출력값: res(실수)
    """
    a = 0
    b = 100
    x_list = seq(0.0001, 100, 0.001)
    gamma_list = []
    for x in x_list:
        y = gamma_function(alpha, x)
        gamma_list.append(y)
    res = ((b-a)/len(x_list))*sum(gamma_list)
    return res
```

앞선 MLE 단원에서 스페인 프로 축구 리그에서 레알 마드리드 팀의 매 승리 확률을 추정했습니다. MLE는 데이터가 충분할 경우 좋은 추정 방법이지만 데이터의 수가 적을 때는 비현실적인 추정을 하기도 합니다. 예를 들어, 레알 마드리드 축구 팀이 2경기 중 2경기 모두 승리했다는 데이터가 있다고 하면 매 경기 승리 확률은 100%로 추정되어 비현실적인 추정을 하게 되는 것입니다. 따라서 데이터가 적을 때는 MAP를 사용하는 것이 더 효과적인 방법이 될 수 있습니다.

$$\hat{\theta}_{MAP} = \underset{\theta}{\mathrm{argmax}}\, f(\theta|x)$$

$$\propto \underset{\theta}{\mathrm{argmax}}\, f(x|\theta)f(\theta)$$

MAP를 구할 때는 사후 확률 분포 $f(\theta|x)$를 최대화하는 θ를 찾아야 합니다. 이를 위해서는 가능도 $f(x|\theta)$와 사전 분포 $f(\theta)$가 필요합니다. 이번 실습에서는 가능도 $f(x|\theta)$를 다음과 같은 이항 분포라고 하겠습니다. 그리고 MLE 실습과 마친가지로 레알 마드리드 축구팀은 이번 시즌 38경기 중 27경기를 승리했다는 데이터가 있다고 가정하겠습니다.

$$f(x|\theta) = \binom{n}{x} \theta^x (1-\theta)^{n-x}, \qquad x = 0,1,\dots,n$$

그리고 사전 분포 $f(\theta)$는 다음과 같은 베타 분포라고 알려져 있다고 가정하겠습니다.

$$f(\theta) = \frac{\Gamma(\alpha+\beta)}{\Gamma(\alpha)\Gamma(\beta)} \theta^{\alpha-1}(1-\theta)^{\beta-1}, \qquad 0 < x < 1, \qquad \alpha > 0, \qquad \beta > 0$$

위와 같은 베타 분포를 사전 분포로 사용하려면 α와 β를 정해야 하는데 이는 데이터를 이용해 결정할 수 없습니다. 따라서 사전 지식을 이용해야 하는데 사전 분포인 베타 분포가 사후 확률 분포인 이항 분포 형태를 따르는 값으로 α와 β를 정하겠습니다.

```
alpha = 10 ································································❶
beta = 10 ·································································❷
p = 0.1 ···································································❸

n = 38 ····································································❹
x = 27 ····································································❺

beta_function = gamma(alpha+beta)/(gamma(alpha)*gamma(beta)) ·······❻
prior_prob = beta_function*(p**(alpha-1))*((1-p)**(beta-1)) ········❼
likelihood = combination(n,x)*(p**x)*((1-p)**(n-x)) ···············❽
post_prob = likelihood *prior_prob ································❾
```

위 코드는 파라미터가 0.1일 때 해당 데이터가 관측될 확률을 MAP를 이용해 추정하는 코드입니다. 먼저 ❶, ❷ 사전 분포에 해당하는 베타 분포의 α와 β값을 정해 주겠습니다. 이 값은 사전 지식을 이용해 연구자가 직접 정하는 것입니다. ❸ 그리고 파라미터 값을 정해 줍니다. ❹, ❺ 그리고 가능도 함수에 들어갈 데이터를 설정해 줍니다. 레알 마드리드는 38경기 중 27경기를 승리했으므로 n을 38, x를 27로 설정합니다. ❻ 그리고 사전 분포인 베타 분포에 사용할 베타 함수를 설정합니다. ❼ 그리고 사전 확률을 구해 prior_prob이라고 저장합니다. ❽ 그리고 이항 분포를 이용해 주어진 데이터의 가능도를 구해 likelihood라고 저장합니다. ❾ 그리고 다음 식을 따르는 사후 확률을 구합니다.

$$f(x|\theta)f(\theta)$$

```
print(prior_prob)
print(likelihood)
print(post_prob)
```

```
0.00035789129932797207
3.7761528448566324e-19
1.3514522481067584e-22
```

위에서 구한 사전 확률, 가능도, 사후 확률을 구하면 위와 같습니다. 즉, 사전 정보를 반영했을 때 파라미터가 0.1일 때 해당 데이터가 관측될 사후 확률은 1.3514522481067584e-22라는 것을 알 수 있습니다.

앞선 코드에서는 파라미터가 0.1일 때 사후 확률을 추정했다면 다음 코드는 MAP를 이용해 사후 확률을 최대화시키는 파라미터를 추정하는 코드입니다.

```
alpha = 10                                                                    ❶
beta = 10                                                                     ❷
p_list = seq(0, 1, 0.01)                                                      ❸

n = 38                                                                        ❹
x = 27                                                                        ❺
post_probs = []                                                               ❻

for p in p_list:                                                              ❼
    beta_function = gamma(alpha+beta)/(gamma(alpha)*gamma(beta))              ❽
    prior_prob = beta_function*(p**(alpha-1))*((1-p)**(beta-1))               ❾
    likelihood = combination(n,x)*(p**x)*((1-p)**(n-x))                       ❿
    post_prob = likelihood*prior_prob                                         ⓫
    post_probs.append(post_prob)                                             ⓬
```

먼저 ❶, ❷ 사전 분포에 해당하는 베타 분포의 α와 β값을 정해 주겠습니다. 이 값은 사전 지식을 이용해 연구자가 직접 정하는 것입니다. ❸ 그리고 파라미터 값의 범위를 정해 줍니다. seq 함수를 이용해 0부터 1까지 0.01까지 증가하는 값을 리스트에 담아 줍니다. ❹, ❺ 그리고 가능도 함수에 들어갈 데이터를 설정해 줍니다. 레알 마드리드는 38경기 중 27경기를 승리했으므로 n을 38, x를 27로 설정합니다. ❻ 그리고 각 파라미터에 대한 사후 확률을 저장할 리스트를 정의합니다. ❼ MAP를 추정하기 위해 반복문을 수행합니다. ❽ 사전 분포인 베타 분포에 사용할 베타 함수를 설정합니다. ❾ 그리고 사전 확률을 구해 prior_prob라고 저장합니다. ❿ 그리고 이항 분포를 이용해 주어진 데이터의 가능도를 구해 likelihood라고 저장합니다. ⓫ 그리고 다음 식을 따르는 사후 확률을 구하고 ⓬ 사후 확률 리스트에 추가합니다.

$$\hat{\theta}_{MAP} \propto \underset{\theta}{\mathrm{argmax}}\, f(x|\theta)f(\theta)$$

따라서 사후 확률 리스트 post_prob을 최대화시키는 파라미터가 MAP 추정량이 되는 것입니다.

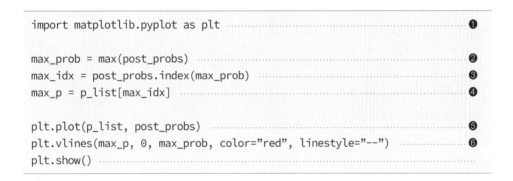

```
import matplotlib.pyplot as plt                                    ❶

max_prob = max(post_probs)                                         ❷
max_idx = post_probs.index(max_prob)                               ❸
max_p = p_list[max_idx]                                            ❹

plt.plot(p_list, post_probs)                                       ❺
plt.vlines(max_p, 0, max_prob, color="red", linestyle="--")        ❻
plt.show()
```

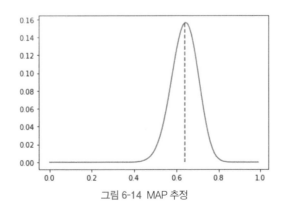

그림 6-14 MAP 추정

지금부터는 데이터 시각화를 통해 MAP 추정량을 확인해 보겠습니다. ❶ 먼저 데이터 시각화를 위한 라이브러리를 불러옵니다. ❷ 그리고 사후 확률의 최댓값을 구합니다. ❸ 그리고 해당 사후 확률의 최댓값에 해당하는 인덱스를 구합니다. ❹ 그리고 해당 인덱스에 해당하는 MAP 파라미터를 구합니다. ❺ 그리고 사후 확률 곡선과 ❻ MAP 추정량에 대한 수직선을 그리고 ❼ 결과를 확인합니다.

```
print(max_prob)
```
```
0.15648747931274903
```

실제로 위에서 구한 최대 사후 확률은 위와 같습니다.

```
print(max_idx)
```
```
64
```

그리고 위 코드를 보면 최대 사후 확률은 64번째 값인 것을 알 수 있습니다.

```
post_probs[64]
```
```
0.15648747931274903
```

실제로 사후 확률의 64번째 값을 보면 최대 사후 확률을 가지는 것을 볼 수 있습니다.

```
p_list[64]
```
```
0.6400000000000003
```

따라서 MAP 추정량은 0.64라는 것을 알 수 있습니다.

▎6.3.3 MAP 라이브러리 실습

이번에는 앞선 파이썬 실습을 동일하게 파이썬 라이브러리를 활용해 실습해 보겠습니다.

```
import numpy as np                           ❶
from scipy.stats import beta                 ❷
from scipy.stats import binom                ❸
import matplotlib.pyplot as plt              ❹
```

먼저 실습에 필요한 라이브러리를 불러옵니다. ❶ 기본적인 수학 계산을 위한 numpy 라이브러리와 ❷ 사전 분포로 베타 분포를 사용하기 위해 scipy 라이브러리에서 beta 함수를 불러옵니다. ❸ 이항 분포를 불러오기 위해 scipy 라이브러리에서 binom 함수를 불러옵니다. ❹ 그리고 데이터 시각화를 위한 matplotlib 라이브러리를 불러옵니다.

```
a = 10                                       ❶
b = 10                                       ❷
p = 0.1                                      ❸

n = 38                                       ❹
x = 27                                       ❺

prior_prob = beta.pdf(p, a=a, b=b)           ❻
likelihood = binom.pmf(k=x, n=n, p=p)        ❼
post_prob = likelihood*prior_prob            ❽
```

위 코드는 파라미터가 0.1일 때 해당 데이터가 관측될 확률을 MAP를 이용해 추정하는 코드입니다. 먼저 ❶, ❷ 사전 분포에 해당하는 베타 분포의 α와 β값을 정해 주겠습니다. 이 값은 사전 지식을 이용해 연구자가 직접 정하는 것입니다. ❸ 그리고 파라미터 값을 정해 줍니다. ❹, ❺ 그리고 가능도 함수에 들어갈 데이터를 설정해 줍니다. 레알 마드리드는 38경기 중 27경기를 승리했으므로 n을 38, x를 27로 설정합니다. ❻ 그리고 사전 확률을 구해 prior_prob라고 저장합니다. ❼ 그리고 이항 분포를 이용해 주어진 데이터의 가능도를 구해 likelihood라고 저장합니다. ❽ 그리고 다음 식을 따르는 사후 확률을 구합니다.

$$f(x|\theta)f(\theta)$$

```
print(prior_prob)
print(likelihood)
print(post_prob)
```

```
0.0003578912993284205
3.776152844856644e-19
1.3514522481084558e-22
```

위에서 구한 사전 확률, 가능도, 사후 확률을 구하면 위와 같습니다. 즉, 사전 정보를 반영했을 때 파라미터가 0.1일 때 해당 데이터가 관측될 사후 확률은 1.3514522481067584e-22라는 것을 알 수 있습니다.

앞선 코드에서는 파라미터가 0.1일 때 사후 확률을 추정했다면 다음 코드는 MAP를 이용해 사후 확률을 최대화시키는 파라미터를 추정하는 코드입니다.

```
a = 10                                                          ❶
b = 10                                                          ❷
p_list = np.arange(0, 1, 0.01)                                  ❸

n = 38                                                          ❹
x = 27                                                          ❺
post_probs = []                                                 ❻

for p in p_list:                                                ❼
    prior_prob = beta.pdf(p, a=a, b=b)                          ❽
    likelihood = binom.pmf(k=x, n=n, p=p)                       ❾
    post_prob = likelihood*prior_prob                           ❿
    post_probs.append(post_prob)
```

먼저 ❶, ❷ 사전 분포에 해당하는 베타 분포의 α와 β값을 정해 주겠습니다. 이 값은 사전 지식을 이용해 연구자가 직접 정하는 것입니다. ❸ 그리고 파라미터 값의 범위를 정해 줍니다. numpy 라이브러리의 arange 함수를 이용해 0부터 1까지 0.01씩 증가하는 값을 리스트에 담아 줍니다. ❹, ❺ 그리고 가능도 함수에 들어갈 데이터를 설정해 줍니다. 레알 마드리드는 38경기 중 27경기를 승리했으므로 n을 38, x를 27로 설정합니다. ❻ 그리고 각 파라미터에 대한 사후 확률을 저장할 리스트를 정의합니다. ❼ MAP를 추정하기 위해 반복문을 수행합니다. ❽ 그리고 사전 확률을 구해 prior_prob라고 저장합니다. ❾ 그리고 이항 분포를 이용해 주어진 데이터의 가능도를 구해 likelihood라고 저장합니다. ❿ 그리고 다음 식을 따르는 사후 확률을 구하고 ⓫ 사후 확률 리스트에 추가합니다.

$$\hat{\theta}_{MAP} \propto \underset{\theta}{\mathrm{argmax}}\, f(x|\theta)f(\theta)$$

따라서 사후 확률 리스트 post_prob를 최대화시키는 파라미터가 MAP 추정량이 되는 것입니다.

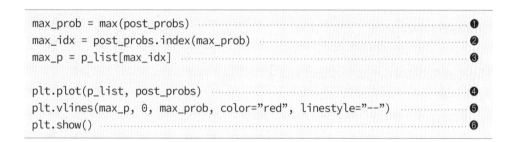

```
max_prob = max(post_probs)                                    ❶
max_idx = post_probs.index(max_prob)                          ❷
max_p = p_list[max_idx]                                       ❸

plt.plot(p_list, post_probs)                                  ❹
plt.vlines(max_p, 0, max_prob, color="red", linestyle="--")   ❺
plt.show()                                                    ❻
```

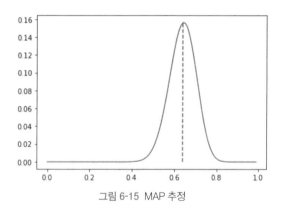

그림 6-15 MAP 추정

지금부터는 데이터 시각화를 통해 MAP 추정량을 확인해 보겠습니다. ❶ 그리고 사후 확률의 최댓값을 구합니다. ❷ 그리고 해당 사후 확률의 최댓값에 해당하는 인덱스를 구합니다. ❸ 그리고 해당 인덱스에 해당하는 MAP 파라미터를 구합니다. ❹ 그리고 사후 확률 곡선과 ❺ MAP 추정량에 대한 수직선을 그리고 ❻ 결과를 확인합니다.

```
print(max_prob)
```

```
0.15648747931294515
```

실제로 위에서 구한 최대 사후 확률은 위와 같습니다.

```
print(max_idx)
```

```
64
```

그리고 위 코드를 보면 최대 사후 확률은 64번째 값인 것을 알 수 있습니다.

```
post_probs[64]
```

```
0.15648747931294515
```

실제로 사후 확률의 64번째 값을 보면 최대 사후 확률을 가지는 것을 볼 수 있습니다.

```
p_list[64]
```

```
0.64
```

따라서 MAP 추정량은 0.64라는 것을 알 수 있습니다.

확률 과정

지금까지 다룬 확률 변수는 시간과는 관련이 없었습니다. 그러나 지금부터 배울 확률 과정은 시간과 관련이 있습니다. 이번 장에서는 시간 순서에 따라 데이터를 수집하는 확률 과정에 대해 알아보겠습니다. 먼저 확률 과정의 개념을 배우고, 마르코프 체인에 대해 알아보겠습니다. 그리고 First step analysis, 랜덤 워크, 포아송 과정, 브라운 운동 순서로 학습해 보겠습니다.

7.1 확률 과정이란

▌7.1.1 확률 과정의 개념

확률 과정(stochastic process)이란 시간과 관련된 확률 변수의 집합입니다. 즉, 확률 과정은 '집합'이므로 시간과 관련된 여러 확률 변수를 모아 놓은 것을 의미합니다. 다른 말로 하면 확률 과정을 구성하는 확률 변수들은 모두 시간 혹은 시점과 관련되어 있다는 의미입니다. 앞서 지금까지 다루었던 확률 변수는 시간과는 관련이 없었고 확률 변수의 표기도 X와 같은 대문자 영어로 표기했었습니다. 그러나 지금부터 다룰 확률 과정은 같은 확률 변수 X라 할지라도 시간에 따라 값이 달라지고 확률 변수 X_t와 같이 표현합니다. 확률 변수 X_t는 t시점의 확률 변수 X라는 의미입니다. 기존 확률 변수 표기에서는 볼 수 없었던 인덱스 t가 우측 하단에 추가되었습니다. 이와 같은 표기법은 X_t라고 쓸 수도 있고 시점 t를 강조하기 위해 $X(t)$라고 표기할 수도 있습니다. 예를 들어, 다음 예에서 X_0는 0 시점의 확률 변수를 의미하고 X_1는 1시점, X_2는 2시점의 확률 변수를 의미합니다.

$$X_0, X_1, X_2, \cdots$$

$$X(0), X(1), X(2), \cdots$$

확률 과정은 시간과 관련이 있다고 했습니다. 이때, 시간은 이산형 시간의 형태와 연속형 시간 형태의 두 가지로 존재합니다. 시간이 이산형(discrete)일 경우 위와 같이 특정 시점에 대한 확률 과정으로 나타냅니다. 이때, t는 이산형 시간 단위 집합 T에 속하며 다음과 같이 나타냅니다.

$$t \in T = \{0, 1, 2, \cdots\}$$

우리가 살고 있는 시공간에서 시간은 연속적입니다. 그러나 위에서 언급한 t는 0, 1, 2, …와 같이 연속이 아닌 이산형 형태를 띠는 것을 볼 수 있습니다. 따라서 X_t는 이산형 특정 시점 t에 해당하는 확률 변수를 의미합니다. 이를 그림으로 나타내면 [그림 7-1]과 같습니다.

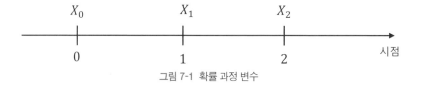

그림 7-1 확률 과정 변수

확률 과정의 예로 각 시점에서 동전을 던진다고 가정하겠습니다. 0 시점에 던진 결과는 X_0로 나타낼 수 있고 1 시점에 던진 결과는 X_1 등과 같이 나타낼 수 있습니다.

$$\cdots, X_{t-2}, X_{t-1}, X_t, X_{t+1}, X_{t+2}, \cdots$$

확률 변수 X_t에서 t는 일반적으로 현재 시점을 의미합니다. 따라서 위와 같은 확률 과정에서의 확률 변수의 인덱스가 X_{t+1}과 같이 t보다 크다면 현재 시점보다 미래를 의미하며 X_{t-1}과 같이 인덱스가 t보다 작다면 과거 시점을 의미합니다.

$$\{X_t\}_{t \geq 0}$$

$$\{X(t)\}_{t \geq 0}$$

확률 과정의 시간이 연속형(continuous)일 경우는 위와 같이 나타냅니다. [그림 7-2]는 시간이 이산형일 때의 확률 과정을 나타내며 오른쪽 그림은 시간이 연속형일 때의 확률 과정을 나타냅니다.

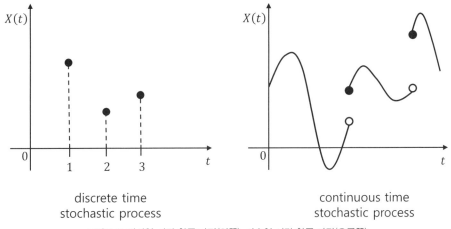

discrete time
stochastic process

continuous time
stochastic process

그림 7-2 이산형 시간 확률 과정(왼쪽), 연속형 시간 확률 과정(오른쪽)

먼저 [그림 7-2]의 왼쪽 그림은 x축 시점이 이산형이므로 y축의 $X(t)$ 값이 점(point) 형식으로 나타나는 것을 볼 수 있습니다. 반면 오른쪽 그림에서 시간은 연속형이므로 $X(t)$ 값들이 곡선 형태로 나타나는 것을 볼 수 있습니다. 오른쪽 그림과 같이 시간이 연속형일 때의 확률 과정을 고려할 때, 주의해야 할 점은 $X(t)$의 값들이 반드시 연속일 필요는 없다는 것입니다. 오른쪽 그림처럼 중간에 끊어진 부분도 있을 수 있습니다.

지금까지 설명을 봐도 아마 확률 과정이 무엇인지 감이 잡히지 않는 분들도 있을 것입니다. 좀 더 쉬운 설명을 위해 확률 과정의 개념을 일반 함수에 비유해서 설명해 보겠습니다. 먼저 다음과 같은 함수가 있다고 가정해 보겠습니다. 다음 함수는 100%의 확률로 $f(t) = t$로 정의 된다는 의미입니다. 이와 같은 함수는 확률 과정이라고 할 수 있을까요?

$$f(t) = t, \qquad with\ probability\ 1$$

위 함수를 그림으로 나타내면 [그림 7-3]과 같이 직선의 형태를 나타내는 것을 알 수 있습니다. 위 함수에서 t는 시점을 의미하며 t 시점의 함숫값은 t라는 것을 알 수 있습니다.

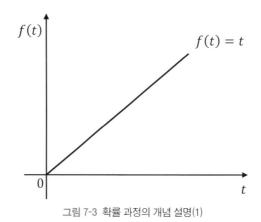

그림 7-3 확률 과정의 개념 설명(1)

[그림 7-3]을 보면 함수의 그래프는 확정적이라고 할 수 있습니다. 이때, 확정적이라는 말은 어떠한 상황에서도 그래프가 변하지 않는 것입니다. 즉, 시점 t에의 함숫값 $f(t)$의 값 t로 정 해져 있으니 우리는 미래 시점의 값을 정확히 알 수 있습니다. 예를 들어, $f(t) = t$이므로 현 재 시점이 10이라고 했을 때 미래 시점인 11 시점의 값은 11이라는 것을 알 수 있고, 20 시점 의 값은 20이라는 것을 알 수 있습니다.

그렇다면 다음과 같은 함수는 어떨까요?

$$\begin{cases} f(t) = t & for\ all\ t, \qquad with\ probability\ 1/2 \\ f(t) = -t & for\ all\ t, \qquad with\ probability\ 1/2 \end{cases}$$

위 함수는 1/2의 확률로 함수 그래프의 형태가 달라진다는 의미입니다. 이를 그림으로 나타내면 [그림 7-4]와 같습니다.

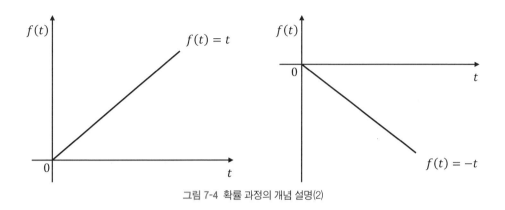

그림 7-4 확률 과정의 개념 설명(2)

[그림 7-4]를 보면 위 함수의 형태가 50%의 확률로 왼쪽 혹은 오른쪽으로 결정된다는 것을 알 수 있습니다. 확률적으로 함수의 형태가 결정되므로 이는 확률 과정이라고 할 수도 있겠습니다만 아직 완벽하게 확률적으로 값이 결정되는 것은 아닙니다. 왜냐하면 함수의 형태는 왼쪽, 오른쪽 중 하나로 결정되지만 이는 일단 한 번 결정되면 바뀌지 않습니다. 즉, 우리는 과거 시점의 $f(t)$값을 하나라도 알게 된다면 미래의 값을 확정적으로 알 수 있는 것입니다. 예를 들어, 현재 시점이 10이라고 했을 때 시점 9의 $f(t)$값이 9라는 것을 알게 된다면 이는 왼쪽 함수인 $f(t) = t$를 따른다는 것을 알 수 있고, 그러므로 미래 시점 11의 $f(t)$값은 11이라는 것을 알 수 있으며 앞으로도 $f(t) = t$를 따르는 것을 알 수 있습니다. 반대로 과거 시점 9의 $f(t)$ 값이 -9라는 사실을 알고 있다면 $f(t) = -t$를 따르는 것을 알 수 있습니다. 따라서 미래 시점 11의 $f(t)$값은 -11이라는 것을 알 수 있습니다.

마지막으로 다음과 같은 형태의 함수를 보겠습니다.

$$f(t) = \begin{cases} t, & \text{with probability } 1/2 \\ -t, & \text{with probability } 1/2 \end{cases}, \quad \text{for each } t$$

위 함수는 각 시점에 대해 값이 t가 될 수도 있고 $-t$가 될 수도 있다는 의미입니다. 이를 그림으로 나타내면 [그림 7-5]와 같습니다.

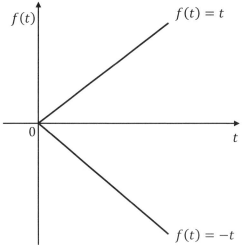

그림 7-5 확률 과정의 개념 설명(3)

[그림 7-5]는 위 함수를 그림으로 나타낸 것입니다. 그림을 보면 각 시점에서의 $f(t)$값은 t가 될 수도 있고 $-t$가 될 수도 있다는 것을 알 수 있습니다. 이는 각 시점에 대해 모두 성립하므로 과거의 값이 얼마이든 미래 값을 예측하는 데 도움이 되지 않는다는 것을 알 수 있었습니다. 앞선 2가지 함수는 과거의 값을 알면 미래의 값이 정해졌지만 [그림 7-5]에서는 과거 값을 알아도 미래 값이 정해져 있지 않다는 것을 알 수 있으며 이것이 확률 과정의 개념입니다.

확률 과정은 실생활에서도 찾아볼 수 있는데, 가장 쉽게 볼 수 있는 것이 주식 시장입니다. 주식 시장에서의 주가는 현재 시점으로 t부터 과거의 값이 모두 정해져 있습니다. 그러나 우리는 미래의 주가를 정확히 예측할 수 없습니다. 우리가 주가를 정확히 예측할 수 없는 이유는 주가 그래프는 확률 과정이므로 과거의 값을 모두 알고 있어도 함수가 확정적이지 않아 미래 시점의 주가를 알 수 없기 때문입니다.

▎7.1.2 마팅게일

마팅게일(martingale)은 "공평한 게임(fair game)" 특성을 가진 확률 과정입니다. 다음은 마팅게일의 정의를 나타냅니다.

NOTE **마팅게일(martingale)**

다음과 같은 성질을 만족하는 확률 과정 $\{X_t;\ t = 0, 1, \cdots\}$을 마팅게일이라고 합니다.

1) $E(|X_t|) < \infty$

2) $E(X_{t+1} \mid X_0, X_1, \cdots, X_t) = X_t$

마팅게일의 두 번째 성질을 보면 만약 0번째 시점부터 현재 시점 t까지의 값을 알고 있을 때 아직 오지 않은 한 시점 미래의 값 $t + 1$의 기댓값은 현재 시점의 값 X_t와 동일하다는 의미입니다. 이를 잘 생각해 보면 마팅게일의 경우 시점 t가 언제인가와는 상관없이 항상 일정한 기댓값을 가진다고 볼 수 있습니다. 간단히 0시점과 1시점을 이용해 예를 들면 다음과 같습니다.

$$E(X_1 \mid X_0) = X_0$$

위 식에서 양변에 기댓값을 취하면 다음과 같습니다.

$$E[E(X_1 \mid X_0)] = E(X_0)$$

$$\Leftrightarrow E(X_1) = E(X_0)$$

위 결과와 같이 시점 0의 기댓값 $E(X_0)$와 시점 1의 기댓값 $E(X_1)$은 동일하다는 것을 알 수 있습니다.

이번에는 0시점, 1시점, 2시점까지 고려해 보겠습니다.

$$E(X_2 \mid X_0, X_1) = X_1$$

$$\Leftrightarrow E[E(X_2 \mid X_0, X_1)] = E(X_1)$$

$$\Leftrightarrow E(X_2) = E(X_1)$$

$$\therefore E(X_0) = E(X_1) = E(X_2)$$

따라서 이를 일반화하면 다음과 같습니다.

$$E(X_0) = E(X_t)$$

마팅게일은 공평한 게임이라고 했습니다. 이때, 공평하다는 의미는 도박을 예로 들면 각 시행에서 플레이어의 돈이 증가하지도 않고 감소하지도 않는 것을 의미합니다.

7.2 마르코프 체인

▌7.2.1 마르코프 체인의 개념

마르코프 체인(Markov chain) $\{X_t\}$의 의미는 미래 시점에서의 결과는 오직 현재 시점에만 의존하며 과거 시점에는 의존하지 않는 것을 뜻합니다. 이를 수식으로 나타내면 다음과 같습니다. 다음 수식은 이산형 시점을 다루고 있는데 이를 discrete-time Markov chain이라고 부릅니다. 그리고 아래 조건을 만족하는 경우 Markov property를 가진다고 합니다.

$$P(X_{n+1} = j \mid X_0 = i_0, X_1 = i_1, \cdots, X_{n-1} = i_{n-1}, X_n = i) = P(X_{n+1} = j \mid X_n = i)$$

위 식의 의미는 무엇일까요? 마르코프 체인의 $n+1$ 시점의 값 X_{n+1}은 바로 한 시점 직전의 X_n값에만 영향을 받는다는 의미입니다. 달리 말하면 미래의 값은 현재 값에만 의존하며 한 시점 이전의 과거 값들과는 무관하다는 뜻입니다.

위 식과 같이 n시점에서 확률 변수 X_n의 값이 i일 때, 즉, $X_n = i$와 같이 X_n이 i라고 주어졌을 때, $n+1$ 시점에서 $X_{n+1} = j$와 같이 X_{n+1}이 j일 확률을 one-step transition probability라고 부르며 이때, transition probability는 전이 확률이라고 부릅니다. one-step 전이 확률은 다음과 같이 간단하게 표기할 수 있습니다.

$$P_{ij}^{n,n+1} = P(X_{n+1} = j \mid X_n = i)$$

위 표기에서 P는 확률(probability)의 P를 의미하며, 아래 첨자는 확률 변수의 값을 의미하며, 위 첨자는 시점을 의미합니다. 위와 같이 전이 확률을 표기할 때는 확률 변수의 값만 나타내는 것이 아니라 시점까지 표기합니다. 그리고 one-step 전이 확률은 시점 n과 무관합니다. 즉, 위 수식에서 n에 어떤 시점을 넣더라도 등식은 성립하는 것입니다. 이를 식으로 표현하면 다음과 같습니다.

$$P_{ij}^{1,2} = P_{ij}^{2,3} = P_{ij}^{3,4} = \cdots$$

이러한 성질을 stationary라고 하는데 우리말로는 '정상성'이라고 번역하기도 합니다. 그러나 정상성이라는 단어는 와 닿지 않으므로 본 교재에서는 stationary하다고 영문 그대로 표기하겠습니다.

▋7.2.2 one-step 전이 확률 행렬

one-step 전이 확률은 이름처럼 1시점 이후의 결과를 다룹니다. 이때, 1시점 이후란 다음 시행에서의 결과를 의미하며, 동전 던지기를 예로 들면 현재 시점에 동전을 던졌을 때 X_n이 i라고 한다면 바로 다음 시행 결과 X_{n+1}는 i가 되는 것입니다. one-step 전이 확률은 시점을 생략해 간단하게 $P_{ij}^{n,n+1} = P_{ij}$라고 표기하겠습니다. 각 시점의 one-step 전이 확률을 행렬 형태로 표현하면 다음과 같고 이를 **마르코프 행렬(Markov matrix)** 혹은 **전이 확률 행렬(transition probability matrix)**이라고 부릅니다.

$$\mathbf{P} = \begin{bmatrix} P_{00} & P_{01} & P_{02} & P_{03} & \cdots \\ P_{10} & P_{11} & P_{12} & P_{13} & \cdots \\ P_{20} & P_{21} & P_{22} & P_{23} & \cdots \\ \vdots & \vdots & \vdots & \vdots & \ddots \\ P_{i0} & P_{i1} & P_{i2} & P_{i3} & \cdots \\ \vdots & \vdots & \vdots & \vdots & \ddots \end{bmatrix}$$

위 행렬을 한번 자세히 살펴보겠습니다. 전이 확률 행렬 **P**의 각 원소는 one-step 전이 확률에 해당합니다. 예를 들어, 3행 2열의 원소 P_{32}는 다음과 같이 n시점의 값이 3이라고 주어졌을 때, $n + 1$ 시점의 값이 2일 확률을 의미하며 이는 다음과 같은 수식으로 나타낼 수 있습니다.

$$P_{32} = P(X_{n+1} = 2 \mid X_n = 3)$$

전이 확률 행렬은 행렬이므로 행(row)과 열(column)로 구성되어 있습니다. 그렇다면 전이 확률 행렬에서 행은 무엇을 의미할까요? 전이 확률 행렬의 2행을 살펴보겠습니다. 2행의 특징은 원소값이 P_{ij}에서 $i = 1$이라는 것입니다. 즉, 2행의 의미는 n 시점에서 값이 1이라고 주어졌을 때의 전이 확률을 의미합니다.

그렇다면 전이 확률 행렬에서 열(column)은 어떤 의미를 가지고 있을까요? 예를 들어, 전이 확률 행렬의 3열을 보겠습니다. 3열의 특징은 원소값이 P_{ij}에서 $j = 2$이라는 것입니다. 즉, 3열의 의미는 n 시점에서 값이 주어졌을 때 $n + 1$ 시점에서의 값은 2일 전이 확률을 의미합니다.

전이 확률은 다음 성질을 만족합니다.

📝 NOTE   **전이 확률의 성질**

$$P_{ij} \geq 0 \ for \ i, j = 0, 1, 2, \cdots$$

$$\sum_{j=0}^{\infty} P_{ij} = 1 \ for \ i = 0, 1, 2, \cdots$$

첫 번째 조건은 전이 확률은 0보다 크거나 같음을 의미합니다. 그리고 두 번째 조건은 특정 시점을 기준으로 바로 다음 시점에 발생할 수 있는 모든 값에 대한 확률을 더한 값은 1이라는 것입니다. 이때, 두 번째 조건은 전이 확률 행렬에서 특정 행을 모두 더했을 때 1이라는 의미와 동일합니다.

이번에는 전이 확률을 이용해 다음과 같은 결합 확률을 구해 보겠습니다. 0시점의 확률 변수 X_0가 i_0일 확률을 p_{i_0}라고 하면 이는 $P(X_0 = i_0) = p_{i_0}$라고 쓸 수 있으며, 다음과 같이 결합 확률이 존재한다고 하겠습니다.

$$P(X_0 = i_0, X_1 = i_1, X_2 = i_2, \cdots, X_n = i_n)$$

위와 같은 결합 확률을 구하기 위해선 조건부 확률(conditional probability)을 이용해야 합니다. 조건부 확률은 다음과 같은 공식을 따릅니다.

$$P(A \cap B) = P(A|B)P(B)$$

따라서 위와 같은 공식을 결합 확률에 적용하면 다음과 같이 쓸 수 있습니다.

$P(X_0 = i_0, X_1 = i_1, X_2 = i_2, \cdots, X_n = i_n)$
$= P(X_n = i_n \mid X_0 = i_0, X_1 = i_1, X_2 = i_2, \cdots, X_{n-1} = i_{n-1})P(X_0 = i_0, X_1 = i_1, X_2 = i_2, \cdots, X_{n-1} = i_{n-1})$
$= P(X_n = i_n \mid X_{n-1} = i_{n-1})P(X_0 = i_0, X_1 = i_1, X_2 = i_2, \cdots, X_{n-1} = i_{n-1})$
$= P_{i_{n-1}, i_n}P(X_0 = i_0, X_1 = i_1, X_2 = i_2, \cdots, X_{n-1} = i_{n-1})$

위 식은 앞서 배운 마르코프 과정의 정의를 이용한 것입니다. 이와 마찬가지로 위 수식에서 마지막 줄의 $P(X_0 = i_0, X_1 = i_1, X_2 = i_2, \cdots, X_{n-1} = i_{n-1})$ 또한 다음과 같이 바꿔 쓸 수 있습니다.

$$P(X_0 = i_0, X_1 = i_1, X_2 = i_2, \cdots, X_{n-1} = i_{n-1}) = P_{i_{n-2}, i_{n-1}} P(X_0 = i_0, X_1 = i_1, X_2 = i_2, \cdots, X_{n-2} = i_{n-2})$$

따라서 이 과정을 반복하면 결합 확률 $P(X_0 = i_0, X_1 = i_1, X_2 = i_2, \cdots, X_n = i_n)$는 다음과 같이 전이 확률의 곱 형태로 쓸 수 있습니다.

$$P(X_0 = i_0, X_1 = i_1, X_2 = i_2, \cdots, X_n = i_n) = P_{i_{n-1}, i_n} P_{i_{n-2}, i_{n-1}} \cdots P_{i_0, i_1} p_{i_0}$$
$$= p_{i_0} P_{i_0, i_1} \cdots P_{i_{n-2}, i_{n-1}} P_{i_{n-1}, i_n}$$

그리고 위 수식과 마르코프 체인의 정의를 고려하면 다음과 같은 식도 성립합니다.

$$P(X_{n+1} = j_1, \cdots, X_{n+m} = j_m \mid X_0 = i_0, X_1 = i_1, \cdots, X_{n-1} = i_{n-1}, X_n = i)$$
$$= P(X_{n+1} = j_1, \cdots, X_{n+m} = j_m \mid X_n = i)$$

그렇다면 전이 확률 행렬을 이용해 간단한 문제를 풀어 보겠습니다.

■ 예제 1)
마르코프 체인 $X_0, X_1, X_2, \cdots$가 상태 0, 1, 2 중 하나를 띠고 다음과 같은 전이 확률 행렬을 따른다고 하겠습니다.

$$\mathbf{P} = \begin{bmatrix} P_{00} & P_{01} & P_{02} \\ P_{10} & P_{11} & P_{12} \\ P_{20} & P_{21} & P_{22} \end{bmatrix} = \begin{bmatrix} 0.1 & 0.3 & 0.6 \\ 0.3 & 0.2 & 0.5 \\ 0.2 & 0.5 & 0.3 \end{bmatrix}$$

$$p_{i_0} = P(X_0 = 0) = 0.3$$

위 전이 확률 행렬은 다음과 같이 그림으로 표현할 수 있습니다.

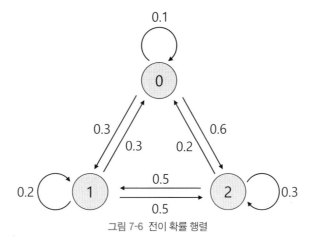

그림 7-6 전이 확률 행렬

위 전이 확률 행렬을 이용해 $P(X_0 = 0, X_1 = 2, X_2 = 1)$를 구해 보겠습니다.

$$P(X_0 = 0, X_1 = 2, X_2 = 1) = p_{i_0} P_{02} P_{21}$$

$$= 0.3 \times 0.6 \times 0.5$$

$$= 0.09$$

결국 마르코프 체인은 초기 상태의 확률 분포와 one-step 전이 확률 행렬로 정의되는 것을 알 수 있습니다.

■ 예제 2)

마르코프 체인 $X_0, X_1, X_2, \cdots$가 상태 0, 1, 2 중 하나를 띠고 다음과 같은 전이 확률 행렬을 따른다고 하겠습니다.

$$\mathbf{P} = \begin{bmatrix} P_{00} & P_{01} & P_{02} \\ P_{10} & P_{11} & P_{12} \\ P_{20} & P_{21} & P_{22} \end{bmatrix} = \begin{bmatrix} 0.2 & 0.1 & 0.7 \\ 0.3 & 0.2 & 0.5 \\ 0.4 & 0.4 & 0.2 \end{bmatrix}$$

위 전이 확률 행렬을 이용해 $P(X_1 = 0, X_2 = 2 \mid X_0 = 1)$를 구해 보겠습니다.

구하고자 하는 확률 $P(X_1 = 0, X_2 = 2 \mid X_0 = 1)$에서 $X_0 = 1$이라는 조건이 주어지므로 위 전이 확률 행렬에서 2행을 보면서 계산을 시작해야 한다는 것을 알 수 있습니다.

$$P(X_1 = 0, X_2 = 2 \mid X_0 = 1) = P_{10}P_{02}$$

$$= 0.3 \times 0.7$$

$$= 0.21$$

그렇다면 위 전이 확률 행렬에서 $P(X_2 = 0, X_3 = 2 \mid X_1 = 1)$를 구하면 어떻게 될까요? 앞선 문제와 다른 점은 시작 시점이 0이 아닌 1이라는 점입니다. 마르코프 체인은 직전 상태에만 영향을 받으므로 $P(X_2 = 0, X_3 = 2 \mid X_1 = 1)$은 $P(X_1 = 0, X_2 = 2 \mid X_0 = 1)$과 동일하며 다음과 같이 구할 수 있습니다.

$$P(X_2 = 0, X_3 = 2 \mid X_1 = 1) = P_{10}P_{02}$$

$$= 0.3 \times 0.7$$

$$= 0.21$$

▌7.2.3 n-step 전이 확률 행렬

앞선 전이 확률 행렬은 one-step을 기준으로 생성했습니다. 이번에는 이를 n-step으로 일반화한 n-step 전이 확률 행렬을 알아보겠습니다. n-step 전이 확률 행렬은 다음과 같이 표현합니다.

$$\mathbf{P}^{(n)} = \left[P_{ij}^{(n)} \right]$$

$$P_{ij}^{(n)} = P(X_{m+n} = j \mid X_m = i)$$

n-step 전이 확률은 위 수식과 같이 m 시점의 상태가 i라고 주어졌을 때 n 시점 이후의 상태가 j가 될 확률을 의미합니다.

마르코프 체인의 n-step 전이 확률은 다음과 같은 성질을 만족합니다.

$$P_{ij}^{(n)} = \sum_{k=0}^{\infty} P_{ik} P_{kj}^{(n-1)}, \qquad where \; P_{ij}^{(0)} = \begin{cases} 1, & if \; i = j \\ 0, & if \; i \neq j \end{cases}$$

$$\mathbf{P}^{(n)} = \mathbf{P} \times \mathbf{P} \times \cdots \times \mathbf{P} = \mathbf{P}^n$$

위 성질을 증명하면 다음과 같습니다.

$$P_{ij}^{(n)} = P(X_n = j \mid X_0 = i)$$

$$= \sum_{k=0}^{\infty} P(X_n = j, X_1 = k \mid X_0 = i)$$

$$= \sum_{k=0}^{\infty} P(X_1 = k \mid X_0 = i) P(X_n = j \mid X_0 = i, X_1 = k)$$

$$= \sum_{k=0}^{\infty} P_{ik} P_{kj}^{(n-1)}$$

그럼 n-step 전이 확률 행렬과 관련된 문제를 풀어 보겠습니다.

■ 예제

$$\mathbf{P} = \begin{bmatrix} P_{00} & P_{01} & P_{02} \\ P_{10} & P_{11} & P_{12} \\ P_{20} & P_{21} & P_{22} \end{bmatrix} = \begin{bmatrix} 0.1 & 0.3 & 0.6 \\ 0.4 & 0.2 & 0.4 \\ 0.2 & 0.5 & 0.3 \end{bmatrix}$$

위 전이 확률 행렬을 그림으로 나타내면 다음과 같습니다.

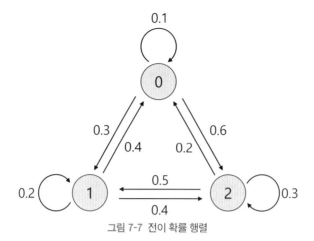

그림 7-7 전이 확률 행렬

위와 같은 전이 확률 행렬이 있다고 했을 때 $P(X_3 = 1 \mid X_1 = 0)$은 어떻게 구할 수 있을까요? 구하고자 하는 확률을 보면 2 시점 이후의 상태가 1일 확률을 구하는 것을 알 수 있습니다. 구하고자 하는 확률이 2시점 이후이므로 먼저 $\mathbf{P}^2$을 구해야 한다는 것을 알 수 있습니다. $\mathbf{P}^2$은 다음과 같이 계산할 수 있습니다.

$$\mathbf{P}^2 = \mathbf{PP} = \begin{bmatrix} 0.1 & 0.3 & 0.6 \\ 0.4 & 0.2 & 0.4 \\ 0.2 & 0.5 & 0.3 \end{bmatrix} \begin{bmatrix} 0.1 & 0.3 & 0.6 \\ 0.4 & 0.2 & 0.4 \\ 0.2 & 0.5 & 0.3 \end{bmatrix} = \begin{bmatrix} 0.25 & 0.39 & 0.36 \\ 0.2 & 0.36 & 0.44 \\ 0.28 & 0.31 & 0.41 \end{bmatrix}$$

따라서 $P(X_3 = 1 \mid X_1 = 0) = P_{01}^{(2)} = 0.39$라는 것을 알 수 있습니다.

위 2-step 전이 확률 행렬을 그림으로 나타내면 다음과 같습니다.

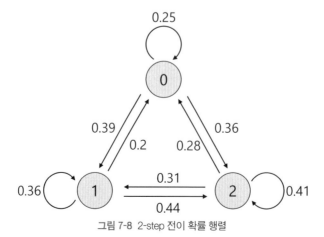

그림 7-8 2-step 전이 확률 행렬

7.2.4 파이썬 라이브러리 실습

이번 절에서는 파이썬 라이브러리를 활용해 n-step 전이 확률 행렬 실습을 해보겠습니다. 이번 실습에서는 다음과 같은 전이 확률 행렬 $\mathbf{P}$를 이용해 2-step 전이 확률 행렬과 3-step 전이 확률 행렬을 구해 보겠습니다.

$$\mathbf{P} = \begin{bmatrix} 0.1 & 0.3 & 0.6 \\ 0.4 & 0.2 & 0.4 \\ 0.2 & 0.5 & 0.3 \end{bmatrix}$$

먼저 위와 같은 전이 확률 행렬 $\mathbf{P}$를 구현해 보겠습니다.

```
import numpy as np

P = np.array([[0.1, 0.3, 0.6],
              [0.4, 0.2, 0.4],
              [0.2, 0.5, 0.3]])
```

먼저 실습을 위해 필요한 numpy 라이브러리를 불러옵니다. 그리고 numpy 라이브러리의 array 함수를 이용해 앞서 정의한 전이 확률 행렬 P를 선언합니다. 전이 확률 행렬을 선언했으면 다음과 같이 2 step 전이 확률 행렬을 구해 보겠습니다.

$$\mathbf{P}^2 = \mathbf{PP} = \begin{bmatrix} 0.1 & 0.3 & 0.6 \\ 0.4 & 0.2 & 0.4 \\ 0.2 & 0.5 & 0.3 \end{bmatrix}\begin{bmatrix} 0.1 & 0.3 & 0.6 \\ 0.4 & 0.2 & 0.4 \\ 0.2 & 0.5 & 0.3 \end{bmatrix} = \begin{bmatrix} 0.25 & 0.39 & 0.36 \\ 0.2 & 0.36 & 0.44 \\ 0.28 & 0.31 & 0.41 \end{bmatrix}$$

```
P2 = np.matmul(P, P)
print(P2)
```

```
[[0.25 0.39 0.36]
 [0.2  0.36 0.44]
 [0.28 0.31 0.41]]
```

위 코드와 같이 행렬 곱은 matmul 함수를 이용해 구할 수도 있고 다음 코드와 같이 '@'를 이용해 구할 수도 있습니다.

```
P2 = P@P
print(P2)
```

```
[[0.25 0.39 0.36]
 [0.2  0.36 0.44]
 [0.28 0.31 0.41]]
```

이번에는 위에서 구한 2 step 전이 확률 행렬을 이용해 $P(X_3 = 1 \mid X_1 = 0) = P_{01}^{(2)}$를 구해 보겠습니다.

```
print(P2[0][1])
```

```
0.39
```

위 결과를 보면 $P(X_3 = 1 \mid X_1 = 0) = P_{01}^{(2)} = 0.39$라는 것을 알 수 있습니다.

$$\mathbf{P}^3 = \mathbf{P}^2\mathbf{P} = \begin{bmatrix} 0.25 & 0.39 & 0.36 \\ 0.2 & 0.36 & 0.44 \\ 0.28 & 0.31 & 0.41 \end{bmatrix} \begin{bmatrix} 0.1 & 0.3 & 0.6 \\ 0.4 & 0.2 & 0.4 \\ 0.2 & 0.5 & 0.3 \end{bmatrix} = \begin{bmatrix} 0.25 & 0.33 & 0.41 \\ 0.25 & 0.35 & 0.39 \\ 0.23 & 0.35 & 0.41 \end{bmatrix}$$

```
P3 = np.matmul(P2, P)
print(P3)
```

```
[[0.253 0.333 0.414]
 [0.252 0.352 0.396]
 [0.234 0.351 0.415]]
```

이번에는 3 step 전이 확률 행렬을 구하면 위 코드와 같습니다. 앞서 구한 2 step 전이 확률 행렬 P2에 전이 확률 행렬 P를 행렬 곱하면 3 step 전이 확률 행렬 P3를 구할 수 있습니다.

$$\mathbf{P}^3 = \mathbf{PPP} = \begin{bmatrix} 0.1 & 0.3 & 0.6 \\ 0.4 & 0.2 & 0.4 \\ 0.2 & 0.5 & 0.3 \end{bmatrix} \begin{bmatrix} 0.1 & 0.3 & 0.6 \\ 0.4 & 0.2 & 0.4 \\ 0.2 & 0.5 & 0.3 \end{bmatrix} \begin{bmatrix} 0.1 & 0.3 & 0.6 \\ 0.4 & 0.2 & 0.4 \\ 0.2 & 0.5 & 0.3 \end{bmatrix} = \begin{bmatrix} 0.25 & 0.33 & 0.41 \\ 0.25 & 0.35 & 0.39 \\ 0.23 & 0.35 & 0.41 \end{bmatrix}$$

```
P3 = P@P@P
print(P3)
```

```
[[0.253 0.333 0.414]
 [0.252 0.352 0.396]
 [0.234 0.351 0.415]]
```

혹은 위 코드와 같이 P를 연속으로 곱하는 방법으로 P3를 구할 수도 있습니다.

7.3 First Step Analysis

▌7.3.1 3×3 행렬의 First Step Analysis

first step analysis라는 방법을 이용하면 전이 확률 행렬을 분석할 수 있는데, 이 방법은 첫 번째 전이 이후 발생하는 확률을 분석하고 전확률 공식과 Markov property를 이용해 변수들의 특성을 파악하는 방법입니다. 이 방법은 예제로 쉽게 이해할 수 있습니다. first step analysis 방법을 쉽게 설명하기 위해 우선 3×3 크기의 전이 확률 행렬을 가정하겠습니다.

$$\mathbf{P} = \begin{bmatrix} P_{00} & P_{01} & P_{02} \\ P_{10} & P_{11} & P_{12} \\ P_{20} & P_{21} & P_{22} \end{bmatrix} = \begin{bmatrix} 1 & 0 & 0 \\ \alpha & \beta & \gamma \\ 0 & 0 & 1 \end{bmatrix}$$

위와 같은 전이 확률 행렬이 존재할 때, 우리는 이미 α, β, γ 모두 0보다 크고 $\alpha + \beta + \gamma = 1$이라는 사실을 알고 있습니다. 이러한 전제 조건을 바탕으로 위와 같은 전이 확률 행렬에서 초기 상태 1에서 시작한다고 생각해 보겠습니다. 초기 상태가 1이라는 것은 위 행렬의 2행에서 시작한다는 말과 같습니다. 초기 상태 1은 시간이 지나면 어떻게 될까요? 시간이 지나면 초기 상태는 1에서 0으로 변할 수도 있으며, 1에서 2로 변할 수도 있습니다. 물론 변화 없이 상태 1을 유지할 수도 있습니다.

위 행렬에서 상태 0이나 상태 2가 되면 우리는 그것을 "absorption되었다"라고 표현합니다. absorption은 번역하면 "흡수"라는 뜻을 가지고 있지만 본 교재에서는 원문 그대로 "absorption되었다"라고 표현하겠습니다. absorption된 것은 어떤 상태를 의미하는 것일까요? 위 전이 확률 행렬의 1행을 보겠습니다. 1행은 상태가 0이 된 것을 의미합니다. 위 행렬에 의하면 한 번 상태 0이 되면 시간이 지나도 다른 상태로 변하지 않습니다. 이는 3행의 상태 2에

321

대해서도 마찬가지입니다. 이처럼 absorption된 것은 시간이 지나도 상태가 변하지 않는 것을 의미합니다. 그렇다면 absorption되기까지는 얼마나 많은 시간이 걸릴까요? absorption되기까지의 시간을 T라고 하면 T는 다음과 같이 표현할 수 있습니다.

$$T = \min\{n \geq 0; X_n = 0 \ or \ X_n = 2\}$$

absorption되는 데 걸리는 시간 T를 찾는 것은 위 수식과 같이 정의할 수 있는데, 중요한 것은 상태 0이나 2 둘 중 어느 한 상태에 먼저 도달하면 T가 결정되는 것입니다. 그럼 지금부터 1) 상태 0 또는 상태 2에 absorption될 확률과 2) absorption되는 데 걸리는 시간의 기댓값을 구해보겠습니다.

$$\mathbf{P} = \begin{bmatrix} P_{00} & P_{01} & P_{02} \\ P_{10} & P_{11} & P_{12} \\ P_{20} & P_{21} & P_{22} \end{bmatrix} = \begin{bmatrix} 1 & 0 & 0 \\ \alpha & \beta & \gamma \\ 0 & 0 & 1 \end{bmatrix}$$

1-1) 상태 0 또는 상태 2에 absorption될 때, 둘 중 상태 0에 absorption되었을 확률

먼저 상태 0에 absorption될 확률을 구해 보겠습니다. 상태 0에 absorption될 확률은 다음과 같이 나타낼 수 있습니다. 다음 수식은 0시점에 X_0값이 1일 때, T시점에 X_T값이 0이 될 확률 u_1을 의미합니다.

$$u_1 = P(X_T = 0 \mid X_0 = 1)$$

위 확률을 구하면 다음과 같습니다.

$$u_1 = P(X_T = 0 \mid X_0 = 1)$$

$$= \frac{P(X_T = 0, X_0 = 1)}{P(X_0 = 1)}$$

$$= \sum_{k=0}^{2} \frac{P(X_T = 0, X_0 = 1, X_1 = k)}{P(X_0 = 1, X_1 = k)} \cdot \frac{P(X_0 = 1, X_1 = k)}{P(X_0 = 1)}$$

$$= \sum_{k=0}^{2} P(X_T = 0 \mid X_0 = 1, X_1 = k)P(X_1 = k \mid X_0 = 1)$$

$$= \sum_{k=0}^{2} P(X_T = 0 \mid X_1 = k)P(X_1 = k \mid X_0 = 1)$$

$$= P(X_T = 0 \mid X_1 = 0)P(X_1 = 0 \mid X_0 = 1) + P(X_T = 0 \mid X_1 = 1)P(X_1 = 1 \mid X_0 = 1)$$

$$+ P(X_T = 0 \mid X_1 = 2)P(X_1 = 2 \mid X_0 = 1)$$

$$= 1 \cdot \alpha + u \cdot \beta + 0 \cdot \gamma$$

$$= \alpha + \beta u_1$$

$$\therefore u_1 = \alpha + \beta u_1$$

$$\Leftrightarrow u_1 = \frac{\alpha}{1 - \beta} = \frac{\alpha}{\alpha + \gamma}$$

1-2) 상태 0 또는 상태 2에 absorption될 때, 둘 중 상태 2에 absorption되었을 확률

이번에는 상태 2에 absorption될 확률을 구해 보겠습니다. 상태 2에 absorption될 확률은 다음과 같이 나타낼 수 있습니다.

$$u_2 = P(X_T = 2 \mid X_0 = 1)$$

위 확률을 구하면 다음과 같습니다.

$$u_2 = P(X_T = 2 \mid X_0 = 1)$$

$$= \frac{P(X_T = 2, X_0 = 1)}{P(X_0 = 1)}$$

$$= \sum_{k=0}^{2} \frac{P(X_T = 2, X_0 = 1, X_1 = k)}{P(X_0 = 1, X_1 = k)} \cdot \frac{P(X_0 = 1, X_1 = k)}{P(X_0 = 1)}$$

$$= \sum_{k=0}^{2} P(X_T = 2 \mid X_0 = 1, X_1 = k)P(X_1 = k \mid X_0 = 1)$$

$$= \sum_{k=0}^{2} P(X_T = 2 \mid X_1 = k)P(X_1 = k \mid X_0 = 1)$$

$$= P(X_T = 2 \mid X_1 = 0)P(X_1 = 0 \mid X_0 = 1) + P(X_T = 2 \mid X_1 = 1)P(X_1 = 1 \mid X_0 = 1)$$

$$+ P(X_T = 2 \mid X_1 = 2)P(X_1 = 2 \mid X_0 = 1)$$

$$= 0 \cdot \alpha + u_2 \cdot \beta + 1 \cdot \gamma$$

$$= \beta u_2 + \gamma$$

$$\therefore u_2 = \beta u_2 + \gamma$$

$$\Leftrightarrow u_2 = \frac{\gamma}{1 - \beta} = \frac{\gamma}{\alpha + \gamma}$$

따라서 1-1)과 1-2)를 종합하면 다음과 같이 정리할 수 있습니다.

$$u_1 = \frac{\alpha}{\alpha + \gamma}, \qquad u_2 = \frac{\gamma}{\alpha + \gamma}$$

위와 같이 u_1은 상태 0으로 absorption될 확률이고 u_2는 상태 2로 absorption될 확률이니 이 둘을 합하면 다음과 같이 1이 되는 것을 볼 수 있습니다.

$$u_1 + u_2 = \frac{\alpha}{\alpha + \gamma} + \frac{\gamma}{\alpha + \gamma} = 1$$

absorption되었다는 말은 상태 0 또는 2가 된다는 말이니 위 수식처럼 u_1과 u_2의 합이 1이 되는 것은 타당한 것을 알 수 있습니다.

2) absorption되는 데 걸리는 시간의 기댓값

absorption되는 데 걸리는 시간의 기댓값은 다음과 같이 나타낼 수 있습니다.

$$v = E[T \mid X_0 = 1]$$

위 값을 구하기 위해서는 앞서 배운 조건부 기댓값에 전확률 공식을 적용한 다음 식을 이용해야 합니다.

$$E(A) = \sum_{i=1}^{n} E(A|B_i)P(B_i)$$

위 공식을 기억하면서 v를 구해 보겠습니다.

$v = E[T \mid X_0 = 1]$

$= \sum_{k=0}^{2} E(T \mid X_0 = 1, X_1 = k)P(X_1 = k \mid X_0 = 1)$

$= E(T \mid X_0 = 1, X_1 = 0)P(X_1 = 0 \mid X_0 = 1) + E(T \mid X_0 = 1, X_1 = 1)P(X_1 = 1 \mid X_0 = 1)$

$\qquad + E(T \mid X_0 = 1, X_1 = 2)P(X_1 = 2 \mid X_0 = 1)$

$= E(T \mid X_0 = 1, X_1 = 0)\alpha + E(T \mid X_0 = 1, X_1 = 1)\beta + E(T \mid X_0 = 1, X_1 = 2)\gamma$

$= 1 \cdot \alpha + E(T \mid X_0 = 1, X_1 = 1)\beta + 1 \cdot \gamma$

$= \alpha + [1 + E(T \mid X_0 = 1)] \times \beta + \gamma$

$= \alpha + (1 + v)\beta + \gamma$

$= \alpha + \beta + \gamma + v\beta$

$= 1 + \beta v$

$$\therefore v = 1 + \beta v \Leftrightarrow v = \frac{1}{1-\beta}$$

위 수식에서 $E(T \mid X_0 = 1, X_1 = 1) = 1 + E(T \mid X_0 = 1)$에 대해 생각해 보겠습니다.

$$E(T \mid X_0 = 1, X_1 = 1) = 1 + E(T \mid X_0 = 1)$$

$E(T \mid X_0 = 1, X_1 = 1)$는 시점 0에서 상태 1이었고 시점 1에서도 여전히 상태 1이라는 것을

볼 수 있습니다. 따라서 X_1은 새로운 마르코프 체인이라고 볼 수 있습니다. 이는 0 시점에서 1 시점이 되기까지 1 시점이 지난 상태에서 여전히 상태가 1이므로 기존 $E[T \mid X_0 = 1]$에서 1을 더한 형태라고 볼 수 있습니다. 이때, 1이 증가한 것은 absorption되기까지 시간이 1 증가한 것이라고 생각하면 이해하기 쉽습니다.

이번에는 T에 대해서 생각해 보겠습니다. T는 absorption이 되기까지 걸리는 시간이라고 했습니다. 그렇다면 T는 어떤 분포를 따를까요? T는 absorption이 되기'까지', 즉, absorption이 되는 것을 '성공'이라고 했을 때, 첫 번째 성공이 발생할 때까지 걸리는 시간이므로 T는 기하 분포를 따르는 것을 알 수 있습니다. 또한 T에 관하여 다음 식이 만족하는 것을 알 수 있습니다.

$$P(T > k \mid X_0 = 1) = \beta^k, \qquad k = 0, 1, \cdots$$

위와 같은 기하 분포 수식은 어떻게 구할 수 있는 것일까요? 몇 가지 k값을 넣어 보면서 실제로 위 식이 나오는지 확인해 보겠습니다.

1 $k = 0$

먼저 $k = 0$인 경우를 보겠습니다. 위 식의 좌변에 $k = 0$을 대입하면 다음과 같이 계산할 수 있습니다.

$$P(T > 0 \mid X_0 = 1) = 1 - P(T = 0 \mid X_0 = 1) = 1 - 0 = 1$$

위 수식에서 $P(T = 0 \mid X_0 = 1) = 0$인 이유는 전제 조건에서 X_0이 이미 1이므로 T가 0이 되는 것은 불가능하기 때문에 확률이 0이 되는 것입니다.

2 $k = 1$

이번에는 $k = 1$인 경우를 보겠습니다.

$$P(T > 1 \mid X_0 = 1) = 1 - P(T = 0 \mid X_0 = 1) - P(T = 1 \mid X_0 = 1)$$

$$= 1 - 0 - P(X_1 = 0 \ or \ X_1 = 2 \mid X_0 = 1)$$

$$= 1 - 0 - (\alpha + \gamma)$$

$$= 1 - (1 - \beta)$$

$$= \beta$$

3 $k = k$

T는 기하 분포를 따르므로 앞서 배운 무기억성을 가지고 있습니다. 기하 분포의 무기억성은 다음과 같은 성질을 의미합니다.

$$P(X > y + z) = P(X > y)P(X > z)$$

따라서 $P(T > k \mid X_0 = 1)$는 다음과 같이 구할 수 있습니다.

$$P(T > k \mid X_0 = 1) = [P(T > 1 \mid X_0 = 1)]^k = \beta^k$$

이와 같이 첫 번째 성공이 발생할 때까지 걸리는 시간 T는 다음과 같은 기하 분포를 따르는 것을 알 수 있습니다.

$$P(T > k \mid X_0 = 1) = \beta^k, \qquad k = 0, 1, \cdots$$

▌7.3.2 4×4 행렬의 First Step Analysis

앞선 절에서는 3×3 행렬의 First Step Analysis에 대해 알아보았습니다. 이번 절에서는 조금 더 복잡한 형태인 4×4 행렬의 First Step Analysis에 대해 알아보겠습니다.

$$\mathbf{P} = \begin{bmatrix} P_{00} & P_{01} & P_{02} & P_{03} \\ P_{10} & P_{11} & P_{12} & P_{13} \\ P_{20} & P_{21} & P_{22} & P_{23} \\ P_{30} & P_{31} & P_{32} & P_{33} \end{bmatrix} = \begin{bmatrix} 1 & 0 & 0 & 0 \\ P_{10} & P_{11} & P_{12} & P_{13} \\ P_{20} & P_{21} & P_{22} & P_{23} \\ 0 & 0 & 0 & 1 \end{bmatrix}$$

위 전이 확률 행렬 $\mathbf{P}$를 보면 상태 0, 상태 3은 absorption, 상태 1, 상태 2는 transient라는 것을 볼 수 있습니다.

$$T = \min\{n \geq 0; X_n = 0 \ or \ X_n = 3\}$$

$$u_i = P(X_T = 0 \mid X_0 = i), \qquad for \ i = 1,2$$
$$v_i = E(T \mid X_0 = i), \qquad for \ i = 1,2$$

위 식에서 T는 상태 0이나 상태 3으로 absorption될 때까지 걸리는 시간을 의미합니다. 또한 u_i는 시점 0에서 상태 i일 때, 시점 T에서 상태가 0일 확률을 의미합니다. 그리고 v_i는 시점 0에서 상태 i일 때 absorption되기까지 걸리는 시간 T의 기댓값을 의미합니다.

1-1) u_1 구하기

먼저 u_1을 구해 보겠습니다. u_1은 시점 0에서 상태가 1일 때, 시점 T에서 상태가 0일 확률을 의미합니다.

$$u_1 = P(X_T = 0 \mid X_0 = 1)$$

위와 같은 u_1을 계산해 보면 다음과 같습니다.

$$u_1 = P(X_T = 0 \mid X_0 = 1)$$
$$= \frac{P(X_T = 0, X_0 = 1)}{P(X_0 = 1)}$$
$$= \sum_{k=0}^{3} \frac{P(X_T = 0, X_0 = 1, X_1 = k)}{P(X_0 = 1, X_1 = k)} \cdot \frac{P(X_0 = 1, X_1 = k)}{P(X_0 = 1)}$$
$$= \sum_{k=0}^{3} P(X_T = 0 \mid X_0 = 1, X_1 = k) P(X_1 = k \mid X_0 = 1)$$
$$= \sum_{k=0}^{3} P(X_T = 0 \mid X_1 = k) P(X_1 = k \mid X_0 = 1)$$
$$= P(X_T = 0 \mid X_1 = 0) P(X_1 = 0 \mid X_0 = 1) + P(X_T = 0 \mid X_1 = 1) P(X_1 = 1 \mid X_0 = 1)$$
$$+ P(X_T = 0 \mid X_1 = 2) P(X_1 = 2 \mid X_0 = 1) + P(X_T = 0 \mid X_1 = 3) P(X_1 = 3 \mid X_0 = 1)$$
$$= 1 \cdot P_{10} + u_1 \cdot P_{11} + u_2 \cdot P_{12} + 0 \cdot P_{13}$$

$$= P_{10} + P_{11}u_1 + P_{12}u_2$$

$$\therefore u_1 = P_{10} + P_{11}u_1 + P_{12}u_2$$

1-2) u_2 구하기

이번에는 u_2를 구해 보겠습니다. u_2는 시점 0에서 상태가 2일 때, 시점 T에서 상태가 0일 확률을 의미합니다.

$$u_2 = P(X_T = 0 \mid X_0 = 2)$$

위와 같은 u_2을 계산해 보면 다음과 같습니다.

$$u_2 = P(X_T = 0 \mid X_0 = 2)$$

$$= \frac{P(X_T = 0, X_0 = 2)}{P(X_0 = 2)}$$

$$= \sum_{k=0}^{3} \frac{P(X_T = 0, X_0 = 2, X_1 = k)}{P(X_0 = 2, X_1 = k)} \cdot \frac{P(X_0 = 2, X_1 = k)}{P(X_0 = 2)}$$

$$= \sum_{k=0}^{3} P(X_T = 0 \mid X_0 = 2, X_1 = k)P(X_1 = k \mid X_0 = 2)$$

$$= \sum_{k=0}^{3} P(X_T = 0 \mid X_1 = k)P(X_1 = k \mid X_0 = 2)$$

$$= P(X_T = 0 \mid X_1 = 0)P(X_1 = 0 \mid X_0 = 2) + P(X_T = 0 \mid X_1 = 1)P(X_1 = 1 \mid X_0 = 2)$$

$$+ P(X_T = 0 \mid X_1 = 2)P(X_1 = 2 \mid X_0 = 2) + P(X_T = 0 \mid X_1 = 3)P(X_1 = 3 \mid X_0 = 2)$$

$$= 1 \cdot P_{20} + u_1 \cdot P_{21} + u_2 \cdot P_{22} + 0 \cdot P_{23}$$

$$= P_{20} + P_{21}u_1 + P_{22}u_2$$

$$\therefore u_2 = P_{20} + P_{21}u_1 + P_{22}u_2$$

따라서 1-1), 1-2)를 종합하면 다음과 같이 정리할 수 있습니다.

$$u_1 = P_{10} + P_{11}u_1 + P_{12}u_2$$

$$u_2 = P_{20} + P_{21}u_1 + P_{22}u_2$$

앞서 특정 상태로 absorption될 확률을 구했다면 다음은 absorption 시간의 기댓값을 구해 보겠습니다. 즉, 다음 기댓값을 구하겠다는 의미입니다.

$$v_1 = E(T \mid X_0 = 1)$$

$$v_2 = E(T \mid X_0 = 2)$$

2-1) 상태 1로 시작했을 때, absorption되는 데 걸리는 시간의 기댓값

$$v_1 = E(T \mid X_0 = 1)$$

$$v_1 = E(T \mid X_0 = 1) = \sum_{k=0}^{3} E(T \mid X_0 = 1, X_1 = k)P(X_1 = k \mid X_0 = 1)$$

$$= E(T \mid X_0 = 1, X_1 = 0)P(X_1 = 0 \mid X_0 = 1) + E(T \mid X_0 = 1, X_1 = 1)P(X_1 = 1 \mid X_0 = 1)$$

$$+ E(T \mid X_0 = 1, X_1 = 2)P(X_1 = 2 \mid X_0 = 1) + E(T \mid X_0 = 1, X_1 = 3)P(X_1 = 3 \mid X_0 = 1)$$

$$= E(T \mid X_0 = 1, X_1 = 0)P_{10} + E(T \mid X_0 = 1, X_1 = 1)P_{11} + E(T \mid X_0 = 1, X_1 = 2)P_{12}$$

$$+ E(T \mid X_0 = 1, X_1 = 3)P_{13}$$

$$= 1 \cdot P_{10} + E(T \mid X_0 = 1, X_1 = 1)P_{11} + E(T \mid X_0 = 1, X_1 = 2)P_{12} + 1 \cdot P_{13}$$

$$= P_{10} + P_{13} + [1 + E(T \mid X_0 = 1)]P_{11} + [1 + E(T \mid X_0 = 2)]P_{12}$$

$$= 1 - P_{11} - P_{12} + (1 + v_1)P_{11} + (1 + v_2)P_{12}$$

$$= 1 - P_{11} - P_{12} + P_{11} + P_{11}v_1 + P_{12} + P_{12}v_2$$

$$= 1 + P_{11}v_1 + P_{12}v_2$$

$$\therefore v_1 = 1 + P_{11}v_1 + P_{12}v_2$$

위 식에서 5번째 줄에서 6번째 줄로 넘어갈 때는 다음과 같은 성질을 사용한 것입니다.

$$P_{10} + P_{11} + P_{12} + P_{13} = 1$$

$$\Leftrightarrow P_{10} + P_{13} = 1 - P_{11} - P_{12}$$

위에서 구한 v_1을 다시 한번 보겠습니다.

$$v_1 = 1 + P_{11}v_1 + P_{12}v_2$$

v_1은 absorption될 때까지 걸리는 평균 시간입니다. 그런데 위 식을 보면 v_1을 구할 때 1이 항상 더해지는 것을 볼 수 있습니다. 이는 absorption될 때까지는 최소 한 번의 step이 필요하다는 의미입니다.

2-2) 상태 2로 시작했을 때, absorption되는 데 걸리는 시간의 기댓값

$$v_2 = E(T \mid X_0 = 2)$$

$$v_2 = E(T \mid X_0 = 2) = \sum_{k=0}^{3} E(T \mid X_0 = 2, X_1 = k)P(X_1 = k \mid X_0 = 2)$$

$$= E(T \mid X_0 = 2, X_1 = 0)P(X_1 = 0 \mid X_0 = 2) + E(T \mid X_0 = 2, X_1 = 1)P(X_1 = 1 \mid X_0 = 2)$$

$$+ E(T \mid X_0 = 2, X_1 = 2)P(X_1 = 2 \mid X_0 = 2) + E(T \mid X_0 = 2, X_1 = 3)P(X_1 = 3 \mid X_0 = 2)$$

$$= E(T \mid X_0 = 2, X_1 = 0)P_{20} + E(T \mid X_0 = 2, X_1 = 1)P_{21} + E(T \mid X_0 = 2, X_1 = 2)P_{22}$$

$$+ E(T \mid X_0 = 2, X_1 = 3)P_{23}$$

$$= 1 \cdot P_{20} + E(T \mid X_0 = 2, X_1 = 1)P_{21} + E(T \mid X_0 = 2, X_1 = 2)P_{22} + 1 \cdot P_{23}$$

$$= P_{20} + P_{23} + [1 + E(T \mid X_0 = 1)]P_{21} + [1 + E(T \mid X_0 = 2)]P_{22}$$

$$= 1 - P_{21} - P_{22} + (1 + v_1)P_{21} + (1 + v_2)P_{22}$$

$$= 1 - P_{21} - P_{22} + P_{21} + P_{21}v_1 + P_{22} + P_{22}v_2$$

$$= 1 + P_{21}v_1 + P_{22}v_2$$

$$\therefore v_2 = 1 + P_{21}v_1 + P_{22}v_2$$

331

위 식에서 5번째 줄에서 6번째 줄로 넘어갈 때는 다음과 같은 성질을 사용한 것입니다.

$$P_{20} + P_{21} + P_{22} + P_{23} = 1$$

$$\Leftrightarrow P_{20} + P_{23} = 1 - P_{21} - P_{22}$$

2-1), 2-2)를 정리하면 다음과 같습니다.

$$v_1 = 1 + P_{11}v_1 + P_{12}v_2$$

$$v_2 = 1 + P_{21}v_1 + P_{22}v_2$$

1-1), 1-2), 2-1), 2-2)를 모두 종합하면 다음과 같습니다.

$$u_1 = P_{10} + P_{11}u_1 + P_{12}u_2$$

$$u_2 = P_{20} + P_{21}u_1 + P_{22}u_2$$

$$v_1 = 1 + P_{11}v_1 + P_{12}v_2$$

$$v_2 = 1 + P_{21}v_1 + P_{22}v_2$$

위 사실을 종합해 예제 문제를 풀어 보겠습니다.

$$\mathbf{P} = \begin{bmatrix} P_{00} & P_{01} & P_{02} & P_{03} \\ P_{10} & P_{11} & P_{12} & P_{13} \\ P_{20} & P_{21} & P_{22} & P_{23} \\ P_{30} & P_{31} & P_{32} & P_{33} \end{bmatrix} = \begin{bmatrix} 1 & 0 & 0 & 0 \\ 0.1 & 0.2 & 0.3 & 0.4 \\ 0.2 & 0.3 & 0.3 & 0.2 \\ 0 & 0 & 0 & 1 \end{bmatrix}$$

위 행렬에서 u_1과 u_2를 먼저 구해 보면 다음과 같습니다.

$$u_1 = 0.1 + 0.2u_1 + 0.3u_2$$

$$u_2 = 0.2 + 0.3u_1 + 0.3u_2$$

위 식을 한번 정리하면 다음과 같이 쓸 수 있습니다.

$$0.1 = 0.8u_1 - 0.3u_2$$

$$0.2 = -0.3u_1 + 0.7u_2$$

위 연립 방정식을 풀면 다음과 같이 u_1, u_2를 구할 수 있습니다.

$$u_1 = \frac{13}{47}, \qquad u_2 = \frac{19}{47}$$

위에서 구한 결과의 의미는 다음과 같습니다. u_1이 13/47이라는 말은 상태 1로 시작했을 때, 0으로 absorption될 확률이 13/47이라는 말이고 이를 이용해 3으로 absorption될 확률은 1-13/47=34/47이라는 것을 알 수 있습니다. 반면, u_2가 19/47라는 말은 초기에 상태 2로 시작했을 때 0으로 absorption될 확률이 19/47이라는 말이고 이를 이용해 3으로 absorption될 확률은 1-19/47=28/47이라는 것을 알 수 있습니다.

다음으로 absorption까지의 평균 시간을 구하면 다음과 같이 구할 수 있습니다.

$$v_1 = 1 + 0.2v_1 + 0.3v_2$$
$$v_2 = 1 + 0.3v_1 + 0.3v_2$$

위 식을 한번 정리하면 다음과 같이 쓸 수 있습니다.

$$1 = 0.8v_1 - 0.3v_2$$
$$1 = -0.3v_1 + 0.7v_2$$

위 연립 방정식을 풀면 다음과 같이 v_1, v_2를 구할 수 있습니다.

$$v_1 = \frac{100}{47}, \qquad v_2 = \frac{110}{47}$$

▌7.3.3 $n \times n$ 행렬의 First Step Analysis

앞서 3×3 크기와 4×4 크기 행렬의 first step analysis에 대해 알아보았습니다. 이번 절에서는 이를 일반화해서 $n \times n$ 크기 행렬의 first step analysis에 대해 배워 보겠습니다.

마르코프 체인이 가질 수 있는 상태는 0부터 N까지 총 $N + 1$가지라고 가정해 보겠습니다. 그리고 0부터 $r - 1$까지의 상태를 transient라고 하고 r부터 N까지를 absorption이라고 하겠습니다.

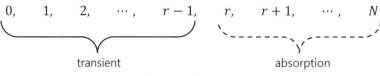

그림 7-9 다수의 absorption

그러면 일반화된 전이 확률 행렬은 다음과 같이 나타냅니다.

$$\mathbf{P} = \begin{bmatrix} Q & R \\ 0 & I \end{bmatrix}$$

위 행렬에서 **0**은 영행렬을 의미하며 영행렬은 모든 원소가 0인 행렬을 의미합니다. 영행렬 **0**은 $(N - r + 1) \times r$ 크기의 행렬입니다. 그리고 I는 항등 행렬을 의미하며 항등 행렬은 대각 원소가 1이고 나머지 원소는 0인 행렬을 의미합니다. 이때, 항등 행렬 I의 크기는 $(N - r + 1) \times (N - r + 1)$ 인데 이는 absorption되는 상태를 모아 놓은 행렬을 의미합니다. 위 전이 확률 행렬을 자세히 그리면 [그림 7-10]과 같이 나타낼 수 있습니다.

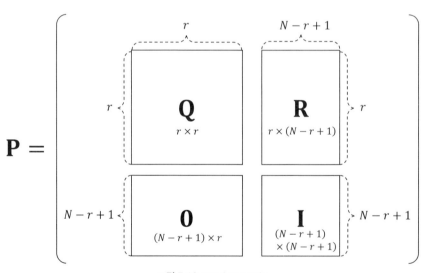

그림 7-10 transient matrix

우선 transient 상태인 $0, 1, 2, \cdots, r - 1$ 중 하나인 상태 i로 시작한다고 해보겠습니다. 위와 같은 프로세스에서 아마 특정 기간 동안은 $0, 1, 2, \cdots, r - 1$ 사이를 왔다 갔다 하며 transient 상태에 머물겠지만 시간이 지남에 따라 결국 $r, r + 1, \cdots, N$ 중 하나로 absorption될 것입니다. 이때, 우리의 관심사는 어떤 특정 상태로 absorption될 확률과 absorption될 때까지 걸리는 평균 시간입니다.

먼저 transient 상태인 $0, 1, 2, \cdots, r-1$ 중 하나인 상태 i로 시작했을 때, $r, r+1, \cdots, N$ 중 하나인 특정 상태 k로 absorption된다고 했을 때, 초깃값은 다음과 같이 나타낼 수 있습니다.

$$X_0 = i, \qquad 0 \le i \le r-1$$

그리고 초기 상태 i에서 특정 상태 k로 absorption될 확률은 U_{ik}로 표기하겠습니다.

$$U_{ik} = u_i = P(absorption\ in\ k \mid X_0 = i), \qquad r \le k \le N$$

앞선 절과 마찬가지 방법으로 u_i를 구하면 다음과 같습니다.

$$u_i = P(absorption\ in\ k \mid X_0 = i)$$

$$= \sum_{j=0}^{N} P(absorption\ in\ k \mid X_0 = i, X_1 = j)P_{ij}$$

$$= P_{ik} + \sum_{\substack{j=r \\ j \ne k}}^{N} P_{ij} \times 0 + \sum_{j=0}^{r-1} P_{ij}u_j$$

$$= P_{ik} + \sum_{j=0}^{r-1} P_{ij}u_j$$

$$\therefore u_i = P_{ik} + \sum_{j=0}^{r-1} P_{ij}u_j$$

이번에는 absorption될 때까지 걸리는 시간에 대해 알아보겠습니다. absorption될 때까지 걸리는 시간 T를 다음과 같이 정의합니다.

$$T = \min\{n \ge 0; X_n \ge r\}$$

335

위 식의 의미는 X_n들이 absorption되었을 때, 이들의 n 중 최솟값을 의미합니다.

$$I(i) = \begin{cases} 1, & if\ i = m \\ 0, & if\ i \neq m \end{cases}$$

$$0 \leq m < r$$

위 지시 함수 I는 transient 상태 m이면 1, 아니면 0을 의미하는 것입니다. 위 지시 함수를 이용하면 다음과 같이 T 시점 동안 상태 m에 도달한 횟수 w_i를 구할 수 있습니다.

$$w_i = E\left[\sum_{n=0}^{T-1} I(X_n) \mid X_0 = i\right]$$

위 식의 내부를 보면 $\sum_{n=0}^{T-1} I(X_n)$와 같은 부분이 나오는데 이 부분의 의미를 알아봅시다. $\sum_{n=0}^{T-1} I(X_n)$를 풀어 쓰면 다음과 같이 나타낼 수 있습니다.

$$\sum_{n=0}^{T-1} I(X_n) = I(X_0) + I(X_2) + \cdots + I(X_{T-1})$$

위 식을 보면 $\sum_{n=0}^{T-1} I(X_n)$는 T 시점 동안 transient 상태 m에 도달한 step의 개수라는 것을 알 수 있습니다. 그리고 모든 시점 n에 대해 $I(X_n) = 1$이면 다음과 같이 $\sum_{n=0}^{T-1} I(X_n) = T$가 성립됩니다.

$$\sum_{n=0}^{T-1} I(X_n) = \sum_{n=0}^{T-1} 1 = T$$

즉, $I(X_n) = 1$이라면 다음과 같이 w_i는 초기 상태 i에서 시작해서 absorption될 때까지 걸리는 평균 시간이 되는 것입니다.

$$w_i = E\left[\sum_{n=0}^{T-1} I(X_n) \mid X_0 = i\right] = E[T \mid X_0 = i]$$

따라서 전환률 공식과 markov property를 이용하면 w_i는 다음과 같이 구할 수 있습니다.

$$w_i = I(i) + \sum_{j=0}^{r-1} P_{ij}w_j \qquad for \; i = 0, 1, \cdots, r-1$$

그리고 $I(i)$가 항상 1인, 즉 모든 i에 대해 $I(i) = 1$이면 다음과 같이 $v_i = E(T|X_0 = i)$를 구할 수 있습니다.

$$v_i = E(T|X_0 = i) = 1 + \sum_{j=0}^{r-1} P_{ij}v_j$$

7.4 랜덤 워크

▌ 7.4.1 랜덤 워크의 개념

이번 절에서는 랜덤 워크(random walk)에 대해 알아보겠습니다. 랜덤 워크는 영어로 random walk라고 쓰는데 이는 "무작위로 걷는 걸음"이라고 해석할 수 있습니다. 여기서 "걸음"이라는 단어를 생각해 보면 우리는 걸을 때 한 발자국씩 걷습니다. 이와 관련지어 랜덤 워크라는 이름을 보면 "한 스텝"과 관련이 있을 것이라고 생각할 수 있습니다.

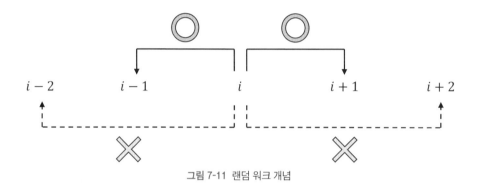

그림 7-11 랜덤 워크 개념

랜덤 워크(random walk)란 임의의 상태 i에서 시작했을 때 다음 스텝에서 상태 i에 그대로 머물거나 혹은 이웃에 존재하는 상태 $i-1$ 혹은 $i+1$로 이동하는 마르코프 체인을 의미합니다. 이를 우리가 걷는 것으로 비유하면 다음 시점에서 한 발자국 앞으로 이동하면 $i+1$, 한 발자국 뒤로 이동하면 $i-1$, 제자리에 머문다면 i라고 볼 수 있습니다.

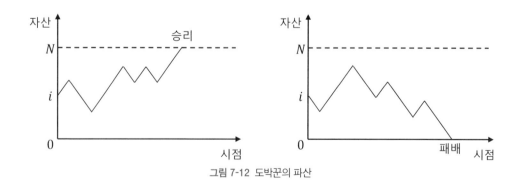

그림 7-12 도박꾼의 파산

랜덤 워크를 설명할 때 자주 사용되는 예가 있습니다. 이는 [그림 7-12]와 같이 도박꾼의 파산 (gambler's ruin) 문제라고 불립니다. 규칙은 간단합니다. 도박꾼이 초기 자산 i를 가지고 게임을 시작했을 때, 한 번의 경기에서 이기면 자산에서 +1, 비기면 0, 지면 -1을 더하는 것입니다. 그리고 게임이 진행되면서 도박꾼의 자산이 0이 되거나 특정 자산 N에 도달하면 게임이 종료됩니다. 즉, 1부터 $N - 1$까지는 transient이고, 게임이 종료되는 0과 N은 absorption이라고 볼 수 있습니다.

▌7.4.2 랜덤 워크의 전이 확률 행렬

랜덤 워크의 전이 확률 행렬은 다음과 같이 표현할 수 있습니다. 전이 행렬의 1행은 상태 0에 해당하고 마지막 N+1행은 상태 N에 해당하고 이는 absorption에 해당합니다. 따라서 1행 1열 원소와 N+1행, N+1열 원솟값은 1인 것을 볼 수 있습니다. 예를 들어, 플레이어 A와 플레이어 B가 게임을 한다고 했을 때 전이 확률 행렬은 다음과 같습니다. 다음 행렬에서 플레이어 A의 초기 자산은 k, 플레이어 B의 초기 자산은 $N - k$라고 할 수 있으며 플레이어 A와 플레이어 B의 자산 합은 N인 것을 알 수 있습니다.

$$
\mathbf{P} = \begin{bmatrix}
P_{00} & P_{01} & P_{02} & P_{03} & \cdots & P_{0,N-1} & P_{0N} \\
P_{10} & P_{11} & P_{12} & P_{13} & \cdots & P_{1,N-1} & P_{1N} \\
P_{20} & P_{21} & P_{22} & P_{23} & \cdots & P_{2,N-1} & P_{2N} \\
\vdots & \vdots & \vdots & \vdots & \ddots & \vdots & \vdots \\
P_{N-1,0} & P_{N-1,1} & P_{N-1,2} & P_{N-1,3} & \cdots & P_{N-1,N-1} & P_{N-1,N} \\
P_{N0} & P_{N1} & P_{N2} & P_{N3} & \cdots & P_{N,N-1} & P_{NN}
\end{bmatrix} = \begin{bmatrix}
1 & 0 & 0 & 0 & \cdots & 0 & 0 \\
q_1 & r_1 & p_1 & 0 & \cdots & 0 & 0 \\
0 & q_2 & r_2 & p_2 & \cdots & 0 & 0 \\
\vdots & \vdots & \vdots & \vdots & \ddots & \vdots & \vdots \\
0 & 0 & 0 & 0 & \cdots & r_{N-1} & p_{N-1} \\
0 & 0 & 0 & 0 & \cdots & 0 & 1
\end{bmatrix}
$$

위 전이 확률 행렬에서 1행과 마지막 행을 제외한 나머지 행에서는 오직 3개의 값만을 제외하고 모두 0인 것을 볼 수 있는데 이들 세 개의 확률 값은 다음과 같이 나타낼 수 있습니다.

$$P(X_{n+1} = i + 1 \mid X_n = i) = p_i$$

$$P(X_{n+1} = i - 1 \mid X_n = i) = q_i$$

$$P(X_{n+1} = i \mid X_n = i) = r_i$$

위 식의 각 행 상태 i에서 다음 시점에 $i + 1$로 변할 확률은 p_i로 나타낼 수 있고 이는 플레이어 A가 승리할 확률을 의미합니다. 그리고 상태 i에서 다음 시점에 $i - 1$로 변할 확률은 q_i이고 이는 플레이어 A가 패배할 확률을 의미합니다. 변화 없이 상태 i에 머무르면 r_i라고 나타내며 r_i는 비기는 경우(draw)를 의미합니다. 최종적으로 상태 0이 되면 플레이어 A가 파산이고 상태 N이 되면 플레이어 B가 파산함을 의미합니다. 위 식에서는 n번째 상태가 무엇이냐에 따라서 다음 상태가 될 확률이 달라지는 것을 알 수 있습니다. 그렇다면 n번째 상태가 무엇이냐에 상관없이 다음 상태로 바뀔 확률이 동일한 것은 어떻게 나타낼 수 있을까요?

$$P(X_{n+1} = i + 1 \mid X_n = i) = p$$

$$P(X_{n+1} = i - 1 \mid X_n = i) = q$$

$$P(X_{n+1} = i \mid X_n = i) = r$$

만약 p_i, q_i, r_i가 상태 i에 상관없이 동일한 값을 가진다면 이는 위 식과 같이 나타낼 수 있습니다. 그리고 만약 시행 때마다 플레이어 A가 이길 확률과 플레이어 B가 이길 확률이 동일한 경우에는 공평한 게임이라고 하고 $p = q = 1/2$이고, 비기는 경우가 없다고 하면 $r = 0$으로 나타낼 수 있습니다. $p_i = p, q_i = q, r_i = 0$일 때 이를 행렬로 나타내면 다음과 같습니다.

$$\mathbf{P} = \begin{bmatrix} P_{00} & P_{01} & P_{02} & P_{03} & \cdots & P_{0,N-1} & P_{0N} \\ P_{10} & P_{11} & P_{12} & P_{13} & \cdots & P_{1,N-1} & P_{1N} \\ P_{20} & P_{21} & P_{22} & P_{23} & \cdots & P_{2,N-1} & P_{2N} \\ \vdots & \vdots & \vdots & \vdots & \ddots & \vdots & \vdots \\ P_{N-1,0} & P_{N-1,1} & P_{N-1,2} & P_{N-1,3} & \cdots & P_{N-1,N-1} & P_{N-1,N} \\ P_{N0} & P_{N1} & P_{N2} & P_{N3} & \cdots & P_{N,N-1} & P_{NN} \end{bmatrix} = \begin{bmatrix} 1 & 0 & 0 & 0 & \cdots & 0 & 0 \\ q & 0 & p & 0 & \cdots & 0 & 0 \\ 0 & q & 0 & p & \cdots & 0 & 0 \\ \vdots & \vdots & \vdots & \vdots & \ddots & \vdots & \vdots \\ 0 & 0 & 0 & 0 & \cdots & 0 & p \\ 0 & 0 & 0 & 0 & \cdots & 0 & 1 \end{bmatrix}$$

위 전이 확률 행렬을 기반으로 플레이어 A가 파산할 확률에 대해 이야기해 봅시다. 플레이어 A의 초기 자산이 i일 때 플레이어 A가 파산할 확률을 u_i라고 하겠습니다. 이는 랜덤 워크가 상태 N에 도달하기 전에 상태 0에 도달함을 의미합니다. 그렇다면 u_i는 어떻게 구할 수 있을까요? 7.3.3절의 $n \times n$ 행렬의 first step analysis에서 배운 u_i를 다시 한번 복습하면 다음과 같습니다.

$$u_i = P(absorption \ in \ k \mid X_0 = i)$$

$$= P_{ik} + \sum_{j=0}^{r-1} P_{ij} u_j$$

위 식에서 transient 상태는 0부터 $r - 1$까지가 해당되는데, 위 식을 이번 문제에 적용하면 다음과 같이 변형시킬 수 있습니다. 이번 문제에서는 플레이어 A의 파산에 관심 있으므로 상태 0으로 absorption되는 상황을 가정합니다. 또한 transient 상태는 상태 1부터 N-1까지를 의미하므로 이를 적용하면 다음과 같이 플레이어 A가 파산할 확률인 u_i를 구할 수 있습니다.

$$u_i = P(absorption\ in\ 0 \mid X_0 = i)$$

$$= P_{ik} + \sum_{j=0}^{r-1} P_{ij} u_j$$

$$= pu_{i+1} + qu_{i-1}, \qquad for\ i = 1, 2, \cdots, N-1$$

또한 $u_0 = 1$이고, $u_N = 0$이라는 사실을 쉽게 알 수 있습니다. 위 식을 풀면 다음과 같이 정리할 수 있습니다. 아래 식의 유도 과정은 이후 챕터에서 알아보겠습니다.

$$u_i = P\left(X_n\text{이 상태 N이 되기 전에 상태 0이 될 확률} \mid X_0 = i\right)$$

$$= \begin{cases} \dfrac{N-i}{N}, & when\ p = q = 1/2 \\ \dfrac{(q/p)^i - (q/p)^N}{1 - (q/p)^N}, & when\ p \neq q \end{cases}$$

만약 플레이어 B의 자산이 무한대라면 위 식은 어떻게 바뀔까요? 플레이어 B의 자산이 무한대라는 것은 $N \to \infty$인 것을 나타냅니다. 그리고 플레이어 A가 이길 확률이 높은 경우 $p > q$이고 이 경우 $(q/p)^N = 0$이 됩니다. 이를 수식으로 정리하면 다음과 같습니다.

$$u_i = P\left(X_n\text{이 상태 }N\text{이 되기 전에 상태 0이 될 확률} \mid X_0 = i\right)$$

$$= \begin{cases} 1, & when\ p \leq q \\ \left(\dfrac{q}{p}\right)^i, & when\ p > q \end{cases}$$

▌7.4.3 랜덤 워크에서 파산 확률

이번 절에서는 이전 절에서 상태 i에서 시작했을 때 플레이어 A가 파산할 확률을 구해 보겠습니다. 먼저 우리가 증명해야 할 식은 다음과 같습니다.

$$u_i = P\left(X_n \text{이 상태 } N \text{이 되기 전에 상태 } 0 \text{이 될 확률} \mid X_0 = i\right)$$

$$= \begin{cases} \dfrac{N-i}{N}, & when\ p = q = 1/2 \\ \dfrac{(q/p)^i - (q/p)^N}{1 - (q/p)^N}, & when\ p \neq q \end{cases}$$

위 식을 증명하기 위해 u_i와 u_{i-1}의 차이를 x_i라고 정의하겠습니다. 즉, 다음과 같이 나타낼 수 있습니다.

$$x_i = u_i - u_{i-1}, \qquad for\ i = 1, 2, \cdots, N$$

그리고 비기는 경우는 없다고 가정하고($r = 0$), $p + q = 1$이라고 하면 u_i는 다음과 같이 표현할 수 있습니다.

$$u_i = 1 \cdot u_i$$
$$= (p + q)u_i$$
$$= pu_i + qu_i$$

$$\therefore u_i = pu_i + qu_i$$

위 식을 종합하면 $x_i = u_i - u_{i-1}$를 다음과 같이 쓸 수 있습니다.

1 $i = 1$

먼저 플레이어 A의 초기 자산이 1인 경우를 보겠습니다. 초기 자산이 1인 경우 플레이어 A가 파산할 확률은 다음과 같이 쓸 수 있습니다.

$$u_1 = pu_2 + qu_0$$

위 식에서 좌변에 있는 u_1를 우변으로 옮기면 다음과 같이 정리할 수 있습니다.

$$0 = pu_2 - u_1 + qu_0$$
$$= pu_2 - 1 \cdot u_1 + qu_0$$
$$= pu_2 - (p + q)u_1 + qu_0$$
$$= pu_2 - pu_1 - qu_1 + qu_0$$
$$= p(u_2 - u_1) - q(u_1 - u_0)$$
$$= px_2 - qx_1$$

$$\therefore x_2 = \frac{q}{p}x_1$$

2 $i = 2$

이번에는 플레이어 A의 초기 자산이 2인 경우를 보겠습니다. 초기 자산이 2인 경우 플레이어 A가 파산할 확률은 다음과 같이 쓸 수 있습니다.

$$u_2 = pu_3 + qu_1$$

위 식에서 좌변에 있는 u_2를 우변으로 옮기면 다음과 같이 정리할 수 있습니다.

$$0 = pu_3 - u_2 + qu_1$$
$$= pu_3 - 1 \cdot u_2 + qu_1$$
$$= pu_3 - (p + q)u_2 + qu_1$$
$$= pu_3 - pu_2 - qu_2 + qu_1$$
$$= p(u_3 - u_2) - q(u_2 - u_1)$$

$$= px_3 - qx_2$$

$$x_3 = \frac{q}{p}x_2 = \left(\frac{q}{p}\right)\left(\frac{q}{p}x_1\right) = \left(\frac{q}{p}\right)^2 x_1$$

$$\therefore x_3 = \left(\frac{q}{p}\right)^2 x_1$$

3 $i = 3$

이번에는 플레이어 A의 초기 자산이 3인 경우를 보겠습니다. 초기 자산이 3인 경우 플레이어 A가 파산할 확률은 다음과 같이 쓸 수 있습니다.

$$u_3 = pu_4 + qu_2$$

위 식에서 좌변에 있는 u_3를 우변으로 옮기면 다음과 같이 정리할 수 있습니다.

$$0 = pu_4 - u_3 + qu_2$$

$$= pu_4 - 1 \cdot u_3 + qu_2$$

$$= pu_4 - (p + q)u_3 + qu_2$$

$$= pu_4 - pu_3 - qu_3 + qu_2$$

$$= p(u_4 - u_3) - q(u_3 - u_2)$$

$$= px_4 - qx_3$$

$$x_4 = \frac{q}{p}x_3 = \left(\frac{q}{p}\right)\left(\frac{q}{p}\right)^2 x_1 = \left(\frac{q}{p}\right)^3 x_1$$

$$\therefore x_4 = \left(\frac{q}{p}\right)^3 x_1$$

k-1) $i = k - 1$

위 과정을 계속 진행해서 플레이어 A의 초기 자산이 $k - 1$인 경우 플레이어 A가 파산할 확률인 u_{k-1}는 다음과 같습니다.

$$u_{k-1} = pu_k + qu_{k-2}$$

위 식에서 좌변에 있는 u_{k-1}을 우변으로 옮기면 다음과 같이 정리할 수 있습니다. 증명 과정은 위와 동일해서 생략하겠습니다.

$$\therefore x_k = \left(\frac{q}{p}\right)^{k-1} x_1$$

n-1) $i = N - 1$

위 과정을 계속 진행해서 플레이어 A의 초기 자산이 $N - 1$인 경우 플레이어 A가 파산할 확률인 u_{N-1}는 다음과 같습니다.

$$u_{N-1} = pu_N + qu_{N-2}$$

위 식에서 좌변에 있는 u_{N-1}을 우변으로 옮기면 다음과 같이 정리할 수 있습니다. 증명 과정은 위와 동일해서 생략하겠습니다.

$$\therefore x_N = \left(\frac{q}{p}\right)^{N-1} x_1$$

위 식을 정리하면 다음과 같이 나타낼 수 있습니다.

$$x_1 = u_1 - u_0$$

$$x_2 = u_2 - u_1$$

$$x_3 = u_3 - u_2$$

$$\vdots$$

$$x_k = u_k - u_{k-1}$$

$$\vdots$$

$$x_N = u_N - u_{N-1}$$

위 수식에서 각 방정식을 더하면 다음과 같이 나타낼 수 있습니다.

$$x_1 = u_1 - u_0$$

$$x_1 + x_2 = u_2 - u_0$$

$$x_1 + x_2 + x_3 = u_3 - u_0$$

$$\vdots$$

$$x_1 + x_2 + \cdots + x_k = u_k - u_0$$

$$\vdots$$

$$x_1 + x_2 + \cdots + x_N = u_N - u_0$$

위 식에서 $u_0 = 1$, $u_N = 0$임을 이용하면 다음과 같이 정리할 수 있습니다.

$$x_1 = u_1 - 1$$

$$x_1 + x_2 = u_2 - 1$$

$$x_1 + x_2 + x_3 = u_3 - 1$$

$$\vdots$$

$$x_1 + x_2 + \cdots + x_k = u_k - 1$$

$$\vdots$$

$$x_1 + x_2 + \cdots + x_N = -1$$

그리고 위 수식에서 $x_1 + x_2 + \cdots + x_k = u_k - 1$만 다시 정리하면 다음과 같습니다.

$$u_k = 1 + x_1 + x_2 + x_3 + \cdots + x_k$$

$$= 1 + x_1 + \left(\frac{q}{p}\right)x_1 + \left(\frac{q}{p}\right)^2 x_1 + \cdots + \left(\frac{q}{p}\right)^{k-1} x_1$$

$$= 1 + \left[1 + \left(\frac{q}{p}\right) + \left(\frac{q}{p}\right)^2 + \cdots + \left(\frac{q}{p}\right)^{k-1} \right] x_1$$

위 수식을 보면 플레이어 A의 초기 자산이 k인 경우 파산할 확률은 x_1에 달려 있다는 것을 알 수 있습니다. 이때, x_1은 $x_1 = u_1 - u_0$에 해당합니다. 그렇다면 x_1은 어떻게 구할 수 있을까요? 먼저 위 식을 이용해 u_N을 구하면 다음과 같습니다.

$$u_N = 1 + \left[1 + \left(\frac{q}{p}\right) + \left(\frac{q}{p}\right)^2 + \cdots + \left(\frac{q}{p}\right)^{N-1} \right] x_1$$

위 식에서 $u_N = 0$임을 이용하면 다음과 같이 정리할 수 있습니다.

$$0 = 1 + \left[1 + \left(\frac{q}{p}\right) + \left(\frac{q}{p}\right)^2 + \cdots + \left(\frac{q}{p}\right)^{N-1} \right] x_1$$

그리고 위 식을 x_1에 대해 정리하면 다음과 같이 나타낼 수 있습니다.

$$x_1 = - \frac{1}{1 + \left(\frac{q}{p}\right) + \left(\frac{q}{p}\right)^2 + \cdots + \left(\frac{q}{p}\right)^{N-1}}$$

이제 x_1을 구했으므로 위에서 구한 x_1을 u_k에 대입하면 다음과 같이 정리할 수 있습니다.

$$u_k = 1 + \left[1 + \left(\frac{q}{p}\right) + \left(\frac{q}{p}\right)^2 + \cdots + \left(\frac{q}{p}\right)^{k-1} \right] x_1$$

$$= 1 - \frac{1 + \left(\frac{q}{p}\right) + \left(\frac{q}{p}\right)^2 + \cdots + \left(\frac{q}{p}\right)^{k-1}}{1 + \left(\frac{q}{p}\right) + \left(\frac{q}{p}\right)^2 + \cdots + \left(\frac{q}{p}\right)^{N-1}}$$

그리고 위 식에서 등비수열의 합은 다음과 같이 구할 수 있습니다.

$$1 + \left(\frac{q}{p}\right) + \left(\frac{q}{p}\right)^2 + \cdots + \left(\frac{q}{p}\right)^{k-1} = \begin{cases} k, & if\ p = q = \frac{1}{2} \\[2ex] \dfrac{1 - \left(\frac{q}{p}\right)^k}{1 - \left(\frac{q}{p}\right)}, & if\ p \neq q \end{cases}$$

따라서 u_k를 다시 쓰면 다음과 같습니다.

$$u_k = 1 + \left[1 + \left(\frac{q}{p}\right) + \left(\frac{q}{p}\right)^2 + \cdots + \left(\frac{q}{p}\right)^{k-1} \right] x_1$$

$$= 1 - \frac{1 + \left(\frac{q}{p}\right) + \left(\frac{q}{p}\right)^2 + \cdots + \left(\frac{q}{p}\right)^{k-1}}{1 + \left(\frac{q}{p}\right) + \left(\frac{q}{p}\right)^2 + \cdots + \left(\frac{q}{p}\right)^{N-1}}$$

$$= \begin{cases} 1 - \left(\dfrac{k}{N}\right) = \dfrac{(N-k)}{N}, & if\ p = q = \frac{1}{2} \\[3ex] 1 - \dfrac{1 - \left(\frac{q}{p}\right)^k}{1 - \left(\frac{q}{p}\right)^N} = \dfrac{\left(\frac{q}{p}\right)^k - \left(\frac{q}{p}\right)^N}{1 - \left(\frac{q}{p}\right)^N}, & if\ p \neq q \end{cases}$$

$$u_k = \begin{cases} 1 - \left(\dfrac{k}{N}\right) = \dfrac{(N-k)}{N}, & if\ p = q = \frac{1}{2} \\[3ex] 1 - \dfrac{1 - \left(\frac{q}{p}\right)^k}{1 - \left(\frac{q}{p}\right)^N} = \dfrac{\left(\frac{q}{p}\right)^k - \left(\frac{q}{p}\right)^N}{1 - \left(\frac{q}{p}\right)^N}, & if\ p \neq q \end{cases}$$

▮ 7.4.4 파산할 때까지 걸리는 평균 시간

이번 절에서는 비기는 경우가 없다고 가정했을 때, 파산할 때까지 걸리는 평균 시간을 구해 보겠습니다.

$$
\mathbf{P} = \begin{bmatrix}
P_{00} & P_{01} & P_{02} & P_{03} & \cdots & P_{0,N-1} & P_{0N} \\
P_{10} & P_{11} & P_{12} & P_{13} & \cdots & P_{1,N-1} & P_{1N} \\
P_{20} & P_{21} & P_{22} & P_{23} & \cdots & P_{2,N-1} & P_{2N} \\
\vdots & \vdots & \vdots & \vdots & \ddots & \vdots & \vdots \\
P_{N-1,0} & P_{N-1,1} & P_{N-1,2} & P_{N-1,3} & \cdots & P_{N-1,N-1} & P_{N-1,N} \\
P_{N0} & P_{N1} & P_{N2} & P_{N3} & \cdots & P_{N,N-1} & P_{NN}
\end{bmatrix} = \begin{bmatrix}
1 & 0 & 0 & 0 & \cdots & 0 & 0 \\
q & 0 & p & 0 & \cdots & 0 & 0 \\
0 & q & 0 & p & \cdots & 0 & 0 \\
\vdots & \vdots & \vdots & \vdots & \ddots & \vdots & \vdots \\
0 & 0 & 0 & 0 & \cdots & 0 & p \\
0 & 0 & 0 & 0 & \cdots & 0 & 1
\end{bmatrix}
$$

파산할 때까지 걸리는 평균 시간은 7.3.3절을 보면 다음과 같습니다.

$$
v_i = E(T|X_0 = i) = 1 + \sum_{j=0}^{r-1} P_{ij} v_j
$$

만약에 첫 번째 경기에서 승리했다면 이는 p의 확률로 발생 가능한 것이고, 첫 번째 경기에서 승리했으므로 파산할 때까지는 v_{i+1} 스텝이 더 남은 것입니다. 반면, 첫 번째 경기에서 패배했다면 이는 q의 확률로 발생한 것이고, 첫 번째 경기에서 패배했으므로 파산할 때까지는 v_{i-1} 스텝이 더 남은 것입니다.

$$
v_i = 1 + p v_{i+1} + q v_{i-1} \quad for\ i = 1,2,\cdots,N-1
$$

$$
v_0 = 0, \qquad v_N = 0
$$

위 수식에 대해 $p = q = 1/2$일 때 v_i을 구해 보겠습니다. 앞선 절과 같이 $x_i = u_i - u_{i-1}$을 가정하겠습니다.

$$
x_i = u_i - u_{i-1} \quad for\ i = 1,2,\cdots,N
$$

1 $i = 1$

초기 자산이 1인 경우 플레이어 A가 파산할 때까지 걸리는 평균 시간은 다음과 같이 쓸 수 있습니다.

$$v_1 = 1 + \frac{1}{2}v_2 + \frac{1}{2}v_0$$

위 수식에서 v_1을 우변으로 옮기고, 우변의 1을 좌변으로 옮기면 다음과 같이 정리할 수 있습니다.

$$-1 = \frac{1}{2}v_2 - v_1 + \frac{1}{2}v_0$$

$$= \frac{1}{2}v_2 - \left(\frac{1}{2} + \frac{1}{2}\right)v_1 + \frac{1}{2}v_0$$

$$= \frac{1}{2}v_2 - \frac{1}{2}v_1 - \frac{1}{2}v_1 + \frac{1}{2}v_0$$

$$= \frac{1}{2}(v_2 - v_1) - \frac{1}{2}(v_1 - v_0)$$

$$= \frac{1}{2}x_2 - \frac{1}{2}x_1$$

$$-1 = \frac{1}{2}x_2 - \frac{1}{2}x_1$$

2 $i = 2$

초기 자산이 2인 경우 플레이어 A가 파산할 때까지 걸리는 평균 시간은 다음과 같이 쓸 수 있습니다.

$$v_2 = 1 + \frac{1}{2}v_3 + \frac{1}{2}v_1$$

위 수식에서 v_2를 우변으로 옮기고, 우변의 1을 좌변으로 옮기면 다음과 같이 정리할 수 있습니다.

$$-1 = \frac{1}{2}v_3 - v_2 + \frac{1}{2}v_1$$

$$= \frac{1}{2}v_3 - \left(\frac{1}{2}+\frac{1}{2}\right)v_2 + \frac{1}{2}v_1$$

$$= \frac{1}{2}v_3 - \frac{1}{2}v_2 - \frac{1}{2}v_2 + \frac{1}{2}v_1$$

$$= \frac{1}{2}(v_3 - v_2) - \frac{1}{2}(v_2 - v_1)$$

$$= \frac{1}{2}x_3 - \frac{1}{2}x_2$$

$$-1 = \frac{1}{2}x_3 - \frac{1}{2}x_2$$

3 $i = 3$

초기 자산이 3인 경우 플레이어 A가 파산할 때까지 걸리는 평균 시간은 다음과 같이 쓸 수 있습니다.

$$v_3 = 1 + \frac{1}{2}v_4 + \frac{1}{2}v_2$$

위 수식에서 v_3를 우변으로 옮기고, 우변의 1을 좌변으로 옮기면 다음과 같이 정리할 수 있습니다. 계산 과정은 위 단계와 동일하므로 생략하고 결론만 보면 다음과 같습니다.

$$-1 = \frac{1}{2}x_4 - \frac{1}{2}x_3$$

N-1) $i = N-1$

초기 자산이 $N-1$인 경우 플레이어 A가 파산할 때까지 걸리는 평균 시간은 다음과 같이 쓸 수 있습니다.

$$v_{N-1} = 1 + \frac{1}{2}v_N + \frac{1}{2}v_{N-2}$$

위 수식에서 v_{N-1}을 우변으로 옮기고, 우변의 1을 좌변으로 옮기면 다음과 같이 정리할 수 있습니다. 계산 과정은 위 단계와 동일하므로 생략하고 결론만 보면 다음과 같습니다.

$$-1 = \frac{1}{2}x_N - \frac{1}{2}x_{N-1}$$

따라서 위 단계를 모두 모아 정리하면 다음과 같습니다.

$$-1 = \frac{1}{2}x_2 - \frac{1}{2}x_1$$

$$-1 = \frac{1}{2}x_3 - \frac{1}{2}x_2$$

$$-1 = \frac{1}{2}x_4 - \frac{1}{2}x_3$$

$$\vdots$$

$$-1 = \frac{1}{2}x_N - \frac{1}{2}x_{N-1}$$

위 식을 한 행씩 더하면 다음과 같은 결과를 얻을 수 있습니다.

$$-1 = \frac{1}{2}x_2 - \frac{1}{2}x_1$$

$$-2 = \frac{1}{2}x_3 - \frac{1}{2}x_1$$

$$-3 = \frac{1}{2}x_4 - \frac{1}{2}x_1$$

$$\vdots$$

$$-(N-1) = \frac{1}{2}x_N - \frac{1}{2}x_1$$

위 수식에서 k에 대해 정리하면 다음과 같습니다.

$$-(k-1) = \frac{1}{2}x_k - \frac{1}{2}x_1$$

$$\Leftrightarrow x_k = x_1 - 2(k-1)$$

이번에는 x_k를 v_k에 대해 정리하면 다음과 같습니다. 이때, $v_0 = 0$, $v_N = 0$이라는 사실을 이용합니다.

$$x_1 = v_1 - v_0 = v_1$$

$$x_2 = v_2 - v_1$$

$$x_3 = v_3 - v_2$$

$$\vdots$$

$$x_k = v_k - v_{k-1}$$

위 식에서 우변과 좌변을 한 행씩 더하면 다음과 같습니다.

$$x_1 = v_1$$

$$x_1 + x_2 = v_2$$

$$x_1 + x_2 + x_3 = v_3$$

$$\vdots$$

$$x_1 + x_2 + \cdots + x_k = v_k$$

즉, 위 식의 마지막 행을 보면 v_k는 다음과 같이 쓸 수 있습니다.

$$v_k = x_1 + x_2 + \cdots + x_k$$

혹은 v_k는 다르게 표현할 수도 있습니다. 앞서 구한 $x_k = x_1 - 2(k - 1)$을 활용하면 다음과 같이 v_k를 구할 수 있습니다.

$$
\begin{aligned}
v_k &= x_1 + x_2 + \cdots + x_k \\
&= x_1 + [x_1 - 2(2 - 1)] + [x_1 - 2(3 - 1)] + \cdots + [x_1 - 2(k - 1)] \\
&= kx_1 - 2[1 + 2 + \cdots + (k - 1)] \\
&= kx_1 - 2 \cdot \frac{(k - 1)k}{2}
\end{aligned}
$$

$$= kx_1 - k(k-1)$$

위 수식을 보면 v_k는 x_1에 의해 결정된다고 볼 수 있습니다. 그렇다면 x_1은 어떻게 구할 수 있을까요? $v_N = 0$임을 이용하면 x_1는 다음과 같이 구할 수 있습니다.

$$v_N = Nx_1 - N(N-1)$$

$$\Leftrightarrow 0 = Nx_1 - N(N-1)$$

$$\Leftrightarrow x_1 = \frac{N(N-1)}{N}$$

$$\Leftrightarrow x_1 = N-1$$

따라서 위에서 구한 $x_1 = N-1$을 $v_k = kx_1 - k(k-1)$에 대입하면 다음과 같습니다.

$$v_k = kx_1 - k(k-1)$$

$$= k(N-1) - k(k-1)$$

$$= kN - k - k^2 + k$$

$$= k(N-k)$$

$$\therefore v_k = k(N-k), \qquad k = 0, 1, \cdots, N$$

▌7.4.5 일반화 랜덤 워크의 파산 확률

앞선 절에서는 p와 q가 일정한 값을 가지거나 $r = 0$인 경우에 대해 알아보았습니다. 이번 절에서는 다음 행렬과 같이 일반화된 랜덤 워크인 경우를 알아보겠습니다.

$$\mathbf{P} = \begin{bmatrix} P_{00} & P_{01} & P_{02} & P_{03} & \cdots & P_{0,N-1} & P_{0N} \\ P_{10} & P_{11} & P_{12} & P_{13} & \cdots & P_{1,N-1} & P_{1N} \\ P_{20} & P_{21} & P_{22} & P_{23} & \cdots & P_{2,N-1} & P_{2N} \\ \vdots & \vdots & \vdots & \vdots & \ddots & \vdots & \vdots \\ P_{N-1,0} & P_{N-1,1} & P_{N-1,2} & P_{N-1,3} & \cdots & P_{N-1,N-1} & P_{N-1,N} \\ P_{N0} & P_{N1} & P_{N2} & P_{N3} & \cdots & P_{N,N-1} & P_{NN} \end{bmatrix} = \begin{bmatrix} 1 & 0 & 0 & 0 & \cdots & 0 & 0 \\ q_1 & r_1 & p_1 & 0 & \cdots & 0 & 0 \\ 0 & q_2 & r_2 & p_2 & \cdots & 0 & 0 \\ \vdots & \vdots & \vdots & \vdots & \ddots & \vdots & \vdots \\ 0 & 0 & 0 & 0 & \cdots & r_{N-1} & p_{N-1} \\ 0 & 0 & 0 & 0 & \cdots & 0 & 1 \end{bmatrix}$$

위 식에서 $p_k > 0$, $q_k > 0$, $r_k \geq 0$이고 $k = 1, 2, \cdots, N-1$입니다. 그리고 T를 상태 0이나 N이 되기까지 걸리는 시간이라고 하면 T는 다음과 같이 쓸 수 있습니다.

$$T = \min\{n \geq 0; X_n = 0 \ or \ X_n = N\}$$

먼저 플레이어 A가 초기 자산 i로 게임을 시작했을 때 T시점에 파산할 확률 u_i는 7.3.3절의 공식을 이용하면 다음과 같이 나타낼 수 있습니다.

$$u_i = P(X_T = 0 \mid X_0 = i)$$

$$= P_{ik} + \sum_{j=0}^{r-1} P_{ij} u_j$$

$$= q_i u_{i-1} + r_i u_i + p_i u_{i+1}$$

$$u_i = q_i u_{i-1} + r_i u_i + p_i u_{i+1} \quad for \ i = 1, 2, \cdots, N-1$$

$$u_0 = 1, \qquad u_N = 0$$

$$q_i + r_i + p_i = 1$$

u_i를 구체적으로 구하기 위해서는 앞선 절과 같이 다음과 같은 x_i를 사용합니다.

$$x_i = u_i - u_{i-1}, \qquad for \ i = 1, 2, \cdots, N$$

i에 여러 가지 값을 넣어 보면서 u_i를 구해 보겠습니다.

1 $i = 1$

먼저 플레이어 A의 초기 자산이 1일 때, 플레이어 A가 파산할 확률, 즉, 상태 0이 될 확률을 구해 보겠습니다.

$$u_1 = q_1 u_0 + r_1 u_1 + p_1 u_2$$

위 식에서 좌변에 있는 u_1를 우변으로 옮기면 다음과 같이 정리할 수 있습니다.

$$
\begin{aligned}
0 &= q_1 u_0 + r_1 u_1 - u_1 + p_1 u_2 \\
&= q_1 u_0 + (r_1 - 1)u_1 + p_1 u_2 \\
&= q_1 u_0 + (r_1 - r_1 - q_1 - p_1)u_1 + p_1 u_2 \\
&= q_1 u_0 - q_1 u_1 - p_1 u_1 + p_1 u_2 \\
&= -q_1(u_1 - u_0) + p_1(u_2 - u_1) \\
&= -q_1 x_1 + p_1 x_2
\end{aligned}
$$

$$\therefore x_2 = \frac{q_1}{p_1} x_1$$

2 $i = 2$

이번에는 플레이어 A의 초기 자산이 2일 때, 플레이어 A가 파산할 확률, 즉, 상태 0이 될 확률을 구해 보겠습니다.

$$u_2 = q_2 u_1 + r_2 u_2 + p_2 u_3$$

위 식에서 좌변에 있는 u_2를 우변으로 옮기면 다음과 같이 정리할 수 있습니다.

$$0 = q_2 u_1 + r_2 u_2 - u_2 + p_2 u_3$$

$$= q_2 u_1 + (r_2 - 1)u_2 + p_2 u_3$$

$$= q_2 u_1 + (r_2 - r_2 - q_2 - p_2)u_2 + p_2 u_3$$

$$= q_2 u_1 - q_2 u_2 - p_2 u_2 + p_2 u_3$$

$$= -q_2(u_2 - u_1) + p_2(u_3 - u_2)$$

$$= -q_2 x_2 + p_2 x_3$$

$$x_3 = \frac{q_2}{p_2} x_2 = \frac{q_2}{p_2}\left(\frac{q_1}{p_1} x_1\right)$$

$$\therefore x_3 = \frac{q_1 q_2}{p_1 p_2} x_1$$

k-1) $i = k - 1$

위 과정을 반복하면 플레이어 A의 초기 자산이 k일 때, 플레이어 A가 파산할 확률은 다음과 같음을 알 수 있습니다.

$$x_k = \frac{q_1 q_2 \cdots q_{k-1}}{p_1 p_2 \cdots p_{k-1}} x_1$$

N-1) $i = N - 1$

위 과정의 마지막 단계인 플레이어 A의 초기 자산이 $N - 1$일 때, 플레이어 A가 파산할 확률은 다음과 같음을 알 수 있습니다.

$$x_N = \frac{q_1 q_2 \cdots q_{N-1}}{p_1 p_2 \cdots p_{N-1}} x_1$$

다음 단계로 위에서 구한 $x_1, x_2, \cdots, x_N$을 정리하면 다음과 같습니다.

$$x_1 = u_1 - u_0 = u_1 - 1$$

$$x_2 = u_2 - u_1$$

$$x_3 = u_3 - u_2$$

$$\vdots$$

$$x_k = u_k - u_{k-1}$$

$$\vdots$$

$$x_N = u_N - u_{N-1} = 0 - u_{N-1} = -u_{N-1}$$

위 식을 한 행씩 더하면 다음과 같이 정리할 수 있습니다.

$$x_1 = u_1 - 1$$

$$x_1 + x_2 = u_2 - 1$$

$$x_1 + x_2 + x_3 = u_3 - 1$$

$$\vdots$$

$$x_1 + x_2 + \cdots + x_k = u_k - 1$$

$$\vdots$$

$$x_1 + x_2 + \cdots + x_N = -1$$

위 식에서 $x_1 + x_2 + \cdots + x_k = u_k - 1$을 따로 정리하면 다음과 같이 쓸 수 있습니다.

$$u_k = 1 + x_1 + x_2 + x_3 + \cdots + x_k$$

$$= 1 + x_1 + \frac{q_1}{p_1}x_1 + \frac{q_1 q_2}{p_1 p_2}x_1 + \cdots + \frac{q_1 q_2 \cdots q_{k-1}}{p_1 p_2 \cdots p_{k-1}}x_1$$

$$= 1 + \left[1 + \frac{q_1}{p_1} + \frac{q_1 q_2}{p_1 p_2} + \cdots + \frac{q_1 q_2 \cdots q_{k-1}}{p_1 p_2 \cdots p_{k-1}}\right]x_1$$

$$= 1 + [1 + \rho_1 + \rho_2 + \cdots + \rho_{k-1}]x_1$$

$$\rho_k = \frac{q_1 q_2 \cdots q_k}{p_1 p_2 \cdots p_k}, \qquad k = 1, 2, \cdots, N-1$$

따라서 u_k는 다음과 같이 정리할 수 있습니다.

$$\therefore u_k = 1 + [1 + \rho_1 + \rho_2 + \cdots + \rho_{k-1}]x_1$$

위 식에서 u_k는 여전히 x_1값에 의존하는 것을 알 수 있습니다. 따라서 x_1을 구하기 위해 $u_N = 0$임을 이용하면 다음과 같이 x_1을 구할 수 있습니다.

$$u_N = 1 + x_1 + x_2 + \cdots + x_N$$

$$= 1 + x_1 + \frac{q_1}{p_1}x_1 + \frac{q_1 q_2}{p_1 p_2}x_1 + \cdots + \frac{q_1 q_2 \cdots q_{N-1}}{p_1 p_2 \cdots p_{N-1}}x_1$$

$$= 1 + \left[1 + \frac{q_1}{p_1} + \frac{q_1 q_2}{p_1 p_2} + \cdots + \frac{q_1 q_2 \cdots q_{N-1}}{p_1 p_2 \cdots p_{N-1}}\right]x_1$$

$$= 1 + [1 + \rho_1 + \rho_2 + \cdots + \rho_{N-1}]x_1$$

위 식에서 $u_N = 0$이므로 좌변은 0이 되고, 다음과 같이 x_1을 구할 수 있습니다.

$$0 = 1 + [1 + \rho_1 + \rho_2 + \cdots + \rho_{N-1}]x_1$$

$$\therefore x_1 = -\frac{1}{1 + \rho_1 + \rho_2 + \cdots + \rho_{N-1}}$$

위와 같이 x_1을 구했으므로 구한 x_1을 u_k에 대입하면 다음과 같이 u_k를 구할 수 있습니다.

$$u_k = 1 + (1 + \rho_1 + \rho_2 + \cdots + \rho_{k-1})x_1$$

$$= 1 + (1 + \rho_1 + \rho_2 + \cdots + \rho_{k-1}) \left(-\frac{1}{1 + \rho_1 + \rho_2 + \cdots + \rho_{N-1}} \right)$$

$$= 1 - \frac{1 + \rho_1 + \rho_2 + \cdots + \rho_{k-1}}{1 + \rho_1 + \rho_2 + \cdots + \rho_{N-1}}$$

$$= \frac{\rho_k + \rho_{k+1} + \cdots + \rho_{N-1}}{1 + \rho_1 + \rho_2 + \cdots + \rho_{N-1}}$$

$$\therefore u_k = \frac{\rho_k + \rho_{k+1} + \cdots + \rho_{N-1}}{1 + \rho_1 + \rho_2 + \cdots + \rho_{N-1}} \qquad k = 1, 2, \cdots, N-1$$

▎7.4.6 일반화 랜덤 워크의 파산까지 걸리는 평균 시간

이번 절에서는 일반화 랜덤 워크에서 플레이어 A 혹은 B가 파산하기까지 걸리는 평균 시간에 대해 알아보겠습니다.

$$\mathbf{P} = \begin{bmatrix} P_{00} & P_{01} & P_{02} & P_{03} & \cdots & P_{0,N-1} & P_{0N} \\ P_{10} & P_{11} & P_{12} & P_{13} & \cdots & P_{1,N-1} & P_{1N} \\ P_{20} & P_{21} & P_{22} & P_{23} & \cdots & P_{2,N-1} & P_{2N} \\ \vdots & \vdots & \vdots & \vdots & \ddots & \vdots & \vdots \\ P_{N-1,0} & P_{N-1,1} & P_{N-1,2} & P_{N-1,3} & \cdots & P_{N-1,N-1} & P_{N-1,N} \\ P_{N0} & P_{N1} & P_{N2} & P_{N3} & \cdots & P_{N,N-1} & P_{NN} \end{bmatrix} = \begin{bmatrix} 1 & 0 & 0 & 0 & \cdots & 0 & 0 \\ q_1 & r_1 & p_1 & 0 & \cdots & 0 & 0 \\ 0 & q_2 & r_2 & p_2 & \cdots & 0 & 0 \\ \vdots & \vdots & \vdots & \vdots & \ddots & \vdots & \vdots \\ 0 & 0 & 0 & 0 & \cdots & r_{N-1} & p_{N-1} \\ 0 & 0 & 0 & 0 & \cdots & 0 & 1 \end{bmatrix}$$

$$q_i + r_i + p_i = 1$$

랜덤 워크 과정이 위와 같은 전이 확률 행렬을 가진다고 할 때 게임이 끝날 때까지 걸리는 평균 시간 v_i는 다음과 같이 구할 수 있습니다.

$$v_i = E(T \mid X_0 = i)$$

$$= 1 + \sum_{j=0}^{r-1} P_{ij} v_j$$

$$= 1 + q_i v_{i-1} + r_i v_i + p_i v_{i+1}$$

$$v_i = 1 + q_i v_{i-1} + r_i v_i + p_i v_{i+1}$$
$$v_0 = v_N = 0$$

게임이 끝날 때까지 걸리는 평균 시간을 구하기 위해 다음과 같은 x_i를 정의합니다.

$$x_i = v_i - v_{i-1}$$

1 $i = 1$

먼저 플레이어 A의 초기 자산이 1일 때, 게임이 끝날 때까지 걸리는 평균 시간은 다음과 같이 구할 수 있습니다.

$$v_1 = 1 + q_1 v_0 + r_1 v_1 + p_1 v_2$$

위 식에서 좌변의 v_1을 우변으로 옮기고, 우변의 1을 좌변으로 옮기면 다음과 같이 정리할 수 있습니다.

$$-1 = q_1 v_0 + r_1 v_1 - v_1 + p_1 v_2$$
$$= q_1 v_0 + (r_1 - 1)v_1 + p_1 v_2$$
$$= q_1 v_0 + (r_1 - r_1 - q_1 - p_1)v_1 + p_1 v_2$$
$$= q_1 v_0 + q_1 v_1 - p_1 v_1 + p_1 v_2$$
$$= -q_1(v_1 - v_0) + p_1(v_2 - v_1)$$
$$= -q_1 x_1 + p_1 x_2$$

$$-1 = -q_1 x_1 + p_1 x_2$$

위 식을 x_2에 대해 정리하면 다음과 같습니다.

$$\therefore x_2 = \frac{q_1}{p_1}x_1 - \frac{1}{p_1}$$

2 $i = 2$

이번에는 플레이어 A의 초기 자산이 2일 때, 게임이 끝날 때까지 걸리는 평균 시간은 다음과 같이 구할 수 있습니다.

$$v_2 = 1 + q_2 v_1 + r_2 v_2 + p_2 v_3$$

위 식에서 좌변의 v_2를 우변으로 옮기고, 우변의 1을 좌변으로 옮기면 다음과 같이 정리할 수 있습니다.

$$-1 = q_2 v_1 + r_2 v_2 - v_2 + p_2 v_3$$
$$= q_2 v_1 + (r_2 - 1)v_2 + p_2 v_3$$
$$= q_2 v_1 + (r_2 - r_2 - q_2 - p_2)v_2 + p_2 v_3$$
$$= q_2 v_1 + q_2 v_2 - p_2 v_2 + p_2 v_3$$
$$= -q_2(v_2 - v_1) + p_2(v_3 - v_2)$$
$$= -q_2 x_2 + p_2 x_3$$

$$-1 = -q_2 x_2 + p_2 x_3$$

위 식을 x_3에 대해 정리하면 다음과 같습니다.

$$x_3 = \frac{q_2}{p_2}x_2 - \frac{1}{p_2}$$
$$= \frac{q_2}{p_2}\left(\frac{q_1}{p_1}x_1 - \frac{1}{p_1}\right) - \frac{1}{p_2}$$

$$= \frac{q_1 q_2}{p_1 p_2} x_1 - \frac{q_2}{p_1 p_2} - \frac{1}{p_2}$$

$$\therefore x_3 = \frac{q_1 q_2}{p_1 p_2} x_1 - \frac{q_2}{p_1 p_2} - \frac{1}{p_2}$$

3 $i = 3$

이번에는 플레이어 A의 초기 자산이 3일 때, 게임이 끝날 때까지 걸리는 평균 시간은 다음과 같이 구할 수 있습니다. 앞선 단계와 중복되므로 중간 과정은 생략하겠습니다.

$$-1 = -q_3 x_3 + p_3 x_4$$

위 식을 x_4에 대해 정리하면 다음과 같습니다.

$$x_4 = \frac{q_3}{p_3} x_3 - \frac{1}{p_3}$$

$$= \frac{q_3}{p_3} \left(\frac{q_1 q_2}{p_1 p_2} x_1 - \frac{q_2}{p_1 p_2} - \frac{1}{p_2} \right) - \frac{1}{p_3}$$

$$= \frac{q_1 q_2 q_3}{p_1 p_2 p_3} x_1 - \frac{q_2 q_3}{p_1 p_2 p_3} - \frac{q_3}{p_2 p_3} - \frac{1}{p_3}$$

$$\therefore x_4 = \frac{q_1 q_2 q_3}{p_1 p_2 p_3} x_1 - \frac{q_2 q_3}{p_1 p_2 p_3} - \frac{q_3}{p_2 p_3} - \frac{1}{p_3}$$

다음 단계로 넘어가기 전에 지금까지 구한 x_2, x_3, x_4를 정리하면 다음과 같습니다.

$$x_2 = \frac{q_1}{p_1} x_1 - \frac{1}{p_1}$$

$$x_3 = \frac{q_1 q_2}{p_1 p_2} x_1 - \frac{q_2}{p_1 p_2} - \frac{1}{p_2}$$

$$x_4 = \frac{q_1 q_2 q_3}{p_1 p_2 p_3} x_1 - \frac{q_2 q_3}{p_1 p_2 p_3} - \frac{q_3}{p_2 p_3} - \frac{1}{p_3}$$

위 식을 간단하게 정리하기 위해 다음과 같이 ρ_k, Φ_k를 정의하겠습니다.

$$\rho_k = \frac{q_1 q_2 \cdots q_k}{p_1 p_2 \cdots p_k}, \qquad k = 1,2,\cdots,N-1$$

$$\Phi_k = \left(\frac{1}{q_1} + \frac{1}{q_2 \rho_1} + \cdots + \frac{1}{q_k \rho_{k-1}} \right) \rho_k$$

$$= \frac{q_2 \cdots q_k}{p_1 p_2 \cdots p_k} + \frac{q_3 \cdots q_k}{p_2 p_3 \cdots p_k} + \cdots + \frac{q_k}{p_{k-1} p_k} + \frac{1}{p_k}$$

$$for\ k = 1,2,\cdots,N-1$$

위에서 정의한 ρ_k, Φ_k를 활용해 x_2, x_3, x_4를 다시 쓰면 다음과 같습니다.

$$x_2 = \frac{q_1}{p_1} x_1 - \frac{1}{p_1} = \rho_1 x_1 - \Phi_1$$

$$x_3 = \frac{q_1 q_2}{p_1 p_2} x_1 - \frac{q_2}{p_1 p_2} - \frac{1}{p_2} = \rho_2 x_1 - \Phi_2$$

$$x_4 = \frac{q_1 q_2 q_3}{p_1 p_2 p_3} x_1 - \frac{q_2 q_3}{p_1 p_2 p_3} - \frac{q_3}{p_2 p_3} - \frac{1}{p_3} = \rho_3 x_1 - \Phi_3$$

$$x_2 = \rho_1 x_1 - \Phi_1$$

$$x_3 = \rho_2 x_1 - \Phi_2$$

$$x_4 = \rho_3 x_1 - \Phi_3$$

k-1) $i = k - 1$

위와 같은 규칙을 보면 다음과 같이 x_k도 쉽게 구할 수 있습니다.

$$x_k = \frac{q_1 q_2 \cdots q_{k-1}}{p_1 p_2 \cdots p_{k-1}} x_1 - \frac{q_2 \cdots q_{k-1}}{p_1 p_2 \cdots p_{k-1}} - \frac{q_3 \cdots q_{k-1}}{p_2 p_3 \cdots p_{k-1}} - \cdots - \frac{1}{p_{k-1}}$$

$$x_k = \rho_{k-1} x_1 - \Phi_{k-1}$$

N-1) $i = N - 1$

끝으로 다음과 같이 x_N도 쉽게 구할 수 있습니다.

$$x_N = \frac{q_1 q_2 \cdots q_{N-1}}{p_1 p_2 \cdots p_{N-1}} x_1 - \frac{q_2 \cdots q_{N-1}}{p_1 p_2 \cdots p_{N-1}} - \frac{q_3 \cdots q_{N-1}}{p_2 p_3 \cdots p_{N-1}} - \cdots - \frac{1}{p_{N-1}}$$

$$x_N = \rho_{N-1} x_1 - \Phi_{N-1}$$

위에서 구한 $x_2, x_3, \cdots, x_N$을 정리하면 다음과 같습니다.

$$x_2 = \rho_1 x_1 - \Phi_1$$

$$x_3 = \rho_2 x_1 - \Phi_2$$

$$\vdots$$

$$x_k = \rho_{k-1} x_1 - \Phi_{k-1}$$

$$\vdots$$

$$x_N = \rho_{N-1} x_1 - \Phi_{N-1}$$

위 결과를 토대로 v_i를 구하기 위해 $x_1, x_2, \cdots, x_N$를 $v_1, v_2, \cdots, v_N$으로 나타내면 다음과 같습니다.

$$x_1 = v_1 - v_0 = v_1 - 0 = v_1$$

$$x_2 = v_2 - v_1$$

$$x_3 = v_3 - v_2$$

$$\vdots$$

$$x_k = v_k - v_{k-1}$$

$$\vdots$$

$$x_N = v_N - v_{N-1}$$

위 식을 한 행씩 더하면 다음과 같이 나타낼 수 있습니다.

$$x_1 = v_1$$

$$x_1 + x_2 = v_2$$

$$x_1 + x_2 + x_3 = v_3$$

$$\vdots$$

$$x_1 + x_2 + \cdots + x_k = v_k$$

$$\vdots$$

$$x_1 + x_2 + \cdots + x_N = v_N$$

위 식에서 $x_1 + x_2 + \cdots + x_k = v_k$를 정리하면 다음과 같습니다.

$$v_k = x_1 + x_2 + \cdots + x_k$$

$$= x_1 + (\rho_1 x_1 - \Phi_1) + (\rho_2 x_1 - \Phi_2) + \cdots + (\rho_{k-1} x_1 - \Phi_{k-1})$$

$$= (1 + \rho_1 + \rho_2 + \cdots + \rho_{k-1})x_1 - (\Phi_1 + \Phi_2 + \cdots + \Phi_{k-1})$$

$$v_k = (1 + \rho_1 + \rho_2 + \cdots + \rho_{k-1})x_1 - (\Phi_1 + \Phi_2 + \cdots + \Phi_{k-1})$$

위에서 구한 v_k를 보면 여전히 x_1에 의존하는 것을 알 수 있습니다. 따라서 x_1을 구하기 위해 $v_N = 0$임을 이용해 x_1을 구하면 다음과 같습니다.

$$v_N = (1 + \rho_1 + \rho_2 + \cdots + \rho_{N-1})x_1 - (\Phi_1 + \Phi_2 + \cdots + \Phi_{N-1})$$

$$0 = (1 + \rho_1 + \rho_2 + \cdots + \rho_{N-1})x_1 - (\Phi_1 + \Phi_2 + \cdots + \Phi_{N-1})$$

$$x_1 = \frac{\Phi_1 + \Phi_2 + \cdots + \Phi_{N-1}}{1 + \rho_1 + \rho_2 + \cdots + \rho_{N-1}}$$

따라서 위에서 구한 x_1을 v_k에 대입하면 다음과 같이 v_k를 구할 수 있습니다.

$$v_k = (1 + \rho_1 + \rho_2 + \cdots + \rho_{k-1})x_1 - (\Phi_1 + \Phi_2 + \cdots + \Phi_{k-1})$$

$$= (1 + \rho_1 + \rho_2 + \cdots + \rho_{k-1})\left(\frac{\Phi_1 + \Phi_2 + \cdots + \Phi_{N-1}}{1 + \rho_1 + \rho_2 + \cdots + \rho_{N-1}}\right) - (\Phi_1 + \Phi_2 + \cdots + \Phi_{k-1})$$

$$\therefore v_k = (1 + \rho_1 + \rho_2 + \cdots + \rho_{k-1})\left(\frac{\Phi_1 + \Phi_2 + \cdots + \Phi_{N-1}}{1 + \rho_1 + \rho_2 + \cdots + \rho_{N-1}}\right) - (\Phi_1 + \Phi_2 + \cdots + \Phi_{k-1})$$

$$for\ k = 1,2, \cdots N - 1$$

▌7.4.7 파이썬 라이브러리 실습

이번 절에서는 파이썬 라이브러리를 활용해 도박꾼의 파산 문제를 실습해 보겠습니다. 이번 실습에서는 초기 자금 50을 가지고 시작하는 도박꾼이 게임을 한 번 할 때마다 이기면 1을 더하고, 지면 1을 빼는 방식으로 진행합니다. 그리고 이 도박은 도박꾼의 자금이 0이 되어 파산하거나 100이 될 때까지 진행됩니다.

```
import random                                              ❶

random.seed(777)                                           ❷

ruin = 0                                                   ❸
goal = 100                                                 ❹
money = 50                                                 ❺
```

```
time = 0                                           ❻

time_list = [time]                                 ❼
money_list = [money]                               ❽

while money in range(ruin+1, goal):                ❾
    time += 1                                      ❿
    reward = 1                                     ⓫
    game_res = random.choice([0, 1])               ⓬
    if game_res == 1:                              ⓭
        money += reward                            ⓮
    else:                                          ⓯
        money -= reward                            ⓰
    time_list.append(time)                         ⓱
    money_list.append(money)                       ⓲
```

먼저 ❶ 이번 실습에 필요한 random 라이브러리를 불러옵니다. random 라이브러리는 별도의 설치 없이 사용 가능합니다. ❷ 그리고 random 라이브러리의 seed를 정합니다. 필자는 777로 설정했습니다. ❸ 그리고 도박꾼이 파산하는 자산인 ruin 값을 0으로 설정합니다. ❹ 도박꾼이 승리하는 goal을 100으로 설정합니다. ❺ 그리고 도박꾼의 초기 자금 money를 50으로 설정하고, ❻ 게임 시점 time을 0으로 설정합니다. ❼ 게임이 진행되는 시점 리스트인 time_list를 초기화하는 데 0번째 값으로 time을 입력해 줍니다. ❽ 그리고 시점별 도박꾼의 자산을 저장할 리스트 money_list에 초기 자산 money를 입력해 초기화합니다. ❾ 그리고 while 반복문을 이용해 도박꾼이 파산하거나 목표 자산에 도달할 때까지 반복해서 게임을 진행합니다. 해당 반복문은 도박꾼의 자산이 1~99 범위에 속하면 게임이 계속됨을 의미합니다. ❿ 게임이 시작되었으므로 시점 time에 1을 더하고 ⓫ 게임의 승리 수당을 1로 설정합니다. ⓬ 그리고 random 함수에서 0 혹은 1을 추출해 게임 결과로 설정합니다. 이때, 0은 도박꾼의 패배, 1은 도박꾼의 승리를 의미합니다. ⓭ 만약 도박꾼이 승리하면 ⓮ 도박꾼의 자산에 1을 더하고 ⓯ 도박꾼이 패배한다면 ⓰ 자산에서 1을 뺍니다. ⓱ 그리고 게임 시점 리스트에 현재 시점을 추가하고 ⓲ 자산 리스트에 현재 자산을 추가합니다.

```
print(len(money_list))                             ❶
print(max(money_list))                             ❷
print(min(money_list))                             ❸
```

```
1723
89
0
```

게임 결과를 살펴보면 ❶ 총 1723번의 게임이 진행된 것을 알 수 있고, ❷ 게임이 진행되는 동안 도박꾼의 최고 자산은 89였으며 ❸ 최소 자산은 0으로 파산한 것을 알 수 있습니다.

```
import matplotlib.pyplot as plt ..................................................❶

plt.plot(time_list, money_list) ..................................................❷
plt.axhline(y=goal, color='green') ...............................................❸
plt.axhline(y=ruin, color='red') .................................................❹
plt.show() .......................................................................❺
```

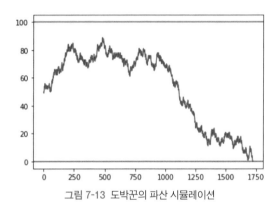

그림 7-13 도박꾼의 파산 시뮬레이션

이번에는 위 시뮬레이션 결과를 그림으로 나타내 보겠습니다. ❶ 데이터 시각화를 위해 라이브러리를 불러옵니다. ❷ 그리고 plot 함수를 이용해 게임 시점 리스트 time_list를 가로축으로 놓고, money_list를 세로축으로 플랏을 그려 줍니다. ❸ 그리고 목표 지점을 초록색 수평선으로 그리고 ❹ 파산 지점을 빨간색 수평선으로 그립니다. ❺ 결과를 확인하면 초기 자산 50으로 시작한 도박꾼은 결국 자산 0으로 파산한 것을 알 수 있습니다.

7.5 포아송 과정

7.5.1 포아송 과정의 개념

앞서 우리는 다음과 같은 포아송 분포(poisson distribution)를 배웠습니다.

$$P(X = x) = \frac{e^{-\lambda}\lambda^x}{x!}, \qquad x = 0, 1, \dots$$

이번 단원에서 배울 포아송 과정(poisson process)은 포아송 분포와 관련 있는 확률 과정입니다. 포아송 과정 $\{X(t); t \geq 0\}$은 다음과 같은 조건을 만족합니다.

NOTE **포아송 과정(poisson process)**

1. 시점 $t_0 = 0 < t_1 < t_2 < \dots < t_n$에 대해 다음과 같은 확률 과정의 increments는 독립 확률 변수(independent random variable)입니다.

$$X(t_1) - X(t_0), \qquad X(t_2) - X(X_1), \dots, \qquad X(t_n) - X(t_{n-1})$$

2. 시점 $s \geq 0, t \geq 0$에 대해 확률 변수 $X(s + t) - X(s)$는 다음과 같은 포아송 분포를 따릅니다.

$$P(X(s + t) - X(s) = k) = \frac{e^{-\lambda t}(\lambda t)^k}{k!}, \qquad k = 0, 1, 2, \dots$$

3. $X(0) = 0$

$n\big((a, b]\big)$를 $(a, b]$ 동안 발생한 이벤트 횟수라고 하겠습니다. 각각의 이벤트가 발생한 시점이 $t_1 < t_2 < t_3 < \dots$ 라고 하면 $n\big((a, b]\big)$은 시점 a와 시점 b 사이에 존재하는 t_i의 개수입니다. 즉, $n\big((a, b]\big)$는 $a < t_i < b$를 만족하는 t_i의 개수를 의미합니다. 예를 들어, $a < t_1 < t_2 < b$라면 $a < t_i < b$를 만족하는 t_i의 개수는 t_1, t_2로 총 2개이므로 $n\big((a, b]\big)$는 2가 됩니다.

포아송 과정 $X(t)$는 시점 0부터 t까지 발생한 이벤트 개수를 나타내는 것이므로 항상 0보다 큰 값을 가집니다. 왜냐하면 "이벤트 개수"이므로 이벤트 개수가 0보다 작은 값을 가질 수는 없기 때문입니다. 포아송 과정 $X(t)$는 다음과 같이 표현할 수 있습니다.

$$X(t) = n\big((0, t]\big)$$

포아송 이벤트는 시간축 0보다 큰 영역에서 발생합니다. [그림 7-14]는 포아송 과정을 그림으로 나타낸 것입니다. 그림을 보면 포아송 과정은 특정 시점까지 발생한 이벤트 개수를 나타내므로 우상향하는 그래프 형태를 띠는 것을 알 수 있습니다.

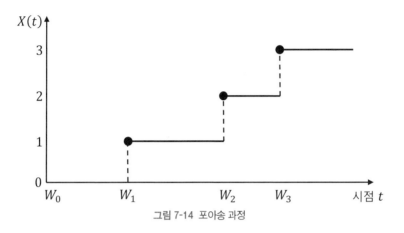

그림 7-14 포아송 과정

[그림 7-14]의 세로축을 보면 0보다 큰 값을 가지는 것을 볼 수 있습니다. [그림 7-14]의 의미를 좀 더 자세히 나타내면 [그림 7-15]와 같습니다.

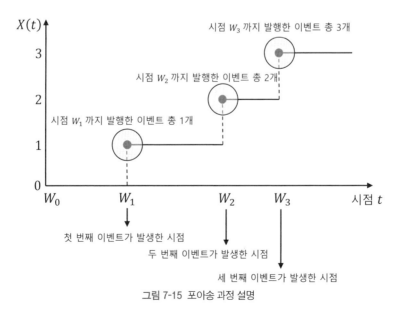

그림 7-15 포아송 과정 설명

[그림 7-15]의 x축에 해당하는 시점 t축을 보면 각 W_i는 i번째 이벤트가 발생한 시점인 것을 알 수 있습니다. 그리고 이를 조금 달리 말하면 W_i는 i번째 이벤트가 발생하기까지 걸린 시간 이라고도 볼 수 있습니다. W_i에서 사용하는 W는 waiting time의 약자이며 이는 '대기 시간'을 의미합니다. 또한 y축에 해당하는 시점 $X(t)$축은 이벤트 발생 횟수에 해당합니다.

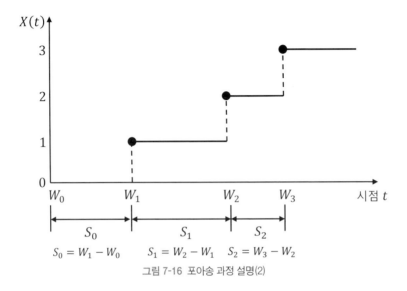

그림 7-16 포아송 과정 설명(2)

[그림 7-16]에서 S_i는 sojourn time의 약자이며 이는 $i + 1$번째 이벤트가 발생할 때까지 걸린 시간과 i번째 이벤트가 발생할 때까지 걸린 시간의 차이를 의미합니다. 다른 말로 하면 S_i는 $i + 1$번째 이벤트가 발생한 시간에서 직전 이벤트가 발생할 때까지 걸린 시간을 뺀 것을 의미 합니다. 이때, sojourn time은 '체류 시간'을 의미합니다.

대기 시간(waiting time) W_n은 다음과 같은 감마 분포를 따릅니다. W_n은 n번째 이벤트가 발 생할 때까지 걸리는 시간을 의미하므로 이는 감마 분포의 의미와 동일합니다.

$$f_{W_n}(t) = \frac{\lambda^n}{\Gamma(n)} t^{n-1} e^{-\lambda t}, \qquad n = 1, 2, \cdots t$$

우리는 앞서 지수 분포는 첫 번째 이벤트가 발생할 때까지 걸리는 시간을 의미한다고 배웠습니다. 따라서 W_1은 첫 번째 이벤트가 발생할 때까지 걸리는 시간이므로 W_1은 다음과 같은 지수 분포를 따른다는 것을 알 수 있습니다.

$$f_{W_1}(t) = \lambda e^{-\lambda t}, \qquad t > 0$$

▌7.5.2 포아송 과정 라이브러리 실습

이번 실습에서는 파이썬 라이브러리를 활용해 포아송 과정 실습을 해보겠습니다.

```
import numpy as np                                            ❶

np.random.seed(777)                                           ❷

lamb = 1                                                      ❸
n = 10                                                        ❹
x_list = np.random.poisson(lamb, size=n)                      ❺
xt_list = []                                                  ❻
x_axis = list(range(0, n))                                    ❼

for t in range(0, n):                                         ❽
    xt = np.sum(x_list[0:t])                                  ❾
    xt_list.append(xt)                                        ❿
```

먼저 ❶ 실습에 필요한 numpy 라이브러리를 불러옵니다. ❷ 그리고 랜덤 시드를 정해 줍니다. ❸ 그리고 포아송 분포에 사용할 파라미터 λ값을 설정해 줍니다. 이번 실습에서는 λ를 1로 설정합니다. 따라서 다음과 같은 λ가 1인 포아송 분포에서 샘플을 추출할 것입니다.

$$P(X = x) = \frac{e^{-\lambda}1^x}{x!}, \qquad x = 0, 1, \dots$$

그리고 ❹ 추출할 샘플 개수를 설정합니다. ❺ 위와 같은 포아송 분포에서 n개의 샘플을 추출해 x_list에 저장합니다. ❻ 그리고 xt_list를 비어 있는 리스트로 초기화하는데 xt_list는 다음과 같이 t시점까지 발생한 이벤트 횟수를 나타내는 포아송 과정을 의미합니다.

$$X(t) = n\big((0, t]\big)$$

그리고 ❼ 각 시점을 저장할 x_axis를 설정해 줍니다. ❽ 그리고 반복문을 통해 ❾ t시점까지 발생한 이벤트 횟수의 합을 나타내는 포아송 과정 xt를 구합니다. ❿ 그리고 각 시점에서의 xt를 x_list에 추가해 줍니다.

```
import matplotlib.pyplot as plt ·····································❶

plt.step(x_axis, xt_list) ·········································❷
plt.xlim(0) ······················································❸
plt.ylim(0) ······················································❹
plt.show() ·······················································❺
```

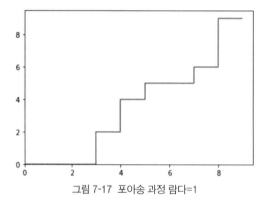

그림 7-17 포아송 과정 람다=1

이번에는 ❶ 포아송 과정을 시각화해 보겠습니다. 먼저 시각화에 필요한 라이브러리를 불러옵니다. ❷ 그리고 step 함수를 이용해 x_axis를 x축으로 놓고, xt_list에 대해 step 그래프를 그립니다. 그리고 ❸ x축의 범위와 ❹ y축의 범위를 설정해 주고 ❺ 결과를 확인하면 각 시점까지 발생한 이벤트 횟수를 확인할 수 있습니다.

```
import numpy as np ················································❶

np.random.seed(777) ···············································❷

def poisson_process(lamb, n): ·····································❸
    x_list = np.random.poisson(lamb, size=n) ·················❹
    xt_list = [] ·················································❺

    for t in range(0, n): ········································❻
        xt = np.sum(x_list[0:t]) ·································❼
        xt_list.append(xt) ·······································❽
    return xt_list ···············································❾
```

이번에는 다양한 λ값에 대해 포아송 과정 실습을 할 것인데 이를 위해 포아송 과정 함수를 만

374

들겠습니다. ❶ 먼저 numpy 라이브러리를 불러오고 ❷ 랜덤 시드를 정합니다. ❸ 함수 이름은 poisson_process라고 짓겠습니다. 그리고 입력값은 파라미터 lamb와 샘플을 추출할 개수 n으로 설정합니다. ❹ 그리고 lamb를 λ로 하는 포아송 분포에서 샘플 n개를 추출합니다. ❺ 그리고 t시점까지 발생한 이벤트 횟수를 저장하는 포아송 과정 xt_list를 저장합니다. ❻ 그리고 반복문을 이용해 ❼ 각 시점까지 발생한 이벤트 횟수를 구하고 ❽ 포아송 과정에 추가합니다. ❾ 출력값으로 포아송 과정을 출력합니다.

```
n = 10 ·························································································· ❶
x_axis = list(range(0, n)) ·········································· ❷

xt_list1 = poisson_process(1, n) ·································· ❸
xt_list2 = poisson_process(2, n) ·································· ❹
xt_list5 = poisson_process(5, n) ·································· ❺

plt.step(x_axis, xt_list1, color='b', label='lamb=1') ········ ❻
plt.step(x_axis, xt_list2, color='r', label='lamb=2')
plt.step(x_axis, xt_list5, color='g', label='lamb=5')
plt.legend()
plt.xlim(0)
plt.ylim(0)
plt.show()
```

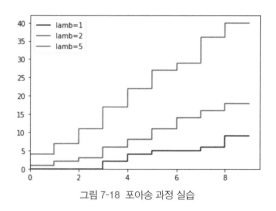

그림 7-18 포아송 과정 실습

앞서 만든 poisson_process 함수를 이용해 $\lambda = 1, 2, 5$에 대한 포아송 과정을 비교해 보겠습니다. 먼저 ❶ 샘플 개수 n을 설정합니다. ❷ 그리고 각 시점을 저장할 x_axis를 선언합니다. ❸ 그리고 λ가 1인 포아송 과정에서 n개의 샘플을 추출해 xt_list1에 저장합니다. ❹ 그리고 λ가 2인 포아송 과정에서 n개의 샘플을 추출해 xt_list2에 저장하고, ❺ λ가 5인 포아송 과정에서 n개의 샘플을 추출해 `xt_list5`라고 저장합니다. ❻ 그리고 각 포아송 과정에 대해 시각화를 합니다.

7.6 브라운 운동

▌7.6.1 브라운 운동의 개념

지금까지 우리는 이산형 시간(discrete time), 이산형 상태 공간(discrete state space)의 확률 과정을 알아보았습니다. 이번 단원에서 알아볼 브라운 운동 과정(brownian motion process)은 연속형 시간(continuous time), 연속형 상태 공간(continuous state space)에서의 확률 과정 중 하나입니다.

분산이 σ^2인 브라운 운동(Brownian motion)은 확률 과정 $\{B(t);\ t \geq 0\}$로 나타내고 다음과 같은 성질을 따르는 것을 의미합니다.

 NOTE　　**브라운 운동(Brownian motion)**

1) $B(0) = 0$이고 $B(t)$는 t에 대해 연속입니다.

2) 모든 $s \geq 0,\ t > 0$에 대해 increment $B(s + t) - B(s)$는 평균이 0이고 분산이 $\sigma^2 t$인 정규 분포를 따릅니다. 이때, 분산은 $\sigma^2 > 0$이며 고정된 파라미터입니다.

$$B(s + t) - B(s) \sim N(0, \sigma^2 t)$$

3) 만약 임의의 구간 $[t_i, t_j)$가 서로 겹치지 않는다면 $B(t_j) - B(t_i)$는 서로 독립(independent)입니다. 예를 들어, $[t_1, t_2),\ [t_3, t_4)$와 같이 두 개의 구간이 존재할 때 $B(t_4) - B(t_3)$과 $B(t_2) - B(t_1)$는 서로 독립입니다. $(0 \leq t_1 \leq t_2 \leq t_3 < t_4)$

위와 같은 브라운 운동의 정의에 대해 한번 생각해 보겠습니다. 1)의 경우 $P(B(0) = 0) = 1$임을 의미합니다. 이 말은 $B(0)$가 0일 확률이 1이라는 의미입니다. 2)의 경우, 브라운 운동의 increment의 분포의 평균은 항상 0인 것을 알 수 있으며, 분산은 시간 차 t에 의존하는 것

을 알 수 있습니다. 분산이 $\sigma^2 t$이므로 이는 $B(s+t)$와 $B(s)$의 시간 차가 커질수록, 즉 t가 커질수록 분산 $\sigma^2 t$도 커지는 것을 알 수 있습니다. 또한 2)에서 분산이 1이라면, 즉, $\sigma^2 = 1$이면 $B(s+t) - B(s)$의 분산은 시간 차 t에 의존하며 이를 표준 브라운 운동(standard Brownian motion)이라고 합니다. 3)을 보면 $B(t_j) - B(t_i)$는 과거의 값과 독립이라는 것을 알 수 있습니다. 예를 들어, 우리가 $B(t_3)$의 값을 알고 있다면 $B(t_2)$의 값은 $B(t_4) - B(t_3)$에 영향을 미치지 않습니다.

브라운 운동의 정의를 생각하면 $B(t)$의 분포도 알 수 있습니다. 만약 초기 시간 $t_0 = 0$이면 2)에 의해 $B(t)$는 다음과 같은 분포를 따르는 것을 알 수 있습니다.

$$B(t) - B(0) \sim N(0, \sigma^2 t)$$

$$\Leftrightarrow B(t) \sim N(0, \sigma^2 t)$$

따라서 $B(t)$의 기댓값과 분산은 다음과 같습니다.

$$E[B(t)] = 0, \qquad Var[B(t)] = \sigma^2 t$$

이를 이용해 $0 \le s < t$인 $B(s)$와 $B(t)$의 공분산은 다음과 같습니다. 다음 과정에서 첫 번째 줄에서 두 번째 줄로 넘어갈 때는 $E[B(s)] = 0, E[B(t)] = 0$임이 사용되었습니다. 그리고 다섯 번째 줄에서 여섯 번째 줄로 넘어갈 때 $E[B(s)\{B(t) - B(s)\}] = E[B(s)]E[B(t) - B(s)]$는 브라운 운동의 정의에서 3)의 개념이 사용되었습니다.

$$
\begin{aligned}
Cov[B(s), B(t)] &= E[B(s)B(t)] - E[B(s)]E[B(t)] \\
&= E[B(s)B(t)] - 0 \\
&= E[B(s)B(t)] \\
&= E[B(s)\{B(t) - B(s) + B(s)\}] \\
&= E[B(s)^2] + E[B(s)\{B(t) - B(s)\}] \\
&= \sigma^2 s + E[B(s)]E[B(t) - B(s)] \\
&= \sigma^2 s + 0 \\
&= \sigma^2 s
\end{aligned}
$$

위 과정에서 만약 $0 \leq t < s$라면 $B(s)$와 $B(t)$의 공분산은 $\sigma^2 t$로 나타나게 됩니다. 즉, s와 t 중 작은 쪽이 공분산에 영향을 주는 것이고 이를 정리하면 다음과 같이 나타낼 수 있습니다.

$$Cov[B(s), B(t)] = \sigma^2 \min\{s, t\}$$

▌7.6.2 Geometric Brownian Motion(GBM)

확률 과정 $S(t)$를 $S(t) = \log X(t)$라고 했을 때 $S(t)$가 $drift = \mu - \frac{1}{2}\sigma^2$, 분산 σ^2를 따르는 브라운 운동일 때, 확률 과정 $X(t)$는 Geometric Brownian Motion(GBM)이라고 합니다. 만약 다음과 같은 식이 성립한다면 $X(t)$는 초깃값 $X(0) = x$인 Geometric Brownian Motion이라고 합니다.

$$X(t) = xe^{drift+diffusion_t} = xe^{\left(\mu - \frac{1}{2}\sigma^2\right)t + \sigma B(t)}$$

위 식에서 $B(t)$는 $B(0) = 0$인 표준 브라운 운동이며, $\sigma B(t)$를 diffusion이라고 합니다. drift 는 장기적인 추세를 의미하며 diffusion은 t시점에서의 random shock를 의미합니다. 주가의 흐름을 장기적인 관점으로 보면 상승 혹은 하락 추세가 보입니다. 그러나 단기적인 관점으로 보면 끊임없이 상승과 하락이 반복되는 패턴이 나타납니다.

GBM은 주식 시장에서 주가 예측에 사용됩니다. 주가 데이터는 0보다 작은 값이 없는, 즉, nonnegative하다는 특징이 있습니다. 왜냐하면 위 식을 보면 지수와 관련된 항이 존재하므로 0보다 작은 값은 가질 수 없는, 즉, nonnegative하다는 것을 알 수 있기 때문입니다. 또한 장기 적으로 지수적으로 증가하거나 혹은 감소하는 추세를 보입니다. 따라서 주가 데이터의 이러 한 특징은 단순 브라운 운동보다는 GBM의 특징에 더 적합하다고 할 수 있습니다.

각 시점을 $t_0 < t_1 < t_2 < \cdots < t_n$이라고 했을 때, 다음 비율들은 서로 독립적인 확률 변수입니다.

$$\frac{X(t_1)}{X(t_0)}, \frac{X(t_2)}{X(t_1)}, \cdots, \frac{X(t_n)}{X(t_{n-1})}$$

위 비율은 주가의 변화율을 나타내는데, 위 비율을 Geometric Brownian Motion과 연관 지어 생각해 보겠습니다.

$$X(t_n) = X(t_0) \frac{X(t_1)}{X(t_0)} \cdot \frac{X(t_2)}{X(t_1)} \cdots \frac{X(t_n)}{X(t_{n-1})}$$

$$= X(t_0) \exp\left[\log\left(\frac{X(t_1)}{X(t_0)} \cdot \frac{X(t_2)}{X(t_1)} \cdots \frac{X(t_n)}{X(t_{n-1})}\right)\right]$$

$$= X(t_0) \exp\left[\log\left(\frac{X(t_1)}{X(t_0)}\right) + \log\left(\frac{X(t_2)}{X(t_1)}\right) + \cdots + \log\left(\frac{X(t_n)}{X(t_{n-1})}\right)\right]$$

$$= X(t_0) e^{\log\left(\frac{X(t_1)}{X(t_0)}\right)} e^{\log\left(\frac{X(t_2)}{X(t_1)}\right)} \cdots e^{\log\left(\frac{X(t_n)}{X(t_{n-1})}\right)}$$

위 식에 대해 좀 더 자세히 알아보기 전에 자연 로그의 특성을 알아야 하는데, 비율의 자연 로그는 다음과 같은 특징을 갖습니다.

$$\log\frac{x_i}{x_{i-1}} = \log x_i - \log x_{i-1} \approx \frac{x_i - x_{i-1}}{x_{i-1}}$$

위 식을 앞서 언급한 주가 변화율에 적용하면 다음과 같이 쓸 수 있습니다.

$$\log\frac{X(t_i)}{X(t_{i-1})} = \log X(t_i) - \log X(t_{i-1}) \approx \frac{X(t_i) - X(t_{i-1})}{X(t_{i-1})}, \qquad i = 1, 2, \cdots n$$

그렇다면 위 식은 어떤 의미를 가질까요? 위 식에서 $X(t_{i-1})$를 t_{i-1}시점의 주식 가격이라고 하고 $X(t_i)$를 바로 다음 시점인 t_i시점의 주식 가격이라고 하겠습니다. 그러면 두 주식 가격의 비율의 자연 로그를 취한 값은 $(X(t_i)-X(t_{i-1}))/X(t_{i-1})$과 유사하게 되고 이는 Geometric Brownian Motion을 따릅니다. 그리고 $(X(t_i)-X(t_{i-1}))/X(t_{i-1})$은 전일 주가 대비 수익률을 나타내므로 미래의 주가를 예측하는 데 활용할 수 있습니다. 즉, 이를 이용하면 다음 식의 μ와 σ^2을 구할 수 있습니다.

$$X(t) = X(0)e^{drift+diffusion_t} = X(0)e^{\left(\mu - \frac{1}{2}\sigma^2\right)t + \sigma B(t)}$$

위 식의 μ와 σ^2은 다음과 같이 구할 수 있습니다.

$$\mu = E\left[\frac{X(t_i) - X(t_{i-1})}{X(t_{i-1})}\right]$$

$$= \frac{1}{n}\sum_{i=1}^{n}\frac{X(t_i) - X(t_{i-1})}{X(t_{i-1})}$$

$$\sigma^2 = Var\left[\frac{X(t_i) - X(t_{i-1})}{X(t_{i-1})}\right]$$

$$= \frac{1}{n-1}\sum_{i=1}^{n}\left[\left(\frac{X(t_i) - X(t_{i-1})}{X(t_{i-1})} - \mu\right)^2\right]$$

위 식은 10장에서 주가를 예측하는 실습에서 사용합니다.

7.6.3 브라운 운동 라이브러리 실습

이번 절에서는 파이썬 라이브러리를 활용해 브라운 운동 실습을 해보겠습니다.

```
import numpy as np                                              ❶

np.random.seed(777)                                            ❷

n = 1000                                                       ❸
Bt = np.random.normal(loc=0, scale=1, size=n-1)               ❹
Bt = np.insert(Bt, obj=0, values=0)                           ❺
Bt_cumulative_sum = Bt.cumsum()                                ❻
```

먼저 ❶ 실습에 필요한 numpy 라이브러리를 불러오고 ❷ 랜덤 시드를 설정합니다. ❸ 그리고 이후 생성할 브라운 운동 increment의 개수를 생성합니다. 이번 실습에서는 1000개를 생성하 겠습니다. ❹ 이번 실습에서는 표준 브라운 운동에 대해 값을 생성할 것이므로 평균이 0이고 표준 편차가 1인 표준 정규 분포에서 n-1개의 값을 생성해 Bt라고 저장합니다. 이때, n개를 생성하는 것이 아닌 n-1개를 생성하는 이유는 0번째 값은 $B(0) = 0$으로 설정해야 하기 때문입니다. 여기서 Bt의 각 요소는 다음과 같은 브라운 운동 increment를 의미합니다.

$$B(s + 1) - B(s) \sim N(0, \sigma^2 t)$$

❺ 그리고 브라운 운동 Bt의 0번째 요소로 0을 삽입합니다. ❻ 그리고 브라운 운동의 누적 합을 Bt_cumulative_sum이라고 이름 짓고 cumsum 함수를 사용해 구합니다.

```
import matplotlib.pyplot as plt ··································· ❶

plt.figure(figsize=(10,10)) ····································· ❷

plt.subplot(2, 1, 1) ·········································· ❸
plt.plot(Bt) ················································· ❹
plt.title("Brownian Motion Increments") ························ ❺

plt.subplot(2, 1, 2) ·········································· ❻
plt.plot(Bt_cumulative_sum) ···································· ❼
plt.title("Brownian Motion Path") ······························ ❽
plt.show() ··················································· ❾
```

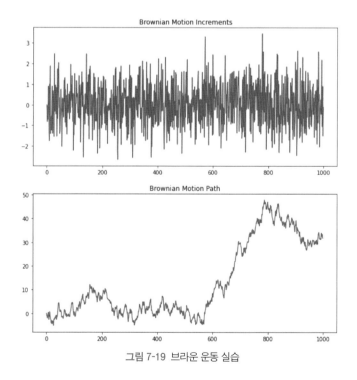

그림 7-19 브라운 운동 실습

이번에는 앞서 구한 브라운 운동을 시각화해 보겠습니다. ❶ 먼저 시각화에 필요한 라이브러리를 불러옵니다. ❷ 그리고 결과창의 크기를 정해 줍니다. 이번 실습에서는 subplot 함수를 이용해 2개의 플랏을 함께 표현해 보겠습니다. ❸ (2, 1, 1)이란 전체 2행 1열 크기의 플랏들 중 첫 번째 플랏이라는 의미입니다. ❹ 그리고 브라운 운동 increment에 대한 플랏을 그리고 ❺ 플랏의 타이틀을 설정해 줍니다. ❻ 마찬가지로 2행 1열 크기의 플랏들 중 두 번째 플랏을 그리는데 이번에는 ❼ 브라운 운동 경로에 대해 그려주고 ❽ 제목을 지어 줍니다. ❾ 결과를 확인합니다.

이번에는 실습에 사용한 브라운 운동의 평균과 분산을 구해 보겠습니다. 앞서 브라운 운동은 다음과 같은 분포를 따른다고 배웠습니다.

$$B(s+t) - B(s) \sim N(0, \sigma^2 t)$$

그리고 이번 실습에서 사용한 데이터는 표준 브라운 운동을 따르므로 각 increment는 다음과 같은 분포를 따릅니다.

$$B(s+t) - B(s) \sim N(0, 1)$$

```
mean_Bt = np.mean(Bt)
var_Bt = np.var(Bt)
print(mean_Bt)
print(var_Bt)
```
```
0.031884319683461226
1.0070067410804027
```

위 코드를 확인하면 평균이 0이고 분산이 1인 것을 확인할 수 있습니다.

이번에는 앞서 구한 데이터를 이용해 두 시점 차이가 나는 다음 브라운 운동 increment의 평균과 분산을 구해 보겠습니다. 두 시점 차이가 나므로 다음과 같이 평균이 0이고 분산 2를 만족해야 하는 것을 알 수 있습니다.

$$B(s+2) - B(s) \sim N(0, 2)$$

```
n = len(Bt) ·································································· ❶
t = 2 ········································································· ❷
B2 = [] ······································································· ❸
for i in range(t,n-1): ························································ ❹
    B = np.sum(Bt[i-t+1:i+1]) ················································ ❺
    B2.append(B) ····························································· ❻
print(np.mean(B2)) ···························································· ❼
print(np.var(B2)) ····························································· ❽
```

```
0.06615604368122943
2.025336028897413
```

먼저 ❶ 앞서 구한 브라운 운동 Bt의 개수를 구합니다. ❷ 그리고 시점 차 t를 설정합니다. 여기서 t는 다음 식에서의 t를 의미합니다.

$$B(s + t) - B(s) \sim N(0, \sigma^2 t)$$

그리고 ❸ 다음 브라운 운동을 저장할 변수 B2를 선언합니다.

$$B(2) - B(0), B(3) - B(1), B(4) - B(2), \cdots$$

그리고 ❹ 반복문을 이용해 ❺ 위 식의 각 항에 해당하는 B를 구합니다. 이때, 왜 B를 구하는 식이 ❺와 같은 형태를 띨까요? 이는 앞서 구한 브라운 운동 increment의 집합인 Bt의 각 원소를 보면 알 수 있습니다. Bt의 각 원소는 다음을 의미합니다.

$$B(0)$$

$$B(1) - B(0)$$

$$B(2) - B(1)$$

$$B(3) - B(2)$$

$$\vdots$$

따라서 이를 이용해 B2의 각 원소를 구하기 위해서는 Bt의 각 원소를 다음과 같이 더할 필요가 있는 것입니다.

$$B(2) - B(0) = [B(2) - B(1)] + [B(1) - B(0)]$$

$$B(3) - B(1) = [B(3) - B(2)] + [B(2) - B(1)]$$

$$\vdots$$

❻ B를 B2에 추가합니다. 그리고 ❼ 평균과 ❽ 분산을 확인해 보면 평균은 0이고 분산은 2에 가까운 것을 볼 수 있습니다.

몬테카를로 시뮬레이션

몬테카를로 시뮬레이션을 활용하면 실험을 여러 번 시행하기 어려운 상황에서 컴퓨터를 이용한 시뮬레이션을 통해 확률 실험을 쉽게 할 수 있습니다. 예전에는 컴퓨터 성능이 좋지 않아 몬테카를로 시뮬레이션에 어려움이 있었지만 컴퓨터 성능이 발전함에 따라 함께 발전했습니다. 이번 장에서는 몬테카를로 시뮬레이션의 개념을 다루고 여러 가지 확률 분포를 따르는 난수를 생성해 보겠습니다.

8.1 몬테카를로 시뮬레이션의 기초

▌8.1.1 몬테카를로 시뮬레이션의 개념

몬테카를로 시뮬레이션(Monte Carlo simulation)은 컴퓨터를 이용해 반복적인 랜덤 샘플링 (random sampling) 방법으로 수리적 결과를 얻는 시뮬레이션 방법을 의미합니다. 여기서 핵심적인 개념은 랜덤성을 이용해서 시뮬레이션한다는 점입니다. 몬테카를로 시뮬레이션은 머신러닝, 딥러닝과 같은 인공지능뿐만 아니라 물리학, 통계학, 공학, 금융 공학 등 다양한 분야에서 활용되는 방법입니다.

▌8.1.2 몬테카를로 시뮬레이션으로 기댓값 추정

이번 절에서는 몬테카를로 시뮬레이션을 통해 기댓값을 추정해 보겠습니다. 예를 들어, 확률 변수 X의 기댓값이 μ라는 사실을 몬테카를로 시뮬레이션을 통해 확인하고 싶다고 가정하겠습니다. 이를 수식으로 나타내면 다음과 같습니다.

$$E(X) = \mu$$

위와 같은 사실을 몬테카를로 시뮬레이션을 활용해 확인하고 싶다면 우선 확률 변수 X에 대해 서로 독립이고 동일한 분포를 따르는 iid 확률 변수 $X_1, X_2, \cdots, X_n$의 값을 생성해 내야 합니다. 그러고 나서 생성된 $X_1, X_2, \cdots, X_n$값에 대해 평균을 구하면 다음 수식과 같이 μ의 추정치 $\hat{\mu}$를 구할 수 있습니다.

$$\hat{\mu} = \frac{1}{n} \sum_{i=1}^{n} X_i$$

▌8.1.3 대수의 법칙

앞선 절에서 다룬 μ의 추정치로 $\hat{\mu}$를 사용할 수 있는 이유는 몬테카를로 시뮬레이션은 대수의 법칙(law of large numbers)에 기반하고 있기 때문입니다. 대수의 법칙은 크게 약대수의 법칙과 강대수의 법칙으로 나눌 수 있는데 먼저 약대수의 법칙에 대해 알아보겠습니다.

약대수의 법칙(weak law of large numbers)은 다음과 같이 $\hat{\mu}_n$과 μ의 차이의 절댓값인 $|\hat{\mu}_n - \mu|$이 ϵ보다 작을 확률은 n이 증가할수록 1에 수렴한다는 의미입니다.

$$\lim_{n \to \infty} P(|\hat{\mu}_n - \mu| < \epsilon) = 1$$

위 식에서 ϵ은 임의의 양수를 의미하며 $\epsilon > 0$로 나타냅니다. 위 식이 의미하는 바는 n이 커질수록 $\hat{\mu}_n$은 μ에 수렴한다는 의미합니다.

이번에는 강대수의 법칙(strong law of large numbers)에 대해 알아보겠습니다. 강대수의 법칙은 다음과 같이 나타냅니다.

$$P\left(\lim_{n \to \infty} |\hat{\mu}_n - \mu| < \epsilon\right) = 1$$

위와 같이 약대수의 법칙과 강대수의 법칙, 즉, 대수의 법칙이 의미하는 바는 몬테카를로 시뮬레이션을 통해 모수를 추정하는 것은 n이 커질수록 에러가 적어지고 정확해진다는 것입니다.

그렇다면 서로 독립이고 동일한 분포를 따르는 확률 변수 $X_1, X_2, \cdots, X_n$의 $\hat{\mu}_n$의 기댓값은 어떻게 구할 수 있을까요? $\hat{\mu}_n$의 기댓값은 다음과 같이 구할 수 있습니다.

$$E(\hat{\mu}_n) = E\left(\frac{1}{n}\sum_{i=1}^{n} X_i\right)$$

$$= \frac{1}{n}\sum_{i=1}^{n} E(X_i)$$

$$= \frac{1}{n}[E(X_1) + E(X_2) + \cdots + E(X_n)]$$

$$= \frac{1}{n}(\mu + \mu + \cdots + \mu)$$

$$= \frac{1}{n}n\mu$$

$$= \mu$$

$$\therefore E(\hat{\mu}_n) = \mu$$

따라서 $\hat{\mu}_n$의 기댓값이 모수 μ와 같으므로 몬테카를로 시뮬레이션은 unbiased하다고 할 수 있습니다.

서로 독립이고 동일한 분포를 따르는 확률 변수 $X_1, X_2, \cdots, X_n$의 만족하는 확률 변수 X의 분산을 σ^2이라고 가정하면 $\hat{\mu}_n$의 분산은 다음과 같이 구할 수 있습니다.

$$Var(\hat{\mu}_n) = Var\left(\frac{1}{n}\sum_{i=1}^{n} X_i\right)$$

$$= \frac{1}{n^2}[Var(X_1) + Var(X_2) + \cdots + Var(X_n)]$$

$$= \frac{1}{n^2}(\sigma^2 + \sigma^2 + \cdots + \sigma^2)$$

$$= \frac{1}{n^2}n\sigma^2$$

$$= \frac{\sigma^2}{n}$$

$$\therefore Var(\hat{\mu}_n) = \frac{\sigma^2}{n}$$

▌8.1.4 몬테카를로 시뮬레이션으로 적분 값 구하기

몬테카를로 방법을 이용하면 앞선 절에서 다루었던 평균이나 분산을 구할 수 있을 뿐만 아니라 함수의 적분 값도 구할 수 있습니다. 이번 절에서는 몬테카를로 방법으로 함수의 적분 값을 구해 보겠습니다. [그림 8-1]과 같이 x축에서 a부터 b까지 함수 $f(x)$에 대한 적분 값을 구한다고 가정해 보겠습니다.

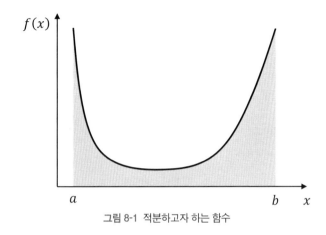

그림 8-1 적분하고자 하는 함수

[그림 8-1]과 같은 영역에 대해 적분을 하고자 하면 다음과 같은 수학 공식을 이용해서 적분 값을 구할 수 있습니다.

$$\int_a^b f(x)\, dx$$

그렇다면 위와 같은 적분 계산을 몬테카를로 시뮬레이션으로 어떻게 계산할 수 있을까요? 함수는 연속 함수이며 x가 될 수 있는 값은 셀 수 없이 많습니다. 우리는 적분의 개념을 처음 배울 때 적분 영역의 x축을 n개로 잘게 나누어 생각했었습니다.

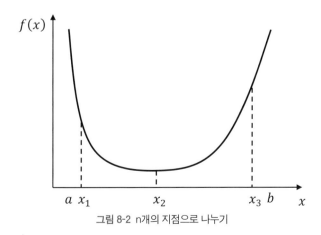

그림 8-2 n개의 지점으로 나누기

이와 마찬가지로 적분 값을 몬테카를로 방법을 이용해 계산할 때도 x축의 값을 n개로 나누어 생각하겠습니다. 이해를 쉽게 하기 위해 [그림 8-2]와 같이 x축을 x_1, x_2, x_3과 같이 3개의 지점으로만 나누어 보겠습니다.

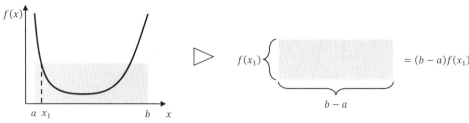

그림 8-3 첫 번째 값에 대한 영역

먼저 첫 번째 지점인 x_1에 대해 생각해 보겠습니다. x_1을 기준으로 a와 b 사이의 영역을 사각형으로 구한다면 [그림 8-3]과 같이 사각형의 형태를 띤다고 할 수 있습니다. 이때, 사각형의 가로 길이는 $b - a$에 해당되며 세로 길이는 x_1에 대한 함숫값 $f(x_1)$이 됩니다. 따라서 첫 번째 지점 x_1에 대한 사각형의 넓이는 가로 길이와 세로 길이를 곱한 $(b - a)f(x_1)$라고 할 수 있습니다. 이 사각형의 넓이가 우리가 적분하고자 하는 영역의 넓이와 같을까요? 아직은 다소 차이가 있다고 생각됩니다. 계속해서 두 번째 지점을 보겠습니다.

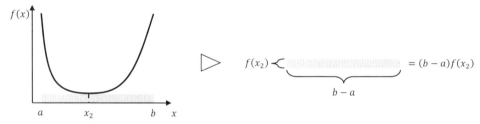

그림 8-4 두 번째 값에 대한 영역

다음으로 두 번째 값 x_2에 대한 적분 영역을 생각해 보겠습니다. x_2를 기준으로 a와 b 사이의 영역을 사각형으로 구한다면 [그림 8-4]와 같은 사각형의 형태를 띤다고 할 수 있습니다. 이때, 사각형의 가로 길이는 이전과 마찬가지로 $b - a$가 되고 세로 길이는 x_2의 함숫값 $f(x_2)$이 됩니다. [그림 8-4]를 보면 x_2에 대한 함숫값 $f(x_2)$는 작아서 납작한 형태의 사각형이 되는 것을 볼 수 있으며 [그림 8-3]보다 사각형의 영역이 좁은 것을 볼 수 있습니다. 따라서 두 번째 지점 x_2에 대한 사각형의 넓이는 가로 길이와 세로 길이를 곱한 $(b - a)f(x_2)$라고 할 수 있습니다. 마지막으로 세 번째 지점을 보겠습니다.

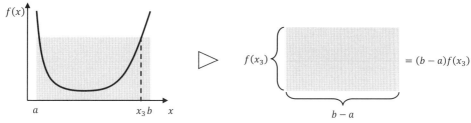
그림 8-5 세 번째 값에 대한 영역

마지막으로 세 번째 지점 x_3에 대해 생각해 보겠습니다. x_3를 기준으로 a와 b 사이의 영역을 사각형으로 구한다면 [그림 8-5]와 같은 사각형의 형태를 띤다고 할 수 있습니다. 이때, 사각형의 가로 길이는 이전과 마찬가지로 $b - a$가 되고 세로 길이는 x_3의 함숫값 $f(x_3)$이 됩니다. 따라서 [그림 8-5]와 같이 세 번째 지점 x_3에 대한 사각형의 넓이는 가로 길이와 세로 길이를 곱한 $(b - a)f(x_3)$라고 할 수 있습니다.

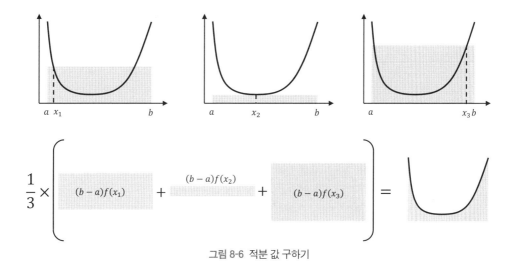
그림 8-6 적분 값 구하기

앞서 구한 세 지점 x_1, x_2, x_3에 대해 구한 영역을 모두 모으면 [그림 8-6]과 같습니다. [그림 8-6]과 같이 각 지점에 대해 구한 영역을 모두 더하고 지점의 개수로 나누면 우리가 구하고자 하는 적분 영역의 넓이와 비슷해집니다. 우리는 세 지점으로 나누었기 때문에 3으로 나누는 것을 볼 수 있습니다. 지점을 많이 나누면 나눌수록 우리가 구하고자 하는 적분 영역에 가까워집니다. 이를 식으로 나타내면 다음과 같습니다.

$$\int_a^b f(x)\,dx = \frac{1}{n}(b - a)\sum_{i=1}^{n} f(x_i)$$

391

정리하면 위 식의 좌변과 같은 적분 영역을 계산할 때는 우변과 같이 적분 영역을 n개로 나누어 각 영역에 대해 계산하면 좌변의 적분 값과 비슷해지며 이는 n이 클수록 더 가까워집니다. 이를 그림으로 나타내면 [그림 8-7]과 같습니다.

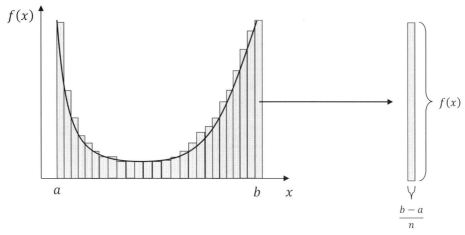

그림 8-7 적분 영역 구하는 두 번째 방법

적분하고자 하는 영역을 n개로 나누면 [그림 8-7]과 같이 표현할 수 있는데 각 지점에 대해 다수의 회색 사각형을 모두 더하면 우리가 구하고자 하는 적분 값과 비슷해집니다. [그림 8-7]은 앞서 설명한 공식과 동일한 공식을 사용했는데 조금 다른 각도로 바라본 것입니다.

$$\int_a^b f(x)\,dx = \frac{1}{n}\left[\sum_{i=1}^{n}(b-a)f(x_i)\right]$$

앞선 실습에서는 위 식과 같이 각 지점 x_i에 대해 함숫값 $f(x_i)$을 구하고 해당 함숫값에 대해 가로 길이 $(b-a)$를 곱한 후 모두 더한 다음 지점의 개수 n으로 나누어 적분 값을 계산했다면 [그림 8-7]은 다음과 같은 수식을 고려한 것입니다.

$$\int_a^b f(x)\,dx = \frac{(b-a)}{n}\sum_{i=1}^{n} f(x_i)$$

위 식과 같이 [그림 8-7]은 앞선 식과 동일한 식을 다른 각도로 바라본 것입니다. 각 지점 x_i에 대해 함숫값 $f(x_i)$을 구하고 이는 사각형의 세로 길이가 되며 이에 대해 가로 길이에 전체 길이 $(b-a)$를 n으로 나눈 아주 작은 가로 길이를 곱함으로써 [그림 8-7]과 같이 작은 사각형

여러 개를 합친 형태로 보는 것입니다. 두 방법 중 어떤 방법으로 생각하든 동일한 결과가 나오니 어느 쪽을 사용해도 상관없습니다.

▌8.1.5 몬테카를로 시뮬레이션 파이썬 실습

이번 절에서는 몬테카를로 방법을 이용해 적분 값을 구해 보겠습니다. 우리는 앞서 감마 분포를 배울 때 감마 함수의 적분 값을 이용하기 위해 gamma 함수를 구현했었습니다. 이번 절에서 gamma 함수에 대해 더 자세히 알아보고 어떻게 적분 값을 구하는지 확인해 보겠습니다.

$$\Gamma(\alpha) = \int_0^\infty x^{\alpha-1} e^{-x} dx, \qquad \alpha > 0$$

즉, 이번 실습의 목적은 위와 같이 주어진 α에 대해 적분 값을 구해서 $\Gamma(\alpha)$를 구하는 것입니다.

```
def seq(start, stop, step):
    """
    수열 만들기
    입력값: start(시작 값), stop(끝 값), step(한 스텝당 증가 수)
    출력값: res(리스트)
    """
    res = []
    current = start
    while current < stop:
        res.append(current)
        current += step
    return res
```

본격적으로 gamma 함수를 알아보기 전에 gamma 함수 구현에 필요한 seq 함수를 불러오겠습니다. seq 함수는 적분 영역에 대해 n개의 지점을 나누어 수열을 만들기 위한 함수입니다.

```python
def gamma_function(alpha, x):                                          ❶
    """
    감마 함수
    입력값: alpha, x
    출력값: res(실수)
    """
    e = 2.7182818284                                                   ❷
    res = (x**(alpha-1))*(e**(-x))                                     ❸
    return res                                                         ❹
```

이번에는 gamma_function이라는 함수에 대해 알아보겠습니다. ❶ gamma_function 함수의 입력값은 alpha와 x이며 출력값은 x에 대한 함숫값입니다. 이를 수식으로 보면 다음과 같습니다.

$$f(\alpha, x) = x^{\alpha-1} e^{-x}$$

즉, 위 코드에서 alpha는 위 식에서 α를 의미하며 x는 x를 의미합니다. ❷ 위 식을 계산하기 위해 필요한 자연 상수 e를 정의하고 ❸ alpha와 x에 대한 함숫값 res를 구한 후 ❹ 결과로 출력합니다. 이렇게 구현한 gamma_function을 이용해 감마 함수의 적분 값을 구하는 함수 gamma를 다음과 같이 구할 수 있습니다.

```python
def gamma(alpha):                                                      ❶
    """
    감마
    입력값: alpha
    출력값: res(실수)
    """
    a = 0                                                              ❷
    b = 100                                                            ❸
    x_list = seq(0.0001, 100, 0.001)                                   ❹
    gamma_list = []                                                    ❺
    for x in x_list:                                                   ❻
        y = gamma_function(alpha, x)                                   ❼
        gamma_list.append(y)                                           ❽
    res = ((b-a)/len(x_list))*sum(gamma_list)                          ❾
    return res                                                         ❿
```

위와 같은 gamma 함수를 이용하면 다음 식과 같이 우리가 구하고자 하는 $\Gamma(\alpha)$를 구할 수 있습니다.

$$\Gamma(\alpha) = \int_0^\infty x^{\alpha-1} e^{-x} dx, \qquad \alpha > 0$$

먼저 ❶ 함수 이름은 gamma라고 짓겠습니다. gamma 함수의 입력값은 alpha이며 이는 위 식에서 α에 해당합니다. ❷, ❸ 다음으로 감마 함수의 적분 영역을 설정하겠습니다. 위 식에서 적분 영역은 0부터 무한대까지이지만 gamma 함수에서는 0부터 100까지만 적분하도록 하겠습니다. 따라서 적분 시작 영역 a를 0으로 지정하고 마지막 영역 b를 100이라고 설정합니다. ❹ 그리고 적분 영역 a와 b 사이를 잘게 나누어 x_list라고 저장합니다. ❺ 그리고 각 지점에 대한 함숫값을 저장할 리스트를 gamma_list라고 지정합니다. ❻ x_list에 포함되어 있는 x에 대해 반복문을 수행해 각 지점 x에 대한 함수값을 구하겠습니다. ❼ 앞서 구한 gamma_function을 이용해 alpha와 x값에 대한 함숫값을 구해 y라고 저장하고, ❽ 이를 gamma_list에 추가합니다.

$$\int_a^b f(x)\, dx = \frac{1}{n}(b-a) \sum_{i=1}^n f(x_i)$$

그리고 ❾ 각 지점에 대해 함숫값을 위 공식에 적용하면 적분 값 res를 구할 수 있습니다. ❿ 결괏값을 출력합니다.

---

gamma(3)

2.0000000001182547

앞서 만든 gamma 함수를 테스트해 보겠습니다. 위와 같이 gamma(3)을 계산하는데 이는 감마 함수의 성질을 이용하면 다음과 같이 계산할 수 있습니다.

$$\Gamma(3) = (3-1)! = 2! = 2$$

위에서 gamma 함수를 이용해 구한 값과 실제 정답과 거의 유사한 것을 볼 수 있습니다.

8.2 uniform 난수 생성

8.2.1 유사 랜덤

파이썬을 이용해 랜덤 시뮬레이션을 할 때 random 라이브러리를 사용하면 랜덤하게 숫자를 생성할 수 있습니다. 우리가 익숙하게 사용하는 난수 생성 라이브러리를 통해 만드는 랜덤 숫자는 정말 랜덤할까요? 사실 물리학적으로 진정한 의미의 랜덤이라고 함은 장치에서 방사성 양자 방출(radioactive particle emission)을 통해 만드는 랜덤 숫자를 의미합니다. 따라서 우리가 프로그래밍을 통해 생성하는 랜덤한 숫자는 진정한 의미의 랜덤 숫자가 아닌 유사 랜덤 (pseudo random) 숫자입니다. 즉, 랜덤처럼 보이는 숫자라는 뜻입니다.

이렇게 보면 유사 랜덤이 별로 좋지 않은 것 같지만 유사 랜덤의 장점도 존재합니다. 물리적 랜덤으로 생성한 숫자들을 이용해 만든 컴퓨터 프로그램은 디버깅하기가 어렵습니다. 왜냐면 프로그램을 실행시킬 때마다 발생하는 숫자가 달라지므로 달라진 결과가 프로그램 코드의 파라미터 변경에 의한 것인지, 단순하게 달라진 랜덤 숫자에 의해 달라진 것인지 알아내기 어렵습니다. 또한 난수를 저장하는 데 필요한 용량도 큽니다. 반면, 유사 랜덤을 사용하면 비교적 작은 용량으로 랜덤 숫자들을 저장할 수 있으며 시드(seed) 지정을 통해 프로그램을 실행할 때마다 같은 결과를 얻을 수 있습니다.

8.2.2 랜덤 주기

우리가 유사 랜덤으로 만드는 숫자들은 랜덤 주기(period)를 가지고 있습니다. 주기 P를 가지고 있다는 말은 다음과 같이 수식으로 나타낼 수 있습니다.

$$x_i = x_{i-P}$$

위 수식의 의미는 유사 랜덤 함수를 통해 만든 i번째 랜덤 숫자 x_i는 P시점 이전의 랜덤 숫자 값 x_{i-P}와 동일하다는 것입니다. 즉, 주기 P를 기준으로 동일한 랜덤 숫자가 발생된다는 의미입니다. 그렇다면 주기 P는 작을수록 좋을까요, 아니면 클수록 좋을까요? 만약 주기 P가 작으면 같은 패턴이 짧은 주기로 계속 나타나므로 랜덤 숫자의 랜덤성이 떨어질 것입니다. 반면 주기 P가 커질수록 동일 패턴이 발생하는 주기가 길어지므로 랜덤성이 높아질 것입니다. 따라서 주기 P는 클수록 좋습니다. 일반적으로 주기 P에 대해 $\sqrt{P}$개 이하의 난수를 생성하는 것을 권장합니다. 예를 들어, 주기가 100이라면 10개 이하의 난수를 발생하는 것을 권장하는 것입니다. 이후 실습에서는 $P = 2^{31} - 1$로 설정할 것입니다. 그 이유는 $2^{31} - 1$가 파이썬으로 나타낼 수 있는 최대 정수 크기이기 때문입니다.

▌8.2.3 랜덤 시드

우리는 앞서 유사 랜덤을 통해 생성한 랜덤 숫자는 동일한 프로그램 결괏값을 얻을 수 있다고 말했습니다. 이를 위해 랜덤 시드라는 개념을 사용합니다. **랜덤 시드(random seed)**는 정수 (int)값으로 설정하며 동일한 랜덤 시드값은 동일한 난수 발생을 유도합니다. 즉, 랜덤 시드는 유사 랜덤 함수의 상태를 결정하는 값인 것입니다. 그렇다면 난수를 생성할 때 시드를 정하지 않으면 어떻게 될까요? 사용자가 시드를 정하지 않은 경우에는 프로그램이 스스로 시드를 생성하는데 보통 컴퓨터상의 현재 시간을 시드로 정합니다. 그러나 랜덤 시드를 정하지 않는 것은 프로그램을 실행할 때마다 다른 아웃풋을 생성해 좋은 습관이 아니므로 항상 랜덤 시드를 정하는 습관을 가질 것을 권장합니다.

그렇다면 랜덤 시드를 실제로 사용하는 방법에 대해 알아보겠습니다. 우리가 만약 어떤 시뮬레이션을 할 때, 파라미터 $\theta_1, \theta_2, \cdots, \theta_n$ 중 하나로 설정해 시뮬레이션을 반복하는 상황을 가정하겠습니다. 이런 경우 다음과 같이 시드를 s로 통일해 주면 각 시뮬레이션의 결괏값은 파라미터의 변경에만 영향을 받는 것을 알 수 있습니다.

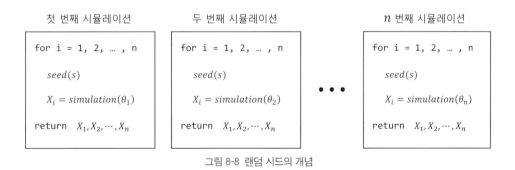

그림 8-8 랜덤 시드의 개념

[그림 8-8]은 랜덤 시드의 개념을 나타냅니다. 그림에서는 총 n번의 시뮬레이션을 수행하는데 각 시뮬레이션에서는 동일한 랜덤 시드 s를 사용하며 시뮬레이션에 사용되는 파라미터 θ만 달라지는 것을 알 수 있습니다. 랜덤 시드가 동일하므로 각 시뮬레이션에서 발생하는 랜덤

숫자는 동일합니다. 따라서 각 시뮬레이션의 결괏값은 랜덤 숫자와는 무관하며 파라미터 θ 에만 영향을 받는다는 것을 알 수 있습니다.

▌8.2.4 유사 랜덤 알고리즘

일반적으로 가장 흔히 사용하는 유사 랜덤 알고리즘은 다음과 같은 linear congruential generator(LCG)입니다. 다음 식에서 mod M이란 M으로 나누었을 때의 나머지를 의미합니다. 따라서 $a_1 x_{i-1}$ mod M이라고 하면 $a_1 x_{i-1}$를 M로 나누었을 때의 나머지를 의미합니다. 예를 들어, 4 mod 3이라고 하면 4를 3으로 나눈 나머지 1을 의미합니다.

$$x_i = a_0 + a_1 x_{i-1} \bmod M$$

위 식에서 만약 $a_0 = 0$이라면 다음과 같이 multiplicative congruential generator(MCG)라고 부릅니다.

$$x_i = a_1 x_{i-1} \bmod M$$

LCG는 MCG보다 속도가 느려서 MCG를 더 자주 사용합니다. MCG를 더 일반적인 표현식으로 나타내면 다음과 같이 multiple recursive generator(MRG)라고 부릅니다.

$$x_i = a_1 x_{i-1} + a_2 x_{i-2} + \cdots + a_k x_{i-k} \bmod M$$

앞서 설명한 방법들을 살펴보면 결국 위 방법들은 모두 어떤 값을 M으로 나눈 나머지를 랜덤 숫자로 생성하므로 랜덤 숫자가 가질 수 있는 값의 범위는 다음과 같습니다.

$$x_i \in \{0, 1, \cdots, M - 1\}$$

즉, 난수는 0부터 $M - 1$까지의 값을 가질 수 있게 됩니다. 이 말은 LCG를 사용한 랜덤 숫자의 랜덤 주기 P는 $P \leq M$의 범위를 가진다는 말이 됩니다. 그리고 MCG의 경우에는 $P \leq M - 1$의 주기를 가집니다. 왜냐하면 $x_i = 0$이 되면 수열이 0에 머무르기 때문입니다. MRG의 경우에는 k개의 연속된 값 $x_i, x_{i+1}, \cdots, x_{i+k-1}$이 연속해서 0이 나타나면 반복 패턴이 발생합니다. 따라서 주기는 $P \leq M^k - 1$의 범위를 가집니다. 그렇다면 $M^k - 1$은 어떻게 선택할까요?

$M^k - 1$은 주로 큰 소수(prime number)이면 좋습니다. 가장 많이 사용하는 값은 $2^{31} - 1$인데 이는 32비트 정수로 표현할 수 있는 가장 큰 값이기 때문입니다. $2^{31} - 1$은 메르센 소수(Mersenne prime)라고 부릅니다.

▍8.2.5 균일 분포를 따르는 난수 생성

이번 절에서는 우리가 생성한 난수가 0과 1 사이의 균일 분포를 따르게 만드는 방법에 대해 알아보겠습니다. 우리가 만드는 난수는 주기 P를 가지고 있습니다. 이 말은 주기 P를 기준으로 반복되는 패턴을 나타낸다는 말이며 $x_{i+P} = x_i$로 나타낼 수 있습니다. 즉, 난수가 균일 분포 $U(0, 1)$를 따른다는 말은 $x_1, x_2, \cdots, x_P$를 0과 1 사이의 값 $u_1, u_2, \cdots, u_P$로 변환시키고 이렇게 변환시킨 $u_1, u_2, \cdots, u_P$가 균일하게 분포되어야 한다는 의미입니다. 이때, '균일하게'라는 말은 히스토그램을 그렸을 때 완벽히 평평한 것을 의미하지만 현실적으로 완벽히 평평하게 만드는 것은 어렵습니다.

$$x_i = a_1 x_{i-1} \bmod M$$

MCG를 사용한다고 하면 위 식을 이용해 난수를 생성할 수 있습니다. 그리고 위 식을 조금 변형해서 다음과 같이 나타내면 균일하게 분포하는 난수를 생성할 수 있습니다.

$$x_i = a_1 x_{i-1} + 1 \bmod M$$

그리고 위 식을 우리가 실제로 파이썬을 활용해 난수 생성에 적용시킨다면 다음과 같이 $a_1 = seed$, $M = 2^{31} - 1$로 설정할 수 있습니다.

$$x_i = (seed * x_{i-1} + 1) \bmod (2^{31} - 1)$$

그리고 위 식을 이용해 만든 x_i를 0과 1 사이의 값으로 만들기 위해 $2^{31} - 1$로 나누어 다음과 같이 스케일링을 해줍니다.

$$u_i = \frac{x_i}{2^{31} - 1}$$

위 과정을 통해 균일 분포 $U(0, 1)$를 따르는 난수 u_i를 생성했습니다.

▌8.2.6 uniform 난수 생성 파이썬 실습

우리는 앞서 4.1, 5.1단원에서 균일 분포에 대해 배웠습니다. 이번 절에서는 uniform 분포로부터 난수를 생성해 보겠습니다. 먼저 0과 1 사이의 랜덤 실수를 생성하는 함수 psudo_sample 함수를 구현해 보겠습니다.

```
def pseudo_sample(x0 = 16809,                                          ❶
                  mod = (2**31)-1,
                  seed = 1234567,
                  size = 1):
    """
    유사 난수 생성(0과 1 사이)
    입력값
       x0: 초기 x0값
       mod: 난수 주기
       seed: 랜덤 시드
       size: 추출할 난수 개수
    출력값
       res: 0과 1 사이 실수 난수 리스트
    """
    res = []                                                           ❷
    x = (seed * x0 + 1)%mod                                            ❸
    u = x/mod                                                          ❹
    res.append(u)                                                      ❺
    for i in range(1, size):                                           ❻
        x = (seed * x + 1)%mod                                         ❼
        u = x/mod                                                      ❽
        res.append(u)                                                  ❾
    return res                                                         ❿
```

위 ❶ 함수 이름은 pseudo_sample이라고 지었습니다. 이 함수는 0과 1 사이의 임의의 숫자 리스트를 생성하는 함수입니다. 입력값은 x0, mod, seed, size입니다. x0는 첫 번째 난수 x_1을 생성하기 위해 임의로 생성한 숫자입니다. x0은 16809로 초기화했는데, 이 값은 반드시 16809일 필요는 없으며 다른 값을 사용해도 상관없습니다. 그리고 mod는 난수의 주기이고 (2**31)-1로 초기화했습니다. seed는 랜덤 시드를 의미하는데 초깃값은 1234567로 설정되어 있으며 seed 또한 다른 seed로 변경 가능합니다. 마지막 입력값 size는 추출하고 싶은 랜덤 숫자의 개수를 의미합니다. ❷ res는 출력값에 해당하며 생성된 난수를 담을 리스트입니다. ❸ 첫 번째 난수를 생성합니다. 이를 위해 앞서 배운 다음과 같은 공식을 사용합니다.

$$x_1 = seed * x_0 + 1 \bmod 2^{31} - 1$$

❹ 이렇게 생성한 x_1을 0과 1 사이의 숫자로 만들기 위해 mod로 나누어 ❺ 난수 리스트 res에 추가합니다.

$$u_1 = \frac{x_1}{2^{31} - 1}$$

그리고 ❻ 두 번째 난수 생성부터는 반복문을 이용해 생성합니다. 만약 생성하고 싶은 난수의 개수가 1개라면 반복문은 작동하지 않습니다. 이는 반복문의 시작 범위가 1이고 종료가 size 임을 통해 알 수 있습니다. size=1이라면 range(1, 1)이 되므로 반복문이 작동하지 않는 것입니다. ❼ 반복문을 통해 i번째 난수 x_i를 생성합니다. x_i는 다음과 같은 식을 통해 만들 수 있습니다.

$$x_i = seed * x_{i-1} + 1 \bmod 2^{31} - 1$$

이렇게 생성한 x_1을 0과 1 사이의 숫자로 만들기 위해 ❽ mod로 나누어 ❾ 난수 리스트 res에 추가합니다.

$$u_i = \frac{x_i}{2^{31} - 1}$$

❿ 반복문이 종료되면 생성한 난수 리스트 res를 출력합니다.

```python
x_list = pseudo_sample(size=5)
print(x_list)
```

```
[0.6633269980844702,
 0.622044150541557,
 0.18080163895189838,
 0.7369959287983346,
 0.8528287740670278]
```

앞서 구현한 pseudo_sample 함수를 이용해 0과 1 사이의 실수 난수 5개를 생성해 보면 위와 같이 생성되는 것을 알 수 있습니다.

```
def uniform_cont(low=0,                                            ❶
                 high=1,
                 seed=1234567,
                 size=1):
    """
    균일분포(연속형)에서 난수 추출
    입력값
        low: 하한
        hight: 상한
        seed: 랜덤 시드
        size: 추출 개수
    출력값
        res: 난수 리스트
    """
    s_list = pseudo_sample(seed=seed, size=size)                   ❷
    res = []                                                       ❸
    for s in s_list:                                               ❹
        val = low+(high-low)*s                                     ❺
        res.append(val)                                            ❻
    return res                                                     ❼
```

앞서 구현한 pseudo_sample 함수는 0부터 1 사이의 실수 난수를 생성하는 함수였습니다. ❶ 이번에는 난수 생성 범위가 0부터 1 사이로 고정된 것이 아닌 사용자가 난수 생성 범위를 설정할 수 있는 함수인 uniform_cont 함수를 구현해 보겠습니다. 함수 이름에 cont가 들어가는 이유는 연속형 숫자를 생성할 것이기 때문입니다. 함수의 입력값은 low, high, seed, size인데, low와 high는 각각 난수 생성 범위의 하한과 상한을 의미합니다. 그리고 seed는 랜덤 시드를 의미하며 size는 생성하고 싶은 난수 개수를 의미합니다. ❷ 먼저 앞서 구현한 함수 pseudo_sample 함수를 통해 0과 1 사이의 난수를 size개 생성해 s_list라고 저장합니다. s_list는 샘플 리스트(sample list)를 의미합니다. 우리는 s_list에 포함되는 난수의 범위를 low와 high 사이의 숫자로 변환할 것입니다. ❸ 생성된 난수를 담을 리스트를 res라고 이름 짓겠습니다. ❹ s_list에 포함되어 있는 각 샘플 s에 대해 반복문을 수행합니다. s_list에 포함되어 있는 각 s는 ❺와 같은 방법으로 low와 high 사이의 숫자로 변환 가능합니다. 이렇게 변환한 값을 val이라고 저장하고 ❻ res에 추가합니다. ❼ 반복문이 종료되면 res를 출력합니다.

```
uniform_cont(low=2, high=4, size=5)
```

```
[3.3266539961689405,
 3.244088301083114,
 2.3616032779037965,
 3.473991857596669,
 3.705657548134056]
```

앞서 생성한 uniform_cont 함수를 이용해 2와 4 사이의 실수 난수 5개를 생성해 보면 위와
같이 생성되는 것을 볼 수 있습니다.

```
def uniform_disc(low=0,
                 high=1,
                 seed=1234567,
                 size=1):
    """
    균일분포(이산형)에서 랜덤 숫자 추출
    입력값
        low: 하한
        hight: 상한
        seed: 랜덤 시드
        size: 추출 개수
    출력값
        res: 난수 리스트
    """
    s_list = pseudo_sample(seed=seed, size=size)
    res = []
    for s in s_list:
        val = int(low+(high-low)*s) ·····························❶
        res.append(val)
    return res
```

앞서 만든 함수 uniform_cont가 low와 high 사이에 존재하는 연속형 균일 분포를 따르는
난수를 생성하는 함수였다면 이번에 구현하는 uniform_disc 함수는 연속형 균일 분포가
아닌 이산형 균일 분포를 따르는 난수를 생성하는 함수입니다. 전체적인 코드는 uniform_
cont와 동일하며 ❶ 연속형 실수 난수를 이산형 난수로 바꾸기 위해 int 함수를 사용해 실수
를 정수로 바꾸는 것에만 차이가 납니다.

```
uniform_disc(low=0, high=1, size=10)
```

```
[0, 0, 0, 0, 0, 0, 0, 0, 0, 0]
```

함수를 이용해 0과 1 사이의 이산형 난수 10개를 생성하면 위와 같은 결과가 나오는 것을 알 수 있습니다. 위 결과를 통해 알 수 있는 것은 이산형 난수를 생성할 때 high 값은 포함되지 않는다는 것입니다. 즉, 난수 생성 범위는 [low, high]가 아닌 [low, high)로 high는 포함되지 않습니다.

```
uniform_disc(low=0, high=2, size=10)
```

```
[1, 1, 0, 1, 1, 0, 0, 0, 1, 0]
```

따라서 0과 1 중에 값을 추출하고 싶다면 위 코드와 같이 high를 2로 설정해야 합니다.

▌8.2.7 uniform 난수 생성 넘파이 실습

이번에는 파이썬 라이브러리를 이용해 균일 분포를 따르는 난수를 생성해 보겠습니다.

```
import random                                                    ❶

random.seed(1234567)                                             ❷

random.uniform(1,2)                                              ❸
```

```
1.9631432476096222
```

먼저 ❶ 실습에 필요한 random 라이브러리를 불러옵니다. random 라이브러리는 파이썬에서 기본으로 제공하는 라이브러리입니다. ❷ 그리고 랜덤 시드를 정해 줍니다. ❸ 그리고 uniform 메소드를 이용해 랜덤 값을 생성합니다. 위 코드는 1과 2 사이의 연속형 난수를 생성하는 코드입니다.

```
random.randint(1,10)                                             ❹
```

```
4
```

❹ 만약 이산형 난수를 생성하고 싶다면 randint 메소드를 사용합니다. 위 코드는 1과 10 사이의 이산형 난수를 생성하는 코드입니다.

```
import numpy as np                                              ❶

np.random.seed(1234567)                                        ❷

x_list = np.random.uniform(low=1, high=2, size=5)              ❸
print(x_list)                                                  ❹
```
```
[1.23702917 1.00764837 1.01983031 1.31309262 1.09945466]
```

이번에는 넘파이 라이브러리를 활용해 균일 분포를 따르는 난수를 생성해 보겠습니다. ❶ 먼저 넘파이 라이브러리를 불러옵니다. ❷ 그리고 랜덤 시드를 생성해 줍니다. ❸ numpy 라이브러리의 random 함수의 uniform 메소드를 이용해 균일 분포를 따르는 연속형 난수를 생성합니다. 위 코드는 1에서 2 사이의 연속형 난수 5개를 생성하는 코드입니다. ❹ 결과를 확인하면 난수가 생성된 것을 볼 수 있습니다.

```
x_list = np.random.randint(low=0, high=1, size=10)
print(x_list)
```
```
[0 0 0 0 0 0 0 0 0 0]
```

이산형 난수를 생성하기 위해서는 randint 메소드를 사용합니다. 앞서 직접 구현한 함수와 마찬가지로 randint 메소드 또한 high값을 포함하지 않는 것을 알 수 있습니다. 위 코드와 같이 low=0, high=1로 지정하면 1을 포함하지 않는 정수가 추출되는 것을 알 수 있습니다.

```
x_list = np.random.randint(low=0, high=2, size=10)
print(x_list)
```
```
[0 0 1 1 1 0 0 1 1 0]
```

따라서 위 코드와 같이 0과 1 중 하나의 값을 추출하고 싶다면 high를 2로 설정해야 합니다.

8.3 non-uniform 난수 생성

8.3.1 누적 분포 함수의 역함수

난수 생성의 기본은 균일 분포를 따르는 난수를 생성하는 것입니다. 그리고 이를 확장시키면 앞서 배운 이항 분포, 포아송 분포, 정규 분포, 감마 분포 등과 같은 확률 분포를 따르는 난수를 생성하도록 변형시킬 수 있습니다. 뿐만 아니라 잘 알려지지 않은 특이한 분포를 따르는 난수를 만들 수도 있습니다.

앞서 우리는 균일 분포를 따르는 난수를 생성했습니다. 그렇다면 균일 분포가 아닌, non-uniform 분포를 따르는 난수를 생성하려면 어떻게 해야 할까요? 이번 절에서는 non-uniform 분포를 따르는 난수를 추출하는 방법을 알아보겠습니다.

non-uniform 분포를 따르는 난수를 추출하기 위해서는 균일 분포를 따르는 난수를 non-uniform 분포를 따르는 난수로 변환해 주어야 합니다. 균일 분포를 따르는 난수를 non-uniform 확률 변수로 바꾸는 가장 기본적인 방법은 누적 분포 함수(cumulative distribution function, CDF)의 역함수를 이용하는 것입니다. 이 방법을 이용하면 분포의 종류에 상관없이 난수를 생성할 수 있습니다. 다만 이 방법은 유용한 방법이지만 활용하기 쉽지는 않습니다.

먼저 누적 분포 함수의 개념을 복습해 보겠습니다. 확률 변수 X의 누적 분포 함수는 다음과 같습니다.

$$F(x) = P(X \leq x)$$

누적 분포 함수의 범위는 0부터 1까지고, $F(\infty) = 1$, $F(-\infty) = 0$이며, 연속 함수에 해당하며 단조 증가(non decreasing)하는 형태를 나타냅니다.

만약 확률 변수 X가 연속형 확률 변수라면 확률 변수 X의 확률 밀도 함수(probability density function)는 다음과 같은 성질을 만족합니다.

$$P(a \leq X \leq b) = \int_a^b f(x)dx = F(b) - F(a)$$

$$\int_{-\infty}^{\infty} f(x)dx = 1, \qquad -\infty \leq a \leq b \leq \infty$$

그렇다면 누적 분포 함수를 이용하면 어떻게 균일 확률 변수를 non-uniform 분포로 변형시킬 수 있을까요? 먼저 연속 확률 변수 X가 확률 밀도 함수 $f(x)$를 따른다고 하면 누적 분포 함수 $F(x)$는 연속 단조 증가 함수이고 역함수 $F^{-1}(x)$를 가집니다. 따라서 균일 분포 $U(0, 1)$를 따르는 확률 변수 U를 생성한 후 확률 변수 U를 non-uniform 분포로 변형시킨 X를 생성할 수 있습니다. 즉, 확률 변수 X를 다음과 같이 정의하는 것입니다.

$$X = F^{-1}(U)$$

위 식과 같이 확률 변수 U를 역함수 F^{-1}에 넣음으로써 확률 변수 X를 생성할 수 있습니다. 그러면 다음과 같은 식이 성립합니다. 참고로 다음 식에서 3번째 줄에서 4번째 줄로 넘어갈 때는 균일 분포의 누적 분포 함수의 형태를 이용하는 것입니다. 확률 변수 U는 0과 1 사이의 균일 분포이므로 확률 변수 U의 누적 분포 함수는 $F(U) = u$임을 알 수 있는데 3번째 줄에서 4번째 줄로 넘어갈 때 이러한 성질을 이용한 것입니다.

$$P(X \leq x) = P(F^{-1}(U) \leq x)$$
$$= P\left(F\left(F^{-1}(U)\right) \leq F(x)\right)$$
$$= P\left(U \leq F(x)\right)$$
$$= F(x)$$

따라서 위 결과와 같이 확률 변수 X는 누적 분포 함수 $F(x)$를 따르는 것을 알 수 있습니다. 지금까지의 내용을 정리하면 다음과 같습니다.

확률 변수 X의 누적 분포 함수 F의 역함수를 F^{-1}라고 했을 때, 확률 변수 U가 균일 분포 $U(0, 1)$를 따르고, $U \sim U(0, 1)$, 확률 변수 X를 $X = F^{-1}(U)$라고 하면 확률 변수 X는 누적 분포 함수 F를 따릅니다.

$$U \sim U(0,1), \qquad X = F^{-1}(U) \qquad \Longrightarrow \qquad X \sim F$$

균일 분포의 성질을 이용해 위 식의 개념을 확장시켜 보겠습니다. 확률 변수 U가 $U(0, 1)$를 따른다면 $1 - U$ 또한 $U(0, 1)$를 따른다는 것을 알 수 있습니다. 따라서 $F^{-1}(1 - U) \sim F$도 성립하는 것을 알 수 있습니다. 이를 정리하면 다음과 같이 쓸 수 있습니다.

$$U \sim U(0,1) \implies 1 - U \sim U(0,1)$$

$$F^{-1}(1 - U) \sim F$$

위와 같은 변환을 complementary inversion이라고 합니다.

8.3.2 누적 분포 함수의 역함수의 예

이번 절에서는 누적 분포 함수의 역함수를 이용해 난수 생성하는 예를 들어 보겠습니다.

■ 지수 분포

먼저 확률 변수 X가 다음과 같은 확률 밀도 함수를 따른다고 가정해 보겠습니다.

$$f(x) = e^{-x}, \qquad x > 0$$

위 확률 밀도 함수는 앞서 배운 지수 분포(exponential distribution) 형태라는 것을 알 수 있습니다. 위 함수의 누적 분포 함수는 다음과 같습니다.

$$F(x) = P(X \leq x) = 1 - e^{-x}$$

그리고 위 누적 분포 함수의 역함수는 다음과 같이 구할 수 있습니다.

$$u = 1 - e^{-x}$$

$$\Leftrightarrow e^{-x} = 1 - u$$

$$\Leftrightarrow -x = \log(1 - u)$$

$$\Leftrightarrow x = -\log(1 - u)$$

따라서 확률 변수 $X = -\log(1 - U)$인 것을 알 수 있고 complementary inversion을 이용하면 $X = -\log(U)$인 것을 알 수 있습니다.

$$f(x) = \lambda e^{-\lambda x}, \qquad x > 0$$

만약 위와 같은 일반적인 지수 분포를 따른다면 다음과 같이 변환할 수 있습니다.

$$X = -\frac{\log(1 - U)}{\lambda}$$

■ 정규 분포

이번에는 확률 변수 X가 다음과 같은 정규 분포를 따른다고 하겠습니다.

$$f(x) = \frac{1}{\sqrt{2\pi}} e^{-\frac{1}{2}x^2}, \qquad -\infty \le x \le \infty$$

누적 분포 함수의 역함수를 이용해 위 정규 분포를 따르는 확률 변수를 생성할 때 가장 먼저 해야 할 일은 위 함수의 누적 분포 함수의 역함수를 구하는 것입니다. 그러나 위와 같이 복잡한 형태의 분포의 경우 누적 분포 함수의 역함수를 구하는 것은 쉬운 일이 아닙니다. 그래서 누적 분포 함수의 역함수를 활용하는 방법은 유용하지만 때로는 활용하기 어려울 때도 있으며 이런 경우에는 다른 방법을 사용하는 것이 좋습니다.

8.3.3 Acceptance-Rejection

앞서 우리는 누적 분포 함수의 역함수를 구해서 특정 확률 분포를 따르는 샘플을 추출하는 방법을 배웠습니다. 이를 위해서는 우선 균일 분포 $U(0, 1)$를 따르는 확률 변수 U의 샘플을 생성하고 이를 이용해 누적 분포 함수 F를 따르는 확률 변수 X의 샘플을 생성했었습니다. 이 과정에서 F의 역함수를 직접 계산하기 어려울 때는 해당 방법을 사용할 수 없는 경우가 발생할 수 있다는 사실을 확인했습니다. 이런 경우에는 우리가 원하는 누적 분포 F가 아닌 다른 분포 G를 대신 사용하는 방법이 있는데, 이 방법은 분포 G를 따르는 난수들을 생성하고 이들 중 일부 난수를 분포 F의 샘플로 채택(accept)하거나 버리는(reject) 방법을 사용하는 것입니다. 이러한 방법을 acceptance-rejection 샘플링, 혹은 줄여서 rejection 샘플링이라고 부릅니다.

acceptance-rejection 샘플링 방법은 다음과 같습니다. 먼저 F와 G를 각각 확률 밀도 함수 f와 g의 누적 분포 함수라고 가정하겠습니다. acceptance-rejection 샘플링을 사용하기 위해서는 다음 식을 만족하는 $g(x)$와 c를 찾아야 합니다.

$$f(x) \leq cg(x)$$

위 식을 변형하면 다음과 같이 쓸 수 있습니다.

$$\frac{f(x)}{cg(x)} \leq 1$$

acceptance-rejection은 분포 f를 직접적으로 활용하기 어려워서 다른 분포 g를 사용해서 추출한 샘플을 이용합니다. 따라서 분포 g에서 Y를 여러 개 추출하고 추출한 여러 개의 Y가 최종적으로 분포 f의 샘플로 채택할 것인지 아닌지 판단 대상이 되는 후보가 되는 것입니다. 이후 여러 개의 Y들 중 분포 f의 샘플로 채택될지를 정해야 하는데 이때, 각 후보가 채택할 확률이 $A(y) = f(y)/cg(y)$인 것입니다. 만약 accept되면 Y는 f의 샘플이 되는 것이고 reject되면 다음 후보를 테스트합니다. acceptance-rejection은 다음과 같은 과정을 따릅니다.

 NOTE

Acceptance-Rejection Sampling

1. c와 g를 설정합니다.

2. 확률 밀도 함수 g를 따르는 샘플 Y를 생성합니다.

$$Y \sim g$$

3. $U(0,1)$를 따르는 샘플 U를 생성합니다. 그 이유는 U를 이용해 Y를 accept할지 말지를 판단하기 위해서입니다.

$$U \sim U(0,1)$$

4. 다음 식을 판정합니다.

$$U \leq \frac{f(Y)}{cg(Y)}$$

5-1. 4가 참인 경우, $X = Y$가 되고, Y를 샘플로 채택합니다.

5-2. 4가 거짓인 경우 2로 돌아가서 새로운 후보 Y를 생성합니다.

6. 원하는 샘플 수를 채울 때까지 2~5를 반복합니다.

위와 같은 Acceptance-Rejection Sampling 과정에서 4번을 보면 U를 이용해 Y를 샘플로 채택할지 말지를 결정하는 것을 볼 수 있습니다. 왜 그럴까요? U를 이용해 Y의 샘플 채택 여부를 판단하는 이유는 다음 [그림 8-9]를 보면 알 수 있습니다.

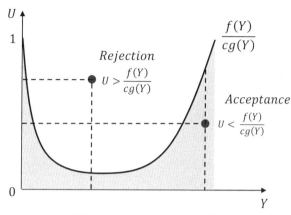

그림 8-9 Acceptance-Rejection 개념

[그림 8-9]를 보면 Y가 샘플로 채택(acceptance)되는지 그렇지 않은지(rejection)에 대한 원리를 알 수 있습니다. 그림의 Y축은 U에 해당하는데 이를 보면 샘플 판별식이 U보다 작다는 이야기는 판별 함수보다 아래에 위치한다는 것을 의미하며 만약 판별하고자 하는 샘플 Y가 이에 해당한다면 샘플로 채택할 수 있음을 의미합니다.

acceptance-rejection 방법을 사용할 때 $g(y) = 0$인 경우에는 $A(y) = 0$으로 정합니다. acceptance-rejection 방법은 이후 배울 메트로폴리스-헤이스팅스(Metropolis-Hastings) 방법과 개념이 비슷합니다. 메트로폴리스-헤이스팅스는 마르코프 체인 몬테카를로(Markov chain Monte Carlo)의 acceptance rule로 활용되는 방법입니다.

8.3.4 non-uniform 난수 생성 파이썬 실습

이번 절에서는 앞서 배운 non-uniform 난수 생성 방법인 CDF의 역함수를 이용해 Non-uniform 난수 생성과 acceptance-rejection 방법을 이용한 난수 생성 방법을 실습해 보겠습니다. 먼저 누적 분포 함수의 역함수를 이용해 non-uniform 분포를 따르는 난수를 생성해 보겠습니다.

■ 누적 분포 함수의 역함수를 이용해 non-uniform 난수 생성

먼저 실습을 위해 필요한 함수를 불러옵니다.

```python
def log(x):
    """
    밑이 e인 자연 로그
    입력값: 진수 x
    출력값: ln(x)
    """
    n = 100000000.0
    res = n*( ( x**(1/n) ) -1 )
    return res

def pseudo_sample(x0 = 16809,
                  mod = (2**31)-1,
                  seed = 1234567,
                  size = 1):
    """
    유사 난수 생성(0과 1 사이)
    입력값
       x0: 초기 x0값
       mod: 난수 주기
       seed: 랜덤 시드
       size: 추출할 난수 개수
    출력값
       res: 0과 1 사이 실수 난수 리스트
    """
    res = []
    x = (seed * x0 + 1)%mod
    u = x/mod
    res.append(u)
    for i in range(1, size):
        x = (seed * x + 1)%mod
        u = x/mod
        res.append(u)
    return res

def uniform_cont(low=0,
                 high=1,
                 seed=1234567,
                 size=1):
    """
```

```
균일분포(연속형)에서 난수 추출
 입력값
    low: 하한
    hight: 상한
    seed: 랜덤 시드
    size: 추출 개수
 출력값
    res: 난수 리스트
"""
s_list = pseudo_sample(seed=seed, size=size)
res = []
for s in s_list:
    val = low+(high-low)*s
    res.append(val)
return res
```

이번 실습을 위해서는 자연 로그를 계산해 주는 log 함수와 0과 1 사이의 난수 실수를 생성해 주는 pseudo_sample 함수와 균일 분포에서 난수를 생성해 주는 uniform_cont 함수를 사용합니다.

이번 실습에서는 균일 분포에서 난수를 추출한 후 해당 난수를 변형시켜 지수 분포를 따르는 난수를 생성해 보겠습니다.

$$f(u) = 1, \qquad 0 < u < 1$$

$$f(x) = e^{-x}, \qquad x > 0$$

즉, 위와 같이 0과 1 사이의 균일 분포에서 추출된 확률 변수 U로부터, $U \sim U(0, 1)$, $f(x) = e^{-x}$와 같은 분포를 따르는 X로 변형시켜 보겠습니다.

```
u_list = uniform_cont(low=0, high=1, size=1000)          ❶
x_list = []                                              ❷
for u in u_list:                                         ❸
    x = -log(u)                                          ❹
    x_list.append(x)                                     ❺
```

먼저 ❶ 0과 1 사이의 균일 분포에서 1000개의 난수를 생성해 u_list에 담습니다. ❷ 그리고 u_list의 각 원소를 변형시켜 최종적으로 지수 분포를 따르는 값을 담을 리스트를 x_list라고 이름 짓습니다. ❸ u_list에 포함된 각 u에 대해 반복문을 수행합니다. ❹ u는 균일 분포에서 추출한 난수인데, 다음 식과 같이 변형시키면 지수 분포를 따르는 x가 됩니다.

$$x = -\log(1 - u)$$

❺ 이렇게 구한 x를 x_list에 추가합니다.

```
import matplotlib.pyplot as plt ·······················································❻

plt.hist(x_list, bins=100) ·····························································❼
plt.show() ···············································································❽
```

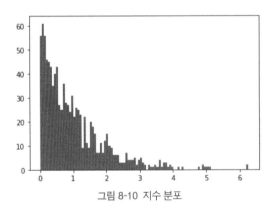

그림 8-10 지수 분포

앞서 구한 x_list의 원소들이 실제로 지수 분포를 따르는지 확인해 보겠습니다. ❻ 먼저 데이터 시각화에 필요한 라이브러리를 불러옵니다. ❼ 그리고 x_list의 히스토그램을 그려 확인하면 ❽ x_list의 원소는 지수 분포의 형태를 따르는 것을 알 수 있습니다.

■ Acceptance-Rejection 방법을 이용해 non-uniform 난수 생성

이번에는 Acceptance-Rejection 방법을 이용해 non-uniform 난수를 생성하는 실습을 해보겠습니다. 본격적인 실습에 앞서 다음과 같이 필요한 함수를 불러옵니다.

```
def pseudo_sample(x0 = 16809,
```

```
                 mod = (2**31)-1,
                 seed = 1234567,
                 size = 1):
    """
    유사 난수 생성(0과 1 사이)
    입력값
      x0: 초기 x0값
      mod: 난수 주기
      seed: 랜덤 시드
      size: 추출할 난수 개수
    출력값
      res: 0과 1 사이 실수 난수 리스트
    """
    res = []
    x = (seed * x0 + 1)%mod
    u = x/mod
    res.append(u)
    for i in range(1, size):
        x = (seed * x + 1)%mod
        u = x/mod
        res.append(u)
    return res

def uniform_cont(low=0,
                 high=1,
                 seed=1234567,
                 size=1):
    """
    균일분포(연속형)에서 난수 추출
    입력값
      low: 하한
      hight: 상한
      seed: 랜덤 시드
      size: 추출 개수
    출력값
      res: 난수 리스트
    """
    s_list = pseudo_sample(seed=seed, size=size)
    res = []
    for s in s_list:
        val = low+(high-low)*s
        res.append(val)
    return res
```

이번 실습을 위해서는 0과 1 사이의 난수 실수를 생성해 주는 pseudo_sample 함수와 균일 분포에서 난수를 생성해 주는 uniform_cont 함수를 사용합니다.

일단 우리가 샘플링하기 원하는 타깃 분포를 다음과 같은 분포라고 하겠습니다.

$$f(x) = e^{-x}, \qquad 0 < x < 10$$

그리고 위와 같은 타깃 분포의 후보 분포 $g(x)$를 다음과 같은 균일 분포로 정의하겠습니다.

$$g(x) = \frac{1}{10}, \qquad 0 < x < 10$$

그리고 c를 14라고 임의로 설정하겠습니다.

```
e = 2.7182818284                                                    ❶
c = 14                                                              ❷

y = uniform_cont(low=0, high=10, seed=12345, size=20000)           ❸
u = uniform_cont(low=0, high=1, seed=77777, size=20000)            ❹
n = len(y)                                                          ❺

x_list = []                                                         ❻

for i in range(0,n):                                               ❼
    accept_prob = (e**(-y[i]))/(c*(1/10))                          ❽
    if u[i] < accept_prob:                                         ❾
        x = y[i]                                                   ❿
        x_list.append(x)                                           ⓫
```

먼저 ❶ 자연 상수 e를 정의해 줍니다. ❷ 그리고 다음 식에서의 c를 14라고 임의로 설정해 주 겠습니다.

$$U < \frac{f(Y)}{cg(Y)}$$

그리고 ❸ 다음과 같은 후보 분포 $g(x)$를 따르는 y를 2만 개 생성합니다. 우리는 앞으로 2만 개의 후보 중에 타깃 분포를 따르는 것으로 생각되는 일부 값을 선택할 것입니다. 후보 분포 는 0과 10 사이의 균일 분포 $U(0, 10)$입니다.

$$g(x) = \frac{1}{10}, \qquad 0 < x < 10$$

다음으로 ❹ 후보 분포 $g(x)$에서 추출한 y를 accept할지 말지를 결정하는 u를 균일 분포 $U(0,$ 1)에서 추출합니다. 이때, 중요한 것은 ❸과 ❹에서 동일하게 균일 분포를 사용하기 때문에 seed가 달라야 합니다. 두 분포의 seed가 동일한 경우 제대로 된 결과를 얻기 힘듭니다. ❺ 그리고 y 리스트의 길이를 구합니다. 최종적으로 타겟 분포를 따르는 값으로 선택될 x를 담을 x_list를 선언합니다. ❼ 반복문을 통해 y에 포함된 후보 값들을 판정해 보겠습니다. ❽ 다음으로 해당 후보 값 i번째 y값에 대해 accept할지 말지 판단하는 accept_prob을 구합니다. 이는 다음 식을 이용해 구한 것입니다.

$$\frac{f(Y)}{cg(Y)}$$

코드를 보면 분모에 사전에 정의한 c값이 들어가고, i번째 y값에 대한 후보 분포 $g(x)$의 확률 밀도 함수를 포함시킵니다. 그리고 분자에는 i번째 y값에 대한 우리가 실제로 구하고 싶은 타겟 분포의 확률 밀도 함수를 포함합니다. ❾ 그리고 해당 후보 값을 accept할지 말지를 결정합니다. 해당 조건문은 다음과 같은 식을 의미합니다.

$$U < \frac{f(Y)}{cg(Y)}$$

❿ 만약 위 조건을 만족하면 해당 후보를 타겟 분포 $f(x)$를 따르는 값으로 선정합니다. ⓫ 그리고 이렇게 선정한 값을 x_list에 추가합니다.

```
len(x_list)
```

```
1494
```

x_list의 길이를 보면 후보 분포 $g(x)$에서 뽑은 총 2만 개의 후보 값들 중 총 1494개가 선정된 것을 알 수 있습니다.

```
import matplotlib.pyplot as plt ·········································· ⓬

plt.hist(x_list, bins=100) ··············································· ⓭
plt.show() ······························································ ⓮
```

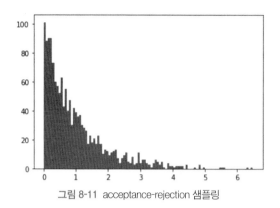

그림 8-11 acceptance-rejection 샘플링

이번에는 acceptance-rejection 샘플링 방법을 이용해 뽑은 데이터가 실제로 지수 분포를 따르는지 확인해 보겠습니다. ⓬ 먼저 시각화에 필요한 라이브러리를 불러옵니다. ⓭ 그리고 x_list에 대해 히스토그램을 그립니다. ⓮ 그리고 결과를 확인하면 지수 분포를 따르는 것을 볼 수 있습니다.

▌ 8.3.5 non-uniform 난수 생성 넘파이 실습

이번 절에서는 넘파이 라이브러리를 이용해 앞서 생성한 타겟 분포에서 난수를 추출해 acceptance-rejection 샘플링 방법을 이용해 뽑은 데이터와 비슷한 분포를 따르는지 확인해 보겠습니다. 이번 실습에서도 타겟 분포는 다음과 같이 x값의 범위가 조금 다를 뿐 앞선 실습과 비슷합니다.

$$f(x) = e^{-x}, \qquad x > 0$$

```
import numpy as np                                              ❶

np.random.seed(2022)                                            ❷

x = np.random.exponential(scale=1, size=1500)                   ❸
```

먼저 ❶ 실습에 필요한 넘파이 라이브러리를 불러옵니다. ❷ 그리고 랜덤 시드를 정합니다. ❸ 그리고 numpy 라이브러리의 random 함수의 exponential 메소드를 이용해 scale이 1인 지수 분포에서 1500개의 샘플을 추출합니다.

```
import matplotlib.pyplot as plt                                                      ❹

plt.hist(x, bins=100)                                                                ❺
plt.show()                                                                           ❻
```

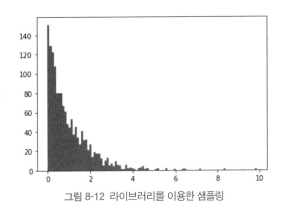

그림 8-12 라이브러리를 이용한 샘플링

이번에는 넘파이 라이브러리를 이용해 뽑은 데이터가 실제로 지수 분포를 따르는지 확인해
보겠습니다. ❹ 먼저 시각화에 필요한 라이브러리를 불러옵니다. ❺ 그리고 x에 대해 히스토
그램을 그립니다. ❻ 그리고 결과를 확인하면 지수 분포를 따르는 것을 볼 수 있습니다.

8.4 누적 분포 함수를 이용한 이산형 난수 생성

▎8.4.1 베르누이 분포를 따르는 난수 생성

앞선 절에서는 누적 분포 함수(cumulative distribution function)의 역함수를 이용해 특정 분포를 따르는 난수를 생성하는 방법을 알아보았습니다. 이번 절에서는 누적 분포 함수의 역함수를 구하지 않고 누적 분포 함수 그 자체의 성질만 활용해서 특정 분포를 따르는 난수를 생성해 보겠습니다. 먼저 베르누이 분포를 따르는 난수를 생성해 보겠습니다.

```python
def pseudo_sample(x0 = 16809,
                  mod = (2**31)-1,
                  seed = 1234567,
                  size = 1):
    """
    유사 난수 생성(0과 1 사이)
    입력값
        x0: 초기 x0값
        mod: 난수 주기
        seed: 랜덤 시드
        size: 추출할 난수 개수
    출력값
        res: 0과 1 사이 실수 난수 리스트
    """
    res = []
    x = (seed * x0 + 1)%mod
    u = x/mod
    res.append(u)
    for i in range(1, size):
        x = (seed * x + 1)%mod
        u = x/mod
        res.append(u)
    return res
```

본격적인 실습에 앞서 먼저 0과 1 사이의 임의의 난수를 생성하는 함수인 pseudo_sample을 불러옵니다. 이 함수는 이번 단원에서 사용하는 함수들에 적용됩니다.

```
def bernoulli(p=0.5, seed=1234567, size=1):                          ❶
    """
    베르누이 분포에서 랜덤 숫자 추출
    """
    u_list = pseudo_sample(seed=seed, size=size)                     ❷
    x_list = [0, 1]                                                  ❸
    pmf = {}                                                         ❹
    res = []                                                         ❺

    for x in x_list:                                                 ❻
        prob = (p**x)*((1-p)**(1-x))                                 ❼
        pmf[x] = prob                                                ❽

    for u in u_list:                                                 ❾
        cumul_prob = 0                                               ❿
        for X in pmf.keys():                                         ⓫
            cumul_prob += pmf[X]                                     ⓬
            if cumul_prob > u:                                       ⓭
                res.append(X)                                        ⓮
                break                                                ⓯
    return res                                                       ⓰
```

먼저 ❶ 함수 이름은 bernoulli라고 짓겠습니다. 이 함수는 베르누이 분포에서 랜덤 난수를
추출하는 함수입니다. 입력값으로는 p, seed, size가 있는데, p는 다음과 같은 베르누이 분
포에서 p를 의미합니다.

$$P(X = x) = p^x(1 - p)^{1-x}, \qquad x = 0,1$$

p는 초깃값으로 0.5가 설정되어 있으며, seed는 랜덤시드로 초깃값 1234567로 설정되어 있
습니다. 또한 size는 추출하고자 하는 난수의 개수를 의미하며 초깃값 1로 설정되어 있습니
다. 그리고 ❷ pseudo_sample 함수를 이용해 0과 1 사이의 실수 size개를 추출합니다. 그
리고 이를 u_list라는 이름의 리스트에 담습니다. ❸ x_list를 정해 줍니다. x_list는 베
르누이 분포를 따르는 확률 변수가 취할 수 있는 값의 범위를 의미합니다. ❹ 베르누이 분포
의 확률 질량 함수를 담을 딕셔너리 pmf를 설정합니다. 여기서 pmf는 확률 질량 함수를 의미
하는 probability mass function의 줄임말입니다. ❺ 그리고 res는 베르누이 분포를 따르는 난
수 size개를 담을 리스트입니다. ❻ 베르누이 분포의 확률 변수 리스트 x_list에 대해 반복
문을 수행합니다. 이 반복문은 베르누이 분포의 확률 질량 함수를 만들기 위함입니다. 우리

는 각 확률 변수에 대응하는 확률을 구해 저장할 것입니다. ❼ 먼저 확률 변수 x에 대한 확률을 구하고 ❽ 확률 질량 함수에 {x: prob}와 같은 형식으로 (확률 변수 값: 확률)로 저장합니다. 그리고 앞서 구한 0과 1 사이의 랜덤 실수를 담은 u_list에 대해 반복문을 수행하겠습니다. ❾ 이 반복문은 누적 분포 함수의 성질을 이용해 size개의 난수를 추출하기 위한 반복문입니다. ❿ 먼저 누적 분포 확률을 cumul_prob라고 이름 짓고 0으로 초기화합니다. 지금부터 누적 분포 함수의 성질을 이용할 것인데 아직 아무것도 하지 않았으므로 누적 분포 확률을 0으로 초기화하는 것입니다. 그리고 앞서 저장했던 확률 질량 함수를 저장한 딕셔너리 pmf에서 key에 대해 반복문을 수행합니다. 이때, 매개변수는 pmf 딕셔너리의 key에 해당하는 확률 변수 X입니다. 이때, X는 대문자로 작성하겠습니다. ⓬ 해당 확률 변수에 해당하는 확률값을 누적 확률 cumul_prob에 더해 줍니다. 그리고 ⓭ 만약 cumul_prob이 u보다 크다면 ⓮ 해당 확률 변수 X를 res에 추가합니다. 이때, u는 0과 1 사이의 랜덤 실수 값인데 u가 확률 변수 X를 추출할지 말지를 결정하는 기준값의 역할을 하는 것입니다. ⓯ 그리고 break문을 이용해 ⓫에서 시작한 반복문을 탈출합니다. 그렇다면 만약 ⓭을 만족하지 않고 cumul_prob이 u보다 작다면 어떻게 될까요? 이 경우에는 해당 확률 변수 X는 추출되지 않고 다음 확률 변수에 대해 반복문이 수행됩니다. 즉, 이전에 저장되었던 cumul_prob는 유지되고 또 다른 확률 변수 X가 cumul_prob에 추가되는 것입니다. 즉, 확률 변수 X가 추출되지 않는다면 누적 확률 cumul_prob의 값이 커짐으로써 다음 확률 변수가 추출될 확률이 커지는 것입니다. ⓰ 반복문이 종료되면 원하는 수만큼의 난수가 추출된 것이므로 res를 출력합니다.

```
bernoulli(p=0.2, size=10)
```
```
[0, 0, 0, 0, 1, 0, 0, 0, 1, 0]
```

앞서 만든 bernoulli 함수가 제대로 작동하는지 테스트해 보겠습니다. p가 0.2인 베르누이 분포에서 10개의 난수를 추출하면 위와 같은 결과가 나옵니다.

```
import matplotlib.pyplot as plt                                          ❶

samples = bernoulli(p=0.2, size=1000)                                    ❷

plt.hist(samples, bins=2)                                                ❸
plt.show()
```

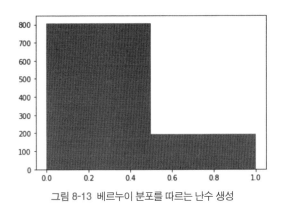

그림 8-13 베르누이 분포를 따르는 난수 생성

이번에는 더 많은 난수를 생성해서 해당 난수들이 베르누이 분포를 따르는지 확인해 보겠습니다. ❶ 먼저 시각화를 위해 matplotlib 라이브러리를 불러옵니다. ❷ 그리고 p=0.2인 bernoulli 함수에서 1000개의 난수를 생성합니다. ❸ 그리고 히스토그램을 그려서 ❹ 결과를 확인하면 p=0.2인 베르누이 분포를 따르는 것을 확인할 수 있습니다.

8.4.2 이항 분포를 따르는 난수 생성

이번 절에서는 누적 확률 분포의 성질을 이용해 이항 분포를 따르는 난수를 생성하는 함수를 작성해 보겠습니다. 먼저 본격적인 함수를 만들기 전에 다음과 같이 앞서 만들어 놓은 함수를 불러옵니다.

```
def factorial(x):
    """
    팩토리얼 함수
    입력값: 정수 x
    출력값: x!
    """
    x_list = list(range(1, x+1))
    res = 1
    for val in x_list:
        res *= val
    return res

def combination(n, x):
```

```
"""
조합
입력값: n, x
출력값: nCx(실수)
"""
res = factorial(n)/(factorial(x)*factorial(n-x))
return res
```

위와 같이 자연수에 대해 팩토리얼을 계산해 주는 factorial 함수와 조합을 계산하는 combination 함수를 불러오겠습니다.

```
def binomial(n, p=0.5, seed=1234567, size=1): ························· ❶
    """
    이항 분포에서 랜덤 숫자 추출
    """
    u_list = pseudo_sample(seed=seed, size=size) ··················· ❷
    x_list = list(range(0, n)) ····································· ❸
    pmf = {} ······················································· ❹
    res = [] ······················································· ❺

    for x in x_list: ··············································· ❻
        prob = combination(n,x)*(p**x)*((1-p)**(n-x)) ·········· ❼
        pmf[x] = prob ············································· ❽

    for u in u_list: ··············································· ❾
        cumul_prob = 0 ············································ ❿
        for X in pmf.keys(): ······································ ⓫
            cumul_prob += pmf[X] ·································· ⓬
            if cumul_prob > u: ···································· ⓭
                res.append(X) ······································ ⓮
                break ·············································· ⓯
    return res ····················································· ⓰
```

먼저 ❶ 함수 이름은 binomial이라고 짓겠습니다. 이 함수는 이항 분포에서 랜덤 난수를 추출하는 함수입니다. 입력값으로는 n, p, seed, size가 있는데, n과 p는 다음과 같은 이항 분포에서 n과 p를 의미합니다.

$$P(X = x) = \binom{n}{x} p^x (1 - p)^{n-x}, \qquad x = 0, 1, \dots, n$$

p는 초깃값으로 0.5가 설정되어 있으며, seed는 랜덤시드로 초깃값 1234567로 설정되어 있습니다. 또한 size는 추출하고자 하는 난수의 개수를 의미하며 초깃값 1로 설정되어 있습니다. 그리고 ❷ pseudo_sample 함수를 이용해 0과 1 사이의 실수 size개를 추출합니다. 그리고 이를 u_list라는 이름의 리스트에 담습니다. ❸ 이항 분포의 확률 변수의 범위에 해당하는 x_list를 정해줍니다. ❹ 이항 분포의 확률 질량 함수를 담을 딕셔너리 pmf를 설정합니다. 여기서 pmf는 확률 질량 함수를 의미하는 probability mass function의 줄임말입니다. ❺ 그리고 res는 이항 분포를 따르는 난수 size개를 담을 리스트입니다. ❻ 이항 분포의 확률 변수 리스트 x_list에 대해 반복문을 수행합니다. 이 반복문은 이항 분포의 확률 질량 함수를 만들기 위함입니다. 우리는 각 확률 변수에 대응하는 확률을 구해 저장할 것입니다. ❼ 먼저 확률 변수 x에 대한 확률을 구하고 ❽ 확률 질량 함수에 {x: prob}와 같은 형식으로 {확률 변수 값: 확률}로 저장합니다. 그리고 앞서 구한 0과 1 사이의 랜덤 실수를 담은 u_list에 대해 반복문을 수행하겠습니다. ❾ 이 반복문은 누적 분포 함수의 성질을 이용해 size개의 난수를 추출하기 위한 반복문입니다. ❿ 먼저 누적 분포 확률을 cumul_prob라고 이름 짓고 0으로 초기화합니다. 지금부터 누적 분포 함수의 성질을 이용할 것인데 아직 아무것도 하지 않았으므로 누적 분포 확률을 0으로 초기화하는 것입니다. 그리고 앞서 저장했던 확률 질량 함수를 저장한 딕셔너리 pmf에서 key에 대해 반복문을 수행합니다. 이때, 매개변수는 pmf 딕셔너리의 key에 해당하는 확률 변수 X입니다. 이때, X는 대문자로 작성하겠습니다. ⓬ 해당 확률 변수에 해당하는 확률값을 누적 확률 cumul_prob에 더해 줍니다. 그리고 ⓭ 만약 cumul_prob이 u 보다 크다면 ⓮ 해당 확률 변수 X를 res에 추가합니다. 이때, u는 0과 1 사이의 랜덤 실수 값인데 u가 확률 변수 X를 추출할지 말지를 결정하는 기준값의 역할을 하는 것입니다. ⓯ 그리고 break문을 이용해 ⓫에서 시작한 반복문을 탈출합니다. 그렇다면 만약 ⓭을 만족하지 않고 cumul_prob이 u보다 작다면 어떻게 될까요? 이 경우에는 해당 확률 변수 X는 추출되지 않고 다음 확률 변수에 대해 반복문이 수행됩니다. 즉, 이전에 저장되었던 cumul_prob는 유지되고 또 다른 확률 변수 X가 cumul_prob에 추가되는 것입니다. 즉, 확률 변수 X가 추출되지 않는다면 누적 확률 cumul_prob의 값이 커짐으로써 다음 확률 변수가 추출될 확률이 커지는 것입니다. ⓰ 반복문이 종료되면 원하는 수만큼의 난수가 추출된 것이므로 res를 출력합니다.

```
binomial(n=10, p=0.3, size=10)
```

```
[4, 3, 2, 4, 5, 2, 2, 1, 4, 2]
```

앞서 만든 binomial 함수가 제대로 작동하는지 테스트해 보겠습니다. n은 10이고 p가 0.3인 이항 분포에서 10개의 난수를 추출하면 위와 같은 결과가 나옵니다.

```
import matplotlib.pyplot as plt ················································ ❶

samples = binomial(n=10, p=0.3, size=1000) ································· ❷

plt.hist(samples, bins=8) ·················································· ❸
plt.show() ································································· ❹
```

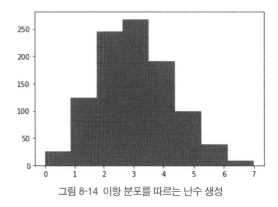

그림 8-14 이항 분포를 따르는 난수 생성

이번에는 더 많은 난수를 생성해서 해당 난수들이 이항 분포를 따르는지 확인해 보겠습니다. ❶ 먼저 시각화를 위해 matplotlib 라이브러리를 불러옵니다. ❷ 그리고 n=10, p=0.3인 binomial 함수에서 1000개의 난수를 생성합니다. ❸ 그리고 히스토그램을 그려서 ❹ 결과를 확인하면 n=10, p=0.3인 이항 분포를 따르는 것을 확인할 수 있습니다.

8.4.3 포아송 분포를 따르는 난수 생성

이번 절에서는 누적 확률 분포의 성질을 이용해 포아송 분포를 따르는 난수를 생성하는 함수를 작성해 보겠습니다.

```
def poisson(lamb, seed=1234567, size=1): ·································· ❶
    """
    포아송 분포에서 랜덤 숫자 추출
    """
    e = 2.7182818284 ····················································· ❷
    u_list = pseudo_sample(seed=seed, size=size) ························ ❸
    x_list = list(range(0, 100)) ········································· ❹
```

426

```
    pmf = {}                                                          ❺
    res = []                                                          ❻

    for x in x_list:                                                  ❼
        prob = ((e**(-lamb))*(lamb**x))/factorial(x)                  ❽
        pmf[x] = prob                                                 ❾

    for u in u_list:                                                  ❿
        cumul_prob = 0                                                ⓫
        for X in pmf.keys():                                          ⓬
            cumul_prob += pmf[X]                                      ⓭
            if cumul_prob > u:                                        ⓮
                res.append(X)                                         ⓯
                break                                                 ⓰
    return res                                                        ⓱
```

먼저 ❶ 함수 이름은 poisson이라고 짓겠습니다. 이 함수는 포아송 분포에서 랜덤 난수를 추출하는 함수입니다. 입력값으로는 lamb, seed, size가 있는데, lamb는 다음과 같은 포아송 분포에서 λ를 의미합니다.

$$P(X = x) = \frac{e^{-\lambda}\lambda^x}{x!}, \qquad x = 0,1,2,\dots$$

seed는 랜덤시드로 초깃값 1234567로 설정되어 있고 size는 추출하고자 하는 난수의 개수를 의미하며 초깃값 1로 설정되어 있습니다. 그리고 ❷ 자연 상수 e를 선언해 줍니다. ❸ pseudo_sample 함수를 이용해 0과 1 사이의 실수 size개를 추출합니다. 그리고 이를 u_list라는 이름의 리스트에 담습니다. ❹ 포아송 분포의 확률 변수의 범위에 해당하는 x_list를 정해 줍니다. 원래 포아송 분포는 0부터 무한대까지의 값을 가지지만 이번 실습에서는 0부터 99까지만 설정하도록 하겠습니다. ❺ 포아송 분포의 확률 질량 함수를 담을 딕셔너리 pmf를 설정합니다. 여기서 pmf는 확률 질량 함수를 의미하는 probability mass function의 줄임말입니다. ❻ 그리고 res는 포아송 분포를 따르는 난수 size개를 담을 리스트입니다. ❼ 포아송 분포의 확률 변수 리스트 x_list에 대해 반복문을 수행합니다. 이 반복문은 포아송 분포의 확률 질량 함수를 만들기 위함입니다. 우리는 각 확률 변수에 대응하는 확률을 구해 저장할 것입니다. ❽ 먼저 확률 변수 x에 대한 확률을 구하고 ❾ 확률 질량 함수에 {x: prob}와 같은 형식으로 {확률 변수 값: 확률}로 저장합니다. 그리고 앞서 구한 0과 1 사이의 랜덤 실수를 담은 u_list에 대해 반복문을 수행하겠습니다. ❿ 이 반복문은 누적 분포 함수의 성질을 이용해 size개의 난수를 추출하기 위한 반복문입니다. ⓫ 먼저 누적 분포 확률을 cumul_prob라고 이름 짓고 0으로 초기화합니다. 지금부터 누적 분포 함수의 성질을 이용할 것인데 아직 아무것도 하지 않았으므로 누적 분포 확률을 0으로 초기화하는 것입니다. ⓬ 그리고 앞서 저장했던 확률 질량 함수를 저장한 딕셔너리 pmf에서 key에 대해 반복문을 수행합니다. 이때, 매개변수는 pmf 딕셔너리의 key에 해당하는 확률 변수 X입니다. 이때, X는 대문자로 작성하겠습니다. ⓭ 해당 확률 변수에 해당하는 확률값을 누적 확률 cumul_prob에 더해 줍니다. 그리고 ⓮ 만약 cumul_prob이 u보다 크다면 ⓯ 해당 확률 변수 X를 res에 추가합니다. 이때, u는 0과 1 사이의 랜덤 실수 값인데 u가 확률 변수 X를 추출할지 말지를 결정하는 기준 값의 역할을 하는 것입니다. ⓰ 그리고 break문을 이용해 ⓬에서 시작한 반복문을 탈출합니다. 그렇다면 만약 ⓮를 만족하지 않고 cumul_prob이 u보다 작다면 어떻게 될까요? 이 경우에는 해당 확률 변수 X는 추출되지 않고 다음 확률 변수에 대해 반복문이 수행됩니다. 즉, 이전에 저장되었던 cumul_prob는 유지되고 또 다른 확률 변수 X가 cumul_prob에 추가되는 것입니다. 즉, 확률 변수 X가 추출되지 않는다면 누적 확률 cumul_prob의 값이 커짐으로써 다음 확률 변수가 추출될 확률이 커지는 것입니다. ⓱ 반복문이 종료되면 원하는 수만큼의 난수가 추출된 것이므로 res를 출력합니다.

```
poisson(lamb=2, size=10)
```

```
[2, 2, 1, 3, 3, 1, 1, 0, 3, 1]
```

앞서 만든 poisson 함수가 제대로 작동하는지 테스트해 보겠습니다. lamb=2인 포아송 분포에서 10개의 난수를 추출하면 위와 같은 결과가 나옵니다.

```
import matplotlib.pyplot as plt                              ❶

samples = poisson(lamb=2, size=1000)                         ❷

plt.hist(samples, bins=8)                                    ❸
plt.show()                                                   ❹
```

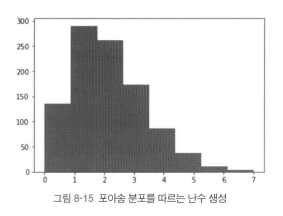

그림 8-15 포아송 분포를 따르는 난수 생성

이번에는 더 많은 난수를 생성해서 해당 난수들이 포아송 분포를 따르는지 확인해 보겠습니다. ❶ 먼저 시각화를 위해 matplotlib 라이브러리를 불러옵니다. ❷ 그리고 lamb=2인 poisson 함수에서 1000개의 난수를 생성합니다. ❸ 그리고 히스토그램을 그려서 ❹ 결과를 확인하면 lamb=2인 포아송 분포를 따르는 것을 확인할 수 있습니다.

▌8.4.4 기하 분포를 따르는 난수 생성

이번 절에서는 누적 확률 분포의 성질을 이용해 기하 분포를 따르는 난수를 생성하는 함수를 작성해 보겠습니다.

```
def geometric(p=0.5, seed=1234567, size=1):                    ❶
    """"
    기하 분포에서 랜덤 숫자 추출
    """"
    u_list = pseudo_sample(seed=seed, size=size)               ❷
    x_list = list(range(1, 100))                               ❸
    pmf = {}                                                   ❹
    res = []                                                   ❺

    for x in x_list:                                           ❻
        prob = p*((1-p)**(x-1))                                ❼
        pmf[x] = prob                                          ❽

    for u in u_list:                                           ❾
        cumul_prob = 0                                         ❿
```

```
        for X in pmf.keys():                                    ⑪
            cumul_prob += pmf[X]                                ⑫
            if cumul_prob > u:                                  ⑬
                res.append(X)                                   ⑭
                break                                           ⑮
    return res                                                  ⑯
```

먼저 ❶ 함수 이름은 geometric이라고 짓겠습니다. 이 함수는 기하 분포에서 랜덤 난수를 추출하는 함수입니다. 입력값으로는 p, seed, size가 있는데, p는 다음과 같은 기하 분포에서 p를 의미합니다.

$$P(X = x) = p(1 - p)^{x-1}, \qquad x = 1, 2, \ldots$$

p는 초깃값으로 0.5가 설정되어 있으며, seed는 랜덤시드로 초깃값 1234567로 설정되어 있습니다. 또한 size는 추출하고자 하는 난수의 개수를 의미하며 초깃값 1로 설정되어 있습니다. 그리고 ❷ pseudo_sample 함수를 이용해 0과 1 사이의 실수 size개를 추출합니다. 그리고 이를 u_list라는 이름의 리스트에 담습니다. ❸ 기하 분포의 확률 변수의 범위에 해당하는 x_list를 정해줍니다. 위 기하 분포의 식을 보면 1부터 무한대까지의 범위를 가지는 것을 알 수 있습니다. 그러나 이번 실습에서는 1부터 99까지를 범위로 설정하겠습니다. ❹ 기하 분포의 확률 질량 함수를 담을 딕셔너리 pmf를 설정합니다. 여기서 pmf는 확률 질량 함수를 의미하는 probability mass function의 줄임말입니다. ❺ 그리고 res는 기하 분포를 따르는 난수 size개를 담을 리스트입니다. ❻ 기하 분포의 확률 변수 리스트 x_list에 대해 반복문을 수행합니다. 이 반복문은 기하 분포의 확률 질량 함수를 만들기 위함입니다. 우리는 각 확률 변수에 대응하는 확률을 구해 저장할 것입니다. ❼ 먼저 확률 변수 x에 대한 확률을 구하고 ❽ 확률 질량 함수에 {x: prob}와 같은 형식으로 [확률 변수 값: 확률]로 저장합니다. 그리고 앞서 구한 0과 1 사이의 랜덤 실수를 담은 u_list에 대해 반복문을 수행하겠습니다. ❾ 이 반복문은 누적 분포 함수의 성질을 이용해 size개의 난수를 추출하기 위한 반복문입니다. ❿ 먼저 누적 분포 확률을 cumul_prob라고 이름 짓고 0으로 초기화합니다. 지금부터 누적 분포 함수의 성질을 이용할 것인데 아직 아무것도 하지 않았으므로 누적 분포 확률을 0으로 초기화하는 것입니다. 그리고 앞서 저장했던 확률 질량 함수를 저장한 딕셔너리 pmf에서 key에 대해 반복문을 수행합니다. 이때, 매개변수는 pmf 딕셔너리의 key에 해당하는 확률 변수 X입니다. 이때, X는 대문자로 작성하겠습니다. ⑫ 해당 확률 변수에 해당하는 확률값을 누적 확률 cumul_prob에 더해 줍니다. 그리고 ⑬ 만약 cumul_prob이 u보다 크다면 ⑭ 해당 확률 변

430

수 X를 res에 추가합니다. 이때, u는 0과 1 사이의 랜덤 실숫값인데 u가 확률 변수 X를 추출할지 말지를 결정하는 기준값의 역할을 하는 것입니다. ⓖ 그리고 break문을 이용해 ⓫에서 시작한 반복문을 탈출합니다. 그렇다면 만약 ⓭을 만족하지 않고 cumul_prob이 u보다 작다면 어떻게 될까요? 이 경우에는 해당 확률 변수 X는 추출되지 않고 다음 확률 변수에 대해 반복문이 수행됩니다. 즉, 이전에 저장되었던 cumul_prob는 유지되고 또 다른 확률 변수 X가 cumul_prob에 추가되는 것입니다. 즉, 확률 변수 X가 추출되지 않는다면 누적 확률 cumul_prob의 값이 커짐으로써 다음 확률 변수가 추출될 확률이 커지는 것입니다. ⓰ 반복문이 종료되면 원하는 수만큼의 난수가 추출된 것이므로 res를 출력합니다.

```
geometric(p=0.2, size=10)
```

```
[5, 5, 1, 6, 9, 2, 2, 1, 8, 3]
```

앞서 만든 geometric 함수가 제대로 작동하는지 테스트해 보겠습니다. p가 0.2인 기하 분포에서 10개의 난수를 추출하면 위와 같은 결과가 나옵니다.

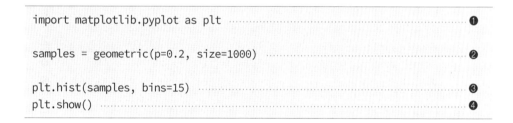

```
import matplotlib.pyplot as plt ·········································· ❶

samples = geometric(p=0.2, size=1000) ······························· ❷

plt.hist(samples, bins=15) ·········································· ❸
plt.show() ·························································· ❹
```

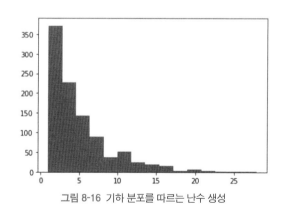

그림 8-16 기하 분포를 따르는 난수 생성

이번에는 더 많은 난수를 생성해서 해당 난수들이 기하 분포를 따르는지 확인해 보겠습니다. ❶ 먼저 시각화를 위해 matplotlib 라이브러리를 불러옵니다. ❷ 그리고 p=0.2인 geometric 함수에서 1000개의 난수를 생성합니다. ❸ 그리고 히스토그램을 그려서 ❹ 결과를 확인하면 p=0.2인 기하 분포를 따르는 것을 확인할 수 있습니다.

▌8.4.5 음이항 분포를 따르는 난수 생성

이번 절에서는 누적 확률 분포의 성질을 이용해 음이항 분포를 따르는 난수를 생성하는 함수를 작성해 보겠습니다.

```
def neg_binomial(r, p=0.5, seed=1234567, size=1):        ❶
    """
    음이항 분포에서 랜덤 숫자 추출
    """
    u_list = pseudo_sample(seed=seed, size=size)          ❷
    x_list = list(range(r, 100))                          ❸
    pmf = {}                                              ❹
    res = []                                              ❺

    for x in x_list:                                      ❻
        prob = combination(x-1, r-1)*(p**r)*((1-p)**(x-r))  ❼
        pmf[x] = prob                                     ❽

    for u in u_list:                                      ❾
        cumul_prob = 0                                    ❿
        for X in pmf.keys():                              ⓫
            cumul_prob += pmf[X]                          ⓬
            if cumul_prob > u:                            ⓭
                res.append(X)                             ⓮
                break                                     ⓯
    return res                                            ⓰
```

먼저 ❶ 함수 이름은 neg_binomial이라고 짓겠습니다. 이 함수는 음이항 분포에서 랜덤 난수를 추출하는 함수입니다. 입력값으로는 r, p, seed, size가 있는데, r과 p는 다음과 같은 음이항 분포에서 r과 p를 의미합니다.

$$P(X = x) = \binom{x-1}{r-1} p^r (1-p)^{x-r}, \qquad x = r, r+1, \ldots$$

p는 초깃값으로 0.5가 설정되어 있으며, seed는 랜덤시드로 초깃값 1234567로 설정되어 있습니다. 또한 size는 추출하고자 하는 난수의 개수를 의미하며 초깃값 1로 설정되어 있습니다. 그리고 ❷ pseudo_sample 함수를 이용해 0과 1 사이의 실수 size개를 추출합니다. 그리고 이를 u_list라는 이름의 리스트에 담습니다. ❸ 음이항 분포의 확률 변수의 범위에 해당하는 x_list를 정해 줍니다. 위 음이항 분포의 식을 보면 r부터 무한대까지의 범위를 가지는 것을 알 수 있습니다. 그러나 이번 실습에서는 r부터 99까지를 범위로 설정하겠습니다. ❹ 음이항 분포의 확률 질량 함수를 담을 딕셔너리 pmf를 설정합니다. 여기서 pmf는 확률 질량 함수를 의미하는 probability mass function의 줄임말입니다. ❺ 그리고 res는 음이항 분포를 따르는 난수 size개를 담을 리스트입니다. ❻ 음이항 분포의 확률 변수 리스트 x_list에 대해 반복문을 수행합니다. 이 반복문은 음이항 분포의 확률 질량 함수를 만들기 위함입니다. 우리는 각 확률 변수에 대응하는 확률을 구해 저장할 것입니다. ❼ 먼저 확률 변수 x에 대한 확률을 구하고 ❽ 확률 질량 함수에 {x: prob}와 같은 형식으로 [확률 변수 값: 확률]로 저장합니다. 그리고 앞서 구한 0과 1 사이의 랜덤 실수를 담은 u_list에 대해 반복문을 수행하겠습니다. ❾ 이 반복문은 누적 분포 함수의 성질을 이용해 size개의 난수를 추출하기 위한 반복문입니다. ❿ 먼저 누적 분포 확률을 cumul_prob라고 이름 짓고 0으로 초기화합니다. 지금부터 누적 분포 함수의 성질을 이용할 것인데 아직 아무것도 하지 않았으므로 누적 분포 확률을 0으로 초기화하는 것입니다. 그리고 앞서 저장했던 확률 질량 함수를 저장한 딕셔너리 pmf에서 key에 대해 반복문을 수행합니다. 이때, 매개변수는 pmf 딕셔너리의 key에 해당하는 확률 변수 X입니다. 이때, X는 대문자로 작성하겠습니다. ⓬ 해당 확률 변수에 해당하는 확률값을 누적 확률 cumul_prob에 더해 줍니다. 그리고 ⓭ 만약 cumul_prob이 u보다 크다면 ⓮ 해당 확률 변수 X를 res에 추가합니다. 이때, u는 0과 1 사이의 랜덤 실수 값인데 u가 확률 변수 X를 추출할지 말지를 결정하는 기준값의 역할을 하는 것입니다. ⓯ 그리고 break문을 이용해 ⓫에서 시작한 반복문을 탈출합니다. 그렇다면 만약 ⓭을 만족하지 않고 cumul_prob이 u보다 작다면 어떻게 될까요? 이 경우에는 해당 확률 변수 X는 추출되지 않고 다음 확률 변수에 대해 반복문이 수행됩니다. 즉, 이전에 저장되었던 cumul_prob는 유지되고 또 다른 확률 변수 X가 cumul_prob에 추가되는 것입니다. 즉, 확률 변수 X가 추출되지 않는다면 누적 확률 cumul_prob의 값이 커짐으로써 다음 확률 변수가 추출될 확률이 커지는 것입니다. ⓰ 반복문이 종료되면 원하는 수만큼의 난수가 추출된 것이므로 res를 출력합니다.

```
neg_binomial(r=2, p=0.3, size=10)
```

```
[7, 7, 3, 8, 11, 4, 4, 2, 10, 5]
```

앞서 만든 neg_binomial 함수가 제대로 작동하는지 테스트해 보겠습니다. r은 2이고 p가 0.3인 음이항 분포에서 10개의 난수를 추출하면 위와 같은 결과가 나옵니다.

```python
import matplotlib.pyplot as plt

samples = neg_binomial(r=2, p=0.3, size=1000)

plt.hist(samples, bins=24)
plt.show()
```

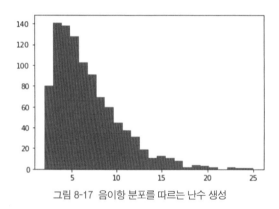

그림 8-17 음이항 분포를 따르는 난수 생성

이번에는 더 많은 난수를 생성해서 해당 난수들이 음이항 분포를 따르는지 확인해 보겠습니다. ❶ 먼저 시각화를 위해 matplotlib 라이브러리를 불러옵니다. ❷ 그리고 r=2, p=0.3인 neg_binomial 함수에서 1000개의 난수를 생성합니다. ❸ 그리고 히스토그램을 그려서 ❹ 결과를 확인하면 r=2, p=0.3인 음이항 분포를 따르는 것을 확인할 수 있습니다.

8.5 마르코프 체인 몬테카를로

8.5.1 마르코프 체인 몬테카를로의 개념

마르코프 체인 몬테카를로(Markov chain Monte Carlo, MCMC)는 $x_1, x_2, \cdots, x_n$을 마르코프 체인으로부터 샘플링한 것을 의미합니다. 이때, x_i의 분포는 타겟 분포 π에 수렴합니다. MCMC의 핵심은 메트로폴리스 알고리즘(Metropolis algorithm)인데, 이 알고리즘은 20세기에서 가장 중요한 알고리즘 Top10에 선정될 정도로 중요합니다. x의 타겟 분포는 π라고 표기하며 x가 연속형 확률 변수라면 $\pi(x)$는 확률 밀도 함수가 되고 x가 이산형 확률 변수라면 $\pi(x)$는 확률 질량 함수에 해당합니다.

몬테카를로 방법의 목적 중 하나는 다음과 같은 μ를 추정하는 것입니다.

$$\mu = \int f(x)\pi(x)dx$$

위 식을 추정하기 위해 우리는 다음과 같은 식을 이용합니다.

$$\hat{\mu} = \frac{1}{n}\sum_{i=1}^{n} f(x_i)$$

그럼 위 식을 사용함으로써 생기는 문제점은 무엇일까요? 첫 번째 문제점은 x_i의 분포는 타겟 분포 π에 수렴하지만 정확히 π는 아니라는 점입니다. 이 말은 위 식으로 구한 $\hat{\mu}$에 bias가 존재할 가능성이 높다는 것입니다. 두 번째 문제점은 x_i들이 서로 독립이 아니라는(dependent) 점입니다. 만약 x_i이 서로 독립이라면 분산의 추정치를 계산하기 편한데, x_i들이 서로 독립이 아니라서 분산의 추정치를 구하기 복잡해집니다. 이와 같은 두 가지 이슈가 MCMC를 하는 동안 발생할 수 있습니다.

▍8.5.2 마르코프 체인 몬테카를로의 필요성

머신러닝에서 타겟 Y가 0 혹은 1이고 피처가 d개 있다고 가정하겠습니다. 이를 수식으로 나타내면 다음과 같습니다.

$$\mathbf{x} = (x_1, x_2, \cdots, x_d)$$

$$Y \in \{0, 1\}$$

위와 같은 머신러닝 문제를 해결하기 위해 사용할 수 있는 가장 간단한 모델은 probit model 로 다음과 같이 나타냅니다.

$$P(Y = 1|\mathbf{x}) = \Phi(\mathbf{x}^{\mathsf{T}}\boldsymbol{\beta})$$

$$\boldsymbol{\beta} = (\beta_1, \beta_2, \cdots, \beta_d)$$

위 식에서 피처의 개수가 d개이므로 피처 벡터 $\mathbf{x}$는 d개의 원소를 포함하며 이에 대응하는 가중치 벡터 $\boldsymbol{\beta}$도 d개의 원소를 포함하는 벡터임을 알 수 있습니다. 또한 함수 Φ는 표준정규분포 $N(0,1)$의 누적 분포 함수입니다. 누적 분포 함수는 0과 1 사이의 값을 가지므로 0 또는 1을 가지는 타깃 Y를 예측할 수 있습니다.

위 식을 응용하면 $P(Y = 0|\mathbf{x})$도 다음과 같이 구할 수 있습니다.

$$P(Y = 0|\mathbf{x}) = 1 - \Phi(\mathbf{x}^{\mathsf{T}}\boldsymbol{\beta})$$

그리고 앞서 구한 $P(Y = 1|\mathbf{x})$와 $P(Y = 0|\mathbf{x})$는 다음과 같은 식으로 한꺼번에 표현할 수 있습니다.

$$P(Y = y|\mathbf{x}) = \{\Phi(\mathbf{x}^{\mathsf{T}}\boldsymbol{\beta})\}^{y} \times \{1 - \Phi(\mathbf{x}^{\mathsf{T}}\boldsymbol{\beta})\}^{1-y}$$

이번에는 베이지안 관점으로 생각해 보겠습니다. 베이지안 관점이란 우리가 구하고자 하는 $\boldsymbol{\beta}$가 분포를 따른다는 의미입니다. 따라서 $(\mathbf{x}_1, y_1), (\mathbf{x}_2, y_2), \cdots, (\mathbf{x}_n, y_n)$과 같이 n쌍의 데이터가 주어졌을 때 probit model의 베이지안 분석은 사전분포 $P(\boldsymbol{\beta})$로 시작합니다. 그리고 $\mathbf{x}_i$는 어떤 분포 $g(\mathbf{x})$로부터 iid로 추출된 샘플이라고 생각하겠습니다. 이 정보를 종합하면 $\boldsymbol{\beta}$의 사후분포 $P(\boldsymbol{\beta}|(\mathbf{x}_1, y_1))$는 다음과 같습니다.

$$P(\boldsymbol{\beta}|(\mathbf{x}_i, y_i), 1 \le i \le n) \propto \frac{P(\boldsymbol{\beta}, (\mathbf{x}_i, y_i))}{P((\mathbf{x}_i, y_i))}$$

$$\propto \frac{P((\mathbf{x}_i, y_i)|\boldsymbol{\beta})P(\boldsymbol{\beta})}{P((\mathbf{x}_i, y_i))}$$

$$\propto P(\boldsymbol{\beta})P((\mathbf{x}_i, y_i)|\boldsymbol{\beta})$$

$$\propto P(\boldsymbol{\beta})\frac{P(\mathbf{x}_i, y_i, \boldsymbol{\beta})}{P(\boldsymbol{\beta})}$$

$$\propto P(\boldsymbol{\beta})\frac{P(y_i, |\mathbf{x}_i, \boldsymbol{\beta})P(\mathbf{x}_i, \boldsymbol{\beta})}{P(\boldsymbol{\beta})}$$

$$\propto P(\boldsymbol{\beta})\frac{P(y_i, |\mathbf{x}_i, \boldsymbol{\beta})P(\mathbf{x}_i|\boldsymbol{\beta})P(\boldsymbol{\beta})}{P(\boldsymbol{\beta})}$$

$$\propto P(\boldsymbol{\beta})P(\mathbf{x}_i|\boldsymbol{\beta})P(y_i, |\mathbf{x}_i, \boldsymbol{\beta})$$

$$\propto P(\boldsymbol{\beta})\prod_{i=1}^{n} g(\mathbf{x}_i) \prod_{i=1}^{n} \{\Phi(\mathbf{x}_i{}^{\mathsf{T}}\boldsymbol{\beta})\}^{y_i} \times \{1 - \Phi(\mathbf{x}_i{}^{\mathsf{T}}\boldsymbol{\beta})\}^{1-y_i}$$

위와 같이 $\boldsymbol{\beta}$의 사후 분포를 구했을 때 $\boldsymbol{\beta}$를 함수 f에 적용한 $f(\boldsymbol{\beta})$의 평균을 구하려면 다음과 같이 매우 복잡한 계산을 해야 합니다.

$$\frac{\int f(\boldsymbol{\beta})P(\boldsymbol{\beta})\prod_{i=1}^{n} g(\mathbf{x}_i)\prod_{i=1}^{n}\{\Phi(\mathbf{x}_i{}^{\mathsf{T}}\boldsymbol{\beta})\}^{y_i} \times \{1 - \Phi(\mathbf{x}_i{}^{\mathsf{T}}\boldsymbol{\beta})\}^{1-y_i} d\boldsymbol{\beta}}{\int P(\boldsymbol{\beta})\prod_{i=1}^{n} g(\mathbf{x}_i)\prod_{i=1}^{n}\{\Phi(\mathbf{x}_i{}^{\mathsf{T}}\boldsymbol{\beta})\}^{y_i} \times \{1 - \Phi(\mathbf{x}_i{}^{\mathsf{T}}\boldsymbol{\beta})\}^{1-y_i} d\boldsymbol{\beta}}$$

보시다시피 위 계산은 매우 복잡합니다. 그리고 적분 기호 내부에 있는 $g(\mathbf{x}_i)$와 같이 0과 1 사이에 있는 수를 계속 곱하게 되면 그 수는 0에 가까워진다는 문제점도 존재합니다. 따라서 마르코프 체인 몬테카를로 방법을 활용하면 이와 같은 문제점을 해결할 수 있습니다.

▌8.5.3 마르코프 체인 복습

detailed balance를 알아보기 전에 마르코프 체인에 대해 간단히 복습해 보겠습니다. 확률 변수 X_i가 상태 공간 Ω의 원소 중 하나의 상태를 가진다고 할 때 확률 변수 X_i가 다음과 같은 성질을 만족할 때 Markov property를 가진다고 합니다.

$$P(X_{n+1} = j \mid X_0 = i_0, X_1 = i_1, \cdots, X_{n-1} = i_{n-1}, X_n = i) = P(X_{n+1} = j \mid X_n = i)$$

앞서 배웠듯 X_{n+1}의 값은 그 이전에 어떤 값을 가졌던지와 상관없이 오직 직전 값인 X_n에만 영향을 받습니다. 즉, Markov property는 일종의 무기억성(memorylessness)이라고 볼 수 있습니다.

그리고 상태 공간 Ω는 다음과 같이 M개의 상태를 가진다고 가정하겠습니다.

$$\Omega = \{w_1, w_2, \cdots w_M\}$$

즉, 마르코프 체인은 Markov property를 만족하는 확률 변수의 수열입니다.

$$X_i \in \Omega, \qquad 0 \leq i < \infty$$

그리고 마르코프 체인 X_i가 다음 성질을 만족할 때 time homogenous 마르코프 체인이라고 하며 줄여서 homogenous 마르코프 체인이라고 합니다. homogenous일 때는 유한 상태 공간에서 전이 확률 행렬은 $M \times M$ 크기의 행렬 P이며 다음과 같이 행렬 원소 P_{jk}를 표현할 수 있습니다.

$$P_{jk} = P\big(X_{i+1} = w_k \mid X_i = w_j\big)$$

위 수식은 행렬 P의 j행 k열 원소를 나타내며 현 시점에 w_j였던 값이 한 시점 후에는 w_k가 될 확률을 의미합니다. 위 확률을 간단히 줄여서 다음과 같이 나타내겠습니다.

$$P_{jk} = P\big(w_j \rightarrow w_k\big)$$

확률 변수 X_0가 w_j일 확률을 $P_0(w_j)$라고 하면 이는 다음과 같이 쓸 수 있습니다.

$$P\left(X_0 = w_j\right) = P_0\left(w_j\right)$$

이를 이용해 X_1이 w_k일 확률은 다음과 같이 구할 수 있습니다.

$$P_1(w_k) = P(X_1 = w_k)$$

$$= \sum_{j=1}^{M} P_0\left(w_j\right) P\left(X_1 = w_k | X_0 = w_j\right)$$

$$= \sum_{j=1}^{M} P_0\left(w_j\right) P\left(w_j \rightarrow w_k\right)$$

위 식에서 P_0는 확률 변수 X_0의 확률 분포이고 P_1은 확률 변수 X_1의 확률 분포이므로 다음과 같이 표현할 수 있습니다.

$$\mathbf{p}_1 = \mathbf{p}_0 P$$

$$X_0 \sim \mathbf{p}_0 = \left(P_0(w_1), P_0(w_2), \cdots, P_0(w_M)\right)$$

$$X_1 \sim \mathbf{p}_1 = \left(P_1(w_1), P_1(w_2), \cdots, P_1(w_M)\right)$$

위 수식을 그림으로 나타내면 다음과 같습니다.

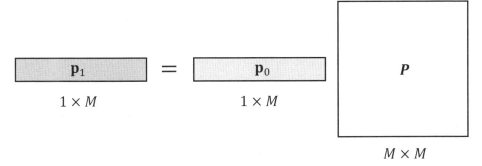

그림 8-18 마르코프 체인 - 행 벡터로 표현

[그림 8-18]을 보면 앞서 다룬 $\mathbf{p}_1 = \mathbf{p}_0 P$는 $\mathbf{p}_1$과 $\mathbf{p}_0$를 행 벡터로 표현한 것입니다. 만약 $\mathbf{p}_1$ 와

$\mathbf{p}_0$를 열 벡터로 표현하고 싶다면 다음과 같이 $\mathbf{p}_0$와 P의 곱하는 순서를 바꾸어 나타낼 수 있습니다.

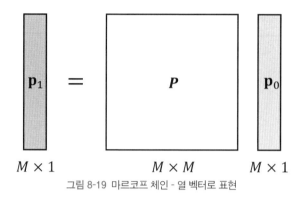

$$M \times 1 \qquad M \times M \qquad M \times 1$$

그림 8-19 마르코프 체인 - 열 벡터로 표현

위 식을 일반화하면 두 번째 시점의 분포는 다음과 같이 구할 수 있습니다.

$$\mathbf{p}_2 = \mathbf{p}_1 P = (\mathbf{p}_0 P)P = \mathbf{p}_0 P^2$$

이를 일반화하면 다음과 같습니다.

$$\mathbf{p}_n = \mathbf{p}_0 P^n$$

위 식에서 n이 무한대로 커질수록 이 특정 상태 w_j일 확률은 다음과 같이 나타낼 수 있습니다.

$$P\big(X_n = w_j | X_0\big) \xrightarrow{n \to \infty} \pi\big(w_j\big)$$

위 식의 의미는 n이 아주 커지면 X_0의 값이 얼마냐에 상관없이 X_n이 w_j일 확률은 $\pi(w_j)$로 수렴한다는 의미입니다. 즉, n이 아주 커지면 초기 값 X_0가 미치는 영향력이 거의 없다는 것을 의미하며 이는 초기 시점과 아주 멀리 떨어진 값을 뽑는다면 거의 iid에 가까워진다는 의미입니다.

그리고 다음 성질을 만족하면 π의 분포는 전이 확률 분포 행렬에 대해 stationary 분포입니다.

$$\pi(w) = \sum_{i=1}^{M} \pi(w_i) P(w_i \to w)$$

stationary 성질을 만족하면 다음 식을 만족합니다.

$$\boldsymbol{\pi} = \boldsymbol{\pi}P$$

$$\pi(w) \geq 0, \qquad \sum_{\pi \in \Omega} \pi(w) = 1$$

위 식을 선형 대수 관점에서 본다면 전이 행렬 $\boldsymbol{P}$의 고윳값은 1이고 고유 벡터는 π임을 알 수 있습니다. 그러나 선형대수에서 행렬 $\boldsymbol{A}$에 대해 고윳값과 고유 벡터의 관계는 다음과 같은 식처럼 고유 벡터가 행렬의 오른쪽에 위치하는 것을 알 수 있습니다. 고윳값과 고유 벡터에 대한 자세한 내용은 "알고리즘 구현으로 배우는 선형대수 with 파이썬, 장철원(2021)" 도서를 참고하시기 바랍니다.

$$\boldsymbol{A}\mathbf{x} = \lambda \mathbf{x}$$

따라서 위 형식에 맞게 $\boldsymbol{\pi} = \boldsymbol{\pi}P$ 식을 고쳐주면 다음과 같습니다.

$$\boldsymbol{\pi}^{\mathrm{T}} = (\boldsymbol{\pi}P)^{\mathrm{T}}$$

$$= P^{\mathrm{T}}\boldsymbol{\pi}^{\mathrm{T}}$$

$$\therefore \boldsymbol{\pi}^{\mathrm{T}} = P^{\mathrm{T}}\boldsymbol{\pi}^{\mathrm{T}}$$

이는 행 벡터였던 $\boldsymbol{\pi}$를 열 벡터로 전치(transpose)시킨 것과 동일합니다.

8.5.4 detailed balance

지금까지 다룬 마르코프 체인에서 우리가 관심이 있는 것은 행렬 $\boldsymbol{P}$와 $\boldsymbol{\pi}$입니다. 앞서 배운 stationary 성질을 다시 쓰면 다음과 같습니다.

$$\sum_{x \in \Omega} \pi(x)P(x \to y) = \pi(y) = \sum_{x \in \Omega} \pi(y)P(y \to x)$$

위와 같은 관계는 어떻게 성립하는 것일까요? 지금부터 자세히 알아보겠습니다. 우선 위 식을 둘로 나눠 쓰면 다음과 같습니다.

$$\pi(y) = \sum_{x \in \Omega} \pi(x) P(x \to y)$$

$$\pi(y) = \sum_{x \in \Omega} \pi(y) P(y \to x)$$

위 식 중 첫 번째 식은 앞서 다룬 $\boldsymbol{\pi} = \boldsymbol{\pi P}$를 이용한 것이며, 두 번째 식을 증명하면 다음과 같습니다.

$$\sum_{x \in \Omega} \pi(y) P(y \to x) = \pi(y) \sum_{x \in \Omega} P(y \to x)$$

$$= \pi(y) \cdot 1$$

$$= \pi(y)$$

위 식에서 $\sum_{x \in \Omega} P(y \to x) = 1$이 성립하는 이유는 x의 범위가 상태 공간 전체이므로 각 상태 공간에 존재하는 모든 x에 대한 확률의 합에 해당해 자연스럽게 1이 됩니다. 따라서 이를 정리하면 다음과 같이 쓸 수 있습니다.

$$\sum_{x \in \Omega} \pi(x) P(x \to y) = \sum_{x \in \Omega} \pi(y) P(y \to x)$$

그리고 위 식에서 y를 고정시키고 양변에 각각 $\pi(x)P(x \to x)$를 빼면 다음과 같이 나타낼 수 있습니다.

$$\sum_{x:\, x \neq y} \pi(x) P(x \to y) = \sum_{x:\, x \neq y} \pi(y) P(y \to x)$$

위 식의 좌변이 의미하는 것은 y가 아닌 다른 상태 x들로부터 상태 y가 된다는 것을 의미하며 우변이 의미하는 것은 상태 y에서 y가 아닌 다른 상태 x가 되는 것을 의미합니다. 그리고 위 등

식이 성립할 때 이를 balanced하다고 말합니다. 그리고 위 식의 충분 조건은 다음과 같습니다.

$$\pi(x)P(x \to y) = \pi(y)P(y \to x)$$

위 식을 detailed balance 조건이라고 합니다. 이는 x와 y 사이의 흐름이 방향에 상관없이 동일하다는 것을 의미합니다.

▌8.5.5 메트로폴리스 헤이스팅스

이번 절에서 배울 **메트로폴리스 헤이스팅스(Metropolis-Hastings)** 알고리즘은 앞서 배운 acceptance-rejection 샘플링 방법의 연장선이라고 볼 수 있습니다. π를 stationary 분포인 마르코프 체인이라고 가정하겠습니다. 메트로폴리스 헤이스팅스 알고리즘은 다음과 같은 과정을 가집니다. 마르코프 체인이 x_0로 시작한다고 하겠습니다. 이때, x_0는 랜덤 샘플링으로 정할 수도 있고, 원하는 값을 정할 수도 있습니다. $i \geq 0$인 i에 대해 $X_i = x$가 주어질 때, 분포 $P(Y = y | X = x) = Q(y|x)$로부터의 샘플을 추출하는 상황을 가정해 보겠습니다. 그리고 $Q(y|x)$로부터 추출한 Y를 실제 분포에서 추출한 것임을 제안하는 상황을 생각해 보겠습니다. $P(Y = y | X = x) = Q(y|x)$는 앞서 배운 방식대로 표현하면 다음과 같이 표현할 수 있습니다.

$$Q(y|x) = Q(x \to y)$$

즉, 우리가 제안한 Y는 $Q(x \to y)$로부터 추출되었는데, 이는 실제 분포를 따르는 샘플일 수도 있고 아닐 수도 있습니다. 이는 $Q(x \to y)$로부터 추출한 Y를 실제 분포의 샘플이라는 것을 accept하느냐 reject하느냐의 문제로 표현할 수 있습니다. 이때, Y가 실제 분포로부터 추출된 값이라는 사실을 accept할 확률을 $A(x \to y)$라고 하고 reject할 확률을 $1 - A(x \to y)$라고 하겠습니다. 이때, accept하면 $X_{i+1} = Y$이고 reject하면 $X_{i+1} = X_i$입니다.

$$A(x \to y), \qquad X_{i+1} = Y$$

$$1 - A(x \to y), \qquad X_{i+1} = X_i$$

메트로폴리스 헤이스팅스는 acceptance-rejection 방법과 비슷한데 메트로폴리스 헤이스팅스는 마르코프 체인을 대상으로 한 것입니다. $Q(x \to y)$와 $A(x \to y)$를 알고 있으면 실제 분포

$P(x \rightarrow y)$를 알 수 있습니다.

$$P(x \rightarrow y) = Q(x \rightarrow y)A(x \rightarrow y)$$

위 식에 우리가 앞선 단원에서 배운 detailed balance를 적용하면 다음과 같습니다.

$$\pi(x)P(x \rightarrow y) = \pi(y)P(y \rightarrow x)$$

$$\Leftrightarrow \pi(x)Q(x \rightarrow y)A(x \rightarrow y) = \pi(y)Q(y \rightarrow x)A(y \rightarrow x)$$

$$\therefore \pi(x)Q(x \rightarrow y)A(x \rightarrow y) = \pi(y)Q(y \rightarrow x)A(y \rightarrow x)$$

위 식에서 A는 확률이므로 $A \leq 1$인 것을 알 수 있습니다. 그리고 우리가 A를 선택할 때는 $A(x \rightarrow y)$와 $A(y \rightarrow x)$ 중 더 큰 것을 선택하길 원합니다. 이는 다음과 같이 쓸 수 있습니다.

$$\max\big(A(x \rightarrow y), A(y \rightarrow x)\big) \leq 1$$

그리고 앞서 다룬 $\pi(x)Q(x \rightarrow y)A(x \rightarrow y) = \pi(y)Q(y \rightarrow x)A(y \rightarrow x)$를 정리하면 다음과 같이 나타낼 수도 있습니다.

$$A(x \rightarrow y) = \frac{\pi(y)}{\pi(x)}\frac{Q(y \rightarrow x)}{Q(x \rightarrow y)}A(y \rightarrow x)$$

위 식에서 $A(y \rightarrow x) = \lambda \pi(x)Q(x \rightarrow y)$라고 치환하면 다음과 같이 쓸 수 있습니다.

$$A(x \rightarrow y) = \lambda \pi(y)Q(y \rightarrow x)$$

$$\lambda \geq 0$$

위 식에서 λ를 최대화하려면 다음 식을 이용합니다.

$$\lambda \max\big(\pi(y)Q(y \rightarrow x), \pi(x)Q(x \rightarrow y)\big) = 1$$

위 식을 정리하면 다음과 같이 쓸 수 있습니다.

$$\lambda = \frac{1}{\max\big(\pi(y)Q(y \to x), \pi(x)Q(x \to y)\big)} < \infty$$

위에서 정한 λ를 $\lambda\pi(y)Q(y \to x)$에 적용하면 다음과 같이 쓸 수 있습니다.

$$\begin{aligned}
A(x \to y) &= \lambda\pi(y)Q(y \to x) \\[2ex]
&= \frac{\pi(y)Q(y \to x)}{\max\big(\pi(y)Q(y \to x), \pi(x)Q(x \to y)\big)} \\[2ex]
&= \max\left(\frac{\pi(y)Q(y \to x)}{\pi(y)Q(y \to x)}, \frac{\pi(y)Q(y \to x)}{\pi(x)Q(x \to y)}\right) \\[2ex]
&= \max\left(1, \frac{\pi(y)Q(y \to x)}{\pi(x)Q(x \to y)}\right)
\end{aligned}$$

$$\therefore A(x \to y) = \max\left(1, \frac{\pi(y)Q(y \to x)}{\pi(x)Q(x \to y)}\right)$$

위 방정식을 Metropolis-Hastings acceptance probability라고 합니다. 위 식은 stationary 분포 π가 주어지고 후보 분포 Q가 주어진다면 acceptance 확률 $A(x \to y)$를 구할 수 있다는 의미입니다.

이를 종합해 메트로폴리스 헤이스팅스 알고리즘 과정을 이용해 샘플을 추출하는 과정을 나타내면 다음과 같습니다.

메트로폴리스 헤이스팅스 알고리즘(Metropolis Hastings Algorithm)

1. 함수의 입력값에 해당하는 초깃값 x, stationary 분포 π, 후보 분포 Q, 뽑고 싶은 샘플 수 n을 설정합니다.

2. 후보 분포 Q에서 하나의 샘플 y를 추출합니다.

3. 다음과 같은 비율을 계산합니다.

$$R = \frac{\pi(y)Q(y \rightarrow x)}{\pi(x)Q(x \rightarrow y)}$$

4. 다음과 같이 0과 1 사이의 균일 분포에서 샘플 U를 하나 추출합니다. 그 이유는 y를 accept할지 말지를 판단하기 위해서입니다.

$$U \sim U(0, 1)$$

5-1. 만약 $U \leq R$이라면 y가 실제 분포를 따른다고 보고 y를 샘플로 채택합니다.

$$X_{i+1} = y$$

5-2. 만약 $U > R$이라면 y가 실제 분포를 따른다고 보지 않고 이전 값 x를 채택합니다.

$$X_{i+1} = x$$

6. n개의 샘플을 뽑을 때까지 2~5과정을 반복합니다.

위 식을 적용할 때 초반에 추출된 샘플 몇 개를 버리고 시작해야 합니다. 왜냐면 그렇게 해야 샘플이 iid를 따르기 때문입니다. 이처럼 초반 몇 개의 샘플을 버리는 행위를 burn in이라고 합니다. 또한 위 과정에서 후보 분포 Q가 정규 분포나 균일 분포와 같이 좌우 대칭 형태일 경우 3단계를 다음과 같이 간편화해서 표현할 수 있습니다.

$$R = \frac{\pi(y)Q(y \rightarrow x)}{\pi(x)Q(x \rightarrow y)} = \frac{\pi(y)}{\pi(x)}$$

왜냐하면 후보 분포 Q가 대칭 형태의 분포일 경우 $Q(y \rightarrow x)/Q(x \rightarrow y)$는 생략되기 때문입니다.

8.6 메트로폴리스 헤이스팅스를 이용한 연속형 난수 생성

8.6.1 정규 분포를 따르는 난수 생성

이번 단원에서는 메트로폴리스 헤이스팅스를 이용해 특정 분포를 따르는 연속형 난수를 생성해 보겠습니다. 이번 절에서는 정규 분포를 따르는 난수를 생성하는 프로그램을 작성할 것인데, 본격적인 실습에 앞서 이번 단원에서 공통적으로 사용되는 함수 pseudo_sample, uniform_cont, uniform_disc를 불러오겠습니다.

```python
def pseudo_sample(x0 = 16809,
                  mod = (2**31)-1,
                  seed = 1234567,
                  size = 1):
    """
    유사 난수 생성(0과 1 사이)
    입력값
        x0: 초기 x0값
        mod: 난수 주기
        seed: 랜덤 시드
        size: 추출할 난수 개수
    출력값
        res: 0과 1 사이 실수 난수 리스트
    """
    res = []
    x = (seed * x0 + 1)%mod
    u = x/mod
    res.append(u)
    for i in range(1, size):
        x = (seed * x + 1)%mod
        u = x/mod
        res.append(u)
    return res

def uniform_cont(low=0,
                 high=1,
                 seed=1234567,
                 size=1):
    """
```

```
    균일분포(연속형)에서 난수 추출
    입력값
        low: 하한
        hight: 상한
        seed: 랜덤 시드
        size: 추출 개수
    출력값
        res: 난수 리스트
    """
    x_list = pseudo_sample(seed=seed, size=size)
    res = []
    for x in x_list:
        val = low+(high-low)*x
        res.append(val)
    return res

def uniform_disc(low=0,
                 high=1,
                 seed=1234567,
                 size=1):
    """
    균일분포(이산형)에서 랜덤 숫자 추출
    입력값
        low: 하한
        hight: 상한
        seed: 랜덤 시드
        size: 추출 개수
    출력값
        res: 난수 리스트
    """
    x_list = pseudo_sample(seed=seed, size=size)
    res = []
    for x in x_list:
        val = int(low+(high-low)*x)
        res.append(val)
    return res
```

위 코드와 같이 pseudo_sample, uniform_cont, uniform_disc 함수를 불러옵니다. pseudo_sample 함수는 0과 1 사이의 실수 난수를 생성하는 함수이며, uniform_cont 함수는 연속형 균일 분포를 따르는 난수를 생성하는 함수입니다. 마지막으로 uniform_disc 함수는 이산형 균일 분포를 따르는 난수를 생성하는 함수입니다.

그럼 지금부터 본격적으로 정규 분포를 따르는 난수를 생성하는 함수를 만들어 보겠습니다. 먼저 정규 분포의 확률 밀도를 구하는 함수 normal_pdf를 작성해 보겠습니다.

```
def normal_pdf(mu, s, x):                                                    ❶
    pi = 3.1415926535                                                        ❷
    e = 2.7182818284                                                         ❸
    res = (1/(((2*pi)**0.5)*s))*(e**(-0.5*(((x-mu)/s)**2)))                   ❹
    return res                                                               ❺
```

먼저 ❶ 함수 이름은 normal_pdf이고 입력값은 mu, s, x입니다. 이때, mu는 다음과 같은 정규 분포 식에서 μ에 해당하며 s는 σ에 해당합니다. 그리고 x는 확률 변수 값을 의미합니다.

$$f_X(x) = \frac{1}{\sqrt{2\pi}\sigma} e^{-\frac{1}{2}\left(\frac{x-\mu}{\sigma}\right)^2}, \qquad -\infty < x < \infty$$

그리고 ❷ 위 정규 분포 식에서 π에 해당하는 값을 정의해 줍니다. ❸ 그리고 자연 상수 e의 값을 정의해 줍니다. ❹ 그리고 위 식을 따르는 확률 밀도 res를 구해서 ❺ 결과를 출력합니다.

```
def normal_sample(mu, s, seed=1234567, size=1):                              ❶
    """
    정규 분포에서 랜덤 숫자 추출
    """
    burn_in = 100                                                            ❷
    size = burn_in + size                                                    ❸
    u_list = pseudo_sample(seed=seed*2, size=size)                           ❹
    xt_candidates = uniform_cont(low=mu-3*s, high=mu+3*s, size=size)         ❺
    x0 = mu                                                                  ❻
    xt = x0                                                                  ❼
    res = []                                                                 ❽

    for i in range(0, size):                                                 ❾
        xt_candidate = xt_candidates[i]                                      ❿
        pi_y = normal_pdf(mu, s, xt_candidate)                               ⓫
        pi_x = normal_pdf(mu, s, xt)                                         ⓬
        accept_prob = pi_y/pi_x                                              ⓭
        if u_list[i] < accept_prob:                                          ⓮
```

```
        xt = xt_candidate                                    ⑮
        res.append(xt)                                       ⑯

    res = res[burn_in:]                                      ⑰
    return res                                               ⑱
```

이제 본격적으로 정규 분포를 따르는 난수를 추출하는 함수를 만들어 보겠습니다. ❶ 함수 이름은 normal_sample로 짓겠습니다. 입력값으로 mu는 정규 분포의 평균을 의미하고, s는 표준 편차를 의미합니다. seed는 랜덤 시드를 의미하며, size는 추출하고자 하는 난수의 개수를 의미합니다. 즉, 함수 normal_sample은 평균이 mu이고 표준 편차가 s인 정규 분포에서 난수 size개를 추출하는 함수라는 뜻입니다. ❷ 우리는 앞서 메트로폴리스 헤이스팅스 방법을 배울 때 추출한 난수가 *iid* 성질을 만족하도록 초반 몇 개는 버린다고 했습니다. 이때, 버리는 개수를 burn_in이라고 이름 짓고 100이라고 설정합니다. 즉, 메트로폴리스 헤이스팅스 방법을 통해 추출한 난수 중 첫 100개는 사용하지 않고 버린다는 의미입니다. ❸ 그리고 우리가 추출하고자 하는 난수 개수인 size를 재설정합니다. 우리는 burn_in 개수만큼 버린다고 했으므로 size를 그대로 사용하는 것이 아니라 burn_in에 size를 합한 개수만큼 추출해야 합니다. ❹ 그리고 pseudo_sample 함수를 이용해 0과 1 사이의 실수 난수를 size개 만큼 추출해 u_list라는 리스트에 저장합니다. u_list에 속한 값들은 이후 난수 후보들을 추출할 것인지 말 것인지를 정하는 기준값이 됩니다. 이때, 주의할 점은 seed값을 바꿔 줘야 합니다. 만약 seed값을 바꾸지 않는다면 이후 사용할 함수에서도 seed가 동일하게 적용되어 추출하는 값의 랜덤성이 떨어집니다. ❺ 우리가 원하는 타겟 분포의 후보 분포로 연속형 균일 분포를 선택하겠습니다. 따라서 uniform_cont 함수를 이용해 생성한 난수 후보를 xt_candidates라는 리스트에 포함시킵니다. 이때, 연속형 균일 분포 함수 uniform_cont의 범위는 평균으로부터 3s 떨어진 구간으로 정하겠습니다.

$$R = \frac{\pi(y)Q(y \to x)}{\pi(x)Q(x \to y)} = \frac{\pi(y)}{\pi(x)}$$

참고로 후보 분포인 균일 분포는 대칭 형태이므로 위와 같이 식을 간소화할 수 있습니다. ❻ 첫 번째 초깃값을 x0라고 정하고 평균에 해당하는 mu라고 임의로 선언하겠습니다. ❼ 그리고 새로운 샘플 후보값도 x0라고 초기화하겠습니다. ❽ 그리고 이후에 추출한 난수를 담을 리스트를 res라고 정해 주겠습니다. ❾ 지금부터 난수를 생성하는 반복문을 수행하겠습니다. 매개 변수 i는 i번째 난수를 의미합니다. ❿ 새로운 난수 후보를 xt_candidate라고 이름 짓고 앞서 생성한 후보 리스트 xt_candidates의 i번째 원소로 설정합니다.

$$R = \frac{\pi(y)}{\pi(x)}$$

그리고 ⑪ 위 비율에서 분자에 해당하는 타겟 분포의 확률 밀도 $\pi(y)$를 pi_y라고 이름 짓습니다. 그리고 새로운 후보값에 대한 타겟 분포 확률 밀도를 구해 줍니다. ⑫ 그리고 위 비율에서 분모에 해당하는 기존값에 대한 타겟 분포의 확률 밀도 $\pi(x)$를 pi_x라고 이름 짓습니다. ⑬ 그리고 새로운 xt_candidate 값에 대해 accept할지 말지 판단하는 accept_prob을 구합니다. ⑭ 그래서 만약 판별 기준이 되는 u_list의 i번째 값보다 accept_prob가 작다면 ⑮ 새로운 후보 xt_candidate를 기존 값 xt로 설정합니다. ⑯ 그리고 새롭게 설정된 xt가 난수에 추가되는 것입니다. 그렇다면 만약 u_list의 i번째 값보다 accept_prob가 크다면 어떻게 될까요? 이 경우에는 xt값은 변하지 않고 그대로 유지되고 변하지 않은 기존 xt가 난수로 추출되는 것입니다. ⑰ 이렇게 추출된 난수들 중 초반 burn_in개를 제외한 나머지 값을 난수로 설정하고 ⑱ 최종적으로 선택된 난수를 출력합니다.

```
samples = normal_sample(mu=10, s=3, size=1000)
```

앞서 생성한 normal_sample 함수를 이용해 위 코드와 같이 평균이 10이고 표준 편차가 3인 정규 분포에서 난수 1000개를 생성해 보겠습니다.

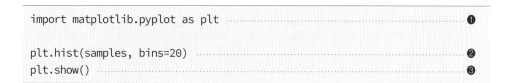

```
import matplotlib.pyplot as plt                                    ❶

plt.hist(samples, bins=20)                                         ❷
plt.show()                                                         ❸
```

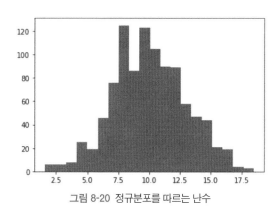

그림 8-20 정규분포를 따르는 난수

그리고 앞서 생성한 난수들이 실제로 정규 분포를 따르는지 확인해 보겠습니다. ❶ 먼저 시각화에 필요한 라이브러리를 불러옵니다. ❷ 그리고 앞서 생성한 데이터들을 기반으로 히스토그램을 그려서 ❸ 결과를 확인하면 정규 분포를 따르는 것을 알 수 있습니다.

▌ 8.6.2 감마 분포를 따르는 난수 생성

이번 절에서는 메트로폴리스 헤이스팅스 방법을 이용해 감마 분포를 따르는 난수를 생성하는 프로그램을 작성해 보겠습니다. 먼저 본격적인 실습에 앞서 필요한 함수를 빌려 옵니다.

```python
def gamma_function(alpha, x):
    """
    감마 함수
    입력값: alpha, x
    출력값: res(실수)
    """
    e = 2.7182818284
    res = (x**(alpha-1))*(e**(-x))
    return res

def seq(start, stop, step):
    """
    수열 만들기
    입력값: start(시작 값), stop(끝 값), step(한 스텝당 증가 수)
    출력값: res(리스트)
    """
    res = []
    current = start
    while current < stop:
        res.append(current)
        current += step
    return res

def gamma(alpha):
    """
    감마
    입력값: alpha
    출력값: res(실수)
    """
```

```
    a = 0
    b = 100
    x_list = seq(0.0001, 100, 0.001)
    gamma_list = []
    for x in x_list:
        y = gamma_function(alpha, x)
        gamma_list.append(y)
    res = ((b-a)/len(x_list))*sum(gamma_list)
    return res

def gamma_pdf(alpha, beta, x):
    e = 2.7182818284
    res = (1/(gamma(alpha)*(beta**alpha)))*(x**(alpha-1))*(e**((-1/beta)*x))
    return res
```

본격적인 실습에 앞서 위와 같이 gamma_function, seq, gamma, gamma_pdf를 불러옵니다. gamma_function은 다음과 같은 감마 함숫값을 구하는 함수입니다.

$$x^{\alpha-1}e^{-x}$$

그리고 seq는 수열을 생성하는 함수이며 gamma는 다음과 같은 적분 값을 구하는 함수입니다.

$$\Gamma(\alpha) = \int_0^\infty x^{\alpha-1}e^{-x}\,dx$$

그리고 gamma_pdf는 다음과 같이 확률 변수 값 x에 대한 감마 분포의 확률 밀도를 구하는 함수입니다.

$$f_X(x) = \frac{1}{\Gamma(\alpha)\beta^\alpha}x^{\alpha-1}e^{-\frac{1}{\beta}x}, \qquad 0 < x < \infty, \qquad \alpha > 0, \qquad \beta > 0$$

```
def gamma_sample(alpha, beta, seed=1234567, size=1):      ············· ❶
    """
    감마 분포에서 랜덤 숫자 추출
    """

    burn_in = 100      ·················································· ❷
    size = burn_in + size      ·········································· ❸
```

```
    u_list = pseudo_sample(seed=seed*2, size=size)         ❹
    xt_candidates = uniform_cont(low=0, high=5*alpha*beta, size=size)  ❺
    x0 = alpha*beta                                          ❻
    xt = x0                                                  ❼
    res = []                                                 ❽

    for i in range(0, size):                                 ❾
        xt_candidate = xt_candidates[i]                      ❿
        pi_y = gamma_pdf(alpha, beta, xt_candidate)          ⓫
        pi_x = gamma_pdf(alpha, beta, xt)                    ⓬
        accept_prob = pi_y/pi_x                              ⓭
        if u_list[i] < accept_prob:                          ⓮
            xt = xt_candidate                                ⓯
        res.append(xt)                                       ⓰

    res = res[burn_in:]                                      ⓱
    return res                                               ⓲
```

이제 본격적으로 감마 분포를 따르는 난수를 추출하는 함수를 만들어 보겠습니다. ❶ 함수 이름은 gamma_sample로 짓겠습니다. 입력값으로 alpha와 beta는 다음과 같은 감마 분포 식에서 α, β에 해당합니다.

$$f_X(x) = \frac{1}{\Gamma(\alpha)\beta^\alpha} x^{\alpha-1} e^{-\frac{1}{\beta}x}, \qquad 0 < x < \infty, \qquad \alpha > 0, \qquad \beta > 0$$

seed는 랜덤 시드를 의미하며, size는 추출하고자 하는 난수의 개수를 의미합니다. 즉, 함수 gamma_sample은 $\alpha = alpha$이고 $\beta = beta$인 감마 분포에서 난수 size개를 추출하는 함수라는 뜻입니다. ❷ 우리는 앞서 메트로폴리스 헤이스팅스 방법을 배울 때 추출한 난수가 iid를 만족하도록 초반 몇 개는 버린다고 했습니다. 이때, 버리는 개수를 burn_in이라고 이름 짓고 100이라고 설정합니다. 즉, 메트로폴리스 헤이스팅스 방법을 통해 추출한 난수 중 첫 100개는 사용하지 않고 버린다는 의미입니다. ❸ 그리고 우리가 추출하고자 하는 난수 개수인 size를 재설정합니다. 우리는 burn_in 개수만큼 버린다고 했으므로 size를 그대로 사용하는 것이 아니라 burn_in에 size를 합한 개수만큼 추출해야 합니다. ❹ 그리고 pseudo_sample 함수를 이용해 0과 1 사이의 실수 난수를 size개만큼 추출해 u_list라는 리스트에 저장합니다. u_list에 속한 값들은 이후 난수 후보들을 추출할 것인지 말 것인지를 정하는 기준값이 됩니다. 이때, 주의할 점은 seed값을 바꿔 줘야 합니다. 만약 seed값을 바꾸지 않는다면 이후 사용할 함수에서도 seed가 동일하게 적용되어 추출하는 값의 랜덤성이 떨어집니다. ❺ 우리가 원하는 타겟 분포의 후보 분포로 연속형 균일 분포를 선택하겠습니다. 따라서 uniform_cont 함수를 이용해 생성한 난수 후보를 xt_candidates라는 리스트에 포함시킵니다. 이때, 연속형 균일 분포 함수 uniform_cont의 범위는 타겟 분포인 감마 분포가 0보다 큰 범위를 가지므로 0부터 무한대까지로 정해야 하나 이번 실습에서는 0부터 5*alpha*beta까지로 정하겠습니다.

$$R = \frac{\pi(y)Q(y \to x)}{\pi(x)Q(x \to y)} = \frac{\pi(y)}{\pi(x)}$$

참고로 후보 분포인 균일 분포는 대칭 형태이므로 위와 같이 식을 간소화할 수 있습니다. ❻ 첫번째 초깃값을 x0라고 정하고 평균에 해당하는 alpha*beta라고 임의로 선언하겠습니다. ❼ 그리고 새로운 샘플 후보값도 x0라고 초기화하겠습니다. ❽ 그리고 이후에 추출한 난수를 담을 리스트를 res라고 정해 주겠습니다. ❾ 지금부터 난수를 생성하는 반복문을 수행하겠습니다. 매개 변수 i는 i번째 난수를 의미합니다. ❿ 새로운 난수 후보를 xt_candidate라고 이름 짓고 앞서 생성한 후보 리스트 xt_candidates의 i번째 원소로 설정합니다.

$$R = \frac{\pi(y)}{\pi(x)}$$

그리고 ⓫ 위 비율에서 분자에 해당하는 타겟 분포의 확률 밀도 $\pi(y)$를 pi_y라고 이름 짓습니다. 그리고 새로운 후보값에 대한 타겟 분포 확률 밀도를 구해 줍니다. ⓬ 그리고 위 비율에서 분모에 해당하는 기존값에 대한 타겟 분포의 확률 밀도 $\pi(x)$를 pi_x라고 이름 짓습니다. ⓭ 그리고 새로운 xt_candidate 값에 대해 accept할지 말지 판단하는 accept_prob을 구합니다. ⓮ 그래서 만약 판별 기준이 되는 u_list의 i번째 값보다 accept_prob가 작다면 ⓯ 새로운 후보 xt_candidate를 기존 값 xt로 설정합니다. ⓰ 그리고 새롭게 설정된 xt가 난수에 추가되는 것입니다. 그렇다면 만약 u_list의 i번째 값보다 accept_prob가 크다면 어떻게 될까요? 이 경우에는 xt값은 변하지 않고 그대로 유지되고 변하지 않은 기존 xt가 난수로 추출되는 것입니다. ⓱ 이렇게 추출된 난수들 중 초반 burn_in개를 제외한 나머지 값을 난수로 설정하고 ⓲ 최종적으로 선택된 난수를 출력합니다.

```
samples = gamma_sample(alpha=3, beta=2, size=1000)
```

앞서 생성한 gamma_sample 함수를 이용해 위 코드와 같이 alpha가 3이고 beta가 2인 감마 분포에서 난수 1000개를 생성해 보겠습니다.

```
import matplotlib.pyplot as plt ⋯⋯⋯⋯⋯⋯⋯⋯⋯⋯⋯⋯⋯⋯⋯⋯⋯⋯ ❶

plt.hist(samples, bins=20) ⋯⋯⋯⋯⋯⋯⋯⋯⋯⋯⋯⋯⋯⋯⋯⋯⋯⋯⋯ ❷
plt.show() ⋯⋯⋯⋯⋯⋯⋯⋯⋯⋯⋯⋯⋯⋯⋯⋯⋯⋯⋯⋯⋯⋯⋯⋯⋯⋯ ❸
```

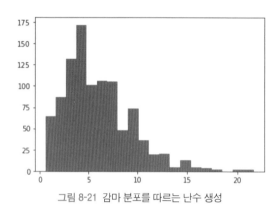

그림 8-21 감마 분포를 따르는 난수 생성

그리고 앞서 생성한 난수들이 실제로 감마 분포를 따르는지 확인해 보겠습니다. ❶ 먼저 시각화에 필요한 라이브러리를 불러옵니다. ❷ 그리고 앞서 생성한 데이터들을 기반으로 히스토그램을 그려서 ❸ 결과를 확인하면 감마 분포를 따르는 것을 알 수 있습니다.

▌8.6.3 지수 분포를 따르는 난수 생성

이번 절에서는 메트로폴리스 헤이스팅스 방법을 이용해 지수 분포를 따르는 난수를 생성해 보겠습니다. 본격적인 실습에 앞서 지수 분포의 확률 밀도를 구하는 함수를 생성하면 다음과 같습니다.

```
def exponential_pdf(beta, x): ⋯⋯⋯⋯⋯⋯⋯⋯⋯⋯⋯⋯⋯⋯⋯⋯⋯ ❶
    e = 2.7182818284 ⋯⋯⋯⋯⋯⋯⋯⋯⋯⋯⋯⋯⋯⋯⋯⋯⋯⋯⋯⋯⋯ ❷
    res = (1/beta)*(e**((-1/beta)*x)) ⋯⋯⋯⋯⋯⋯⋯⋯⋯⋯⋯⋯ ❸
    return res
```

먼저 ❶ 함수 이름은 exponential_pdf라고 짓겠습니다. 그리고 입력값 beta는 다음과 같은 지수 분포 식에서 β에 해당하며 x는 x에 해당합니다.

$$f_X(x) = \frac{1}{\beta} e^{-\frac{1}{\beta}x}, \qquad x > 0$$

그리고 ❷ 자연 상수 e를 정의합니다. ❸ 그리고 x에 대한 확률 밀도를 구해서 ❹ 결과를 출력합니다.

```python
def exponential_sample(beta, seed=1234567, size=1):          ❶
    """
    지수 분포에서 랜덤 숫자 추출
    """

    burn_in = 100                                            ❷
    size = burn_in + size                                    ❸
    u_list = pseudo_sample(seed=seed*2, size=size)           ❹
    xt_candidates = uniform_cont(low=0, high=10*beta, size=size)  ❺
    x0 = beta                                                ❻
    xt = x0                                                  ❼
    res = []                                                 ❽

    for i in range(0, size):                                 ❾
        xt_candidate = xt_candidates[i]                      ❿
        pi_y = exponential_pdf(beta, xt_candidate)           ⓫
        pi_x = exponential_pdf(beta, xt)                     ⓬
        accept_prob = pi_y/pi_x                              ⓭
        if u_list[i] < accept_prob:                          ⓮
            xt = xt_candidate                                ⓯
        res.append(xt)                                       ⓰

    res = res[burn_in:]                                      ⓱
    return res                                               ⓲
```

이제 본격적으로 지수 분포를 따르는 난수를 추출하는 함수를 만들어 보겠습니다. ❶ 함수 이름은 exponential_sample로 짓겠습니다. 입력값인 beta는 다음과 같은 지수 분포 식에서 β에 해당합니다.

$$f_X(x) = \frac{1}{\beta} e^{-\frac{1}{\beta}x}, \qquad x > 0$$

seed는 랜덤 시드를 의미하며, size는 추출하고자 하는 난수의 개수를 의미합니다. 즉, 함수 exponential_sample은 $\beta = beta$인 지수 분포에서 난수 size개를 추출하는 함수라는 뜻입니다. ❷ 우리는 앞서 메트로폴리스 헤이스팅스 방법을 배울 때 추출한 난수가 iid 성질을 만족하도록 초반 몇 개는 버린다고 했습니다. 이때, 버리는 개수를 burn_in이라고 이름 짓고 100이라고 설정합니다. 즉, 메트로폴리스 헤이스팅스 방법을 통해 추출한 난수 중 첫 100개는 사용하지 않고 버린다는 의미입니다. ❸ 그리고 우리가 추출하고자 하는 난수 개수인 size를 재설정합니다. 우리는 burn_in 개수만큼 버린다고 했으므로 size를 그대로 사용하는 것이 아니라 burn_in에 size를 합한 개수만큼 추출해야 합니다. ❹ 그리고 pseudo_sample 함수를 이용해 0과 1 사이의 실수 난수를 size개만큼 추출해 u_list라는 리스트에 저장합니다. u_list에 속한 값들은 이후 난수 후보들을 추출할 것인지 말 것인지를 정하는 기준값이 됩니다. 이때, 주의할 점은 seed값을 바꿔 줘야 합니다. 만약 seed값을 바꾸지 않는다면 이후 사용할 함수에서도 seed가 동일하게 적용되어 추출하는 값의 랜덤성이 떨어집니다. ❺ 우리가 원하는 타겟 분포의 후보 분포로 연속형 균일 분포를 선택하겠습니다. 따라서 uniform_cont 함수를 이용해 생성한 난수 후보를 xt_candidates라는 리스트에 포함시킵니다. 이때, 연속형 균일 분포 함수 uniform_cont의 범위는 타겟 분포인 지수 분포가 0보다 큰 범위를 가지므로 0부터 무한대까지로 정해야 하나 이번 실습에서는 0부터 10*beta까지로 정하겠습니다.

$$R = \frac{\pi(y)Q(y \rightarrow x)}{\pi(x)Q(x \rightarrow y)} = \frac{\pi(y)}{\pi(x)}$$

참고로 후보 분포인 균일 분포는 대칭 형태이므로 위와 같이 식을 간소화할 수 있습니다. ❻ 첫번째 초깃값을 x0라고 정하고 평균에 해당하는 beta라고 임의로 선언하겠습니다. ❼ 그리고 새로운 샘플 후보값도 x0라고 초기화하겠습니다. ❽ 그리고 이후에 추출한 난수를 담을 리스트를 res라고 정해 주겠습니다. ❾ 지금부터 난수를 생성하는 반복문을 수행하겠습니다. 매개 변수 i는 i번째 난수를 의미합니다. ❿ 새로운 난수 후보를 xt_candidate라고 이름 짓고 앞서 생성한 후보 리스트 xt_candidates의 i번째 원소로 설정합니다.

$$R = \frac{\pi(y)}{\pi(x)}$$

그리고 ⓫ 위 비율에서 분자에 해당하는 타겟 분포의 확률 밀도 $\pi(y)$를 pi_y라고 이름 짓습니다. 그리고 새로운 후보값에 대한 타겟 분포 확률 밀도를 구해 줍니다. ⓬ 그리고 위 비율에서 분모에 해당하는 기존값에 대한 타겟 분포의 확률 밀도 $\pi(x)$를 pi_x라고 이름 짓습니다. ⓭ 그리고 새로운 xt_candidate 값에 대해 accept할지 말지 판단하는 accept_prob을 구합니다. ⓮ 그래서 만약 판별 기준이 되는 u_list의 i번째 값보다 accept_prob가 작다면 ⓯ 새로운 후보 xt_candidate를 기존 값 xt로 설정합니다. ⓰ 그리고 새롭게 설정된 xt가 난수에 추가되는 것입니다. 그렇다면 만약 u_list의 i번째 값보다 accept_prob가 크다면 어떻게 될까요? 이 경우에는 xt값은 변하지 않고 그대로 유지되고 변하지 않은 기존 xt가 난수로 추출되는 것입니다. ⓱ 이렇게 추출된 난수들 중 초반 burn_in개를 제외한 나머지 값을 난수로 설정하고 ⓲ 최종적으로 선택된 난수를 출력합니다.

```
samples = exponential_sample(beta=2, size=1000)
```

앞서 생성한 exponential_sample 함수를 이용해 위 코드와 같이 beta가 2인 지수 분포에서 난수 1000개를 생성해 보겠습니다.

```
import matplotlib.pyplot as plt ·········································· ❶

plt.hist(samples, bins=20) ·············································· ❷
plt.show() ·························································· ❸
```

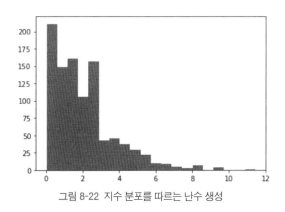

그림 8-22 지수 분포를 따르는 난수 생성

그리고 앞서 생성한 난수들이 실제로 지수 분포를 따르는지 확인해 보겠습니다. ❶ 먼저 시각화에 필요한 라이브러리를 불러옵니다. ❷ 그리고 앞서 생성한 데이터들을 기반으로 히스토그램을 그려서 ❸ 결과를 확인하면 지수 분포를 따르는 것을 알 수 있습니다.

▌8.6.4 베타 분포를 따르는 난수 생성

이번 절에서는 메트로폴리스 헤이스팅스 방법을 이용해 베타 분포를 따르는 난수를 생성하는 프로그램을 작성해 보겠습니다. 본격적인 실습에 앞서 필요한 함수들을 생성해 보겠습니다.

```python
def gamma_function(alpha, x):
    """
    감마 함수
    입력값: alpha, x
    출력값: res(실수)
    """
    e = 2.7182818284
    res = (x**(alpha-1))*(e**(-x))
    return res

def seq(start, stop, step):
    """
    수열 만들기
    입력값: start(시작 값), stop(끝 값), step(한 스텝당 증가 수)
    출력값: res(리스트)
    """
    res = []
    current = start
    while current < stop:
        res.append(current)
        current += step
    return res

def gamma(alpha):
    """
    감마
    입력값: alpha
    출력값: res(실수)
    """
    a = 0
    b = 100
    x_list = seq(0.0001, 100, 0.001)
    gamma_list = []
    for x in x_list:
        y = gamma_function(alpha, x)
        gamma_list.append(y)
```

```
        res = ((b-a)/len(x_list))*sum(gamma_list)
        return res

    def beta_pdf(alpha, beta, x):
        beta_function = ((gamma(alpha+beta))/(gamma(alpha)*gamma(beta)))
        res = beta_function*(x**(alpha-1))*((1-x)**(beta-1))
        return res
```

사전에 필요한 `beta_pdf`를 제외하면 감마 분포를 위해 필요한 함수들과 동일합니다. `beta_pdf`는 다음과 같은 베타 분포의 확률 변수 x에 대한 확률 밀도를 의미합니다.

$$f_X(x) = \frac{\Gamma(\alpha + \beta)}{\Gamma(\alpha)\Gamma(\beta)} x^{\alpha-1}(1-x)^{\beta-1}, \qquad 0 < x < 1, \qquad \alpha > 0, \qquad \beta > 0$$

```
    def beta_sample(alpha, beta, seed=1234567, size=1):          ❶
        """
        베타 분포에서 랜덤 숫자 추출
        """

        burn_in = 100                                            ❷
        size = burn_in + size                                    ❸
        u_list = pseudo_sample(seed=seed*2, size=size)           ❹
        xt_candidates = uniform_cont(low=0, high=1, size=size)   ❺
        x0 = 0.5                                                 ❻
        xt = x0                                                  ❼
        res = []                                                 ❽

        for i in range(0, size):                                 ❾
            xt_candidate = xt_candidates[i]                      ❿
            pi_y = beta_pdf(alpha, beta, xt_candidate)           ⓫
            pi_x = beta_pdf(alpha, beta, xt)                     ⓬
            accept_prob = pi_y/pi_x                              ⓭
            if u_list[i] < accept_prob:                          ⓮
                xt = xt_candidate                                ⓯
            res.append(xt)                                       ⓰

        res = res[burn_in:]                                      ⓱
        return res                                               ⓲
```

이제 본격적으로 베타 분포를 따르는 난수를 추출하는 함수를 만들어 보겠습니다. ❶ 함수 이름은 beta_sample로 짓겠습니다. 입력값인 alpha와 beta는 다음과 같은 베타 분포 식에서 α, β에 해당합니다.

$$f_X(x) = \frac{\Gamma(\alpha + \beta)}{\Gamma(\alpha)\Gamma(\beta)} x^{\alpha-1}(1-x)^{\beta-1}, \qquad 0 < x < 1, \qquad \alpha > 0, \qquad \beta > 0$$

seed는 랜덤 시드를 의미하며, size는 추출하고자 하는 난수의 개수를 의미합니다. 즉, 함수 beta_sample은 $\alpha = alpha, \beta = beta$인 베타 분포에서 난수 size개를 추출하는 함수라는 뜻입니다. ❷ 우리는 앞서 메트로폴리스 헤이스팅스 방법을 배울 때 추출한 난수가 *iid* 성질을 만족하도록 초반 몇 개는 버린다고 했습니다. 이때, 버리는 개수를 burn_in이라고 이름 짓고 100이라고 설정합니다. 즉, 메트로폴리스 헤이스팅스 방법을 통해 추출한 난수 중 첫 100개는 사용하지 않고 버린다는 의미입니다. ❸ 그리고 우리가 추출하고자 하는 난수 개수인 size를 재설정합니다. 우리는 burn_in 개수만큼 버린다고 했으므로 size를 그대로 사용하는 것이 아니라 burn_in에 size를 합한 개수만큼 추출해야 합니다. ❹ 그리고 pseudo_sample 함수를 이용해 0과 1 사이의 실수 난수를 size개 만큼 추출해 u_list라는 리스트에 저장합니다. u_list에 속한 값들은 이후 난수 후보들을 추출할 것인지 말 것인지를 정하는 기준값이 됩니다. 이때, 주의할 점은 seed값을 바꿔 줘야 합니다. 만약 seed값을 바꾸지 않는다면 이후 사용할 함수에서도 seed가 동일하게 적용되어 추출하는 값의 랜덤성이 떨어집니다. ❺ 우리가 원하는 타겟 분포의 후보 분포로 연속형 균일 분포를 선택하겠습니다. 따라서 uniform_cont 함수를 이용해 생성한 난수 후보를 xt_candidates라는 리스트에 포함시킵니다. 이때, 연속형 균일 분포 함수 uniform_cont의 범위는 베타 분포의 범위인 0부터 1까지로 정하겠습니다.

$$R = \frac{\pi(y)Q(y \to x)}{\pi(x)Q(x \to y)} = \frac{\pi(y)}{\pi(x)}$$

참고로 후보 분포인 균일 분포는 대칭 형태이므로 위와 같이 식을 간소화할 수 있습니다. ❻ 첫번째 초깃값을 x0라고 정하고 0.5라고 임의로 선언하겠습니다. ❼ 그리고 새로운 샘플 후보값도 x0라고 초기화하겠습니다. ❽ 그리고 이후에 추출한 난수를 담을 리스트를 res라고 정해 주겠습니다. ❾ 지금부터 난수를 생성하는 반복문을 수행하겠습니다. 매개 변수 i는 i번째 난수를 의미합니다. ❿ 새로운 난수 후보를 xt_candidate라고 이름 짓고 앞서 생성한 후보 리스트 xt_candidates의 i번째 원소로 설정합니다.

$$R = \frac{\pi(y)}{\pi(x)}$$

그리고 ⑪ 위 비율에서 분자에 해당하는 타겟 분포의 확률 밀도 $\pi(y)$를 pi_y라고 이름 짓습니다. 그리고 새로운 후보값에 대한 타겟 분포 확률 밀도를 구해 줍니다. ⑫ 그리고 위 비율에서 분모에 해당하는 기존값에 대한 타겟 분포의 확률 밀도 $\pi(x)$를 pi_x라고 이름 짓습니다. ⑬ 그리고 새로운 xt_candidate 값에 대해 accept할지 말지 판단하는 accept_prob을 구합니다. ⑭ 그래서 만약 판별 기준이 되는 u_list의 i번째 값보다 accept_prob가 작다면 ⑮ 새로운 후보 xt_candidate를 기존 값 xt로 설정합니다. ⑯ 그리고 새롭게 설정된 xt가 난수에 추가되는 것입니다. 그렇다면 만약 u_list의 i번째 값보다 accept_prob가 크다면 어떻게 될까요? 이 경우에는 xt값은 변하지 않고 그대로 유지되고 변하지 않은 기존 xt가 난수로 추출되는 것입니다. ⑰ 이렇게 추출된 난수들 중 초반 burn_in개를 제외한 나머지 값을 난수로 설정하고 ⑱ 최종적으로 선택된 난수를 출력합니다.

```
samples = beta_sample(alpha=0.5, beta=0.5, size=1000)
```

앞서 생성한 beta_sample 함수를 이용해 위 코드와 같이 alpha가 0.5이고 beta가 0.5인 베타 분포에서 난수 1000개를 생성해 보겠습니다.

```
import matplotlib.pyplot as plt      ❶

plt.hist(samples, bins=20)           ❷
plt.show()                           ❸
```

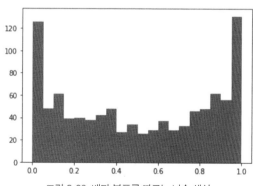

그림 8-23 베타 분포를 따르는 난수 생성

그리고 앞서 생성한 난수들이 실제로 베타 분포를 따르는지 확인해 보겠습니다. ❶ 먼저 시각화에 필요한 라이브러리를 불러옵니다. ❷ 그리고 앞서 생성한 데이터들을 기반으로 히스토그램을 그려서 ❸ 결과를 확인하면 베타 분포를 따르는 것을 알 수 있습니다.

게임 데이터에 확률 통계 적용하기

이번 장에서는 지금까지 배운 확률 통계 개념들을 실전 데이터에 적용해 보겠습니다. 먼저 데이터를 불러오는 과정부터 기댓값, 분산 같은 기초 통계량을 구하고 해당 데이터의 확률 분포를 확인합니다. 그리고 해당 분포를 따르는 새로운 데이터를 생성하는 순서로 진행됩니다.

9.1 파이썬을 활용한 실습

9.1.1 데이터 불러오기

이번 절에서는 게임 데이터에 확률 통계를 적용하는 실습을 해보겠습니다. 이번 실습에서 사용할 데이터는 포켓몬스터라는 게임의 데이터입니다. 포켓몬스터는 전세계적으로 성공한 게임으로 게임 내에는 수많은 포켓몬이 등장합니다. 이번 실습에서 사용하는 데이터에는 각 포켓몬의 공격력, 방어력, 체력과 같은 능력치 데이터가 포함되어 있습니다. 이와 같은 포켓몬 데이터를 이용해 앞서 배운 기댓값, 분산, 표준 편차 등을 구해 데이터를 이해하고 확률 분포를 확인한 후 해당 분포를 따르는 데이터를 생성해 보겠습니다.

```
import csv ............................................... ❶
import matplotlib.pyplot as plt ......................... ❷
```

먼저 실습에 필요한 라이브러리를 불러옵니다. ❶ csv 파일을 다루기 위해 필요한 csv 라이브러리와 ❷ 데이터 시각화를 위한 matplotlib 라이브러리를 불러옵니다.

```
df = [] ................................................. ❶
with open("./data/game.csv", 'r', encoding="utf8") as f: . ❷
    rdr = csv.reader(f) ................................ ❸
    for line in rdr: .................................. ❹
        df.append(line) ............................... ❺
print(df) .............................................. ❻
```

```
[['Name', 'Variation', 'Type1', 'Type2', 'Total', 'HP', 'Attack', 'Defense',
'SpAtk', 'SpDef', 'Speed'], ['Bulbasaur', '', 'Grass', 'Poison', '318',
'45', '49', '49', '65', '65', '45'], …생략
```

라이브러리를 불러왔다면 ❶ 먼저 불러온 데이터를 담을 리스트를 df라고 이름 짓습니다. ❷ with open을 이용해 csv 파일을 불러와 읽어 들이겠습니다. 옵션에서 'r'은 reading을 의미하며 이는 데이터를 읽는다는 의미입니다. 그리고 encoding="utf8"은 인코딩 방식이 utf8이라는 뜻입니다. 그리고 as f는 이를 f라고 부르겠다는 의미입니다. ❸ csv 라이브러리의 reader 함수를 이용해 파일을 읽습니다. ❹ 그리고 데이터의 각 행을 불러오기 위한 반복문을 수행합니다. ❺ 그리고 각 행을 df에 추가합니다. ❻ 반복문이 종료되면 데이터

가 제대로 저장되었는지 확인합니다. 1행을 확인하면 이번 실습에 사용되는 데이터의 열 이름은 ['Name', 'Variation', 'Type1', 'Type2', 'Total', 'HP', 'Attack', 'Defense', 'SpAtk', 'SpDef', 'Speed']라는 것을 알 수 있습니다.

```
n_row = len(df) ····················································································· ❶
n_col = len(df[0]) ·················································································· ❷
print(n_row) ························································································· ❸
print(n_col) ························································································· ❹
```

```
1072
11
```

앞서 생성한 데이터 리스트 df의 ❶ 행 크기와 ❷ 열 크기를 확인합니다. 결과를 확인하면 ❸ 1072행 ❹ 11열 크기의 데이터라는 것을 알 수 있습니다.

```
data = [] ····························································································· ❶
for i in range(1, n_row): ·········································································· ❷
    row = [] ························································································· ❸
    for j in range(4, n_col): ····································································· ❹
        val = int(df[i][j]) ········································································ ❺
        row.append(val) ············································································ ❻
    data.append(row) ··············································································· ❼
print(data) ·························································································· ❽
```

```
[[318, 45, 49, 49, 65, 65, 45],
 [405, 60, 62, 63, 80, 80, 60],
 [525, 80, 82, 83, 100, 100, 80],
 … 생략
```

이번에는 행과 필요한 열을 모은 데이터를 이용해 data를 구성해 보겠습니다. ❶ 먼저 data를 비어 있는 리스트로 선언합니다. ❷ 그리고 행에 대한 반복문을 수행합니다. 이때, 범위가 1부터 시작하는 이유는 0행은 행 이름으로 제외하기 위함입니다. ❸ 그리고 임시 행을 비어 있는 리스트로 선언합니다. ❹ 그리고 열에 대한 반복문을 수행합니다. 이때, 범위가 4부터 시작하는 이유는 0열부터 3열까지는 이번 실습에서 사용하지 않을 데이터이기 때문입니다. ❺ 그리고 앞서 생성한 df의 i행 j열의 원소를 정수로 바꾸어 val이라고 저장합니다. ❻ 그리고 data에 추가할 행 row에 val을 추가합니다. ❼ 열에 대한 반복문이 종료되면 data에 row를 추가합니다. ❽ 행에 대한 반복문도 종료되면 결과를 확인합니다.

```
n = len(data) ......................................................... ❶
p = len(data[0]) ...................................................... ❷
print(n) .............................................................. ❸
print(p) .............................................................. ❹
```

```
1071
7
```

이번에는 앞서 구한 data의 크기를 확인해 보겠습니다. ❶ data의 행 크기를 n이라고 하고 ❷ 열 크기를 p라고 하면 행 크기는 ❸ 행 이름에 해당하는 0열을 제외한 1071행임을 알 수 있고 ❹ 열 크기는 7이라는 것을 알 수 있습니다.

```
total = [] ............................................................ ❶
for i in range(0, n): ................................................. ❷
    val = data[i][0] .................................................. ❸
    total.append(val) ................................................. ❹
```

이번에는 열 이름 total에 해당하는 데이터를 data에서 추출해 보겠습니다. ❶ 먼저 비어 있는 리스트를 total이라고 선언합니다. ❷ 그리고 data의 행에 대해 반복문을 수행합니다. ❸ data의 i행 0열 데이터를 val이라고 선언하고 total 리스트에 추가합니다. ❹ 반복문이 종료되면 total 리스트에는 total열에 해당하는 데이터가 포함되어 있습니다.

```
hp = [] ............................................................... ❶
for i in range(0, n):
    val = data[i][1]
    hp.append(val)

atk = [] .............................................................. ❷
for i in range(0, n):
    val = data[i][2]
    atk.append(val)

dfs = [] .............................................................. ❸
for i in range(0, n):
    val = data[i][3]
    dfs.append(val)
```

```
spatk = [] ································································· ❹
for i in range(0, n):
    val = data[i][4]
    spatk.append(val)

spdfs = [] ································································· ❺
for i in range(0, n):
    val = data[i][5]
    spdfs.append(val)

speed = [] ································································· ❻
for i in range(0, n):
    val = data[i][6]
    speed.append(val)
```

total열과 마찬가지로 다른 열의 데이터도 추출합니다. ❶ hp열, ❷ atk열, ❸ dfs열, ❹ spatk 열, ❺ spdfs열, ❻ speed열의 데이터를 추가합니다.

9.1.2 기댓값 구하기

이번 절에서는 앞서 구한 각 열 데이터에 대해 평균을 구해 보겠습니다.

```
def mean(x_list):
    """
    리스트 x_list 원소의 평균 구하기
    입력값: 리스트 x_list
    출력값: 평균 res
    """
    n = len(x_list)
    sum_x = 0
    for x in x_list:
        sum_x += x
    res = sum_x/n
    return res
```

먼저 평균을 구하기 위해 필요한 mean 함수를 불러옵니다.

```
mean_total = mean(total)
mean_hp = mean(hp)
mean_atk = mean(atk)
mean_dfs = mean(dfs)
mean_spatk = mean(spatk)
mean_spdfs = mean(spdfs)
mean_speed = mean(speed)
print(mean_total)
print(mean_hp)
print(mean_atk)
print(mean_dfs)
print(mean_spatk)
print(mean_spdfs)
print(mean_speed)
```

```
441.26143790849676
70.36694677871148
80.94584500466853
74.86461251167134
73.42296918767506
72.48179271708683
69.17927170868347
```

mean 함수를 이용해 앞서 만든 각 데이터의 평균을 구하면 위와 같은 결과를 확인할 수 있습니다.

9.1.3 분산, 표준 편차 구하기

이번 절에서는 앞서 구한 데이터의 분산, 표준 편차를 구해 보겠습니다.

```
def var(x_list):
    """
    리스트 x_list 원소의 분산 구하기
    입력값: 리스트 x_list
    출력값: 분산 res
    """
```

```
    n = len(x_list)
    mean_x = mean(x_list)
    ss_x = 0

    for x in x_list:
        ss_x += (x-mean_x)**2

    res = ss_x/(n-1)
    return res

def std(x_list):
    """
    리스트 x_list 원소의 표준 편차 구하기
    입력값: 리스트 x_list
    출력값: 표준 편차 res
    """
    var_x = var(x_list)
    res = var_x**0.5
    return res
```

먼저 분산을 구하기 위해 필요한 앞서 생성한 var 함수를 불러오고 표준 편차를 구하기 위한 std 함수를 불러옵니다.

```
var_total = var(total)
var_hp = var(hp)
var_atk = var(atk)
var_dfs = var(dfs)
var_spatk = var(spatk)
var_spdfs = var(spdfs)
var_speed = var(speed)

print(var_total)
print(var_hp)
print(var_atk)
print(var_dfs)
print(var_spatk)
print(var_spdfs)
print(var_speed)
```

```
14789.1390629772
710.0269064635205
1048.8064102899748
971.6274474898986
1078.5115840728815
784.6742008953129
913.8313830204961
```

var 함수를 이용해 각 데이터의 분산을 구하면 위와 같은 결과를 얻을 수 있습니다.

```
std_total = std(total)
std_hp = std(hp)
std_atk = std(atk)
std_dfs = std(dfs)
std_spatk = std(spatk)
std_spdfs = std(spdfs)
std_speed = std(speed)
print(std_total)
print(std_hp)
print(std_atk)
print(std_dfs)
print(std_spatk)
print(std_spdfs)
print(std_speed)
```

```
121.61060423736575
26.646330074956296
32.385280765958704
31.170939149950208
32.84070011544945
28.012036714514583
30.229644110053563
```

그리고 std 함수를 이용해 각 데이터의 표준 편차를 구하면 위와 같습니다.

9.1.4 확률 분포 확인하기

이번에는 각 열 데이터의 확률 분포를 확인해 보겠습니다.

```
plt.hist(total, color='blue', bins=20)
plt.show()
```

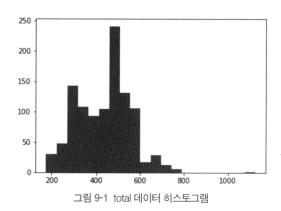

그림 9-1 total 데이터 히스토그램

total 데이터의 히스토그램을 그리면 위와 같습니다. hist 함수를 이용하면 히스토그램을 그릴 수 있으며 color 옵션으로 히스토그램의 색깔을 정하고 bins로 막대의 개수를 설정할 수 있습니다.

```
plt.figure(figsize=(20,10))

plt.subplot(3,2,1)
plt.hist(hp, color='red', bins=20)
plt.title("HP")

plt.subplot(3,2,2)
plt.hist(speed, color='green', bins=20)
plt.title("Speed")

plt.subplot(3,2,3)
plt.hist(atk, color='magenta', bins=20)
plt.title("Attack")
```

```
plt.subplot(3,2,4)
plt.hist(dfs, color='cyan', bins=20)
plt.title("Speed")

plt.subplot(3,2,5)
plt.hist(spatk, color='orange', bins=20)
plt.title("SP Attack")

plt.subplot(3,2,6)
plt.hist(spdfs, color='brown', bins=20)
plt.title("SP Defense")

plt.show()
```

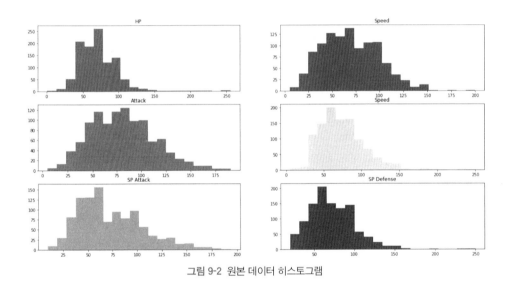

그림 9-2 원본 데이터 히스토그램

그리고 같은 방법으로 나머지 데이터를 히스토그램으로 나타냅니다.

▌9.1.5 해당 분포 따르는 데이터 생성하기

이번 절에서는 data의 각 열 데이터가 따르는 분포에서 샘플을 추출해 보겠습니다.

```python
def count_freq(data):
    """
    데이터 리스트를 빈도 딕셔너리로 변환
    입력값: 리스트 data
    출력값: 딕셔너리 data_freq
    """
    data_freq = {}
    keys = list(set(data))
    keys.sort()
    for key in keys:
        data_freq[key] = 0

    for value in data:
        data_freq[value] += 1

    return data_freq
```

위 함수는 데이터를 빈도 딕셔너리로 바꿔주는 count_freq 함수입니다.

```python
total_freq = count_freq(total)
hp_freq = count_freq(hp)
atk_freq = count_freq(atk)
dfs_freq = count_freq(dfs)
spatk_freq = count_freq(spatk)
spdfs_freq = count_freq(spdfs)
speed_freq = count_freq(speed)
```

각 열 데이터의 빈도를 구하면 위와 같습니다.

```python
def freq2ratio(dic):
    """
    빈도 딕셔너리를 비율 딕셔너리로 변환
    입력값: 빈도 딕셔너리 dic
    출력값: 비율 딕셔너리 res
```

```
    """
    n = sum(dic.values())
    res = {}
    for key in dic.keys():
        val = dic[key]
        res[key] = val/n
    return res
```

다음으로는 바꾼 빈도를 비율로 바꿔 보겠습니다. 이를 위해 필요한 freq2ratio 함수를 불러오겠습니다.

```
total_ratio = freq2ratio(total_freq)
hp_ratio = freq2ratio(hp_freq)
atk_ratio = freq2ratio(atk_freq)
dfs_ratio = freq2ratio(dfs_freq)
spatk_ratio = freq2ratio(spatk_freq)
spdfs_ratio = freq2ratio(spdfs_freq)
speed_ratio = freq2ratio(speed_freq)
```

앞서 만든 빈도 딕셔너리를 이용해 비율을 구하면 위와 같습니다.

```
def pseudo_sample(x0 = 16809,
                  mod = (2**31)-1,
                  seed = 1234567,
                  size = 1):
    """
    유사 난수 생성(0과 1 사이)
    입력값
        x0: 초기 x0값
        mod: 난수 주기
        seed: 랜덤 시드
        size: 추출할 난수 개수
    출력값
        res: 0과 1 사이 실수 난수 리스트
    """
    res = []
    x = (seed * x0 + 1)%mod
    u = x/mod
    res.append(u)
```

```
    for i in range(1, size):
        x = (seed * x + 1)%mod
        u = x/mod
        res.append(u)
    return res

def sample_from_empirical(data, seed=1234567, size=1):
    """
    경험적 분포를 따르는 샘플 추출
    입력값: 데이터 리스트 data
    출력값: data의 분포를 따르는 샘플 리스트
    """
    data_freq = count_freq(data)
    data_ratio = freq2ratio(data_freq)

    u_list = pseudo_sample(seed=seed, size=size)

    res = []
    for u in u_list:
        cumul_prob = 0
        for X in data_ratio.keys():
            cumul_prob += data_ratio[X]
            if cumul_prob > u:
                res.append(X)
                break
    return res
```

위 함수는 경험적 분포로부터 샘플을 추출하는 sample_from_empirical 함수입니다. 함수 sample_from_empirical은 앞서 배운 누적 분포 함수를 이용해 샘플을 추출하는 방법으로 만든 함수입니다.

```
sample_total = sample_from_empirical(total, size=100)
sample_hp = sample_from_empirical(hp, size=100)
sample_atk = sample_from_empirical(atk, size=100)
sample_dfs = sample_from_empirical(dfs, size=100)
sample_spatk = sample_from_empirical(spatk, size=100)
sample_spdfs = sample_from_empirical(spdfs, size=100)
sample_speed = sample_from_empirical(speed, size=100)
```

각 열 데이터로부터 해당 분포를 따르는 샘플을 100개씩 추출하면 위와 같습니다.

```
plt.figure(figsize=(20,10))

plt.subplot(2,2,1)
plt.hist(total, color='blue', bins=20)
plt.title("Total")

plt.subplot(2,2,2)
plt.hist(sample_total, color='blue', bins=20)
plt.title("Total Sample")

plt.show()
```

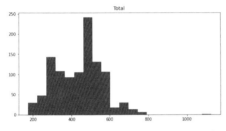 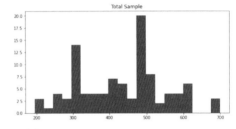

그림 9-3 total 샘플

먼저 total 열에 대한 샘플을 추출하면 위와 같습니다.

```
plt.figure(figsize=(20,20))

plt.subplot(6,2,1)
plt.hist(hp, color='red', bins=20)
plt.title("HP")

plt.subplot(6,2,2)
plt.hist(sample_hp, color='red', bins=20)
plt.title("HP Sample")

plt.subplot(6,2,3)
plt.hist(speed, color='green', bins=20)
plt.title("Speed")

plt.subplot(6,2,4)
plt.hist(sample_speed, color='green', bins=20)
```

```
plt.title("Speed Sample")

plt.subplot(6,2,5)
plt.hist(atk, color='magenta', bins=20)
plt.title("Attack")

plt.subplot(6,2,6)
plt.hist(sample_atk, color='magenta', bins=20)
plt.title("Attack Sample")

plt.subplot(6,2,7)
plt.hist(dfs, color='cyan', bins=20)
plt.title("Defense")

plt.subplot(6,2,8)
plt.hist(sample_dfs, color='cyan', bins=20)
plt.title("Defense Sample")

plt.subplot(6,2,9)
plt.hist(spatk, color='orange', bins=20)
plt.title("SP Attack")

plt.subplot(6,2,10)
plt.hist(sample_spatk, color='orange', bins=20)
plt.title("Sample SP Attack")

plt.subplot(6,2,11)
plt.hist(spdfs, color='brown', bins=20)
plt.title("SP Defense")

plt.subplot(6,2,12)
plt.hist(sample_spdfs, color='brown', bins=20)
plt.title("Sample SP Defense")

plt.show()
```

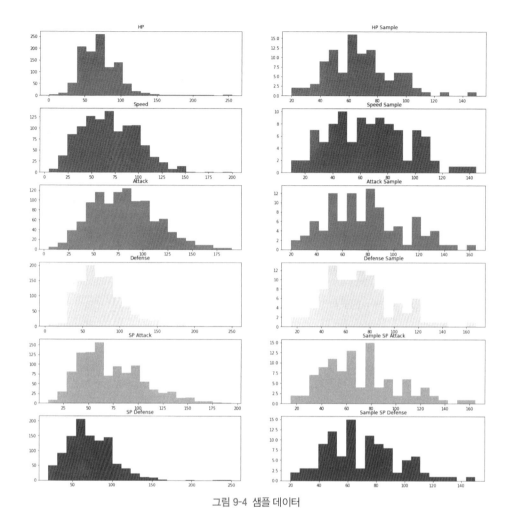

그림 9-4 샘플 데이터

그리고 나머지 열에 대해서도 해당 분포를 따르는 샘플을 히스토그램으로 시각화하면 [그림 9-4]와 같습니다.

9.2 넘파이 라이브러리를 활용한 실습

9.2.1 데이터 불러오기

이번에는 앞선 파이썬 실습과는 다르게 넘파이 라이브러리를 활용해서 실습해 보겠습니다.

```
import numpy as np                                              ❶
import pandas as pd                                             ❷
import matplotlib.pyplot as plt                                 ❸

df = pd.read_csv("./data/game.csv")                             ❹
print(df)                                                       ❺
```

	Name	Variation	Type1	Type2	Total	HP	Attack	Defense	SpAtk	SpDef	Speed
0	Bulbasaur	NaN	Grass	Poison	318	45	49	49	65	65	45
1	Ivysaur	NaN	Grass	Poison	405	60	62	63	80	80	60
2	Venusaur	NaN	Grass	Poison	525	80	82	83	100	100	80
3	Venusaur	Mega	Grass	Poison	625	80	100	123	122	120	80
4	Charmander	NaN	Fire	NaN	309	39	52	43	60	50	65
...	...	...	...	...	...	...	...	...	...	...	...
1066	Basculin	White-Striped	Water	NaN	460	70	92	65	80	55	98
1067	Basculegion	Male	Water	Ghost	530	120	112	65	80	75	78
1068	Basculegion	Female	Water	Ghost	530	120	92	65	100	75	78
1069	Kleavor	NaN	Bug	Rock	505	70	135	95	45	75	85
1070	Ursaluna	NaN	Normal	Ground	550	130	140	105	45	80	50

1071 rows × 11 columns

그림 9-5 데이터 불러오기

먼저 실습에 필요한 라이브러리를 불러옵니다. ❶ 수학 계산을 위한 numpy 라이브러리와 ❷ 데이터 프레임을 다루기 위한 pandas 라이브러리를 불러옵니다. ❸ 그리고 데이터 시각화를 위해 필요한 matplotlib 라이브러리를 불러옵니다. ❹ 그리고 read_csv 함수를 이용해 csv 파일을 읽습니다. ❺ 데이터 프레임을 확인해 보면 1071행 11열 크기의 데이터임을 알 수 있습니다.

```
total = df['Total']
hp = df['HP']
atk = df['Attack']
dfs = df['Defense']
spatk = df['SpAtk']
spdfs = df['SpDef']
speed = df['Speed']
```

분석에 필요한 열을 추출해 보겠습니다. 위 코드와 같이 추출하고 싶은 열 이름을 대괄호 사이에 넣으면 데이터 프레임에서 원하는 열을 추출할 수 있습니다.

▌9.2.2 기댓값 구하기

이번 절에서는 각 열 데이터의 기댓값을 구해 보겠습니다. 다음 코드와 같이 기댓값은 numpy 라이브러리의 mean 함수를 이용하면 구할 수 있습니다.

```
mean_total = np.mean(total)
mean_hp = np.mean(hp)
mean_atk = np.mean(atk)
mean_dfs = np.mean(dfs)
mean_spatk = np.mean(spatk)
mean_spdfs = np.mean(spdfs)
mean_speed = np.mean(speed)
print(mean_total)
print(mean_hp)
print(mean_atk)
print(mean_dfs)
print(mean_spatk)
print(mean_spdfs)
print(mean_speed)
```

```
441.26143790849676
70.36694677871148
80.94584500466853
74.86461251167134
73.42296918767506
72.48179271708683
69.17927170868347
```

9.2.3 분산, 표준 편차 구하기

이번 절에서는 분산과 표준 편차를 구해 보겠습니다. 먼저 분산을 구하면 다음과 같습니다.
분산은 numpy 라이브러리의 var 함수를 사용하면 구할 수 있습니다.

```
var_total = np.var(total)
var_hp = np.var(hp)
var_atk = np.var(atk)
var_dfs = np.var(dfs)
var_spatk = np.var(spatk)
var_spdfs = np.var(spdfs)
var_speed = np.var(speed)
print(var_total)
print(var_hp)
print(var_atk)
print(var_dfs)
print(var_spatk)
print(var_spdfs)
print(var_speed)
```

```
14775.330343030459
709.3639495013691
1047.827132595958
970.7202323195072
1077.5045704556333
783.9415452455492
912.9781324294423
```

구하고 싶은 열 데이터의 분산을 구한 결과는 위와 같습니다.

```
std_total = np.std(total)
std_hp = np.std(hp)
std_atk = np.std(atk)
std_dfs = np.std(dfs)
std_spatk = np.std(spatk)
std_spdfs = np.std(spdfs)
std_speed = np.std(speed)
print(std_total)
print(std_hp)
print(std_atk)
```

```
print(std_dfs)
print(std_spatk)
print(std_spdfs)
print(std_speed)
```

```
121.5538166534908
26.633887239781
32.37015805639444
31.156383492303902
32.825364742156836
27.99895614564138
30.21552800183115
```

그리고 표준 편차는 numpy 라이브러리의 std 함수를 사용하면 구할 수 있습니다.

9.2.4 확률 분포 확인하기

이번에는 각 열 데이터의 확률 분포를 확인해 보겠습니다.

```
plt.hist(total, color='blue', bins=20)
plt.show()
```

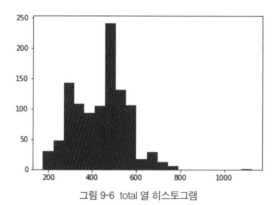

그림 9-6 total 열 히스토그램

total 데이터의 히스토그램을 그리면 위와 같습니다. hist 함수를 이용하면 히스토그램을 그릴 수 있으며 color 옵션으로 히스토그램의 색깔을 정하고 bins로 막대의 개수를 설정할 수 있습니다.

```
plt.figure(figsize=(20,10))

plt.subplot(3,2,1)
plt.hist(hp, color='red', bins=20)
plt.title("HP")

plt.subplot(3,2,2)
plt.hist(speed, color='green', bins=20)
plt.title("Speed")

plt.subplot(3,2,3)
plt.hist(atk, color='magenta', bins=20)
plt.title("Attack")

plt.subplot(3,2,4)
plt.hist(dfs, color='cyan', bins=20)
plt.title("Speed")

plt.subplot(3,2,5)
plt.hist(spatk, color='orange', bins=20)
plt.title("SP Attack")

plt.subplot(3,2,6)
plt.hist(spdfs, color='brown', bins=20)
plt.title("SP Defense")

plt.show()
```

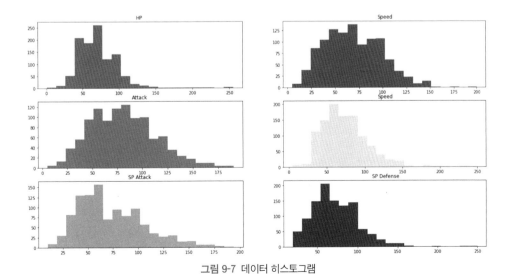

그림 9-7 데이터 히스토그램

그리고 같은 방법으로 나머지 데이터를 히스토그램으로 나타냅니다.

```
df.describe()
```

	Total	HP	Attack	Defense	SpAtk	SpDef	Speed
count	1071.000000	1071.000000	1071.000000	1071.000000	1071.000000	1071.000000	1071.000000
mean	441.261438	70.366947	80.945845	74.864613	73.422969	72.481793	69.179272
std	121.610604	26.646330	32.385281	31.170939	32.840700	28.012037	30.229644
min	175.000000	1.000000	5.000000	5.000000	10.000000	20.000000	5.000000
25%	330.000000	50.000000	56.500000	52.000000	50.000000	50.000000	45.000000
50%	460.000000	68.000000	80.000000	70.000000	65.000000	70.000000	65.000000
75%	517.500000	84.000000	100.000000	90.000000	95.000000	90.000000	90.000000
max	1125.000000	255.000000	190.000000	250.000000	194.000000	250.000000	200.000000

그림 9-8 요약

그리고 describe() 메소드를 이용하면 각 데이터의 기초 통계량을 확인할 수 있습니다.

▌9.2.5 해당 분포를 따르는 데이터 생성하기

이번 절에서는 data의 각 열 데이터가 따르는 분포에서 샘플을 추출해 보겠습니다.

```
total_freq = pd.crosstab(total, columns="Freq") ················· ❶
total_freq.index.names = ['X'] ······························· ❷
print(total_freq) ··········································· ❸
```

col_0	Freq
X	
175	1
180	2
185	1
190	1
194	1
...	...
720	3
754	1
770	2
780	3
1125	1

216 rows × 1 columns

그림 9-9 빈도 확인

❶ 먼저 판다스의 crosstab 메소드를 이용해 total 열의 빈도를 구해 total_freq라고 저장합니다. ❷ 그리고 total_freq의 인덱스 이름을 X라고 이름 짓습니다. ❸ 그리고 total 열의 빈도를 확인합니다.

```
n_total = total_freq.sum() ································· ❶
total_ratio = total_freq/n_total ··························· ❷
total_ratio.reset_index(inplace=True) ······················ ❸
total_ratio.columns = ['X', 'Prob'] ························· ❹
print(total_ratio) ········································· ❺
```

	X	Prob
0	175	0.000934
1	180	0.001867
2	185	0.000934
3	190	0.000934
4	194	0.000934
...	...	...
211	720	0.002801
212	754	0.000934
213	770	0.001867
214	780	0.002801
215	1125	0.000934

216 rows × 2 columns

그림 9-10 확률 확인

이번에는 앞서 구한 total 열의 빈도를 비율로 변환해 보겠습니다. ❶ 먼저 앞서 구한 total 열의 빈도에 해당하는 total_freq의 총 합을 구해 n_total이라고 저장합니다. ❷ 그리고 각 빈도를 n_total로 나누어 비율을 구해 total_ratio라고 저장합니다. ❸ 그리고 total_ratio의 인덱스를 초기화하고 ❹ 컬럼 명을 각각 X, Prob이라고 저장합니다. ❺ 빈도를 확률로 변환한 결과를 확인합니다.

```
n_sample = 100                                                          ❶
u_list = np.random.uniform(low=0.0, high=1.0, size=n_sample)            ❷

res = []                                                                ❸
for u in u_list:                                                        ❹
    cumul_prob = 0                                                      ❺
    for X in total_ratio['X']:                                          ❻
        prob = float(total_ratio[total_ratio['X']==X]['Prob'])          ❼
        cumul_prob += prob                                              ❽
        if cumul_prob > u:                                              ❾
            res.append(X)                                               ❿
            break                                                       ⓫
```

이번에는 total 열의 분포를 따르는 샘플 100개를 생성해 보겠습니다. ❶ 먼저 샘플 개수에 해당하는 n_sample을 100으로 설정합니다. ❷ 그리고 0과 1사이의 균일 분포에서 100개의 샘플을 추출해 u_list에 저장합니다. ❸ 그리고 최종적으로 추출된 샘플 결과를 담을 res를 비어 있는 리스트로 생성합니다. ❹ u_list에 포함된 원소 u에 대해 반복문을 수행합니다. ❺ 먼저 누적 분포 확률을 cumul_prob라고 이름 짓고 0으로 초기화합니다. 지금부터 누적 분포 함수의 성질을 이용할 것인데 아직 아무것도 하지 않았으므로 누적 분포 확률을 0으로 초기화하는 것입니다. ❻ 그리고 total_ratio에 포함된 X열에 포함된 원소 X에 대해 반복문을 수행합니다. ❼ 먼저 해당 확률 변수 X가 추출될 확률을 prob이라고 저장합니다. ❽ 그리고 누적 확률에 추가 시킵니다. ❾ 그리고 만약 누적 확률이 u보다 크다면 ❿ 해당 X를 res에 추가시킵니다. ⓫ 그리고 break를 이용해 ❻의 반복문을 종료합니다.

```
plt.hist(res, bins=20)
plt.show()
```

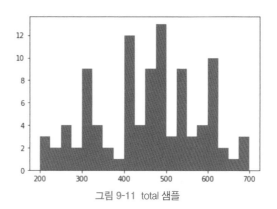

그림 9-11 total 샘플

먼저 total 열 분포를 따르는 샘플 추출 결과를 시각화하면 위와 같습니다.

```
def sample_from_empirical_df(df, size=1):
    df_freq = pd.crosstab(df, columns="Freq")
    df_freq.index.names = ['X']

    n_df = df_freq.sum()
    df_ratio = df_freq/n_df
    df_ratio.reset_index(inplace=True)
    df_ratio.columns = ['X', 'Prob']
```

```
    u_list = np.random.uniform(low=0.0, high=1.0, size=size)

    res = []
    for u in u_list:
        cumul_prob = 0
        for X in df_ratio['X']:
            prob = float(df_ratio[df_ratio['X']==X]['Prob'])
            cumul_prob += prob
            if cumul_prob > u:
                res.append(X)
                break
    return res
```

위 함수는 경험적 분포로부터 샘플을 추출하는 sample_from_empirical 함수입니다. 함수 sample_from_empirical은 앞서 배운 누적 분포 함수를 이용해 샘플을 추출하는 방법으로 만든 함수입니다.

```
sample_hp = sample_from_empirical_df(hp, 100)
sample_atk = sample_from_empirical_df(atk, 100)
sample_dfs = sample_from_empirical_df(dfs, 100)
sample_spatk = sample_from_empirical_df(spatk, 100)
sample_spdfs = sample_from_empirical_df(spdfs, 100)
sample_speed = sample_from_empirical_df(speed, 100)
```

각 열 데이터로부터 해당 분포를 따르는 샘플을 100개씩 추출하면 위와 같습니다.

```
plt.figure(figsize=(20,20))

plt.subplot(6,2,1)
plt.hist(hp, color='red', bins=20)
plt.title("HP")

plt.subplot(6,2,2)
plt.hist(sample_hp, color='red', bins=20)
plt.title("HP Sample")

plt.subplot(6,2,3)
plt.hist(speed, color='green', bins=20)
```

```
plt.title("Speed")

plt.subplot(6,2,4)
plt.hist(sample_speed, color='green', bins=20)
plt.title("Speed Sample")

plt.subplot(6,2,5)
plt.hist(atk, color='magenta', bins=20)
plt.title("Attack")

plt.subplot(6,2,6)
plt.hist(sample_atk, color='magenta', bins=20)
plt.title("Attack Sample")

plt.subplot(6,2,7)
plt.hist(dfs, color='cyan', bins=20)
plt.title("Defense")

plt.subplot(6,2,8)
plt.hist(sample_dfs, color='cyan', bins=20)
plt.title("Defense Sample")

plt.subplot(6,2,9)
plt.hist(spatk, color='orange', bins=20)
plt.title("SP Attack")

plt.subplot(6,2,10)
plt.hist(sample_spatk, color='orange', bins=20)
plt.title("Sample SP Attack")

plt.subplot(6,2,11)
plt.hist(spdfs, color='brown', bins=20)
plt.title("SP Defense")

plt.subplot(6,2,12)
plt.hist(sample_spdfs, color='brown', bins=20)
plt.title("Sample SP Defense")

plt.show()
```

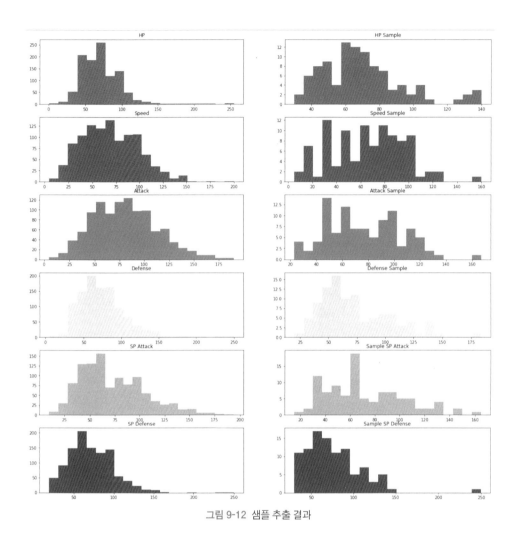

그림 9-12 샘플 추출 결과

그리고 나머지 열에 대해서도 해당 분포를 따르는 샘플을 히스토그램으로 시각화하면 [그림 9-12]와 같습니다.

주식 데이터에 확률 통계 적용하기

이번 장에서는 주식 데이터에 확률 통계를 적용해 보겠습니다. 구체적으로, 주식 데이터에 몬테카를로 시뮬레이션 방법을 적용해 주가를 예측해 볼 것입니다. 이를 위해, 데이터를 불러오고 기초 통계량을 구해서 데이터를 파악한 후 확률 과정 개념을 적용해 주가를 예측할 것입니다.

10.1 파이썬을 활용한 실습

10.1.1 데이터 불러오기

이번 장에서는 주식 데이터에 브라운 운동을 적용해 예측해 보겠습니다. 실습 순서는 크게 파이썬을 활용한 실습과 넘파이를 활용한 실습으로 나뉘어지는데, 이번 절에서는 파이썬을 이용해 실습을 진행해 보겠습니다.

파이썬 실습의 흐름은 먼저 주식 데이터를 불러오고 기초 통계량을 구해 데이터에 대한 이해도를 높인 후 확률 과정을 적용해 예측을 하는 순서로 이어집니다.

```
import csv ....................................................................... ❶
import matplotlib.pyplot as plt ................................................ ❷
```

먼저 이번 실습에 필요한 라이브러리를 불러오겠습니다. ❶ csv 데이터를 불러오기 위한 csv 라이브러리를 불러옵니다. csv 라이브러리는 별도의 설치 과정 없이 파이썬에서 기본적으로 제공하는 라이브러리입니다. ❷ 그리고 데이터 시각화를 위한 matplotlib 라이브러리를 불러옵니다.

```
df = [] ............................................................................ ❶
with open("./data/stock.csv", 'r', encoding="utf8") as f: ........... ❷
    rdr = csv.reader(f) ......................................................... ❸
    for line in rdr: ............................................................. ❹
        df.append(line) ......................................................... ❺
print(df) .......................................................................... ❻
```

```
[['Date', 'Open', 'High', 'Low', 'Close', 'Adj Close', 'Volume'], ['2022-
01-04', '78800.000000', '79200.000000', '78300.000000', '78700.000000',
'77819.453125', '12427416'], … 생략
```

먼저 ❶ csv 데이터에서 불러온 데이터를 저장할 변수 df를 비어 있는 리스트로 선언합니다. 앞으로 csv 데이터에서 불러온 데이터는 리스트 df에 추가될 것입니다. ❷ with open을 활용해 stock.csv 파일을 읽어 들입니다. 옵션에서 사용한 'r'은 reading의 r입니다. 즉, 데이터를 읽는다는 의미입니다. 또한 encoding="utf8"은 인코딩 방식으로 utf8을 사용하겠다는

의미입니다. as f는 이렇게 데이터를 불러와 open한 것을 f라고 부르겠다는 의미입니다. ❸ 그리고 reader 메소드를 이용해 읽어 들인 내용을 rdr이라고 부르겠습니다. ❹ 그리고 rdr 의 각 행을 df에 추가하기 위한 반복문을 수행합니다. ❺ rdr의 각 행을 line이라고 부르고 각 line을 df에 추가합니다. ❻ 반복문이 종료되면 전체 데이터 df를 확인합니다.

```
n_row = len(df)                                                        ❶
n_col = len(df[0])                                                     ❷
print(n_row)                                                           ❸
print(n_col)                                                           ❹
```

```
141
7
```

앞서 불러온 df의 행과 열의 크기를 확인합니다. ❶ df의 행 크기를 n_row라고 선언하고 ❷ 열 크기를 n_col이라고 선언합니다. ❸, ❹ 그리고 결과를 확인합니다.

```
data = []                                                              ❶
for i in range(1, n_row):                                              ❷
    row = []                                                           ❸
    for j in range(0, n_col):                                          ❹
        if j == 0:                                                     ❺
            date = df[i][j]                                            ❻
            row.append(date)                                          ❼
        else:                                                          ❽
            val = float(df[i][j])                                      ❾
            row.append(val)                                           ❿
    data.append(row)                                                   ⓫
print(data)                                                            ⓬
```

```
[['2022-01-04', 78800.0, 79200.0, 78300.0, 78700.0, 77819.453125,
12427416.0], ['2022-01-05', 78800.0, 79000.0, 76400.0, 77400.0,
76533.992188, 25470640.0], … 생략
```

앞서 불러온 df의 첫 행에는 행 이름이 포함되어 있습니다. 이번에는 행 이름을 제외한 나머지 데이터를 불러오고 문자 데이터를 숫자 데이터로 바꾸어 저장해 보겠습니다. ❶ 먼저 데이터를 저장할 리스트를 data라고 이름 짓고 비어 있는 리스트로 선언합니다. 그리고 기존 데이터를 변환하고 저장하기 위한 반복문을 수행합니다. ❷ 먼저 행에 대한 반복문을 수행하고 ❸ 데이터에 추가할 행을 row라고 선언합니다. ❹ 그리고 열에 대한 반복문을 수행합니다. ❺

그리고 0번째 열은 날짜에 해당하므로 0번째 열에 대해서는 ❻ 해당 날짜를 ❼ row에 추가합니다. 그리고 ❽ 나머지 열에 대해서는 ❾ 기존의 문자형 데이터를 실수형 숫자 데이터로 변환하고 ❿ row에 추가합니다. ⓫ 그리고 열에 대한 반복문이 종료되면 해당 row를 data 리스트에 추가합니다. ⓬ 모든 반복문이 종료되면 data를 확인합니다. 행 이름 행이 없고 0번째 열은 날짜 데이터, 나머지 열은 숫자 데이터가 포함되어 있는 것을 알 수 있습니다.

```
n = len(data)                                                    ❶
p = len(data[0])                                                 ❷
print(n)                                                         ❸
print(p)                                                         ❹
```

```
140
7
```

앞서 생성한 data의 행과 열의 크기를 확인합니다. ❶ 행의 크기를 n이라고 선언하고 ❷ 열의 크기를 p라고 선언합니다. ❸, ❹ 그리고 결과를 확인합니다.

```
date = []                                                        ❶
for i in range(0, n):                                            ❷
    val = data[i][0]                                             ❸
    date.append(val)                                             ❹
```

이번에는 날짜에 해당하는 date 열만 추출해 보겠습니다. ❶ 해당 열의 데이터를 저장할 리스트를 date라고 정의하고 비어 있는 리스트로 정의합니다. ❷ 그리고 열 데이터를 추출하기 위한 반복문을 수행합니다. ❸ data의 i번째 행, 0번째 열 데이터를 val이라고 이름 짓고 ❹ val을 date에 추가합니다.

```
close = []                                                       ❶
for i in range(0, n):                                            ❷
    val = data[i][4]                                             ❸
    close.append(val)                                            ❹
```

이번에는 종가에 해당하는 close열만 추출해 보겠습니다. ❶ 해당 열의 데이터를 저장할 리스트를 close라고 정의하고 비어 있는 리스트로 정의합니다. ❷ 그리고 열 데이터를 추출하기 위한 반복문을 수행합니다. ❸ data의 i번째 행, 4번째 열 데이터를 val이라고 이름 짓고

❹ val을 close에 추가합니다.

```
plt.figure(figsize=(30,10))                                             ❶
plt.plot(date, close)                                                   ❷
plt.xticks(rotation=45)                                                 ❸
plt.show()                                                              ❹
```

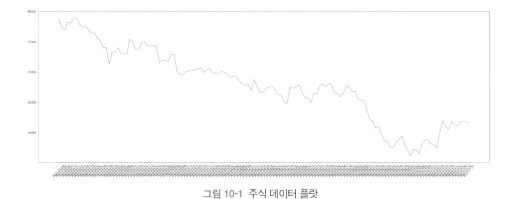

그림 10-1 주식 데이터 플랏

이번에는 종가(close) 데이터를 시각화해 보겠습니다. ❶ 먼저 시각화 plot의 크기를 설정합
니다. 30은 가로 길이에 해당하며 10은 세로 길이에 해당합니다. ❷ 그리고 플랏을 그리고 ❸
x축의 데이터를 45도 기울입니다. ❹ 그리고 결과를 확인합니다. 결과를 확인하면 전체적으
로 주가가 하락하는 추세를 확인할 수 있습니다.

▌10.1.2 데이터 기초 통계량

이번에는 앞서 생성한 데이터에 확률 과정을 적용하기 위해 필요한 기초 통계량 값과 파라미
터 설정을 하도록 하겠습니다. 그 시작 단계로 앞서 생성한 데이터를 미래를 예측하기 위한
과거 데이터와 과거 데이터를 통해 예측한 미래 데이터와 맞춰 볼 실제 미래 데이터로 분류하
도록 하겠습니다.

```
df_bf = []                                                              ❶
for i in range(0, n):                                                   ❷
    if (data[i][0] > '2022-01-00') and (data[i][0] < '2022-07-01'):     ❸
        df_bf.append(data[i])                                           ❹
```

먼저 ❶ 과거 데이터를 담을 df_bf를 비어 있는 리스트로 선언합니다. 이때, df_bf에서 bf는 before를 의미합니다. ❷ 데이터를 담기 위해 행에 대한 반복문을 수행합니다. ❸ 그리고 각 행의 0번째 열 데이터인 날짜 데이터가 2022년 1월부터 6월까지의 데이터에 해당한다면 ❹ 해당 행을 df_bf에 추가합니다. 이렇게 생성한 df_bf 데이터를 기반으로 미래 데이터를 예측할 것입니다.

```
n1 = len(df_bf)
p1 = len(df_bf[0])
```

앞서 생성한 df_bf 데이터의 행 크기를 n1이라고 선언하고 열 크기를 p1이라고 선언합니다.

```
df_af = []                                                          ❶
for i in range(0, n):                                               ❷
    if (data[i][0] > '2022-07-00') and (data[i][0] < '2022-08-01'): ❸
        df_af.append(data[i])                                       ❹
```

앞서 생성한 df_bf 데이터를 이용해 예측한 데이터와 비교할 ❶ 실제 미래 데이터를 df_af 라고 선언합니다. df_af에서 af는 after를 의미합니다. ❷ df_af에 데이터를 담기 위해 data 의 행에 대한 반복문을 수행합니다. ❸ 그리고 해당 데이터의 0번째 날짜 데이터가 2022년 7월에 해당한다면 ❹ 해당 열을 df_af에 추가합니다.

```
n2 = len(df_af)
p2 = len(df_af[0])
```

그리고 df_af의 행 크기를 n2라고 선언하고 열 크기를 p2라고 선언합니다.

```
stock_list = []                                                    ❶
for i in range(0, n1):                                             ❷
    val = df_bf[i][4]                                              ❸
    stock_list.append(val)                                        ❹
print(stock_list)                                                 ❺
```
```
[78700.0, 77400.0, 76900.0, 78300.0, 78000.0, 78900.0, … 생략
```

이번에는 ❶ 종가 데이터를 담을 리스트 stock_list를 비어 있는 리스트로 선언합니다. ❷

그리고 앞서 생성한 과거 데이터인 **df_bf**의 행에 대한 반복문을 수행합니다. ❸ 그리고 i번째 행, 4번째 열 데이터인 종가 데이터(close)를 val이라고 저장하고 ❹ val을 stock_list에 추가합니다. ❺ 반복문이 종료되면 stock_list를 출력해 확인합니다.

```
X0 = stock_list[-1]
print(X0)
```

```
57000.0
```

이번에는 앞서 생성한 과거 종가 데이터의 마지막 값을 X0라고 저장합니다. 리스트의 마지막 값은 인덱스에 -1을 입력해 확인할 수 있습니다. 결과를 확인하면 과거 데이터의 가장 최근 종가 데이터를 확인할 수 있습니다.

```
dt = 1
print(dt)
```

```
1
```

이번에는 단위 날짜 **dt**를 선언합니다. 주식은 하루 단위로 열리므로 dt를 1로 선언합니다.

```
T = 21
print(T)
```

```
21
```

이번에는 예측하고자 하는 미래 일수 T를 선언합니다. 우리가 예측하고자 하는 기간은 2022년 7월입니다. 해당 기간에 주식 시장이 열리는 날짜는 21일이므로 T를 21이라고 설정했습니다.

```
N = T/dt
print(N)
```

```
21.0
```

이번에는 예측하는 횟수 N을 선언합니다. N은 예측 일자 T를 dt로 나누어 구할 수 있습니다.

```
def seq(start, stop, step):
    """
    수열 만들기
    입력값: start(시작 값), stop(끝 값), step(한 스텝당 증가 수)
    출력값: res(리스트)
    """
    res = []
    current = start
    while current < stop:
        res.append(current)
        current += step
    return res
```

다음으로 예측 일자 리스트를 생성할 것인데 이를 위해 수열을 생성하기 위한 함수 seq를 불러옵니다.

```
t = seq(1, int(N)+1, 1)
print(t)
```

```
[1, 2, 3, 4, 5, 6, 7, 8, 9, 10, 11, 12, 13, 14, 15, 16, 17, 18, 19, 20, 21]
```

예측 일자 리스트를 t라고 선언합니다. t는 1부터 N까지 1씩 증가하는 수열입니다. 결과를 확인하면 리스트 t에는 1부터 21까지의 정수가 포함되어 있는 것을 알 수 있습니다.

주식에는 이익(return)이라는 개념이 있는데 이는 각 시점 동안 얼마나 이익을 보았는지를 나타내는 수치입니다. 특정 i시점의 이익은 다음과 같이 계산할 수 있습니다.

$$r_i = \frac{X_i - X_{i-1}}{X_{i-1}}$$

위 수식에서 r_i는 i시점의 이익을 의미하며 X_i는 i시점의 종가를 의미합니다.

```
return_list = []                                              ❶
n_stock = len(stock_list)                                     ❷
for i in range(1, n_stock):                                   ❸
    r = (stock_list[i]-stock_list[i-1])/stock_list[i-1]       ❹
    return_list.append(r)
```

위 ❶ 이익 공식을 이용해 각 시점별 이익 리스트 return_list를 선언합니다. ❷ 그리고 종가 데이터 리스트 stock_list의 크기를 n_stock이라고 저장합니다. ❸ 그리고 1시점부터의 종가에 대해 이익을 구하기 위한 반복문을 수행합니다. 0시점이 아니라 1시점부터 시작하는 이유는 0시점에서는 위 공식의 X_{i-1}를 적용할 수 없기 때문입니다. ❹ 그리고 i시점에 대한 이익을 r이라고 저장하고 ❺ return_list에 추가합니다.

```
print(n_stock)
print(len(return_list))
print(return_list)
```

```
119
118
[-0.016518424396442185, -0.006459948320413436, 0.018205461638491547, … 생략
```

앞서 생성한 데이터에 대해 결과를 확인합니다.

```
def mean(x_list):
    """"
    리스트 x_list 원소의 평균 구하기
    입력값: 리스트 x_list
    출력값: 평균 res
    """"
    n = len(x_list)
    sum_x = 0
    for x in x_list:
        sum_x += x
    res = sum_x/n
    return res
```

이번에는 drift에 적용할 평균을 구하기 위해 앞서 생성한 mean 함수를 불러옵니다. 함수 mean은 평균을 구하기 위한 함수입니다.

```
mu = mean(return_list)
print(mu)
```

```
-0.0026474910744799093
```

mean 함수를 이용해 앞서 구한 이익 리스트 return_list의 평균을 구해서 결과를 확인합니다.

```
def var(x_list):
    """
    리스트 x_list 원소의 분산 구하기
    입력값: 리스트 x_list
    출력값: 분산 res
    """
    n = len(x_list)
    mean_x = mean(x_list)
    ss_x = 0

    for x in x_list:
        ss_x += (x-mean_x)**2

    res = ss_x/(n-1)
    return res

def std(x_list):
    """
    리스트 x_list 원소의 표준 편차 구하기
    입력값: 리스트 x_list
    출력값: 표준 편차 res
    """
    var_x = var(x_list)
    res = var_x**0.5
    return res
```

이번에는 drift에 적용할 표준 편차 값을 구하기 위해 앞서 생성한 분산을 구하는 함수 var 과 표준 편차를 구하기 위한 std 함수를 불러옵니다.

```
sigma = std(return_list)
print(sigma)
```

```
0.012899668756015906
```

그리고 함수 std를 이용해 이익 리스트 return_list의 표준 편차를 구하고 결과를 확인합 니다.

▍10.1.3 확률 과정 적용하기

앞서 구한 데이터를 기반으로 미래 주가 데이터를 예측해 보겠습니다.

```
n_scenario = 10
```

예측 시나리오는 총 10개로 설정하겠습니다. 우리는 앞으로 총 10번의 예측을 할 것입니다.

```
def pseudo_sample(x0 = 16809,
                  mod = (2**31)-1,
                  seed = 1234567,
                  size = 1):
    """
    유사 난수 생성(0과 1 사이)
    입력값
       x0: 초기 x0값
       mod: 난수 주기
       seed: 랜덤 시드
       size: 추출할 난수 개수
    출력값
       res: 0과 1 사이 실수 난수 리스트
    """
    res = []
    x = (seed * x0 + 1)%mod
    u = x/mod
    res.append(u)
    for i in range(1, size):
        x = (seed * x + 1)%mod
        u = x/mod
        res.append(u)
    return res

def uniform_cont(low=0,
                 high=1,
                 seed=1234567,
                 size=1):
    """
    균일분포(연속형)에서 난수 추출
    입력값
       low: 하한
```

```
        hight: 상한
        seed: 랜덤 시드
        size: 추출 개수
    출력값
        res: 난수 리스트
    """
    x_list = pseudo_sample(seed=seed, size=size)
    res = []
    for x in x_list:
        val = low+(high-low)*x
        res.append(val)
    return res


def normal_pdf(mu, s, x):
    pi = 3.1415926535
    e = 2.7182818284
    res = (1/(((2*pi)**0.5)*s))*(e**(-0.5*(((x-mu)/s)**2)))
    return res


def normal_sample(mu, s, seed=1234567, size=1):
    """
    정규 분포에서 랜덤 숫자 추출
    """
    burn_in = 100
    size = burn_in + size
    u_list = pseudo_sample(seed=seed*2, size=size)
    xt_candidates = uniform_cont(low=mu-3*s, high=mu+3*s, size=size)
    x0 = mu
    xt = x0
    res = []

    for i in range(0, size):
        xt_candidate = xt_candidates[i]
        pi_y = normal_pdf(mu, s, xt_candidate)
        pi_x = normal_pdf(mu, s, xt)
        accept_prob = pi_y/pi_x
        if u_list[i] < accept_prob:
            xt = xt_candidate
        res.append(xt)

    res = res[burn_in:]
    return res
```

예측을 위해서는 표준 브라운 운동을 하는 확률 과정 $B(t)$를 사용해야 하는데, 이를 위해 정규 분포에서 샘플을 추출하기 위해 필요한 함수들을 불러옵니다.

```
b_list = []                                               ❶
for i in range(0,n_scenario):                             ❷
    seed = (i+2)*123                                      ❸
    b = normal_sample(mu=0, s=1, seed=seed, size=int(N))  ❹
    b_list.append(b)                                      ❺
print(b_list)                                             ❻
```

```
[[0.4214532186377111, -1.3164927187918185, -0.4663606562960707,
0.5236385313438432, 0.5236385313438432, 0.5236385313438432,
0.5236385313438432, 0.5236385313438432, … 생략
```

❶ 표준 브라운 운동을 하는 확률 과정 $B(t)$를 담을 b_list를 선언합니다. ❷ 그리고 시나리오 개수만큼 반복문을 수행합니다. ❸ 그리고 랜덤 시드를 선언합니다. 해당 랜덤 시드는 꼭 필자가 정한 숫자일 필요는 없으니 원하는 값을 넣으면 되겠습니다. ❹ 그리고 $B(t)$는 표준 브라운 운동이므로 평균이 0이고 표준 편차가 1인 표준 정규 분포에서 N개의 샘플을 추출해 b라고 저장하고 b_list에 추가합니다.

$$B(t) \sim N(0, 1)$$

이렇게 하나의 시나리오가 생성된 것입니다. ❻ 모든 시나리오에 대한 반복문이 종료되면 시나리오별 예측값 b_list를 확인합니다.

```
W_list = []                                               ❶
for i in range(0, len(b_list)):                           ❷
    w = []                                                ❸
    cumsum = 0                                            ❹
    for j in range(0, len(b_list[0])):                    ❺
        cumsum += b_list[i][j]                            ❻
        w.append(cumsum)                                  ❼
    W_list.append(w)                                      ❽
print(W_list)                                             ❾
```

```
[[0.4214532186377111, -0.8950395001541074, -1.361400156450178,
-0.8377616251063349, -0.3141230937624917, 0.2095154375813515,
0.7331539689251947, 1.2567925002690379, … 생략
```

이번에는 브라운 운동 경로에 해당하는 W_list를 구해 보겠습니다. ❶ 이를 위해 비어 있는 리스트를 생성합니다. ❷ 그리고 시나리오에 대한 반복문을 수행합니다. ❸ i시점의 브라운 운동 경로를 담기 위해 w를 비어 있는 리스트로 저장합니다. ❹ 그리고 b_list의 누적값을 저장하기 위해 0으로 초기화합니다. ❺ 그리고 i번째 시나리오의 b_list에 대한 반복문을 수행합니다. ❻ 그리고 j번째 누적값을 구하고 ❼ w에 추가합니다.

$$W(i) = \sum_{t=1}^{i} B(t)$$

❽ 그리고 해당 시나리오에 대해 반복문이 종료되면 w를 W_list에 추가합니다. ❾ 그리고 모든 시나리오에 대한 반복문이 종료되면 결과를 확인합니다.

```
drift = mu - (1/2)*sigma**2
print(drift)
```

```
-0.002730691801487376
```

$$drift = \mu - \frac{1}{2}\sigma^2$$

이번에는 drift를 구해 보겠습니다. drift는 장기 추세에 해당합니다. drift를 구하기 위해 필요한 평균 mu와 표준 편차 sigma를 앞서 구했으므로 drift를 구해 줍니다. drift를 구하기 위해 필요한 평균과 표준 편차는 시점에 따라 달라지지 않는 상수이므로 drift도 시점에 따라 달라지지 않는 값이라는 것을 알 수 있습니다.

```
diffusion_list = []                              ❶
for i in range(0,len(b_list)):                   ❷
    row = []                                     ❸
    for j in range(0, len(b_list[0])):           ❹
        diffusion = sigma*b_list[i][j]           ❺
        row.append(diffusion)                    ❻
    diffusion_list.append(row)                   ❼
```

이번에는 diffusion을 구해 보겠습니다. diffusion은 단기적인 변동에 해당합니다. ❶ 각 시점의 diffusion을 구하기 위해 diffusion_list를 비어 있는 리스트로 선언합니다. ❷ 그리고 각 시나리오에 대한 반복문을 수행합니다. ❸ 그리고 각 시나리오의 diffusion 리스트를 row라고 선언하고 ❹ 앞서 구한 브라운 운동 확률 과정 b_list에 대한 반복문을 수행합니다. ❺ 그리고 i번째 시나리오의 j번째 예측값에 대한 diffusion을 구해 ❻ row에 추가합니다.

$$diffusion_i = \sigma B(i)$$

❼ 그리고 해당 시나리오에 대한 diffusion을 모두 구하면 diffusion_list에 추가합니다.

```
e = 2.7182818284                                              ❶
X_list = []                                                   ❷
for i in range(0, len(W_list)):                               ❸
    X = []                                                    ❹
    for j in range(0, len(t)):                                ❺
        value = X0*(e**(drift*t[j]+sigma*W_list[i][j]))       ❻
        X.append(value)                                       ❼
    X_list.append(X)
```

이번에는 앞서 구한 미래 시점 t에 대한 예측값을 추정해 보겠습니다. ❶ 먼저 예측에 필요한 자연 상수 e를 선언합니다. ❷ 그리고 예측값을 담을 X_list를 선언합니다. ❸ 그리고 시나리오에 대한 반복문을 수행합니다. 앞서 시나리오 개수를 10이라고 설정했으므로 총 10번의 반복문이 수행될 것입니다. ❹ 그리고 i번째 시나리오에 대한 예측값을 담을 리스트를 X라고 선언합니다. ❺ 그리고 각 시점에 대한 예측값을 담을 반복문을 수행합니다. ❻ 각 시점의 예측값은 다음과 같은 공식을 따릅니다.

$$X(i) = X(0)e^{drift+diffusion_i}$$

$$= X(0)e^{\mu - \frac{1}{2}\sigma^2 + \sigma B(i)}$$

❼ 위 공식을 통해 구한 예측값을 value라고 저장하고 X에 추가합니다. ❽ 그리고 i번째 시나리오에 대해 예측값을 모두 구해 X가 정해지면 X를 X_list에 추가합니다.

```
df_af_close = []                                              ❶
for i in range(0, len(df_af)):                                ❷
    val = df_af[i][4]                                         ❸
    df_af_close.append(val)                                   ❹
```

그리고 ❶ 미래의 실제 데이터의 종가를 저장할 df_af_close를 선언합니다. ❷ 그리고 df_af의 행에 대한 반복문을 수행해 종가를 추가하겠습니다. ❸ 종가는 4열에 해당하므로 각 i번째 행에 대해 4열 값을 val이라고 저장하고 ❹ 이를 df_at_close에 추가합니다.

```
plt.plot(df_af_close, color='black', linestyle='--')
plt.plot(X_list[0], color='blue')
plt.plot(X_list[1], color='red')
plt.plot(X_list[2], color='green')
plt.plot(X_list[3], color='yellow')
plt.plot(X_list[4], color='cyan')
plt.plot(X_list[5], color='magenta')
plt.plot(X_list[6], color='orange')
plt.plot(X_list[7], color='pink')
plt.plot(X_list[8], color='brown')
plt.plot(X_list[9], color='purple')
plt.show()
```

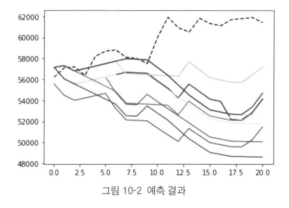

그림 10-2 예측 결과

마지막으로 앞서 구한 시나리오별 예측 종가 데이터와 실제 값을 비교하기 위해 시각화를 해보겠습니다. plot 함수를 이용해 시나리오별 데이터를 색깔을 달리해 결과를 확인합니다.

▌10.1.4 전체 코드

```python
import csv
import matplotlib.pyplot as plt

def seq(start, stop, step):
    """
    수열 만들기
    입력값: start(시작 값), stop(끝 값), step(한 스텝당 증가 수)
    출력값: res(리스트)
    """
    res = []
    current = start
    while current < stop:
        res.append(current)
        current += step
    return res

def mean(x_list):
    """
    리스트 x_list 원소의 평균 구하기
    입력값: 리스트 x_list
    출력값: 평균 res
    """
    n = len(x_list)
    sum_x = 0
    for x in x_list:
        sum_x += x
    res = sum_x/n
    return res

def var(x_list):
    """
    리스트 x_list 원소의 분산 구하기
    입력값: 리스트 x_list
    출력값: 분산 res
    """
    n = len(x_list)
    mean_x = mean(x_list)
    ss_x = 0

    for x in x_list:
```

```python
        ss_x += (x-mean_x)**2

    res = ss_x/(n-1)
    return res

def std(x_list):
    """
    리스트 x_list 원소의 표준 편차 구하기
    입력값: 리스트 x_list
    출력값: 표준 편차 res
    """
    var_x = var(x_list)
    res = var_x**0.5
    return res

def pseudo_sample(x0 = 16809,
                  mod = (2**31)-1,
                  seed = 1234567,
                  size = 1):
    """
    유사 난수 생성(0과 1 사이)
    입력값
        x0: 초기 x0값
        mod: 난수 주기
        seed: 랜덤 시드
        size: 추출할 난수 개수
    출력값
        res: 0과 1 사이 실수 난수 리스트
    """
    res = []
    x = (seed * x0 + 1)%mod
    u = x/mod
    res.append(u)
    for i in range(1, size):
        x = (seed * x + 1)%mod
        u = x/mod
        res.append(u)
    return res

def uniform_cont(low=0,
                 high=1,
                 seed=1234567,
```

```
                        size=1):
    """
    균일분포(연속형)에서 난수 추출
    입력값
        low: 하한
        hight: 상한
        seed: 랜덤 시드
        size: 추출 개수
    출력값
        res: 난수 리스트
    """
    x_list = pseudo_sample(seed=seed, size=size)
    res = []
    for x in x_list:
        val = low+(high-low)*x
        res.append(val)
    return res


def normal_pdf(mu, s, x):
    pi = 3.1415926535
    e = 2.7182818284
    res = (1/(((2*pi)**0.5)*s))*(e**(-0.5*(((x-mu)/s)**2)))
    return res


def normal_sample(mu, s, seed=1234567, size=1):
    """
    정규 분포에서 랜덤 숫자 추출
    """
    burn_in = 100
    size = burn_in + size
    u_list = pseudo_sample(seed=seed*2, size=size)
    xt_candidates = uniform_cont(low=mu-3*s, high=mu+3*s, size=size)
    x0 = mu
    xt = x0
    res = []

    for i in range(0, size):
        xt_candidate = xt_candidates[i]
        pi_y = normal_pdf(mu, s, xt_candidate)
        pi_x = normal_pdf(mu, s, xt)
        accept_prob = pi_y/pi_x
        if u_list[i] < accept_prob:
```

```
            xt = xt_candidate
        res.append(xt)

    res = res[burn_in:]
    return res

df = []
with open("./data/stock.csv", 'r', encoding="utf8") as f:
    rdr = csv.reader(f)
    for line in rdr:
        df.append(line)

n_row = len(df)
n_col = len(df[0])
print(n_row)
print(n_col)

data = []
for i in range(1, n_row):
    row = []
    for j in range(0, n_col):
        if j == 0:
            date = df[i][j]
            row.append(date)
        else:
            val = float(df[i][j])
            row.append(val)
    data.append(row)

n = len(data)
p = len(data[0])
print(n)
print(p)

date = []
for i in range(0, n):
    val = data[i][0]
    date.append(val)

close = []
for i in range(0, n):
    val = data[i][4]
```

```
        close.append(val)

plt.figure(figsize=(30,10))
plt.plot(date, close)
plt.xticks(rotation=45)
plt.show()

df_bf = []
for i in range(0, n):
    if (data[i][0] > '2022-01-00') and (data[i][0] < '2022-07-01'):
        df_bf.append(data[i])

n1 = len(df_bf)
p1 = len(df_bf[0])

df_af = []
for i in range(0, n):
    if (data[i][0] > '2022-07-00') and (data[i][0] < '2022-08-01'):
        df_af.append(data[i])

n2 = len(df_af)
p2 = len(df_af[0])

stock_list = []
for i in range(0, n1):
    val = df_bf[i][4]
    stock_list.append(val)

X0 = stock_list[-1]
print(X0)

dt = 1
T = 21
N = T/dt
t = seq(1, int(N)+1, 1)

return_list = []
n_stock = len(stock_list)
for i in range(1, n_stock):
    r = (stock_list[i]-stock_list[i-1])/stock_list[i-1]
    return_list.append(r)
```

```python
mu = mean(return_list)
sigma = std(return_list)

n_scenario = 10
b_list = []
for i in range(0,n_scenario):
    seed = (i+2)*123
    b = normal_sample(mu=0, s=1, seed=seed, size=int(N))
    b_list.append(b)

W_list = []
for i in range(0, len(b_list)):
    w = []
    cumsum = 0
    for j in range(0, len(b_list[0])):
        cumsum += b_list[i][j]
        w.append(cumsum)
    W_list.append(w)

drift = mu - (1/2)*sigma**2

diffusion_list = []
for i in range(0,len(b_list)):
    row = []
    for j in range(0, len(b_list[0])):
        diffusion = sigma*b_list[i][j]
        row.append(diffusion)
    diffusion_list.append(row)

e = 2.7182818284
X_list = []
for i in range(0, len(W_list)):
    X = []
    for j in range(0, len(t)):
        value = X0*(e**(drift*t[j]+sigma*W_list[i][j]))
        X.append(value)
    X_list.append(X)

df_af_close = []
for i in range(0, len(df_af)):
    val = df_af[i][4]
    df_af_close.append(val)
```

```
plt.plot(df_af_close, color='black', linestyle='--')
plt.plot(X_list[0], color='blue')
plt.plot(X_list[1], color='red')
plt.plot(X_list[2], color='green')
plt.plot(X_list[3], color='yellow')
plt.plot(X_list[4], color='cyan')
plt.plot(X_list[5], color='magenta')
plt.plot(X_list[6], color='orange')
plt.plot(X_list[7], color='pink')
plt.plot(X_list[8], color='brown')
plt.plot(X_list[9], color='purple')
plt.show()
```

주식 데이터에 확률 통계 적용하기

10.2 넘파이 라이브러리를 활용한 실습

10.2.1 데이터 불러오기

이번 절에서는 넘파이 라이브러리를 활용해 확률 과정을 적용해 예측해 보겠습니다.

```
import numpy as np ⋯⋯⋯⋯⋯⋯⋯⋯⋯⋯⋯⋯⋯⋯⋯⋯⋯⋯⋯⋯⋯⋯⋯⋯⋯⋯ ❶
import pandas as pd ⋯⋯⋯⋯⋯⋯⋯⋯⋯⋯⋯⋯⋯⋯⋯⋯⋯⋯⋯⋯⋯⋯⋯⋯⋯⋯ ❷
import matplotlib.pyplot as plt ⋯⋯⋯⋯⋯⋯⋯⋯⋯⋯⋯⋯⋯⋯⋯⋯⋯⋯⋯ ❸

np.random.seed(12345) ⋯⋯⋯⋯⋯⋯⋯⋯⋯⋯⋯⋯⋯⋯⋯⋯⋯⋯⋯⋯⋯⋯⋯⋯ ❹
```

먼저 실습에 필요한 파이썬 라이브러리를 불러옵니다. ❶ 수학 계산을 위한 numpy 라이 브러리와 ❷ 데이터 프레임을 다루기 위한 pandas 라이브러리, ❸ 그리고 시각화를 위해 matplotlib 라이브러리를 불러옵니다. ❹ 그리고 랜덤 시드를 정해 줍니다.

```
df = pd.read_csv("./data/stock.csv")
df
```

	Date	Open	High	Low	Close	Adj Close	Volume
0	2022-01-04	78800.0	79200.0	78300.0	78700.0	77819.453125	12427416
1	2022-01-05	78800.0	79000.0	76400.0	77400.0	76533.992188	25470640
2	2022-01-06	76700.0	77600.0	76600.0	76900.0	76039.585938	12931954
3	2022-01-07	78100.0	78400.0	77400.0	78300.0	77423.929688	15163757
4	2022-01-10	78100.0	78100.0	77100.0	78000.0	77127.289063	9947422
...	...	...	...	...	...	...	...
135	2022-07-25	60900.0	61900.0	60800.0	61100.0	61100.000000	9193681
136	2022-07-26	60800.0	61900.0	60800.0	61700.0	61700.000000	6597211
137	2022-07-27	61300.0	61900.0	61200.0	61800.0	61800.000000	7320997
138	2022-07-28	62300.0	62600.0	61600.0	61900.0	61900.000000	10745302
139	2022-07-29	62400.0	62600.0	61300.0	61400.0	61400.000000	15093120

140 rows × 7 columns

그림 10-3 데이터 불러오기

그리고 pandas 라이브러리의 read_csv 함수를 이용해 데이터를 불러옵니다. 우리가 예측할
열은 Close열로 이는 종가에 해당합니다.

```
plt.figure(figsize=(30,10))
plt.plot(df['Date'], df['Close'])
plt.xticks(rotation=45)
plt.show()
```

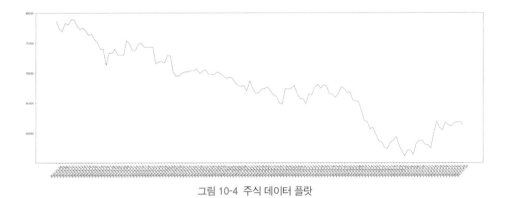

그림 10-4 주식 데이터 플랏

이번에는 불러온 데이터를 시각화해 보겠습니다. plot 함수를 이용해 종가 데이터에 대한 플
랏을 그려 추세를 확인합니다. 전체적으로 주가가 하락하는 추세를 볼 수 있습니다.

▌10.2.2 데이터 기초 통계량

이번에는 앞서 생성한 데이터에 확률 과정을 적용하기 위해 필요한 기초 통계량 값과 파라미
터 설정을 하도록 하겠습니다. 그 시작 단계로 앞서 생성한 데이터를 미래를 예측하기 위한
과거 데이터와 과거 데이터를 통해 예측한 미래 데이터와 맞춰 볼 실제 미래 데이터로 분류하
도록 하겠습니다.

```
df_bf = df[(df['Date'] > '2022-01-00') & (df['Date']<'2022-07-01')]  ……❶
df_bf = df_bf.reset_index(drop=True)                                 ……❷
df_af = df[(df['Date'] > '2022-07-00') & (df['Date']<'2022-08-01')]  ……❸
df_af = df_af.reset_index(drop=True)                                 ……❹
```

❶ 과거 데이터를 담을 변수를 df_bf라고 선언하고 2022년 1월부터 6월까지의 데이터를 저장합니다. ❷ 그리고 데이터 프레임의 인덱스를 초기화합니다. ❸ 그리고 미래 데이터를 담을 변수를 df_af라고 선언하고 2022년 7월 데이터를 저장하고 ❹ 인덱스를 초기화합니다.

```
stock_list = df_bf['Close']
print(stock_list)
```

```
0      78700.0
1      77400.0
2      76900.0
3      78300.0
4      78000.0
         ...
114    58400.0
115    58800.0
116    59400.0
117    58000.0
118    57000.0
Name: Close, Length: 119, dtype: float64
```

그리고 과거 데이터의 종가를 stock_list라고 저장합니다.

```
X0 = stock_list[-1:]
print(X0)
```

```
118    57000.0
Name: Close, dtype: float64
```

그리고 과거 데이터의 종가 중 가장 최근 데이터를 X0라고 저장합니다.

```
dt = 1
print(dt)
```

```
1
```

이번에는 단위 날짜 dt를 선언합니다. 주식은 하루 단위로 열리므로 dt를 1로 선언합니다.

```
T = 21
print(T)
```

```
21
```

이번에는 예측하고자 하는 미래 일수 T를 선언합니다. 우리가 예측하고자 하는 기간은 2022년 7월입니다. 해당 기간에 주식 시장이 열리는 날짜는 21일이므로 T를 21이라고 설정했습니다.

```
N = T/dt
print(N)
```

```
21.0
```

이번에는 예측하는 횟수 N을 선언합니다. N은 예측 일자 T를 dt로 나누어 구할 수 있습니다.

```
t = np.arange(1, int(N)+1)
print(t)
```

```
[ 1  2  3  4  5  6  7  8  9 10 11 12 13 14 15 16 17 18 19 20 21]
```

예측 일자 리스트를 t라고 선언합니다. t는 1부터 N까지 1씩 증가하는 수열입니다. 결과를 확인하면 리스트 t에는 1부터 21까지의 정수가 포함되어 있는 것을 알 수 있습니다.

주식에는 이익(return)이라는 개념이 있는데 이는 각 시점 동안 얼마나 이익을 보았는지를 나타내는 수치입니다. 특정 i시점의 이익은 다음과 같이 계산할 수 있습니다.

$$r_i = \frac{X_i - X_{i-1}}{X_{i-1}}$$

위 수식에서 r_i는 i시점의 이익을 의미하며 X_i는 i시점의 종가를 의미합니다.

```
return_list = []                                              ❶
n = len(stock_list)                                           ❷
for i in range(1, n):                                         ❸
    r = (stock_list[i]-stock_list[i-1])/stock_list[i-1]       ❹
    return_list.append(r)                                     ❺
```

위 ❶ 이익 공식을 이용해 각 시점별 이익 리스트 return_list를 선언합니다. ❷ 그리고 종가 데이터 리스트 stock_list의 크기를 n_stock이라고 저장합니다. ❸ 그리고 1시점부터의 종가에 대해 이익을 구하기 위한 반복문을 수행합니다. 0시점이 아니라 1시점부터 시작하는 이유는 0시점에서는 위 공식의 X_{t-1}를 적용할 수 없기 때문입니다. ❹ 그리고 i시점에 대한 이익을 r이라고 저장하고 ❺ return_list에 추가합니다.

```
print(n)
print(len(return_list))
print(return_list)
```

```
119
118
[-0.016518424396442185, -0.006459948320413436, 0.018205461638491547,
-0.0038314176245210726, 0.011538461538461539, 0.0, -0.012674271229404309,
-0.007702182284980745, 0.00258732212160414, -0.0064516129032258064,
-0.00909090909090909, 0.002621231979030144, -0.011764705882352941, … 생략
```

앞서 생성한 데이터에 대해 결과를 확인합니다.

```
mu = np.mean(return_list)
print(mu)
```

```
-0.0026474910744799106
```

drift를 구할 때 필요한 이익 데이터에 대한 평균 값을 구합니다.

```
sigma = np.std(return_list)
print(sigma)
```

```
0.012844892845066753
```

drift를 구할 때 필요한 이익 데이터에 대한 표준 편차 값을 구합니다.

10.2.3 확률 과정 적용하기

앞서 구한 데이터를 기반으로 미래 주가 데이터를 예측해 보겠습니다.

```
n_scenario = 10
```

예측 시나리오는 총 10개로 설정하겠습니다. 우리는 앞으로 총 10번의 예측을 할 것입니다.

```
b_list = []                                         ❶
for i in range(0,n_scenario):                       ❷
    b = np.random.normal(0, 1, int(N))              ❸
    b_list.append(b)                                ❹
print(b_list)                                       ❺
```
```
[array([-0.20470766,  0.47894334, -0.51943872, -0.5557303 ,  1.96578057,
         1.39340583,  0.09290788,  0.28174615,  0.76902257,  1.24643474,
         1.00718936, -1.29622111,  0.27499163,  0.22891288, … 생략
```

❶ 표준 브라운 운동을 하는 확률 과정 $B(t)$를 담을 b_list를 선언합니다. ❷ 그리고 시나리오 개수만큼 반복문을 수행합니다. ❸ 그리고 $B(t)$는 표준 브라운 운동이므로 평균이 0이고 표준 편차가 1인 표준 정규 분포에서 N개의 샘플을 추출해 b라고 저장하고 ❹ b_list에 추가합니다.

$$B(t) \sim N(0, 1)$$

이렇게 하나의 시나리오가 생성된 것입니다. ❺ 모든 시나리오에 대한 반복문이 종료되면 시나리오별 예측값 b_list를 확인합니다.

```
W_list = []                                         ❶
for i in range(0, len(b_list)):                     ❷
    w = np.cumsum(b_list[i])                        ❸
    W_list.append(w)                                ❹
print(W_list)                                       ❺
```
```
[array([-0.20470766,  0.27423568, -0.24520304, -0.80093334,  1.16484723,
         2.55825306,  2.65116094,  2.93290709,  3.70192966,  4.9483644 ,
         5.95555376,  4.65933265,  4.93432428,  5.16323716,  6.51615399, … 생략
```

이번에는 브라운 운동 경로에 해당하는 W_list를 구해 보겠습니다. ❶ 이를 위해 비어 있는 리스트를 생성합니다. ❷ 그리고 시나리오에 대한 반복문을 수행합니다. ❸ 그리고 b_list 의 누적값을 구해 w로 저장합니다.

$$W(i) = \sum_{t=1}^{i} B(t)$$

❹ 그리고 해당 시나리오에 대해 반복문이 종료되면 w를 W_list에 추가합니다. ❺ 그리고 모든 시나리오에 대한 반복문이 종료되면 결과를 확인합니다.

```
drift = mu - (1/2)*sigma**2
print(drift)
```

```
-0.0027299867105805343
```

$$drift = \mu - \frac{1}{2}\sigma^2$$

이번에는 drift를 구해 보겠습니다. drift는 장기 추세에 해당합니다. drift를 구하기 위해 필요한 평균 mu와 표준 편차 sigma를 앞서 구했으므로 drift를 구해줍니다. drift를 구하기 위해 필요한 평균과 표준 편차는 시점에 따라 달라지지 않는 상수이므로 drift도 시점에 따라 달라지지 않는 값이라는 것을 알 수 있습니다.

```
diffusion_list = []                                    ❶
for i in range(0,len(b_list)):                         ❷
    row = []                                           ❸
    for j in range(0, len(b_list[0])):                 ❹
        diffusion = sigma*b_list[i][j]                 ❺
        row.append(diffusion)                          ❻
    diffusion_list.append(row)                         ❼
```

이번에는 diffusion을 구해 보겠습니다. diffusion은 단기적인 변동에 해당합니다. ❶ 각 시점의 diffusion을 구하기 위해 diffusion_list를 비어 있는 리스트로 선언합니다. ❷ 그리고 각 시나리오에 대한 반복문을 수행합니다. ❸ 그리고 각 시나리오의 diffusion 리스트를 row라고 선언하고 ❹ 앞서 구한 브라운 운동 확률 과정 b_list에 대한 반복문을 수행합니다. ❺ 그리고 *i*번째 시나리오의 *j*번째 예측값에 대한 diffusion을 구해 ❻ row에 추가합니다.

$$diffusion_i = \sigma B(i)$$

❼ 그리고 해당 시나리오에 대한 diffusion을 모두 구하면 diffusion_list에 추가합니다.

```
X_list = []                                                    ❶
for i in range(0, len(W_list)):                                ❷
    X = []                                                     ❸
    for j in range(0, len(t)):                                 ❹
        value = X0*(np.exp(drift*t[j]+sigma*W_list[i][j]))     ❺
        X.append(value)                                        ❻
    X_list.append(X)                                           ❼
```

이번에는 앞서 구한 미래 시점 t에 대한 예측값을 추정해 보겠습니다. ❶ 그리고 예측값을 담을 X_list를 선언합니다. ❷ 그리고 시나리오에 대한 반복문을 수행합니다. 앞서 시나리오를 10이라고 설정했으므로 총 10번의 반복문이 수행될 것입니다. ❸ 그리고 *i*번째 시나리오에 대한 예측값을 담을 리스트를 X라고 선언합니다. ❹ 그리고 각 시점에 대한 예측값을 담을 반복문을 수행합니다. ❺ 각 시점의 예측값은 다음과 같은 공식을 따릅니다.

$$X(i) = X(0)e^{drift+diffusion_i}$$

$$= X(0)e^{\mu - \frac{1}{2}\sigma^2 + \sigma B(i)}$$

❻ 위 공식을 통해 구한 예측값을 value라고 저장하고 X에 추가합니다. ❼ 그리고 *i*번째 시나리오에 대해 예측값을 모두 구해 X가 정해지면 X를 X_list에 추가합니다.

```
plt.plot(df_af['Close'], color='black', linestyle='--')
plt.plot(X_list[0], color='blue')
plt.plot(X_list[1], color='red')
plt.plot(X_list[2], color='green')
plt.plot(X_list[3], color='yellow')
plt.plot(X_list[4], color='cyan')
plt.plot(X_list[5], color='magenta')
```

```
plt.plot(X_list[6], color='orange')
plt.plot(X_list[7], color='pink')
plt.plot(X_list[8], color='brown')
plt.plot(X_list[9], color='purple')
plt.show()
```

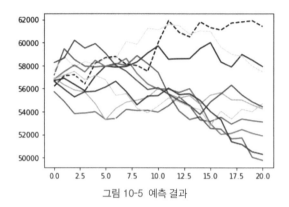

그림 10-5 예측 결과

마지막으로 앞서 구한 시나리오별 예측 종가 데이터와 실제 값을 비교하기 위해 시각화를 해
보겠습니다. plot 함수를 이용해 시나리오별 데이터를 색깔을 달리해 결과를 확인합니다.

▮ 10.2.4 전체 코드

```python
import numpy as np
import pandas as pd
import matplotlib.pyplot as plt

np.random.seed(12345)

df = pd.read_csv("./data/stock.csv")

plt.figure(figsize=(30,10))
plt.plot(df['Date'], df['Close'])
plt.xticks(rotation=45)
plt.show()

df_bf = df[(df['Date'] > '2022-01-00') & (df['Date']<'2022-07-01')]
df_bf = df_bf.reset_index(drop=True)
df_af = df[(df['Date'] > '2022-07-00') & (df['Date']<'2022-08-01')]
df_af = df_af.reset_index(drop=True)

stock_list = df_bf['Close']
X0 = stock_list[-1:]
dt = 1
T = 21
N = T/dt
t = np.arange(1, int(N)+1)

return_list = []
n = len(stock_list)
for i in range(1, n):
    r = (stock_list[i]-stock_list[i-1])/stock_list[i-1]
    return_list.append(r)

mu = np.mean(return_list)
sigma = np.std(return_list)
n_scenario = 10

b_list = []
for i in range(0,n_scenario):
    b = np.random.normal(0, 1, int(N))
    b_list.append(b)
```

```python
W_list = []
for i in range(0, len(b_list)):
    w = np.cumsum(b_list[i])
    W_list.append(w)


drift = mu - (1/2)*sigma**2

diffusion_list = []
for i in range(0,len(b_list)):
    row = []
    for j in range(0, len(b_list[0])):
        diffusion = sigma*b_list[i][j]
        row.append(diffusion)
    diffusion_list.append(row)

X_list = []
for i in range(0, len(W_list)):
    X = []
    for j in range(0, len(t)):
        value = X0*(np.exp(drift*t[j]+sigma*W_list[i][j]))
        X.append(value)
    X_list.append(X)

plt.plot(df_af['Close'], color='black', linestyle='--')
plt.plot(X_list[0], color='blue')
plt.plot(X_list[1], color='red')
plt.plot(X_list[2], color='green')
plt.plot(X_list[3], color='yellow')
plt.plot(X_list[4], color='cyan')
plt.plot(X_list[5], color='magenta')
plt.plot(X_list[6], color='orange')
plt.plot(X_list[7], color='pink')
plt.plot(X_list[8], color='brown')
plt.plot(X_list[9], color='purple')
plt.show()
```

Metropolis N, Ulam S(1949), The Monte Carlo Method, Journal of the American Statistical Association, Vol. 44, No. 247. pp.335-341.

Rotenberg A(1960), A New Pseudo-Random Number Generator, Journal of ACM

Box, G.E.P, Cox, D.R(1964), An Analysis of Transformations, Journal of the Royal Statistical Society Series B, Volume 26, Issue 2, 211-252.

Hinkley, D. V.(1980), Likelihood, Canadian Journal of Statistics. 8 151-163

James, F(1980), Monte Carlo theory and practice, Reports on progress in Physics.

Casella(1985), An Introduction to Empirical Bayes Data Analysis, The American Statistician, Vol 39, No 2, pp.83-87.

Geyer, C. J.(1992), Practical Markov Chain Monte Carlo, Statistical Science

Casella (1998), Statistical Inference, Cengage Learning

Robert C P, Casella G(1999), The Metropolis-Hastings Algorithm, Monte Carlo Statistical Methods, Springer

Pinsky, Karlin(2010), An Introduction to Stochastic Modeling, Academic Press

Barry A. Cipra(2012), The Best of 20th Century: Editors Name Top 10 Algorithms, SIAM News, Volume 33, Number 4

M. Azizah, M.I. Irawan and E.R.M. Putri(2020), Comparison of stock price prediction using geometric Brownian motion and multilayer perceptron, AIP Conference Proceedings 2242, 030016

장철원(2021), 선형대수와 통계학으로 배우는 머신러닝 with 파이썬, 비제이퍼블릭

장철원(2021), 알고리즘 구현으로 배우는 선형대수 with 파이썬, 비제이퍼블릭

이산형 확률 분포 정리

■ 이산형 균일 분포

$$X \sim U(1, N)$$

$$P(X = x) = \frac{1}{N}, \qquad x = 1, 2, \ldots, N$$

$$E(X) = \frac{N+1}{2}, \qquad Var(X) = \frac{(N+1)(N-1)}{12}$$

■ 베르누이 분포

$$X \sim Bernoulli(p)$$

$$P(X = x) = p^x (1-p)^{1-x}, \qquad x = 0, 1$$

$$E(X) = p, \qquad Var(X) = p(1-p)$$

■ 이항 분포

$$X \sim Binomial(n, p)$$

$$P(X = x) = \binom{n}{x} p^x (1-p)^{n-x}, \qquad x = 0, 1, \ldots, n$$

$$E(X) = np, \qquad Var(X) = np(1-p)$$

■ 포아송 분포

$$X \sim Poisson(\lambda)$$

$$P(X = x) = \frac{e^{-\lambda} \lambda^x}{x!}, \qquad x = 0, 1, 2, \ldots$$

$$E(X) = \lambda, \qquad Var(X) = \lambda$$

■ 기하 분포

$$X \sim Geometric(p)$$

$$P(X = x) = p(1-p)^{x-1}, \qquad x = 1, 2, \ldots$$

$$E(X) = \frac{1}{p}, \qquad Var(X) = \frac{1-p}{p^2}$$

■ 음이항 분포

$$X \sim NegativeBinomial(r, p)$$

$$P(X = x) = \binom{x-1}{r-1} p^r (1-p)^{x-r}, \qquad x = r, r+1, \ldots$$

$$E(X) = \frac{r}{p}, \qquad Var(X) = \frac{r(1-p)}{p^2}$$

연속형 확률 분포 정리

■ 연속형 균일 분포

$$X \sim U(a,b)$$

$$f_X(x) = \frac{1}{b-a}, \qquad x \in [a,b]$$

$$E(X) = \frac{b+a}{2}, \qquad Var(X) = \frac{(b-a)^2}{12}$$

■ 정규 분포

$$X \sim N(\mu, \sigma^2)$$

$$f_X(x) = \frac{1}{\sqrt{2\pi}\sigma}e^{-\frac{1}{2}\left(\frac{x-\mu}{\sigma}\right)^2}, \qquad -\infty < x < \infty$$

$$E(X) = \mu, \qquad Var(X) = \sigma^2$$

■ 감마 분포

$$X \sim Gamma(\alpha, \beta)$$

$$f_X(x) = \frac{1}{\Gamma(\alpha)\beta^\alpha}x^{\alpha-1}e^{-\frac{1}{\beta}x}, \qquad 0 < x < \infty, \qquad \alpha > 0, \qquad \beta > 0$$

$$E(X) = \alpha\beta, \qquad Var(X) = \alpha\beta^2$$

■ 지수 분포

$$X \sim Exponential(\beta)$$

$$f_X(x) = \frac{1}{\beta}e^{-\frac{1}{\beta}x}, \qquad x > 0$$

$$E(X) = \beta, \qquad Var(X) = \beta^2$$

■ 카이제곱 분포

$$X \sim \chi^2(p)$$

$$f_X(x) = \frac{1}{\Gamma\left(\frac{p}{2}\right)2^{\frac{p}{2}}}x^{\frac{p}{2}-1}e^{-\frac{1}{2}x}, \qquad 0 < x < \infty$$

$$E(X) = p, \qquad Var(X) = 2p$$

■ 베타 분포

$$X \sim Beta(\alpha, \beta)$$

$$f_X(x) = \frac{\Gamma(\alpha+\beta)}{\Gamma(\alpha)\Gamma(\beta)}x^{\alpha-1}(1-x)^{\beta-1}, \qquad 0 < x < 1, \qquad \alpha > 0, \qquad \beta > 0$$

$$E(X) = \frac{\alpha}{\alpha+\beta}, \qquad Var(X) = \frac{\alpha\beta}{(\alpha+\beta)^2(\alpha+\beta+1)}$$

찾아보기

한 글

찾아보기

찾아보기

기초 개념부터 확률 과정 기반 데이터 예측까지

몬테카를로 시뮬레이션으로 배우는 확률통계 with 파이썬

출간일 2023년 3월 6일 | 1판 2쇄

지은이 | 장철원
펴낸이 | 김범준
기획 · 책임편집 | 김수민, 유명한
교정교열 | 이현혜
편집디자인 | 김옥자
표지디자인 | 정지연

발행처 | (주)비제이퍼블릭
출판신고 | 2009년 05월 01일 제300-2009-38호
주 소 | 서울시 중구 청계천로 100 시그니처타워 서관 9층 949호
주문 · 문의 | 02-739-0739   **팩스** | 02-6442-0739
홈페이지 | http://bjpublic.co.kr   **이메일** | bjpublic@bjpublic.co.kr

가 격 | 33,000원
ISBN | 979-11-6592-209-2

한국어판 © 2023 (주)비제이퍼블릭

소스 코드 다운로드 https://github.com/bjpublic/ProbabilityStatistics